唐人軼事彙編

四

周勛初 主編

嚴杰 武秀成 姚松 編

上海古籍出版社

唐人軼事彙編卷三十

吴融

1 錢尚父始殺董昌，奄有兩浙，得行其志，士人恥之。吴侍郎，越州蕭山縣人。舉進士，場中甚有聲采，屢遭維縶，不遂觀光，乃脱身西上。《北夢瑣言》五。

2 吴融，廣明、中和之際，久負屈聲，雖未擢科第，同人多贄謁之如先達。有王圖，工詞賦，投卷凡旬月，融既見之，殊不言圖之臧否，但問圖曰：「更曾得盧休信否？何堅卧不起，惜哉！融所得，不如也！」休，圖之中表，長於八韻，向與子華同硯席，晚年抛廢，歸鏡中別墅。《唐摭言》五。又《廣記》一八三引。

3 羊紹素夏課有《畫狗馬難爲功賦》，其實取「畫狗馬難於畫鬼神」之意也，投表兄吴子華。子華覽之，謂紹素曰：「吾子此賦未嘉。賦題無鬼神，而賦中言鬼神。子盍爲《畫狗馬難於畫鬼神賦》，即善矣。」紹素未及改易，子華一夕成於腹笥。有進士韋彖，池州九華人，始以賦卷謁子華。子華聞之，甚喜。彖居數日，貢一篇於子華，其破題曰：「有丹青二人：一則矜能於狗馬，一則誇妙於鬼神。」子華大奇之，遂焚所著，而紹素竟不能以己下之。其年，子華爲彖取府元。《唐摭言》五。

4　唐吴融侍郎策名後，曾依相國太尉韋公昭度，以文筆求知，每起草先呈，皆不稱旨。吴乃祈掌武親密，俾達其誠，且曰：「某幸得齒在賓次，唯以文字受眷，雖愧荒拙，敢不著力！未聞愜當，反甚憂懼。」掌武笑曰：「吴校書誠是藝士，每有見請，自是吴家文字，非干老夫。」由是改之，果愜上公之意也。散版出官，寓於江陵。爲僧貫休撰詩序，以唐來唯元、白、休師而已。又祭陸龜蒙文，即云海内文章止魯望而已。自相矛盾，于時不免識者所譏。《北夢瑣言》四。

5　昭宗天復元年正旦，東内反正。既御樓，内翰維吴子華先至，上命於前跪草十餘詔，簡備精當，曾不頃刻。上大加賞激。《唐摭言》一三。《唐才子傳》九。

6　景福中，江西節度使鍾傳遣僧從約進《法華經》一千部，上待之恩渥有加，宣從約入内賜齋，面錫紫衣一副。將行，太常博士戴司顏以詩贈行，略曰：「遠來朝鳳闕，歸去戀元侯。」時吴子華任中諫，司顏仰公之名，志在屬和，以爲從約之資。融覽之，拊掌大笑曰：「遮阿師更不要見，便把拽出得！」其承奉如此矣。《唐摭言》五。《唐詩紀事》六六。

7　見李巨川1。

8　見李洞1。

9、10　見盧延讓2、3。

11　見陸龜蒙2。

12　見崔慎由4。

鄭谷

1 谷，字守愚，袁州人，故永州刺史之子。幼年，司空圖與刺史同院，見而奇之曰：「曾吟得丈丈詩否？」曰：「吟得。」「莫有病否？」曰：「丈丈《曲江晚望》斷篇云『村南斜日閒迴首，一對鴛鴦落渡頭』，即深意矣。」司空嘆惜撫背曰：「當爲一代風騷主。」乾寧中，爲都官郎中，卒于家。《唐詩紀事》七〇。《郡閣雅談》（《詩話總龜》前集四）。

2 唐鄭谷有《雪》詩云：「亂飄僧舍茶煙濕，密洒歌樓酒力微。江上晚來堪畫處，漁人披得一蓑歸。」時人多傳誦之。段贊善善畫，因採其詩意景物，圖寫之，曲盡瀟洒之思，持以贈谷。谷珍領之，復爲詩寄謝云：「贊善賢相後，家藏名畫多。留心於素繪，得意在煙波。屬興同吟詠，功成更琢磨。愛余風雪句，幽絶寫漁蓑。」《圖畫見聞誌》五。《古今詩話》（《詩話總龜》前集二六）。《唐詩紀事》七〇。

3 谷不喜高仲武《間氣集》，而喜殷璠《河嶽英靈集》，嘗有詩云：「殷璠鑒裁《英靈集》，頗覺同才得旨深。何事後來高仲武，品題《間氣》未公心。」《唐詩紀事》七〇。

4 鄭谷郎中亦愛僧，用比蜀茶，乃曰：「蜀茶與僧，未必皆美，不欲舍之。」《北夢瑣言》一〇。

5、6 見齊己1、2。

杜荀鶴

1 杜荀鶴，第十五，字彦之，池州人。大順二年正月十日，裴贄下第八人。其年放牓日，即荀鶴生日，故王希羽贈詩云：「金榜曉懸生世日，玉書潛紀上昇時。九華山色高千尺，未必高于第八枝。」後入梁，爲主客員外郎，翰林學士。懷恩思報，未幾暴卒。《南部新書》辛。《洞微志》（《詩話總龜》前集五）。

2 杜荀鶴舍前椿樹生芝草，明年及第，以漆彩飾之，安几硯間，號「科名草」。《清異録》上。

3 見梁太祖9。

4 唐杜荀鶴嘗游梁，獻太祖詩三十章，皆易曉也，因厚遇之。洎受禪，拜翰林學士，五日而卒。朱崖李太尉獎拔寒俊，至於掌誥，率用子弟，乃曰：「以其諳練故事，以濟緩急也。」如京兆者，一篇一詠而已，經國大手，非其所能。幸而殂逝，免貽伊耻也。制貶平曾、賈島，以其僻澀之才，無所采用。皆此類也。《北夢瑣言》六。

5 荀鶴，杜牧之之微子也。牧之會昌末，自齊安移守秋浦，時妾有娠，出嫁長林卿士杜筠，生荀鶴，有能詩名，自號九華山人。大順初，擢第，尋授翰林學士，主客員外郎，知制誥。顧雲序其集爲《唐風集》焉。荀鶴與張曙同年進士，常以言相嘲謔，曙之他文不多見，《唐餘録》載其《擊甌賦》一篇，其警句云：「董雙成青瑣鸞驚，啄開珠網；穆天子細韁馬駭，踏碎瓊田。」似此之類，恐非荀鶴所可擬。《唐風集》中，詩極低下，如「要知前路事，不及在家時」，「不覺裏頭成大漢，初看竹馬作兒童」之句，前輩方之《太公家教》。

惟《春宫怨》一聯云「風暖鳥聲碎，日高花影重」，爲一篇警策。而歐陽永叔《歸田録》乃云周朴之句，不知何以云然。《藝苑雌黄》（《苕溪漁隱叢話》後集一五）。《池陽集》（《古今事文類聚》後集一六）。《唐詩紀事》六五。《輿地紀勝》二二。《二老堂詩話》。《唐才子傳》九。　案：杜荀鶴是否牧之微子事，後人聚訟紛紜。《四庫提要》、《一瓢詩話》等並斥此説。

6　梁朝杜舍人荀鶴爲詩愁苦，悉干教化。每於吟諷，得其至理。如《贈僧》云：「安禪不必須山水，滅得心頭火自涼。」又「利門名路兩何憑，百歲風前短燄燈。只恐爲僧心不了，爲僧心了總輸僧。」南宗睹之，傳爲心印。杜在梁朝，獻朱太祖《時世行》十首，欲令太祖省徭役、薄賦斂。是時方當征伐，不洽上意，遂不見遇，旅寄寺中。敬相公翔謂杜曰：「希先輩稍削古風，即可進身。不然者，虚老矣。」杜遂課《頌德詩》三十章以悦太祖。議者以杜雖有玉堂之拜，頓移教化之詞，壯志清名，中道而廢。《時世行》聊紀兩首，《頌德詩》不復録之：「夫因兵死守蓬茅，麻紵裙衫鬢髮焦。桑柘廢來猶納税，田園荒盡尚徵苗。時挑野菜和根煮，旋斫生柴帶葉燒。任是深山更深處，也應無計避征徭。」「八十老翁住破村，村中牢落不堪論。因供寨木無桑柘，爲點鄉兵絶子孫。還似平寧徵賦税，未曾州縣略安存。至今雞犬皆星散，日落西山哭倚門。」《鑒誡録》九。

7　見張曙2、3。

8　梁園有富家子杜四郎，好接文士，愛爲詩篇，時號「杜荀鴨」，以比荀鶴。每有詩即題壁，親賓或汙漫之，即云：「三十年來塵撲面，如今始得一淤泥。」《後史補》（《類説》二六）。

李巨川

1 李巨川，字下已，姑臧人也，士族之鼎甲，工爲燕許體文。廣明庚子亂後，失身於人，佐興元楊守亮幕。守亮，大閹復恭養子。守亮敗，爲華帥韓建所擒。建重其才，奏令掌書奏凡十餘年，名振海內。乾寧中，駕幸三峯，巨川自使下侍御史，拜工部郎中，稍遷考功郎，中諫議大夫。時建奏勒諸王放散殿，後都雪岐，下宋文通，皆巨川之謀也。上返正，轉假禮部尚書，充黃州節度判官。上至華清宮，遣使賜建御容一軸，時巨川草謝表以示吴子華，其中有「彤雲似蓋以長隨，紫氣臨關而不度」。子華吟味不已，因草篇與巨川對壘。略曰：「霧開萬里，克諧披睹之心；掌拔一峯，兼助捧持之力。」天祐初，大駕幸岐，梁太祖自東平擁師迎駕至三峯，單騎出降。既而素忌巨川多謀，遣人害之。《唐摭言》一〇。

2 李巨川有筆述，歷舉不第。先以仕僞襄王，與唐彦謙俱貶於山南，褒帥楊守亮優待之。山南失守，隨致仕楊軍容復恭，與守亮同奔，北投太原。導行者引出華州，復恭爲韓建挫辱，極罵爲奴，以短褐蒙之，斃於枯木。守亮檻送至京，斬於獨柳樹，京城百姓莫不沾涕。此即南山一丈黑，本姓訾。黃巢時，多救護導引朝士令趨行在，人有逃黃巢而投附，皆濟之，由是人多感激也。巨川爲韓建副使。朱令公軍次於華，用張濬計，先取韓建，其幕客張策攜印率副使李巨川同詣轅門請降。朱公謂曰：「車駕西幸，皆公所教也。」建曰：「某不識字，凡朝廷章奏、鄰道書檄，皆巨川爲之。」因斬之。識者謂韓建無行，求解怒於朱公，遂爲所賣。時人寃之。巨川有子慎儀，仕後唐爲翰林學士。唯張策本與張濬有分，攜印而降，叶濬之謀，後仕至梁相。朱公既得韓建，以兄呼之，尋奏移許昌。梁鳳曆初，亦遇害也。《北夢瑣言》一五。

3 見温庭筠18。

王超

1 唐末鳳翔判官王超，推奉李茂貞，挾曹馬之勢，牋奏文檄，恣意翱翔。王蜀先主初下成都，馮涓節制判掌其奏牋，歲久轉廳，以掌記辟韋莊郎中於權變之間，未甚愜旨。閬州人王保晦有文才而無體式，然其切露直致，易爲曉悟。加以鳳翔用王超牋奏，超以一本舊族，思偶風雲，每遇飛章，言僞而辯。蜀先主愛之，以二王書題表藁示長樂公，公乃致書遜謝，倍加贊賞。其要曰：「有眼未見，有耳未聞。」蓋譏其阻兵恃强，失事君去就。王超後爲興元留後，遇害。有《鳳鳴集》三十卷行於世。後又有名石欽若者，體效其筆，爲劉知俊判官，隨軒降蜀，不能謙退遠害，賓主争露鋒穎，竟同誅之。閲其緘題表章行行然，宜其見忌而取禍也。許存初背荆州成中令降蜀，先主有意殺之，親吏柳修業勸其謙静，每立大功而皆託疾，由是獲免於先主之世。即彭城之舊寮，不若高陽之小吏矣。王超全集三十卷，今只見三卷。聞於盧卿宏也。《北夢瑣言》七。

鄭準

1 唐滎陽鄭準以文筆依荆州成中令。常欲比肩陳、阮，自集其所作爲三卷，號《劉表軍書》。雖有胸襟，而辭體不雅。至祝朝貴書云：「中書令舍人曰『草麻』，通事舍人曰『奏可』。」又賀襄州趙令嗣襲，其書云：「不沐浴佩玉，而石祁兆；不登山取符，而無恤封。」是於慶賀中顯言其庶賤也。鄰道之敬，其若是乎？應舉日詩卷，《題水牛》曰：「護犢横身立，逢人揭尾跳。」朝士以爲大笑。《北夢瑣言》七。又《廣記》二六一引。《唐詩紀事》六一。

2 鄭準，不知何許人。性諒直，能爲文，長於牋奏。成汭鎮荆南，辟爲推官。汭嘗讐殺人，懼爲吏所捕，改姓郭氏，及爲荆南節度使，命準爲表，乞歸本姓。準援筆而成，其略云：「臣門非冠蓋，家本軍戎。親朋之内，盱睢爲人報怨；昆弟之間，點染無處求生。背故國以狐疑，望鄰封而鼠竄。名非霸越，乘舟難效於陶朱；志切投秦，出境遂稱於張禄。」又云「成爲本姓，郭乃冒稱。本避犯禁之辜，敢歸司寇；别族受封之典，誠愧諸侯。伏乞聖慈，許歸本姓」云云。其表甚爲朝廷所重。後因汭生辰，淮南楊行密遣使致禮幣之外，仍貺《初學記》一部，準忿然以爲不可，謂汭曰：「夫《初學記》蓋訓童之書爾，今敵國交聘，以此書爲貺，得非相輕之甚耶！宜書責讓。」汭不納。準自歎曰：「若然，見輕敵國，足彰幕府之無人也。參佐無狀，安可久？」遽請解職。汭怒其去，潛使人於途中殺之。《五代史補》一。

3 見貫休2。

羅衮

1 唐羅員外衮，成都臨邛人。應進士舉，文學優贍，操尚甚高，唐大順中策名，不歸故鄉。時屬喪亂，朝廷多故，契闊兵難，備歷饑寒。蜀先主致書于翰林令狐學士、吴侍郎，選書記一員，欲以桂陽應聘。外郎謂知己曰：「誓擁馬通衢，服弊布衣，以俟外朝。無復西歸，爲魯國東家丘也。」竟通朝籍，終於梁禮部員外郎也。蜀人有志者，唯外郎乎！《北夢瑣言》五。《五總志》。

2 見羅隱24。

温　憲

1 温憲員外，庭筠子也。僖、昭之間，就試於有司，值鄭相延昌掌邦貢也，以其父文多刺時，復傲毁朝士，抑而不録。既不第，遂題一絶於崇慶寺壁。後滎陽公登大用，因國忌行香，見之憫然動容。暮歸宅，已除趙崇知舉，即召之，謂曰：「某頃主文衡，以温憲庭筠之子，深怒嫉之。今日見一絶，令人惻然，幸勿遺也。」於是成名。詩曰：「十口溝隍待一身，半年千里絶音塵。鬢毛如雪心如死，猶作長安下第人。」《唐詩紀事》七〇。

2 見温庭筠18。

張　蠙

1 張蠙，字象文，唐末登第，尉櫟陽。避亂入蜀，王蜀時，爲金堂令。徐后遊大慈寺，見壁間題云：「牆頭細雨垂纖草，水面回風聚落花。」問寺僧，僧以蠙對。乃賜霞光牋，令寫詩以進。蠙進二百首，衍善之，召爲知制誥。宋光嗣以蠙輕忽傲物，遂止。卒於官。蠙生穎秀，幼有《單于臺》詩曰：「白日地中出，黄河天外來。」爲世所稱。《唐詩紀事》七〇。《郡齋讀書志》四中。《唐才子傳》一〇。

殷文圭

1 文圭，池州人，居九華，小字桂郎。苦學，所用墨池，底爲之穴。《唐詩紀事》六八。

2 殷文圭爲舉子時，嘗經大澤中，遇大雨震雹，僕乘皆踣，文圭安詳如不聞。及至逆旅，從者怪之，試視文圭，兩耳皆有泥封塞云。後爲翰林學士。《江南餘載》下。《唐詩紀事》六八。

3 吳殷文圭舉進士，塗中遇一叟，目文圭久之，謂人曰：「向者一人，眉緑，拳必入口，神仙狀也。如學道，當沖虚；不爾，有大名於天下。」而文圭拳實入口，乾寧中擢第。《九國志》(《白孔六帖》三一)。《唐詩紀事》六八。《唐才子傳》一〇。

4 見吳游恭1。

5 乾寧中，駕幸三峯。殷文圭者，攜梁王表薦及第，仍列於榜内。時楊令公行密鎮維揚，奄有宣浙，揚汴榛梗久矣。文圭家池州之青陽，辭親問道至行在，無何隨榜爲吏部侍郎裴樞宣諭判官，至大梁以身事叩梁王，王乃上表薦之。文圭復擬飾非，徧投啓事於公卿間，略曰：「於菟獵食，非求尺璧之珍；鵷鶵避風，不望洪鐘之樂。」既擢第，由宋汴馳過。俄爲多言者所發，梁王大怒，亟遣追捕，已不及矣。自是屢言措大率皆負心，常以文圭爲證，白馬之誅，靡不由此也。《唐摭言》九。《唐詩紀事》六八。《唐才子傳》一〇。

6 李德誠加司空，守臨川，殷文圭草麻。德誠濡毫之賂久而未至，以詩督之曰：「紫殿西頭月欲斜，曾草臨川上相麻。潤筆已曾關奏謝，更飛章句問張華。」時論少之。《南唐近事》（《詩話總龜》前集一八引）。《唐詩紀事》六八。

翁承贊

1 天祐元年，翁承贊以右拾遺受詔，册王審知爲瑯琊王，賜金紫以行，易其鄉名里號曰「文秀」、「光賢」、「書錦」。黄滔贈以詩，有「建水閩山無故事，長卿嚴助是前身」之語。梁開平四年，復爲閩王册禮副使，滔復贈詩曰：「衣錦還鄉翻是客，迴車謁帝却爲歸。」《閩書》（《五代詩話》六）。《十國春秋》九五。

路德延

1 路德延，儋州巖相之猶子也。數歲能爲詩，居學舍中，嘗賦芭蕉詩曰：「一種靈苗異，天然體性虚。葉如斜界紙，心似倒抽書。」詩成，翌日傳於都。會儋州坐事誅，故德延久不能振。光化初，方就舉擢第。大有詩價，又爲《感舊》詩曰：「初騎竹馬詠芭蕉，嘗忝名卿誦滿朝。五字便容過絳帳，一枝尋許折丹霄。豈知流落萍蓬遠，不覺推遷歲月遥。國境永寧身未立，至今顔巷守簞瓢。」天祐中，授左拾遺。會河中節度使朱友謙領鎮，辟掌書記。友謙初頗禮待之，然德延性浮薄驕慢，動多忤物，友謙稍解體，德延乃作《孩兒詩》五十韻以刺友謙。友謙聞而大怒，有以掇禍，乃因醉沈之黄河。詩實佳作也。爾後雖繼有和者，皆去德延遠矣。《廣記》一七五。《唐詩紀事》六三。

2 河中判官路德延，相國巖之姪，嶽之子。時謂才俊，擢進士第。西平王朱友謙幕寮，放恣凌傲，主公容之。友謙背梁，乞於晉陽，並使初至，禮遇方謹，路公筵上言語及之。友謙憂憤，因投德延於黄河，以紓禍也。先是紀綱之僕近判官入謁幕次，遂有請易舍之説，蓋義兄弟同處，不欲聞郎官穢談也。路子得非其人耶？《北夢瑣言》（《廣記》二六四）。

盧延讓

1 唐盧延讓業詩，二十五舉，方登一第。卷中有句云：「狐衝官道過，狗觸店門開。」租庸張濬親見此事，每稱賞之。又有「餓貓臨鼠穴，饞犬舐魚砧」之句，爲成中令汭見賞。又有「栗爆燒氊破，貓跳觸鼎翻」句，爲王先主建所賞。嘗謂人曰：「平生投謁公卿，不意得力於貓兒狗子也。」人聞而笑之。盧嘗有詩云：「不同文賦易，爲是者之乎。」後入翰林，閣筆而已。同列戲之曰：「不同文賦易，爲是者之乎。」竟以不稱職，數日而罷也。《北夢瑣言》七。又《廣記》二五二引。《古今詩話》（《詩話總龜》前集四一）。《唐詩紀事》六五。

2 盧延讓業癖澀詩，吴翰林雖以賦卷擢第，然八面受敵，深知延讓之能。延讓始投贄，卷中有説詩一篇，斷句云：「因知文賦易，爲下者之乎。」子華笑曰：「上門惡罵來！」《唐摭言》一二。《唐詩紀事》六五。

3 盧延讓，光化三年登第。先是延讓師薛許下爲詩，詞意入癖，時人多笑之。吴翰林融爲侍御史，出官峽中，延讓時薄遊荊渚，貧無卷軸，未遑贄謁。會融表弟滕籍者，偶得延讓百篇，融覽，大奇之，曰：

「此無他，貴不尋常耳。」於是稱之於府主成汭。時故相張公職大租於是邦，常以延讓爲笑端，及融言之，咸爲改觀。由是大獲舉糧，延讓深所感激，然猶因循，竟未相面。後值融赴急徵入内庭，孜孜於公卿間稱譽不已。光化戊午歲，來自襄南，融一見如舊相識，延讓嗚咽流涕，於是攘臂成之矣。《唐摭言》六。又《廣記》一八四引。

4 唐御膳以紅綾餅餤爲重。昭宗光化中，放進士榜，得裴格等二十八人，以爲得人。會燕曲江，乃令大官特作二十八餅餤賜之，盧延讓在其間。後入蜀爲學士，既老，頗爲蜀人所易。延讓詩素平易近俳，乃作詩云：「莫欺零落殘牙齒，曾喫紅綾餅餤來。」王衍聞知，遂命供膳，亦以餅餤爲上品，以紅羅裹之。至今蜀人工爲餅餤，而紅羅裹其外，公廚大燕，設爲第一。《避暑録話》下。《韻語陽秋》一九。

5 王蜀盧侍郎延讓吟詩多著尋常容易言語，時輩稱之爲高格。至如《送周太保赴浙西》云：「臂鷹健卒懸氈帽，騎馬佳人著畫衫。」又《寄友人》云：「每過私第邀看鶴，長著公裳送上驢。」此容易之甚矣。然於數篇見境尤妙，有《松門寺》云：「山寺取涼當夏夜，共僧蹲坐石階前。兩三條電欲爲雨，七八箇星猶在天。衣汗稍停牀上扇，茶香時潑澗中泉。通宵聽論蓮華義，不藉松窗半覺眠。」又《苦吟》云：「莫話詩中事，詩中難更無。吟安一箇字，撚斷數莖鬚。險覓天應悶，狂搜海亦枯。不同文賦易，爲著者之乎。」又《贈僧》云：「浮世浮華一段空，偶抛煩惱到蓮宫。高僧解語牙無水，老鶴能飛骨有風。野色吟餘生竹外，山陰坐久入池中。禪師莫問求名苦，滋味過於食蓼蟲。」盧曾獻太祖卷，中有「栗爆燒氈破，猫跳觸鼎翻」。後太祖冬夜與潘樞密峭在内殿平章邊事，旋令宫人於火爐中煨栗子，俄有數栗爆出，燒損繡褥子。

時太祖多疑，常於爐中燒金鼎子，命徐妃二姊妹親侍茶湯而已。是夜，宮猫相戲，誤觸鼎翻，太祖良久曰：「『栗爆燒氊破，猫跳觸鼎翻』。憶得盧延讓卷有此一聯，乃知先輩裁詩信無虚境。」來日遂有六行之拜。自給事拜工部。《鑒誡録》五。《唐詩紀事》六五。

6　盧延讓詩淺近，人多笑之，惟吴融獨重其作，盛稱于時，且云：「此公不尋常，後必垂名。」延讓詩至今傳之，亦有絶好者。《宿東林》云：「兩三條電欲爲雨，七八箇星猶在天。」《旅舍言懷》云：「名紙毛生五門下，家僮骨立六街中。」《贈元上人》云：「高僧解語牙無水，老鶴能飛骨有風。」《蜀路》云：「雲間聞鐸騾駄去，雪裏殘骸虎拽來。」《懷江上》云：「餓猫臨鼠穴，饞犬舐魚砧。」《寄人》云：「吟成一箇字，捻斷數莖鬚。」又云：「樹上諮諏批頰鳥，窗間壁駁叩頭蟲。」余在翰林，嘗召對，上舉延讓詩云：「臂鷹健卒懸氊帽，騎馬佳人捲畫衫。」雖淺近，亦自成一體。《談苑》（《詩話總龜》前集八）。《唐詩紀事》六五。

7　盧延讓《哭邊將》詩曰：「自是磠砂發，非干礮石傷。牒多身上職，盎大背邊瘡。」人謂此是打脊詩也。《北夢瑣言》七。《古今詩話》（《類説》五六）。

韓定辭　馬彧

1　唐韓定辭爲鎮州王鎔書記，聘燕帥劉仁恭，舍於賓館，命試幕客馬彧延接。馬有詩贈韓曰：「燧林芳草綿綿思，盡日相攜陟麗譙。别後巏嵍山上望，羡君時復見王喬。」彧詩雖清秀，然意在徵其學問。韓亦於座上酬之曰：「崇霞臺上神仙客，學辨癡龍藝最多。盛德好將銀筆述，麗詞堪與雪兒歌。」座内諸賓靡不欽訝稱妙句，然亦疑其銀筆之僻也。他日，或復持燕帥之命，答聘常山，亦命定辭接於公館。時有妓轉轉者，韓之所眷也，每當酒席，或頻目之。韓曰：「昔愛晉文公分季隗於趙衰，孫伯符輟小喬於公瑾，蓋以色可奉名人。但慮倡姬不勝賢者之顧，願垂一詠，俾得奉之。」或援筆，文不停綴，作轉轉之賦，其文甚美，咸欽其敏妙，遂傳於遠近。或從容問韓以雪兒、銀筆之事。韓曰：「昔梁元帝爲湘東王時，好學著書，常記録忠臣義士及文章之美者。筆有三品，或以金銀雕飾，或用斑竹爲管，忠孝全者用金管書之，德行清粹者用銀筆書之，文章贍麗者以斑竹書之。故湘東之譽，振於江表。雪兒者，李密之愛姬，能歌舞。每見賓僚文章，有奇麗入意者，即付雪兒叶音律以歌之。」又問癡龍出自何處，定辭曰：「洛下有洞穴，曾有人誤墮於穴中，因行數里，漸見明曠。見有宮殿人物凡九處，又見有大羊，羊髯有珠，人取而食之，不知何所。後出以問張華，曰：『此地仙九館也。大羊者，名曰癡龍耳。』」定辭復問或：「巏嵍之山，當在何處？」或曰：「此隋郡之故事，何謙光而下問？」由是兩相悦服，結交而去。《北夢瑣言》（《廣記》二〇〇）。《百斛明珠》（《詩話總龜》前集三〇）。《唐詩紀事》七一。《苕溪漁隱叢話》前集二四。

楊夔

1 高士楊夔嘗著《冗書》三卷，馳名於士大夫間。唐末下第，優遊江左，鄭谷贈之詩曰：「三復冗書高且奇，不妨仍省百篇詩。江湖休灑東風淚，十字香於一桂枝。」《古今詩話》（《詩話總龜》前集一七）。

唐求（一作球）

1 唐末，蜀州青城縣味江山人唐求，至性純慤，篤好雅道，放曠疏逸，幾乎方外之士也。每入市，騎一青牛，至暮，醺酣而歸。非其類，不與之交。或吟或咏，有所得，則將稾撚爲丸，内於大瓢中。二十餘年，莫知其數，亦不復吟詠。其贈送寄別之詩布於人口。暮年，因卧病，索瓢致于江中，曰：「斯文苟不沉没于水，後之人得者方知我苦心耳。」漂至新渠江口，有識者云：「唐山人詩瓢也。」探得之，已遭漂潤損壞，十得其二三，凡三十餘篇，行于世。《茅亭客話》三。《古今詩話》（《詩話總龜》前集四六）。《唐詩紀事》五〇。《唐才子傳》一〇。

2 球生於唐末，至性純慤，篤好雅道，放曠疏遠，邦人謂之唐隱居。或云：王建帥蜀，召爲參謀，不就。今以其故居爲隱居寺。《唐詩紀事》五〇。

褚載

1 褚載字厚之，家至貧。客梁、宋間，困甚，以詩投襄陽節度使邢君牙云：「西風昨夜墜紅蘭，一宿郵亭事萬般。無地可耕歸不得，有恩堪報死何難？流年怕老看將老，百計求安未得安。一卷新書滿懷淚，頻來門館訴饑寒。」君牙贈絹十匹，薦於鄭滑，辟支使，不行。明年，裴贄知貢舉，君牙薦之，擢第。《詩史》（《詩話總龜》前集五）。《唐才子傳》一。案：邢君牙卒于德宗朝，時代不相及。

2 文德中，劉子長出鎮浙西，行次江西；時陸威侍郎猶爲郎吏，亦寓於此。進士褚載緘二軸投謁，誤以子長之卷而贄於威；威覽之，連有數字犯威家諱，威因拱而矍然。載錯愕白以大誤，尋以長牋致謝，略曰：「曹興之圖畫雖精，終慙誤筆；殷浩之矜持太過，翻達空函。」《唐摭言》一一。《唐詩紀事》五九。《耆舊續聞》一〇。《唐才子傳》一〇。

王貞白

1 王貞白唐末大播詩名，嘗作《御溝詩》云：「一派御溝水，緑槐相蔭青。此波涵帝澤，無處濯塵纓。鳥道來雖險，龍池到自平。朝宗心本切，願向急流傾。」示貫休，休曰：「剩一字。」貞白揚袂而去。休曰：「此公思敏。」書一「中」字于掌。逡巡，貞白回，曰：「此中涵帝澤。」休以掌中示之，不異所改。《青瑣後集》（《詩話總龜》前集一一）。《唐詩紀事》六七。《唐才子傳》一〇。案：《唐子西文録》另載一説，以貫休爲皎然，以王貞白爲無名僧，似誤。

2 天祐年中内試，貞白扎翰狼籍，帝覽，拂下玉案。有黄門奏此舉人有詩名。御批曰：「粗通放。」《唐詩紀事》六七。

張曙

1 張曙、崔昭緯中和初西川同舉，相與詣日者問命。時曙自恃才名籍甚，人皆呼爲將來狀元，崔亦分居其下。無何，日者殊不顧曙，目崔曰：「將來萬全高第。」曙有愠色。日者曰：「郎君亦及第，然須待崔家郎君拜相，當於此時過堂。」既而曙果以慘恤不終場，昭緯其年首冠。曙以篇什刺之曰：「千里江山陪驥尾，五更風水失龍鱗，昨夜浣花溪上雨，緑楊芳草屬何人！」崔甚不平。會夜飲，崔以巨觥飲張，張推辭再三，崔曰：「但喫，却待我作宰相與你取狀頭。」張拂衣而去，因之大不叶。後七年，崔自内廷大拜，張後於三榜裴公下及第，果於崔公下過堂。《唐摭言》一一。又《廣記》一八三引。又《詩話總龜》前集三九引。《唐詩紀事》六六。

2　唐右補闕張曙，吏部侍郎褧之子，禕之姪。文章秀麗，精神敏俊，甚有時稱。所生母常戴玉天尊，黄巢亂離，莫知存没，或有於枯骸中頭上見有玉天尊，以曙未訪遺骸，不合進取，以此阻之。後於裴贄侍郎下擢進士第，官至右補闕。曾戲同年杜荀鶴曰：「杜十四仁賢大榮幸，得與張五十郎同年。」荀鶴答曰：「張五十郎大榮幸，得與荀鶴同年。天下只聞杜荀鶴名字，豈知張五十郎耶！」彼此大咍。是知虚名不足定人優劣。曙有《擊甌賦》，其警句云：「董雙成青瑣鸞驚，啄開珠網；穆天子紅韁馬解，踏破瓊田。」又有《鄠郊賦》，叙長安亂離，亦哀江南、悲甘陵之比。區區之荀鶴，不足擬倫。《北夢瑣言》四。

3　張曙拾遺與杜荀鶴同年，嘗醉中謔荀鶴曰：「杜十五公大榮！」荀鶴曰：「何榮？」曙曰：「與張五十郎同年，争不榮？」荀鶴應聲答曰：「是公榮，小子争得榮？」曙笑曰：「何也？」荀鶴曰：「天下祇知有杜荀鶴，阿没處知有張五十郎！」《唐摭言》一二。

4　唐張禕侍郎朝望甚高，有愛姬早逝，悼念不已。因入朝未回，其猶子右補闕曙才俊風流，因增大阮之悲，乃製《浣溪紗》，其詞曰：「枕障薰爐隔繡幃，二年終日兩相思，好風明月始應知。天上人間何處去，舊歡新夢覺來時，黄昏微雨畫簾垂。」置於几上。大阮朝退，憑几無聊，忽睹此詩，不覺哀慟，乃曰：「必是阿灰所作。」阿灰，即中諫小字也。然於風教似亦不可，以其叔姪年顔相似，恕之可耳。諺曰：「小舅小叔，相追相逐。」謔戲固不免也。《北夢瑣言》八。《詩話總龜》前集四五。

5 見杜荀鶴5。

6 唐末張曙，中和間舉進士。避難到巴州，宴於郡樓，坐中作《擊甌賦》，極精工。郡樓由賦顯名，後人遂命之曰「擊甌樓」。《學齋佔畢》二。

王轂

1 唐末，有宜春人王轂者，以歌詩擅名于時。嘗作《玉樹曲》云：「碧月夜夜瓊樹春，蓮舌泠泠詞調新。當時狎客盡豐祿，直諫犯顔無一人。歌未闋，晉王劍上黏腥血。君臣猶在醉鄉中，面上已無陳日月。」此詞大播於人口。轂未第時，嘗於市廛中忽見同人被無賴輩毆打。轂前救之，揚聲曰：「莫無禮，識吾否？吾便是解道『君臣猶在醉鄉中，面上已無陳日月』者。」無賴輩聞之，斂衽慚謝而退。《百斛明珠》（《詩話總龜》前集二九）。《漁樵閒話》（《類説》五五、《䂬溪詩話》二）。《唐詩紀事》七〇。《唐才子傳》一〇。

2 轂始與崔胤同在庠序，相善。將赴舉，胤餞之，有日者在坐曰：「待此郎爲相，乃登第。」二十年，胤爲相，轂遂登第。《唐詩紀事》七〇。

貫休

1 禪月貫休嘗以詩投之（今案：指錢鏐）曰：「貴極身來不自由，幾年勤苦踏山丘。滿堂花醉三千客，一劍光寒十四州。萊子衣裳宮錦窄，謝公篇詠綺霞羞。他年名上凌煙閣，豈羨當時萬户侯。」鏐愛其詩，遣客吏諭之曰：「教和尚改十四爲四十州，方與見。」休性褊介，謂吏曰：「州亦難添，詩亦不改。然閒雲孤鶴，何天而不可飛邪！」遂飄然入蜀，以詩投孟知祥，有「一瓶一鉢垂垂老，萬水千山得得來」之句，知祥厚遇之。《續湘山野録》。《古今詩話》（《詩話總龜》前集三二）。《唐詩紀事》七五。《唐才子傳》一〇。　案：「以詩投孟知祥」，《唐詩紀事》作「以詩投王建」，是。

2　僧貫休，婺州蘭溪人。有逸才，長於歌詩。嘗遊荆南，時成汭爲荆南節度使，生日有獻歌詩頌德者，僅百餘人，而貫休在焉。汭不能親覽，命幕史鄭準定其高下，準害其能，輒以貫休爲第三。貫休怒曰：「藻鑑如此，其可久乎！」遂入蜀。及至，值王建稱藩，因獻之詩云：「一瓶一鉢垂垂老，萬水千山得得來。」建大悦，遽加禮待。洎僭大號，以國師賜號曰「禪月」。《五代史補》一。

3　沙門貫休，鍾離人也。風騷之外，精於筆劄，舉止真率，誠高人也。然不曉時事，往往詆訐朝賢，它亦不知己之是耶非耶。荆州成中令問其筆法非耶，休公曰：「此事須登壇而授，非草草而言。」成令銜之，乃遞於黔中。因病以《鶴》詩寄意曰：「見説氣清邪不入，不知爾病自何來。」以詩見意也。馮涓大夫有大名於人間，淪落於蜀，自比杜工部，意謂它人無出其右。休公初至蜀，先謁韋書記莊，而長樂公後至，遂與相見，欣然撫掌曰：「我與你阿叔有分。」長樂怒而拂袖。它日謁之，竟不逢迎，乃曰：「此阿師似我禮拜也。」自是頻投刺字，終爲閽者所拒。休公謂韋公曰：「我得得爲渠入蜀，何意見怪！」道門杜先生，亦以此疏之。國清寺律僧嘗許具蒿脯，未得間，姜侍中宅有齋，律僧先在焉，休公次至，未揖主人大貌，乃拍手謂律僧曰：「乃蒿餅子何在？」其它皆此類。通衢徒步，行嚼果子，未嘗跨馬。時人甚重之，異乎廣宣、栖白之流也。《北夢瑣言》二〇。《古今詩話》（《詩話總龜》前集三二）。《唐詩紀事》七五。《唐才子傳》一〇。

4 唐末寇亂，休避地渚宮，荆帥高氏優待之，館於龍興寺。會有謁宿，話時政不治。乃作《酷吏詞》以刺之云……遂離荆門，立趨井絡，上蜀主陳情之詩。《唐詩紀事》七五。《十國春秋》四七。

5 唐有十僧詩選，在諸集中，唯禪月大師貫休所吟千首，吴融侍郎序之，號曰《巨岳集》，多爲古體，窮盡物情。議者稱白樂天爲大教化主，禪月次焉。上人天復中晉楚遊蜀，有上王蜀太祖陳情詩云：「一瓶一鉢垂垂老，萬水千山得得來。」太祖曰：「寡人高築金臺，以師名士，廣脩寶剎，用接高僧，千山萬水之言，何以當此。」於是恩錫甚厚。上人遂居蜀焉。……初，上人詩名未振，時南楚才人競以詩送軒轅先生歸羅浮山，計百餘首矣。後上人因吟一章，羣公於是息筆：「玉房花洞接三清，謾指羅浮是去程。龍馬便攏笻竹杖，山童常使茯苓精。曾教莊子拋卑吏，却喚軒皇作老兄。再見先生又何日，只應頻夢紫金城。」《鑒誡録》五。

6 〔王建〕遊龍華禪院，召僧貫休，命坐，賜茶藥綵段，仍令口誦近詩。時諸王貴戚皆賜坐，貫休欲諷之，因誦《公子行》曰：「錦衣鮮華手擎鶻，閒行氣貌多輕忽。艱難稼穡總不知，五帝三王是何物。」建稱善，貴倖皆怨之。《蜀檮杌》上。《外史檮杌》（《類説》二七）。《唐詩紀事》七五。《唐才子傳》一〇。

7 貫休有機辨，臨事制變，衆人未有出其右者。杜光庭欲挫其鋒，每相見，必伺其舉措以戲調之。一旦，因舞轡於通衢，而貫休馬忽墜糞，光庭連呼：「大師，大師，數珠落地。」貫休曰：「非數珠，蓋大還丹耳。」光庭大慙。貫休有文集四十卷，吴融爲之序，號《西岳集》，行於世。《五代史補》一。

8 貫休嘗得句云：「清風江上月，霜灑月中砧。」語人曰：「此句可以呈佛。」《古今名賢集》（《紺珠集》九）。

9 見王貞白1。

《唐詩紀事》七五。

10 温州雁蕩山，天下奇秀，然自古圖牒未嘗有言。祥符中，因造玉清宫，伐山取材，方有人見之，此時尚未有名。按西域書，阿羅漢諾矩羅居震旦東南大海際雁蕩山芙蓉峯龍湫。唐僧貫休爲《諾矩羅贊》，有「雁蕩經行雲漠漠，龍湫宴坐雨濛濛」之句。此山南有芙蓉峯，峯下芙蓉驛，前瞰大海，然未知雁蕩龍湫所在。後因伐木，始見此山。山頂有大池，相傳以爲雁蕩；下有二潭水，以爲龍湫。又有經行峽、宴坐峯，皆後人以貫休詩名之也。《夢溪筆談》二四。

11 唐沙門貫休，本婺州蘭溪人也，能詩善書妙畫。王氏建國時，來居蜀中龍華之精舍。因縱筆，用水墨畫羅漢一十六身并一佛二大士，巨石縈雲，枯松帶蔓，其諸古貌，與他人畫不同。或曰：「夢中所覩，覺後圖之。」謂之應夢羅漢。門人曇域、曇弗等，甚祕重之。蜀主曾宣入内，歎其筆跡狂逸，供養經月，却令分付院中。翰林學士歐陽炯亦曾觀之，贈以歌。《野人閒話》（《廣記》二一四）。

12 僧貫休姓姜，字德隱，婺州蘭溪人。初以詩得名，流布士大夫間。後入兩川，頗爲僞蜀王（衍）〔建〕待遇，因賜紫衣，號禪月大師。又善書，時人或比之懷素，而書不甚傳。雖曰能畫，而畫亦不多，間爲本教像，唯羅漢最著。僞蜀主取其本，納之宫中，設香燈崇奉者踰月，乃付翰苑，大學士歐陽炯作歌以稱之。

然羅漢狀貌古野，殊不類世間所傳，豐頤蹙額，深目大鼻，或巨顙槁項，黝然若夷獠異類，見者莫不駭矚。自謂得之夢中，疑其託是以神之，殆立意絶俗耳，而終能用此傳世。太平興國初，太宗詔求古畫，僞蜀方歸朝，乃獲羅漢。今御府所藏三十。《宣和畫譜》三。《益州名畫録》下。

13 萬壽寺有禪月閣。禪月者，唐僧貫休也，生於婺之蘭溪。自祝髮爲僧，徧參名德。又善作詩文，有《西嶽集》行於世。性好圖畫古佛，嘗自夢得十五羅漢梵相，既而尚缺其一，未能就。夢中復有告之曰：「師之相乃是。」遂如所告，因照水以足之。今其畫尚傳。既至吴，寓跡萬壽甚久。後入蜀，死，葬于成都。平生行業具載《白蓮塔銘》。《中吴紀聞》三。

14 煇在上饒玉山見貫休所畫十六羅漢像，世傳有三本，獨此爲真。煇不識畫，未敢爲然。貫休初畫古羅漢止十五尊，或以爲問，乃以己貌足之。《清波雜志》五。

15 休能草聖。……休書跡，好事者傳號曰「姜體」是也。《宋高僧傳》三〇。《圖畫見聞志》二。

16 嘗覩休真相，肥而矬，蜀宰相王鍇作讚。《宋高僧傳》三〇。

齊己

1 僧齊己，長沙人。長沙有大潙同慶寺，僧多而地廣，佃户僅千餘家。齊己則佃户胡氏之子也，七歲與諸童子爲寺司牧牛。然天性穎悟，於風雅之道，日有所得，往往以竹枝畫牛背爲篇什。衆僧奇之，且欲壯其山門，遂勸令出家。時鄭谷在袁州，齊己因攜所爲詩往謁焉。有早梅詩曰：「前村深雪裏，昨夜數枝開。」谷笑謂曰：「數枝非早，不若一枝則佳。」齊己矍然，不覺兼三衣叩地膜拜。自是士林以谷爲齊己一字之師。其後居於長沙道林寺。時湖南幕府中能詩者有如徐東野、廖凝、劉昭禹之徒，莫不聲名藉甚，而徐東野尤好輕忽，雖王公不避也。每見齊己，必悚然，不敢以衆人待之。嘗謂同列曰：「我輩所作，皆拘於一途，非所謂通方之士。若齊己才高思遠，無所不通，殆難及矣。」論者以徐東野爲知言。東野亦常贈之詩……其爲名士推重如此。及將遊蜀，至江陵，高從誨慕其名遮留之，命爲管内僧正。齊己不獲已而受，自是常怏怏。故其友虛中示之詩云：「老負蛾眉月，閒看雲水心。」蓋傷其不得志也。竟卒於江陵。有詩八百首，孫光憲序之，號曰《白蓮集》，行於世。《五代史補》三。

2 僧齊己往袁州謁鄭谷，獻詩曰：「高名喧省闥，雅頌出吾唐。疊巘供秋望，飛雲到夕陽。自封修藥院，别下着僧牀。幾話中朝事，久離鴛鷺行。」谷覽之云：「請改一字，方得相見。」經數日再謁，稱已改得詩，云：「别掃着僧牀。」谷嘉賞，結爲詩友。《郡閣雅談》(《詩話總龜》前集一一)。《唐詩紀事》七五。《唐才子傳》九。《十國春秋》一〇三。

3 見張迥1。

4 見乾康1。

5 後唐明宗太子從榮，好作歌詩，高輦輩多依附之。《觀棋》詩云：「看他終一局，白却少年頭。」齊己《中秋》詩云：「東林莫礙漸高勢，四海正看當路時。」從榮果謀不軌，唱和者言涉嫌疑，皆就誅，惟齊己得荆帥高令公匿而獲免。《唐詩紀事》七五。

6 湘江北流至岳陽，達蜀江。夏潦後，蜀漲勢高，遏住湘波，讓而退溢爲洞庭湖，凡闊數百里，而君山宛在水中。秋水歸壑，此山復居於陸，唯一條湘川而已。海爲桑田，於斯驗也。前輩許棠《過洞庭》詩，最爲首出，爾後無繼斯作。詩僧齊己駐錫巴陵，欲吟一詩，竟未得意。有都押衙者，蔡姓而忘其名，戲謂己公曰：「題洞庭者，某詩絶矣，諸人幸勿措詞。」己公堅請口劄，押衙抑揚朗吟曰：「可憐洞庭湖，恰到三冬無髭鬚。」以其不成湖也。諸僧大笑之。《北夢瑣言》七。

7 見廖匡圖2。

8 己頸有瘤贅，時號「詩囊」。《宋高僧傳》三〇。

9 釋齊己姓胡，潭州益陽人。少爲浮圖氏，學戒律之外，頗好吟詠。亦留心書翰，傳布四方，人以其詩併傳，逮今多有存者。嘗住江陵之龍興寺，與鄭谷酬唱，積以成編，號《白蓮集》，行于世。筆跡洒落，得行字法，望之知其非尋常釋子所書也。頸有瘤，人號「詩囊」也。然操行自高，未始妄謁侯門以冀知遇，人頗稱之。以是無今昔遠近，人知齊己名，是亦墨名而儒行者耶！故世之所傳，多詩什藁草。《宣和書譜》一一。

虛中

1 僧虛中，宜春人，遊瀟湘山，與齊己、尚顔、栖蟾爲詩友，住湘江西宗成寺。潭州馬氏子希振侍中好事，每出，即延納於書閣中。好燒柴火，煙昏彩翠，去後復飾。題《馬侍中池亭》云：「嘉魚在深處，幽鳥立多時。」集首《寄華山司空圖侍郎》云：「門徑放莎垂，往來投刺稀。有時開御札，特地挂朝衣。嶽信僧傳去，天香鶴帶歸。他時周召作，無復更衰微。」司空侍郎有詩言懷云：「十年華嶽峯前住，只得虛中一首詩。」《郡閣雅談》（《詩話總龜》前集一〇）。《唐詩紀事》七五。

可止

1 可止風神峭拔，戒節孤高，百家子史，經目無遺。該博之外，尤所長者，近體聲律詩也。有《贈樊川長老》詩，流傳人口。在定州日，中山與太原互相疑貳，諸侯兼并，王令方欲繼好息民，因命僧齋於慶雲寺。會有獻白鵲者，王曰：「燕人詩客試爲詠題。」止即席而成，後句云：「不知誰會喃喃語，必向王前報太平。」王欣然。詩人李洞者風骨僻異，慕賈閬仙之模式，景福中在河池相遇，贈止三篇。時宰相孫公渥、趙公鳳、馬公裔孫、竇學士夢徵、符侍郎蒙、李侍郎詳，皆唱予和汝，塤篪韻諧。《宋高僧傳》七。

張迥

1 張迥少年苦吟，未有所得，夢五色雲自天而下，取一團吞之，遂精雅道。有《寄遠》詩云：「錦字憑誰達，閒庭草又枯。夜長燈影滅，天遠雁聲孤。蟬鬢凋將盡，虬髯白也無？幾回愁不語，因看朔方圖。」攜卷謁齊己，點頭吟諷無斁，爲改「虬髯黑在無」，迥遂拜爲一字師。《郡閣雅談》（《詩話總龜》前集六）。《南唐野史》（《類說》二一七）。

盧汝弼

1 見盧光啓1。

李夢符

1 李夢符者，常遊洪州市井中，年可二十餘，短小而潔白，美秀如玉人，以放蕩自恣。四時常插花徧歷城中酒肆，高歌大醉，好事者多召之與飲，或令爲歌詞，應聲爲之，初不經心，而各有意趣。鍾傳之鎮洪州也，以其狂妄惑衆，將罪之。夢符於獄中獻詩十餘首，其略曰：「插花飲酒無妨事，樵唱漁歌不礙時。」鍾竟亦不罪。後桂州刺史李瓊遣使至洪州，言夢符乃其弟也，請遣之。鍾令求於市中旅舍，人曰：「昨夢符不歸。」因爾不知所終。《江淮異人録》。《詩史》（《詩話總龜》前集三）。

2 李夢符，不知何許人。梁開平初鍾傳鎮洪州日，與布衣飲酒，狂吟放逸。嘗以釣竿懸一魚向市肆蹈《漁父引》，賣其詞，好事者争買，得錢便入酒家。其詞有千餘首傳于江表。略其一兩首云：「村寺鐘聲渡遠灘，半輪殘月落前山。徐徐撥棹却歸灣，浪疊朝霞錦繡翻。」又曰：「漁弟漁兄喜到來，婆官賽了坐江隈。椰榆杓子木瘤杯，爛煮鱸魚滿案堆。」察考取狀，答曰：「插花飲酒何妨事，樵唱漁歌不礙時。」遂不敢復問。或抱冰入水，及出，身上氣如蒸。鍾氏亡，亦不知所在。《郡閣雅談》（《詩話總龜》前集四六）。

陳詠

1 唐前朝進士陳詠，眉州青神人。有詩名，善弈棋。昭宗刼遷，駐蹕陝郊，是歲策名歸蜀，韋書記莊以詩賀之。又有鄉人妬善者，屬和韋詩，其略云：「讓德已聞多士伏，沽名還得世人聞。」譏其比滁器當壚也。謬稱馮副使涓詩，以涓多諧戲故也。或云蜀之妬善者作此詩，假馮公之名也。潁川嘗以詩道自負，謁荆幕鄭準。準亦自負雄筆，謂潁川曰：「今日多故，不暇操染。有三數處回緘，祈爲假手。」潁川自旦及暮，起草不就，蓋欲以高之。其詩卷首有一對語云：「隔岸水牛浮鼻渡，傍溪沙鳥點頭行。」京兆杜光庭先生謂曰：「先輩佳句甚多，何必以此爲卷首？」潁川曰：「曾爲朝貴見賞，所以刻於首章。」都是假譽求售使然也。《北夢瑣言》七。《唐詩紀事》七一。

胡翽

1 有胡翽者，佐幕大藩，有文學稱，善草軍書，動皆中意。時大駕西幸，中原宿兵，岐秦二藩，最爲巨屏。其飛書走檄，交騁諸夏，莫不伏其筆舌也。時大帥年幼，生殺之柄，斷在貳軍張筠。其宣辭假荆州任在張同，張同爲察巡。翽常少其帥，蔑視同輩不爲禮，帥因藉其才，不甚加責，但令諭之而已。其輕薄自如也。常因公宴，翽被酒呼張筠曰：「張十六。」張十六者，筠第行也。數以語言詆筠，因帥故，但銜之。他日往荆州詣張同，同僕不識，問從者，曰：「胡大夫翽。」至廳，已脱衫矣。同聞翽來，欲厚之，因命家人精意具饌。同遽出迎見，忽報曰：「大夫已去矣。」同復步至廳，但見雙椅間遺不潔而去，卒不留一辭，同亦笑而銜之。張無能加害。時帥請翽聘于大梁，翽門下客陳評事者從行，筠密賂陳，令伺其不法。入梁，果恣虛誕，或以所見密聞梁王，皆爲陳疏記之。洎歸，帥知其狂率，亦優容之。陳於是受教，搆成其惡，具以乖僻草藁，袖而白帥。帥方被酒，聞之大怒，遂盡室擁出，坑于平戎谷口，更無噍類。帥醒知之，大驚，痛惜者久之，沈思移時，曰：「殺汝者副使，非我爲之。」後草軍書不稱旨，則泣而思之。此過亦非在筠，蓋翽自掇爾。王仁裕嘗過平戎谷，有詩弔之曰：「立馬荒郊滿目愁，伊人何罪死林丘。風號古木悲長在，雨濕寒莎淚暗流。莫道文章爲衆嫉，只應輕薄是身讎。不緣魂寄孤山下，此地堪名鸚鵡洲。」《王氏見聞》（《廣記》二六六）。

馬彥珪　盧諧

1 陳太師敬瑄任西川日，有愛姬徐氏甚有美色，即徐令長女也失名。其父自郫城宰欲求彭牧，以紅綃數寸書二十八字，遣其妻私示其女。議者以徐習進而乖父子之道。其詩曰：「深宮富貴事風流，莫忘生身老骨頭。因共太師歡笑處，爲吾方便覓彭州。」又合州石鏡宰馬彥珪者，本遂州長江縣富庶之子也，晚親文筆，未識風騷，謬學滑稽，語多譏誚。因娉女，自爲内相，醉酬新郎催妝之詩，詩意風艷之甚，親族聞者莫不笑之。其詩曰：「莫飛篇翰苦相煎，款款容人帖翠鈿。不是到來梳洗晚，却憂玉體未禁憐。」唐末盧拾遺議與鄭中舍延休作贅，三年不歸陝下，其兄諧以詩讓之，詩意甚乖昆仲之禮。盧議呈其太山，中舍并女遣之。誥寄弟詩曰:「三年作贅在京城,著箇緋衫倚勢行。夜夜貪憐紅粉女,朝朝渾忘白頭兄。親情別後飢寒死,僕使歸來氣宇生。世上可能容此事,算來天道不分明。」《鑒誡録》八。

湯 篔

1 湯篔,潤州丹陽人也,工爲應用,數舉敗於垂成。李巢在湖南,鄭續鎮廣南,俱以書奏受惠。晚佐江西鍾傳,書檄闃委,未嘗有倦色。傳女適江夏杜洪之子,時及昏暝,有人走乞障車文,篔命小吏四人,各執紙筆,倚馬待製,既而四本俱成。天祐中,逃難至臨川,憂恚而卒。《唐摭言》一〇。

孫 郃

1 孫郃,字希韓,四明人。與方干友善。乾寧中,登進士第。好荀、楊、孟子之書,學退之爲文。爲校書郎中,河南府文學。其文爲錢珝所序。詩有「仕宧類商賈,終日常東西」之句。《唐詩紀事》六一。

裴 説

1 唐舉子先投所業於公卿之門,謂之行卷。説只行五言詩一卷,至來年秋賦,復行舊卷,人有譏之者,説曰:「只此十九首苦吟,尚未有人見知,何暇別行卷哉!」識者以爲知言。説天祐三年登甲科。其詩以苦吟難得爲工,且拘格律。嘗有詩曰:「苦吟僧入定,得句將成功。」又《贈僧貫休》云:「總無方是法，難得始爲詩。」又云：「是事精皆易，唯詩會却難。」遭亂，故宦不達，多遊江湖間。有《石首縣》詩云：「因攜一家住，贏得半年吟。」《唐詩紀事》六五。《南部新書》庚。　案：「天祐三年」，原作「天復六年」，據《唐才子傳》一〇改。

2 見廖匡圖、廖匡齊、廖凝1。

陳岳

1 陳岳，吉州廬陵人也。少以辭賦貢于春官氏，凡十上，竟抱至冤。晚年從豫章鍾傳，復爲同舍所譖；退居南郭，以墳典自娱。因之博覽羣籍，嘗著書商較前史得失，尤長於班、史之業，評三傳是非，著《春秋折衷論》三十卷；約大唐《實録》，撰《聖紀》一百二十卷。以所爲述作，號《陳子正言》十五卷。其辭、賦、歌、詩，別有編帙。光化中，執政議以蒲帛徵；傳聞之，復辟爲從事。後以讒黜，尋遘病而卒。《唐摭言》一〇。

侯翮

1 唐光啓中，成都人侯翮風儀端秀，有若冰壺。以拔萃出身，爲邠寧從事。僖皇播遷，擢拜中書舍人、翰林學士，内試數題目，其詞立就。舊族朝士，潛推服之。僖宗歸闕，除郡不赴，歸隱導江別墅，號卧龍館。王蜀先主圖霸，屈致幕府，先俾節度判官馮涓候其可否。馮有文章大名，除眉州刺史，田令孜拒朝命，不放之任，羈寓成都，爲侯公軫卹，甚德之。其辟書，即馮涓極筆也。侯有謝書，上王先主，其自負云：「可以行修牋表，坐了檄書。」其先人，蜀之小將也。《北夢瑣言》五。《十國春秋》四四。

王　輿

1 王輿有詩名，嘗有一聯云：「天漢尚不正，河源争得清？」崔胤相國聞之，大不悦，竟流落而死。

《紀異録》（《類説》一二）。

薛昌緒

1 岐玉李茂貞霸秦隴也，涇州書記薛昌緒爲人迂僻，禀自天性。飛文染翰，即不可得之矣。與妻相見亦有時，必有禮容，先命女僕通轉，往來數四，可之，然後秉燭造室，至于高談虛論，茶果而退。或欲詣幃房，其禮亦然。嘗曰：「某以繼嗣事重，輒欲卜其嘉會，必候請而可之。」及從涇帥統衆于天水，與蜀人相拒于青泥嶺。岐衆迫于輦運，又聞梁人入境，遂潛師宵遁，頗懼蜀人之掩襲。涇帥臨行，攀鞍忽記曰：「傳語書記，速請上馬。」連促之。薛在草菴下藏身，曰：「傳語太師，但請先行。今晨是某不樂日。」戎帥怒，使人提上鞍轎，捶其馬而逐之。尚以物蒙其面，云：「忌日禮不見客。」此蓋人妖也，秦隴人皆知之。

《玉堂閒話》（《廣記》五〇〇）。

司馬都

1 前進士司馬都居于青丘，嘗以錢二萬託戎帥王師範下軍將市絲，經年，絲與金並爲所没。都因月旦趨府，謁王公，偶見此人，問之。其人貌狀魁偉鬍頣，凶頑發怒，欲自投于井。都徐曰：「何至如此？足下吒一抱之髭鬚，色斯舉矣；望千尋之玉甃，井有人焉。」王公知之，甃軍將于枯木。《玉堂閒話》（《廣記》二五二）。

謝　諤

1 進士謝諤，家於南康，舍前有溪，常遊戲之所也。諤爲兒時，嘗夢浴溪中，有人以珠一器遺之，曰：「郎吞此，則明悟矣。」諤度其大者不可吞，即吞細者六十餘顆。及長，善爲詩，進士裴説爲選其善者六十餘篇，行於世。《稽神録》一。又《廣記》二七八引。

喬子曠

1 唐末有喬子曠者，能詩，喜用僻事，時人謂之「狐穴詩人」。《誠齋雜記》上。

張　林

1 唐張林，本士子，擢進士第，官至臺侍御。爲詩小巧，多采景於園林亭沼間，至如「菱葉乍翻人採後，荇花初没舸行時」，他皆此類。受眷於崔相昭緯，或謁相庭，崔公曰：「何以久不拜見？」林曰：「爲飯瓮子熱發。」崔訝飯瓮不康之語。林曰：「數日來水米不入，非不康耶！」又寒月遺以衣襦，問其所需，乃曰：「一衫向下，便是張林。」相國大笑，終始優遇也。《北夢瑣言》一二。《唐詩紀事》六一。

黄匪躬

1 見李頻3。

謝廷浩

1 謝廷浩，閩人也。大順中，頗以辭賦著名，與徐夤不相上下，時號「錦繡堆」。《唐摭言》一〇。《實賓録》一〇。《白孔六帖》八引作《舊唐史》。　案：謝廷浩，《實賓録》、《六帖》作「謝延皓」。

王涣

1 大順中，王涣自左史拜考功員外，同年李德鄰自右史拜小戎，趙光胤自補衮拜小儀，王拯自小版拜少勳。涣首唱長句感恩。上裴公曰：「青衿七十榜三年，建禮含香次第遷。珠彩乍連星錯落，桂花曾對月嬋娟。玉經磨琢多成器，劍拔沈埋便倚天。應念銜恩最深者，春來爲壽拜尊前。」裴公答曰：「謬持文柄得時賢，粉署清華次第遷。昔歲策名皆健筆，今朝稱職並同年。各懷器業寧推讓，俱上青霄豈後先！何事老來猶賦詠，欲將酬和永留傳。」《唐摭言》三。《唐詩紀事》六六。

歸黯

1 歸黯親迎拜席日，狀元及第，榜下版巡脱白，期月無疾而卒。《唐摭言》八。

盧玄暉

1　盧大郎補闕，盧名上字與僕家諱同，下字曰暉。升平鄭公之甥也。暉少孤，長於外氏，愚常誨之舉進士。咸通十一年初舉，廣明庚子歲，遇大寇犯闕，竄身南服。時外兄鄭續鎮南海，暉向與續同庠序。續仕州縣官，暉自號白衣卿相。然二表俱爲愚鍾愛。爾來未十稔，續爲節行將，暉乃窮儒，復脱身虎口，挈一囊而至。續待之甚厚。時大駕幸蜀，天下沸騰，續勉之出處，且曰：「人生幾何！苟富貴可圖，何須一第耳！」暉不答。復請賓佐誘激者數四，復虚右席以待暉。暉因曰：「大朝設文學之科以待英俊，如暉能否，焉敢期於饕餮！然聞昔舅氏所勖，常以一第見勉。今舊館寂寥，奈何違宿昔之約！苟白衣殁世，亦其命也；若見利改途，有死不可！」續聞之，加敬。自是龍鍾場屋復十許歲，大順中，方爲弘農公所擢，卒於右衮。《唐摭言》四。

游恭

1　吴游恭幼聰悟，爲辭章，士大夫稱之。時選舉避宰相崔胤家諱，恭以姓犯其嫌名，累年不第。乾寧中，禮部侍郎獨孤損擢爲上第。唐末貢舉多請託，時謂恭及殷文圭爲進士中進士。《賓實録》一。

劉纂

1　劉纂者，商州劉舍人蜕之子也，嗣爲文亦不惡。乾寧中寒棲京師，偶與一醫工爲鄰，纂待之甚至，往往假貸於其人，其人即上樞吴開府門徒。嗣薛王爲大京兆，醫工因爲知柔診脈，從容之際，言纂之窮且屈，知柔甚領覽。會試官以解送等第稟於知柔，知柔謂纂是開府門人來囑，斯必開府之意也，非解元不可。由是以纂居首送，纂亦不知其由。自是纂落數舉，方悟。萬計莫能雪之。《唐摭言》九。又《廣記》一八四引。

盧　肅

1 盧肅，鈞之孫，貞簡有祖風。光化初，華州行在及第。洎大寇犯闕二十年，縉紳靡不褊乏。肅始登第，俄有李鴻者造之，願傭力。鴻以錐刀，暇日往往反資於肅，此外未嘗以所須爲意。肅有舊業在南陽，常令鴻徵租，皆如期而至，往來千里，而未嘗侵費一金。既及第，鴻奔走如初。及一春事畢，鴻即辭去。《唐摭言》三。又《廣記》二一七五引。案：《廣記》誤以盧肅爲鈞之子，又「李鴻」作「李鵠」。

賈　泳

1 見裴贄1。

盧文焕

1 盧文焕，光化二年狀元及第，頗以宴醵爲急務，常俯闕宴，同年皆患貧，無以致之。一旦，紿以遊齊國公亭子，既至，皆解帶從容。文焕命團司牽驢。時柳璨告文焕以驢從非己有，文焕曰：「『藥不瞑眩，厥疾弗瘳！』」瑑甚銜之。居四年，瑑登庸，王焕憂戚日加，瑑每遇之，曰：「『藥不瞑眩，厥疾弗瘳！』」《唐摭言》三。又《廣記》一八四引。

曹松　王希羽

1 天復元年，杜德祥榜，放曹松、王希羽、劉象、柯崇、鄭希顔等及第。時上新平内難，聞放新進士，喜甚。詔選中有孤平屈人，宜令以名聞，特敕授官。故德祥以松等塞詔，各受正。制略曰：「念爾登科之際，當予反正之年，宜降異恩，各膺寵命。」松，舒州人也，學賈司倉爲詩，此外無他能，時號松啓事爲送羊脚狀。希羽，歙州人也，辭藝優博。松、希羽甲子皆七十餘。象，京兆人；崇、希顔，閩中人，皆以詩卷及第，亦皆年逾耳順矣。時謂五老榜。《唐摭言》八。又《廣記》一七八引。《唐詩紀事》六五。

劉　象

1 劉象郎中因詠仙掌得名，時人呼爲「劉仙掌」。……劉郎中《詠仙掌》曰：「萬古亭亭倚碧霄，不成奇刻不成招。何如掬取蓮池水，灑向人間救旱苗。」《鑒誡録》九。《賓賓録》五。《唐詩紀事》六一。

2 見梁震1。

3 見沈彬5。

4 見曹松1。

許晝

1　宋人許晝，閩人黄遘，遘嘗宰滑州衛南，與晝聲迹不疏。光化三年，二人俱近事，遘謗晝嘗笞背矣。晝性卞急，時内翰吴融侍郎，西銓獨孤損侍郎，皆盡知己，一旦晝造二君子自辨，因袒而視之。二公皆掩袂而入。晝、遘其年俱落。《唐摭言》一一。《唐詩紀事》六七。

2　許晝者，睢陽人也，薄攻五字詩。天復四年，大駕東幸，駐蹕甘棠，晝於此際及第。梁太祖長子，號大卿郎君者，常與晝屬和。晝以卿爲奥主，隨駕至洛下，攜同年數人，醉於梁祖私第，因折牡丹十許朵。主吏前白云：「凡此花開落，皆籍其數申令公。秀才奈何恣意攀折！」晝慢罵久之。主吏銜之，潛遣一介馳報梁祖。梁祖聞之，頗睚眦，獨命械晝而獻。於時，大卿竊知，間道先遣使至。晝遂亡命河北，莫知所止。《唐摭言》三。《唐詩紀事》六七。

李沼

1　李沼者，封川相猶子也，其妻乃董常侍禹之女也。大順中，邠州節度使尚父王行瑜外族董氏，以舅事於禹，沼樂遊行瑜之門，行瑜呼沼李郎。會與計偕，僕馬生生之具，皆行瑜所致，沼負是大恣。未幾，按甲來覲，諷天子誅大臣，縉紳間重足一蹟，沼出入行瑜之門，頗有得色。及行瑜敗，詔捕沼，沼亡命秦隴。《唐摭言》九。

孫定

1 孫定字志元，涪州大戎之族子，長於儲。定數舉矣，而儲方欲就貢。或訪於定，定謔曰：「十三郎儀表堂堂，好箇軍將，何須以科第爲資！」儲頗銜之。後儲貴達，未嘗言定之長。晚年喪志，放意杯酒。景福二年，下第遊京西，出開遠門，醉中走筆寄儲詩曰：「行行血淚灑塵襟，事逐東流渭水深。愁跨蹇驢風尚緊，静投孤店日初沈。一枝猶掛東堂夢，千里空馳北巷心。明日悲歌又前去，滿城煙樹噪春禽。」定詩歌千餘首，多委於兵火，竟無成而卒。《唐摭言》一〇。《詩話總龜》前集四四。《唐詩紀事》六六。

蘇拯

1 光化中，蘇拯與鄉人陳滌同處。拯與考功蘇郎中璞初叙宗黨，璞故奉常滌之子也。拯既執贄，尋以啓事温卷，因請陳滌緘封，滌遂誤書己名，璞得之大怒。拯聞之，蒼黄復致書謝過。吴子華聞之曰：「此書應更權也。」《唐摭言》一二。《北夢瑣言》（《廣記》二四二）。

張翺

1 唐乾寧中，宿州刺史陳璠以軍旅出身，擅行威斷。進士張翺恃才傲物，席上調璠寵妓張小泰。怒而揖起，付吏，責其無禮。狀云：「有張翺兮，寓止淮陰。來綺席兮，放恣胸襟。」璠益怒，云：「據此分析，合喫幾下？」翺云：「只此兩句，合喫乎三下五下。切求一笑，宜費乎千金萬金。」金鞭響背，十三長逝。惜其恃才而取禍也。出劉山甫《閒談》，詞多不載。《北夢瑣言》一〇。又《廣記》二六六引。

蔣皤　張鵠

1　光啓中，蔣皤以丹砂授善和韋中令。張鵠，吴人，有文而不貧。或刺之曰：「張鵠只消千駄絹，蔣皤唯用一丸丹。」《唐摭言》一三。《古今詩話》（《詩話總龜》前集三七）。

宇文翃

1　禪門有祖系圖，得佛心印者，皆次列之。進士有登科記，懷將相才者，咸編綴之。而名實相違，玉石混雜，疑誤後人，良可怪也。唐進士宇文翃，雖士族子，無文藻，酷愛上科。有女及笄，真國色也，朝之令子弟求之不得。時竇璠年逾耳順，方謀繼室，其兄諫議，叵有氣焰，能爲人致登第。翃嫁女與璠，璠爲言之元昆，果有所獲。相國韋公説，即其中表，甚鄙之。因滑臺杜尚書宅遭火，幾爇神柩，家人云老鼠尾曳火入庫内，因而延燎。京兆謂宇文曰：「魚將化龍，雷爲燒尾。近日老鼠亦有燒尾之事。」用以譏之。葆光子嘗試一僧，備諳謬妄，一旦擁徒説法，自言出世，安知他日不預祖系乎？是則宇文翃登科，後人何以知之。悲夫！《北夢瑣言》四。又《廣記》二六二引。

盧知猷

1 乾寧末，駕幸三峯，太子太師盧知猷於西溪亭子赴進士關宴，因謂前達曰：「老夫似這關宴，至今相繼赴三十箇矣！」《唐摭言》三。

荊浩

1 荊浩，河内人。博雅好古，善畫山水。自撰《山水訣》一卷，爲友人表進，秘在省閣。常自稱洪谷子。語人曰：「吴道子畫山水，有筆而無墨；項容有墨而無筆。吾當采二子之所長，成一家之體。」故關同北面事之。有四時山水、三峯、桃源、天台等圖傳於世。《圖畫見聞誌》二。《宣和畫譜》一〇。《圖繪寶鑑》二。

李昇

1 李昇者，成都人也。小字錦奴。年纔弱冠，志攻山水，天縱生知，不從師學。初得張藻員外唐時名士，善畫山水。山水一軸，玩之數日，云未盡妙矣，遂出意寫蜀境山川平遠，心思造化，意出先賢，數年之中，創成一家之能，俱盡山水之妙。每含毫就素，必有新奇。《桃源洞圖》、《武陵溪圖》、《青城山圖》、《峨嵋山圖》、《二十四化山圖》，好事得之，爲箱篋珍；後學得之，以爲無言師。明皇朝有李將軍，擅名山水，蜀人皆呼昇爲小李將軍，蓋其藝相匹爾。悟達國師自京入蜀，重其高手，請於聖壽寺本院同居數年，因於廳壁畫

《出峽圖》一堵、《霧中山圖》一堵。既而又請於大聖慈寺真堂内畫漢州《三學山圖》一堵，彭州《至德山圖》一堵，時稱悟達國師真堂四絶：常粲寫真，僧道盈書額，李商隱讚，李昇畫山水。今現存。《益州名畫録》中。《圖畫見聞誌》二。《宣和畫譜》三。

趙德齊

1　趙德齊者，温奇子也。乾寧初，王蜀先主府城精舍不嚴，禪室未廣，遂於大聖慈寺大殿東廡起三學延祥之院，請德齊於正門西畔畫南北二方天王兩堵。院門舊有盧楞伽畫行道高僧三堵六身，賴德齊遷移，至今獲在。光化年王蜀先主受昭宗勅置生祠，命德齊與高道興同手畫西平王儀仗、旗纛旌麾、車輅法物及朝真殿上皇姑帝戚、后妃嬪御百堵以來，授翰林待詔，賜紫金魚袋。蜀光天元年戊寅歲，王蜀先主殂逝，再命德齊與道興畫陵廟鬼神人馬及車輅儀仗、宫寢嬪御一百餘堵。大聖慈寺竹溪院釋迦十弟子并十六大羅漢，崇福禪院帝釋及羅漢，崇真禪院帝釋梵王及羅漢堂□文殊普賢，皆德齊筆，現存。議者以德齊三代居蜀，一時名振，克紹祖業，榮耀何多。《益州名畫録》上。《宣和畫譜》二。《圖繪寶鑑》二。

關小紅　石潀

1　唐昭宗劫遷，百官蕩析，名娼伎兒，皆爲强諸侯有之。供奉彈琵琶樂工號關别駕，小紅者，小名也，梁太祖求之。既至，謂曰：「爾解彈羊不采桑乎？」關伶俛而奏之。及出，又爲親近者俾其彈而送酒。

由是失意，不久而殂。復有琵琶石潨者，號石司馬。自言早爲相國令狐公見賞，俾與諸子渙、渢連水邊作名也。亂後入蜀，不隸樂籍，多游諸大官家，皆以賓客待之。一日，會軍校數員飲酒作歡，石潨以胡琴擅場，在坐非知音者，諠譁語笑，殊不傾聽。潨乃撲槽而詬曰：「某曾爲中朝宰相供奉，今日與健兒彈而不蒙我聽，何其苦哉！」于時識者亦歎訝之。喪亂以來，冠履顛倒，不幸之事，何可勝道，豈獨賤伶云乎哉！

《北夢瑣言》六。又《廣記》二〇五引。《十國春秋》四五。

安轡新

1、2 見李茂貞2、3。

王酒胡

1 京輦自黃巢退後，修葺殘毀之處。鎮州王家有一兒，俗名王酒胡，居于上都，巨有錢物，納錢三十萬貫，助修朱雀門。上又詔重修安國寺畢，親降車輦以設大齋。乃十二撞新鐘，捨錢一萬貫。令諸大臣各取意擊之，上曰：「有人能捨錢一千貫文者，即打一槌。」齋罷，王酒胡半醉入來，徑上鐘樓連打一百下，便於西市運錢十萬貫入寺。《中朝故事》。又《廣記》四九九引。《玉泉子》。 案：《廣記》引爲僖宗事，《玉泉子》則作昭宗事。

趙師儒

1 唐柳玭大夫之任瀘州，泝舟經馬驍鎮。土豪趙師儒率鄉兵數千，憑高立寨，刑訟生殺，得以自專，本道署以軍職。聞五馬經過，乃棹扁舟，被褐衫，把杖子迎接，參狀云「百姓趙師儒」。亞台以其有職，非隸屬邑，怪而辭之。師儒曰：「巴蜀亂離，某懷集鄉人拒他盜，非敢僭幸，妄徼戎職。」亞台欣而接之，乃駐旌旆，館於寨中。供億豐備，欽禮彌勤。師儒亦有詩句，皆陳素心，亞台悉爲和之。睹其清儉，不覺嗟歎曰：「我他年若登廊廟，必爲斯人而致節察。」蓋賞其知分任真也。《北夢瑣言》四。

章全益

1 章孝子名全益，東蜀涪城人。少孤，爲兄全啓養育。母疾，全啓割股肉以饋，其疾果瘳也。他日，全啓出遊，殂於逆旅。全益感天倫之恩，製斬縗之服，又以全啓割肉啗母，遂以火煉指，以申至痛。仍以銀字寫《法華經》一部，日夕諷誦，仍通大義。後於成都府樓巷，舍於其間，傍有丹竈，不蓄童僕，塊然一室。鬻丹得錢，數及兩金，即刻一象。今華亭禪院，即居士高樓之所。人謂有黃白之術。嘗言於道友曰：「點水銀一兩，止一兩銀價。若丸作三百粒，每粒百錢，乃三十千矣。其利博哉！」但所鬻之丹亦神矣。居士到蜀之後，製土偶於丹竈之側，以代執熱之用，護惜不毁，殆四十年。大順中物故，年至九十八。寺僧寫真於壁，節度判官、前眉州刺史馮涓撰讚以美之。《北夢瑣言》（《廣記》一六八）。

鄭遨

1 雲叟，僖宗時應百篇舉不利，遂隱華山。《唐詩紀事》七一。

2 見杜光庭5。

3 鄭遨隱居，有高士問：「何以閱日？」對曰：「不注目於婆娑兒，即側耳於鼓吹長。」謂玩鷗而聽蛙也。《清異録》上。

同谷子

1 見唐昭宗14。

强紳

1 唐鳳州東谷有山人强紳，妙於三戒，尤精雲氣。屬王氏初併秦鳳，張黄於通衢，强公指而謂孫光憲曰：「更十年，天子數員。」又曰：「并汾而來悠悠，梁蜀後何爲哉？」於時蜀兵初攻岐山，謂其旦夕屠之，强曰：「秦王久思妄動，非四海之主。雖然，死於牖下，乃其分也。蜀人終不能克秦，而秦川亦成丘墟矣。」爾後大鹵與王鳳翔不羈，秦王令終，王氏絶祚，果叶强生言。有鹿盧蹻術，自云：「老夫耄矣，無人可傳。」其書藏在深隱處古杉樹中，因與孫光憲偕詣。開樹皮，發蠟緘，取出一通絹書，選吉辰以授。爲强嫗止之，謂孫少年矣，慮致發狂，俾服膺三年，方議可否。《北夢瑣言》（《廣記》八〇）。

伊用昌

1 熊皦補闕説：頃年，有伊用昌者，不知何許人也。其妻甚少，有殊色，音律女工之事，皆曲盡其妙。夫雖饑寒丐食，終無愧意。或有豪富子弟，以言笑戲調，常有不可犯之色。其夫能飲，多狂逸，時人皆呼爲「伊風子」。多遊江左廬陵、宜春等諸郡。出語輕忽，多爲衆所毆擊。愛作《望江南》詞，夫妻唱和。或宿於古寺廢廟間，遇物即有所詠，其詞皆有旨。熊只記得《詠鼓詞》云：「江南鼓，梭肚兩頭欒。釘着不知侵骨髓，打來只是没心肝，空腹被人謾。」餘多不記。江南有芒草，貧民採之織屨，緣地土卑濕，此草耐水，而貧民多着之。伊風子至茶陵縣門，大題云：「茶陵一道好長街，兩畔栽柳不栽槐。夜後不聞更漏鼓，只聽鎚芒織草鞋。」時縣官及胥吏大爲不可，遭衆人亂毆，逐出界。江南人呼輕薄之詞爲「覆窠」，其妻告曰：「常言小處不要覆窠，而君須要覆窠之。譬如騎惡馬，落馬足穿鐙，非理傷墮一等，君不用苦之。」如是夫妻俱有輕薄之態。天祐癸酉年，夫妻至撫州南城縣所，有村民斃一犢，夫妻丐得牛肉一二十觔，於鄉校内烹炙，一夕俱食盡。至明，夫妻爲肉所脹，俱死于鄉校内。縣鎮吏民，以蘆蓆裹尸，於縣南路左百余步而瘗之。……熊言六七歲時，猶記識伊風子，或着道服，稱「伊尊師」。熊嘗於頂上患一癰癤，疼痛不可忍，伊尊師含三口水，噀其癰，便潰，並不爲患，至今尚有痕在。熊言親覩其事，非謬説也。《玉堂閒話》（《廣記》五五）。

2 伊用昌遊江浙間，散誕放逸，不拘細謹。善飲，每醉行歌市中，其言皆物外汗漫之辭，似不可曉。亦能爲詩，《留題閣皂觀》云：「花洞門前吠似雷，險聲流斷俗塵埃。雨噴山脚毒龍起，月照松梢孤鶴回。羅幕秋高添碧翠，畫帘時卷對樓臺。雨壇詩客何年去，去後門關更不開。」後入湖南謁馬氏。時方設齋，獨不請用昌，自造之，據其坐。洎食畢，則大聲吟詩云：「誰人能識白元君，上士由來盡見聞。避世早空南火宅，植田高種北山雲。雞能抱卵心常聽，蟬到成形殼自分。學取大羅些子術，免教松下作孤墳。」詩畢，拂衣而起。衆訝奇異，乃逼問，無對，出門不見。《雅言雜載》(《詩話總龜》前集四六)。

䛒光

1 釋䛒光，字登封，姓吴氏，永嘉人也，唐史官左庶子兢之裔孫也。幼捨家於陶山寺剃度。居必介然，不與恒人交雜。好自標遇，慢易緇流。多作古調詩，苦僻寡味，得句時有得色。長於草隸，聞陸希聲謫宦于豫章，光往謁之。陸恬静而傲氣，居于舟中，凡多迴投刺，且不之許接。一日設方計干謁，與語數四，苦祈其草法，而授其五指撥鐙訣。光書體當見酋健，轉腕迴筆，非常所知。乃西上，昭宗詔對御榻前書，賜紫方袍。後謁華帥韓建，薦號曰廣利。自華下歸故鄉，謁武肅王錢氏：以客禮延之。而性畔岸，弗愜王情，乃歸甬東終焉。有文集，知音者所貴。出筆法弟子從瓌、温州僧正智琮，皆得墨訣。有朝賢贈歌詩，吴内翰融、羅江東隱等五十家，僅成一集。《宋高僧傳》三〇。

2 見陸希聲 2。

3 越僧䛒光善草書，自言授法於陸相希聲。其飄逸有張旭之妙，吴翰林以歌獎之，言多不載。羅給事贈詩云：「聖主賜衣稱絶藝，侍臣擒藻許高蹤。」又有亞棲，書骨氣不及䛒，而趫媚過之。二人俱應制，其蹤海内皆盛。《葆光録》一。

亞　栖

1 釋亞栖，洛陽人也。經律之餘，喜作字，得張顛筆意。昭宗光化中，對殿庭草書，兩賜紫袍，一時爲之榮。每論張顛，云：「世徒知張之顛，而不知實非顛也。觀其自謂『吾書不大不小，得其中道，若飛鳥出林，驚蛇入草』，則果顛也耶？」此亞栖所以獨得，而世俗未必知也。《宣和書譜》一九。

2 見䛒光3。

上藍和尚

1 見鍾傳2。

2 見王潮1。

3 上藍和尚，失其名，居於洪州上藍院，精究術數，大爲鍾傳所禮。一旦疾篤，往省之，且曰：「老夫於和尚可謂無閒矣。和尚或不諱，得無一言相付耶？」上藍强起，索筆作偈以授，其末云：「但看來年二三月，柳條堪作打鐘槌。」偈終而卒。傳得之，不能測。洎明年春，淮帥引兵奄至，洪州陷，江南遂爲楊氏有。打鐘之偈，人始悟焉。《五代史補》四。

4 高祖嘗在晉祖麾下，晉祖既起太原，因高祖遂有天下。先是豫章有僧號上藍者，精於術數，自唐末著讖云：「石榴花發石榴開。」議者以「石榴」則晉、漢之謂也；再言「石榴」者，明享祚俱不過一二世矣。《五代史補》四。

陸濛妻蔣氏

1 陸濛爲湖州司法參軍，妻蔣氏，即凝之女也，善屬文而耽酒。後染邪氣，心神不恒，姊妹憂之，勸節飲强餐，應聲吟曰：「平生偏好酒，勞爾勸吾飡。但得尊中滿，時光度不難。」有聖保寺僧知業，性高古，有詩名，偶訪司法，談玄之次，蔣氏遽自内遞一杯酒與知業，公免云：「業不會飲。」蔣氏隔簾對曰：「秪如上人詩云：『接岸橋通何處路，倚欄人是阿誰家？』觀此風韻，得不飲乎？」業公慚作，起而退。《葆光録》二。《詩話總龜》前集三七。

唐人軼事彙編卷三十一

後梁太祖

1 梁祖，宋州碭山縣午溝里人，本名温，賜名全忠，建國後，改名晃。家世爲儒。祖信，父誠，皆以教授爲業。誠早卒，有三子俱幼，母王氏攜養寄於同縣人劉崇家。昆弟之中，唯温狡猾無行，崇母撫養之。崇弟兄嘗加譴杖。一日，偷崇家釜而竄，爲崇追回，崇母遮護，以免朴責。善逐走鹿，往往及而獲之。又崇母常見其有龍蛇之異。它日與仲兄存入黄巢中作賊，伯兄昱與母王氏尚依劉家。温既辭去，不知存亡。及温領鎮於汴，盛飾輿馬，使人迎母於崇家。王氏皇恐，辭避深藏，不之信，謂人曰：「朱三落拓無行，何處作賊送死，焉能自致富貴？汴帥非吾子也。」使者具陳離鄉去里之由，歸國立功之事。王氏方泣而信。是日，與崇母並迎歸汴。温盛禮郊迎，人士改觀。崇以舊恩，位至列卿，爲商州刺史。王氏以温貴，封晉國太夫人。仲兄存於賊中爲矢石所中而卒。温致酒於母，歡甚，語及家事，謂母曰：「朱五經辛苦業儒，不登一命，今有子爲節度使，無忝先人矣。」母不懌，良久謂温曰：「汝致身及此，信謂英特，行義未必如先人。朱二與汝同入賊軍，身死蠻徼，孤男稚女，艱食無告，汝未有恤孤之心。英特即有，諸無取也。」温垂涕謝罪，即令召諸兄子皆至汴，友寧、友倫皆立軍功，位至方鎮。《北夢瑣言》一七。

2 五代梁太祖微時，嘗傭力徐州蕭縣人劉崇家。及即位，召崇爲商州刺史。崇之母撫梁祖有恩，梁祖號爲「國婆」。《實賓録》六。

3 梁祖自初起，每令左右持大赤旗，緩急之際用以揮軍，祖自目爲火龍標。《清異録》下。

4 梁太祖皇帝到梁園，深有大志，然兵力不足，常欲外掠，又虞四境之難，每有鬱然之狀。時有薦敬秀才於門下，乃白梁祖曰：「明公方欲圖大事，輕重必爲四境所侵，但令麾下將士詐爲叛者而逃，即明公奏於主上及告四鄰，以自襲叛徒爲名。」梁祖曰：「天將奇人以佐於吾。」初從其謀，一出而致衆十倍。《後史補》（《通鑑考異》二五）。

5 梁祖親征鄆州，軍次衞南，時築新壘土工畢，因登眺其上，見飛烏止於峻堞之間而噪，其聲甚厲。副使李璠曰：「是烏鳥也，將有不如意之事。」其前軍朱友裕爲朱瑄掩撲，拔軍南去，我軍不知，因北行。遇朱瑄軍來迎，梁祖策馬南走，入村落間，爲賊所迫。前有溝坑，頗極深廣。匆遽之際，忽見溝内蜀黍稈積以爲道，正在馬前，遂騰躍而過，因獲免焉。副使李璠、都將高行思爲賊所殺。張歸宇爲殿騎，援戈力戰，僅得生還，被十四五箭。乃知衞南之烏，先見之驗也。《北夢瑣言》一六。又《廣記》四六二引。

6 丁會爲昭義節帥，常懼梁祖雄猜，疑忌功臣。忽謂敬翔曰：「吾夢丁會在前祇候，吾將乘馬欲出，圉人以馬就臺，忽爲丁會跨之以出，時夢中怒，叱喝數聲，因驚覺，甚惡之。」是月，丁會舉潞州軍民歸河東矣。《北夢瑣言》一六。

7 朱太祖統四鎮呼中令日，名温，與崔相國連構大事。崔每奏太祖忠赤，委之關東，國無患矣。昭宗遽勅太祖改名全忠。議者曰：「全字，人王也；又在中心，其不可也。」近臣亦奏，上方悔焉，勅命既行，追之弗及。後果有大梁皇帝之號。是時四分天下，其在中心，乃賜名之應也。《鑒誡録》二。

8 唐世梁太祖未建國前，崔禹昌擢進士第，有别業在汴州管内。禹昌敏俊善接對，初到夷門，希梁祖意，請陳桑梓禮。梁祖甚喜，以其不相輕薄，甚蒙管領，常預賓次，或陪褻戲。梁祖以其有莊墅，必藉牛，乃問曰：「莊中有牛否？」禹昌曰：「不識得有牛。」意是無牛，以時俗語「不識得有」對之。梁祖大怒曰：「豈有人不識牛？謂我是村夫即識牛，渠則不識。如此輕薄，何由可奈！」幾至不測。後有人言，方漸釋怒。《北夢瑣言》四。

9 梁祖之初兼四鎮也，英威剛很，視之若乳虎，左右小忤其旨，立殺之。梁之職吏，每日先與家人辭訣而入，歸必相賀。賓客對之，不寒而慄。進士杜荀鶴以所業投之，且乞一見，掌客以事聞於梁祖，梁祖默無所報。荀鶴住大梁數月。先是，凡有求謁梁祖，如已通姓名而未得見者，雖踰年困躓於逆旅中，寒餓殊甚，主者留之，不令私去，不爾，即公人輩及禍矣。荀鶴逐日詣客次，一旦，梁祖在便聽，謂左右曰：「杜荀鶴何在？」左右以見在客次爲對。未見間，有馳騎至者，梁祖見之，至巳午間方退，梁祖遽起歸宅。荀鶴謂掌客者曰：「某飢甚，欲告歸。」公人輩爲設食，且曰：「乞命。若大王出，要見秀才，言已歸館舍，即某等求死不暇。」至未申間，梁祖果出，復坐於便聽，令取骰子來。既至，梁祖擲，意似有所卜。擲且久，終不愜旨，怒甚，屢顧左右。左右怖懼，縮頸重足，若蹈湯火。須臾，梁祖取骰子在手，大呼曰：「杜荀鶴。」擲之，六隻俱赤，乃連聲命「屈秀才」。荀鶴爲主客者引入，令趨驟至階陛下。梁祖言曰：「秀才不合趨階。」荀鶴聲喏，恐懼流汗，再拜。叙謝訖，命坐，荀鶴慘悴戰慄，神不主體。梁祖徐曰：「知秀才久矣。」荀鶴欲降陛拜謝，梁祖曰：「不可。」於是再拜復坐。梁祖顧視陛下，謂左右曰：「似有雨點下。」令視之，實雨也。然仰首視之，天無片雲。雨點甚大，霑陛簷有聲。梁祖自起，熟視之，復坐，謂杜曰：「秀才曾見無雲雨否？」荀鶴答言：「未曾見。」梁祖笑曰：「此所謂無雲而雨，謂之天泣。不知是何祥也？」又大笑，命左右：「將紙筆來，請杜秀才題一篇無雲雨詩。」杜始對梁祖坐，身如在燃炭之上，憂悸殊甚。復令賦無雲雨詩，杜不敢辭。即令坐上賦詩，杜立成一絶獻之。梁祖覽之，大喜，立召賓席共飲，極歡而散，且曰：「來日特爲杜秀才開一筵。」復拜謝而退。杜絶句云：「同是乾坤事不同，雨絲飛灑日輪中。若教陰朗都相似，争表梁王造化功。」由是大獲見知。杜既歸，驚懼成疾，水瀉數十度，氣貌羸絶，幾不能起。客司守之，供侍湯藥，若事慈父母。明晨，再有主客者督之，且曰：「大王欲見秀才，請速上馬。」杜不獲已，巾櫛上馬，比至，凡促召者五七輩。杜困頓無力，憂□趨進遲緩。梁祖自起，大聲曰：「杜秀才，『争表梁王造化功』！」杜頓忘其病，趨步如飛，連拜叙謝數四。自是梁祖特帳設賓館，賜之衣服錢物，待之甚厚。福建人徐夤下第，獻《過梁郊賦》，梁祖覽而器重之，且曰：「古人酬文士，有一字千金之語。軍府費用多，且一字奉絹一匹。」徐賦略曰：「客有失意還鄉，經於大梁，遇郊坰之耆老，問今古之侯王。父老曰：『且説當今，休論往昔。昔時之事跡誰見，今日之功名目覩。』」辭多不載。遂留于賓館，厚禮待之。徐病且甚，梁祖使人謂曰：「任是秦皇漢武。」蓋誚徐賦有「直論簫史王喬，長生孰見；任是秦皇漢武，不死何歸」，憾其有此深切之句爾。梁祖既有移龜鼎之志，求賓席直言骨鯁之士。一日，忽出大梁門外數十里，憩于高柳樹下。樹可數圍，柯幹甚大，可庇五六十人，遊客亦與坐。梁祖獨語曰：「好大柳樹！」徐徧視賓客，注目久之。坐客各各避席，對曰：「好柳樹！」梁祖又曰：「此好柳樹，好作車頭。」末坐五六人起對：「好作車頭。」梁祖顧恭翔等，起對曰：「雖好柳樹，作車頭須是夾榆樹。」梁祖勃然，厲聲言曰：「這一隊措大，愛順口弄人。柳樹豈可作車頭？車頭須是夾榆木。便順我也道柳樹好作車頭。我見人説秦時指鹿爲馬，有甚難事！」顧左右曰：「更待甚！」須臾，健兒五七十人悉擒言柳樹好作車頭者，數以諛佞之罪，當面撲殺之。梁祖雖起於羣盜，安忍雄猜，甚於古昔。至於剛猛英斷，以權數御物，遂成興王之業，豈偶然哉！《洛陽搢紳舊聞記》一。又《分門古今類事》二〇引。

10 見殷文圭5。

11 見李襲吉1、2。

12 世傳朱全忠作四鎮時，一日與賓佐出游，全忠忽指一方地曰：「此可建一神祠，試召一視地工驗之。」而召工久不至，全忠怒甚，見於辭色，左右皆恐。良久，工至，全忠指地視之。工再拜，賀曰：「此所謂乾上龍尾地，建廟固宜，然非大貴人不見此地。」全忠喜，薄賜而遣之。工出，賓僚或戲之曰：「爾若非乾上龍尾，當坎下驢頭矣。」東北人謂斫伐爲「坎」。《明道雜志》。

13～16 見唐昭宗20、22、23、26。

17 見李裕1。

18 朱全忠弒昭宗，以裴樞朝廷宿望，全忠奏以伶人張廷範爲太常卿，樞以爲必非元帥之旨，持之不下。全忠曰：「吾常以裴十四器識真淳，不入浮薄之黨，觀此議論，本態露矣。」李振言於全忠曰：「朝廷所以不理，皆由浮薄之徒紊亂紀綱，不若盡去之。」全忠以爲然。有以名檢自處聲迹稍著者，皆指爲浮薄，貶逐無虚日，搢紳爲之一空。《續世説》九。

19 朱全忠先以蔣玄暉爲樞密使，伺帝動静。積慶何太后以昭宗見害之後，常恐不保旦夕，曾使宫人阿秋面召玄暉屬戒，所乞它日傳禪之後，保全子母性命。言發，無不涕零。先是全忠速要傳禪，召玄暉到汴州，責以太遲，玄暉以傳禪先須封國，授九錫之命，俟次第行之。全忠怒曰：「我不要九錫，看作天子否？」玄暉歸奔洛陽，與宰相商量，爲趙殷衡誣譖，云與太后交通，欲延唐祚。乃令殷衡逼殺太后及宫人，而誅蔣玄暉。時人冤之。趙殷衡後改姓孔名循，亦莫知其實是何姓。仕後唐明宗爲宣徽使，出爲許昌、滄州兩鎮。時人知其狡譎傾險，莫不憚之。《北夢瑣言》一五。

20 輝王即位。天祐中，朱全忠以舊朝達官尚在班列，將謀篡奪，先俾翦除。凡在周行，次第貶降。舊相裴樞、獨孤損、崔遠、陸扆、王溥，大夫趙崇、王贊等於滑州白馬驛賜自盡。時宰相臣柳璨性陰狡貪權，惡樞等在己之上，與全忠腹心樞密使蔣玄暉、太常卿張廷範密友交結而害樞等。俄而廷範轘裂，玄暉與柳璨、及弟瑶、瑊相繼伏誅。先是故相張濬一家並害，而棄屍黄河。朱公謀主李振累應進士舉不第，尤憤朝貴，時謂朱全忠曰：「此清流輩，宜投於黄河，永爲濁流。」全忠笑而從之。爾朱榮河陰之戮衣冠，不是過也。俄而輝王禪位，封濟陰王於曹州，遇酖而崩。唐祚自此滅矣。《北夢瑣言》一五。

21 梁朝方山道人，自號龐九經，身長七尺，不知年幾百歲。每於石室修氣，經年絕食。太祖往往遣使，賜乳頭香及茶藥而已。忽一日，詔入内殿，求延生之術。龐奏曰：「夫神仙之法，亦因積學而成。先須息萬慮於人間，棲一身於岩穴，與天地合德，與鳥獸同羣，斷其喜怒悲哀，去其滋味淫慾。然後存神養氣，辟穀休糧，欲究還丹，審窮爻象。故曰『内真外應，其丹自來』。而又功滿三千，方得羽化。今陛下身居九有，心役萬機，孽毒三軍，誅殘百姓，怨滿天下，恩唯一家。豈同軒后清静自化、鼎湖上昇者哉？」太祖怒曰：「知卿是龐勛本身。朕欲問卿行止，何得妄指難易，非斥朕乎？」龐度太祖言，深慮遭其誅責，復奏曰：「臣有靈丹，可延九五之數，儻放臣棲隱，即敢進之。」上復笑曰：「朕不希白日上昇，只希更得三五十年在位，是朕願也。」龐乃於肘後解一青瓢子，取金丹二粒進，曰：「望陛下清素守真百日，方可餌之。不然者，灰惡耳。」上既深信，龐得歸山。後帝久患石淋，忽宣至藥服食，眉髮立墮，頭背生癰。及至彌留，爲潁王所弑。《鑒誡録》一。

22 梁祖末年，多行誅戮。一夕，寢殿大棟忽墜於御榻之上。初聞土落於寢帳上，乃驚覺，久之，又聞有小木墜於帳頂間，遂懼然下牀，未出殿門，其棟乃墜。遲明，召諸王近臣令觀之，〔曰〕：「夜來驚危，幾不相見。」由是君臣相泣。又曰：「驚憂之時，如有人引頭於寢閤門内云：『裏面莫有人否？』所以忽忙奔起，得非宫殿神乎？」它日，又游於大内西九曲池，汎鷁舟於池上，舟忽傾側，上墮於池中，宫嬪并内侍從官並躍入池，扶策登岸，移時方安。爾後發痼疾，竟罹其子郢王友珪弑逆之禍。舟傾棟折，非佳事也。《北夢瑣言》一六。

23 義理所在，雖盜賊凶悖之人，亦有不能違者。劉仁恭爲盧龍節度使，其子守文守滄州，朱全忠引兵攻之，城中食盡，使人説以早降。守文應之曰：「僕於幽州，父子也，梁王方以大義服天下，若子叛父而來，將安用之？」全忠愧其辭直，爲之緩攻。其後還師，悉焚諸營資糧，在舟中者鑿而沉之。守文遺全忠書曰：「城中數萬口，不食數月矣，與其焚之爲烟，沉之爲泥，願乞其所餘以救之。」全忠爲之留數囷，滄人賴以濟。及篡唐之後，蘇循及其子楷，自謂有功於梁，當不次擢用。全忠薄其爲人，以其爲唐鴟梟，賣國求利，勒循致仕，斥楷歸田里。宋州節度使進瑞麥，省之不懌，曰：「宋州今年水災，百姓不足，何用此爲？」遣中使詰責之，縣令除名。此三事，在他人爲不足道，於全忠則爲可書矣，所謂憎而知其善也。《容齋續筆》六。

24 太祖之用兵也，法令嚴峻。每戰，逐隊主帥或有没而不返者，其餘皆斬之，謂之拔隊斬，自是戰無不勝。然健兒且多竄匿，州郡疲於追捕，因下令文面。健兒文面自此始也。《五代史補》一。

25 劉仁遇嘗與梁太祖葉戲。一日，或遇頑盆，仁遇行伍出身，語多方拙，謂太祖曰：「得則洪溝。」太祖應之曰：「縱得未可。」時太祖方據四鎮，仁遇復在偏裨，雖是親家復王太岳，太祖竟爲記忌。後太祖一居南面，仁遇久在西班，累乞一藩，終不俞允。既而年邁，寢疾在牀，新婦屢有奏聞，太祖猶徵語忌，至於悲泣哀告，方除兖州，未及赴官，疾亟而卒。是知凡事爲誠，寧不書紳而記之乎！《鑒誡録》三。

26 見張皇后1。

27 見張全義1。

28 宋元詞曲有出於唐者，如《清平調》、《水調歌》、《柘枝》、《菩薩蠻》、《八聲甘州》、《楊柳枝》詞是也。朱温歸鎮，昭宗以詩餞之，温進《楊柳枝》詞五首，今雖不傳，其詞彼時度曲，多是七言絶也。以全忠之凶悍，而能爲歌詩，可與青陵嗣響矣。《筆麈》（《五代詩話》一）。

29 梁祖平生嗜雞，日凡再食。《洞微志》（《分門古今類事》二）。

30 朱全忠時號鐘爲大聖銅，……以避諱故也。《清異録》上。

張皇后

1 梁祖魏國夫人張氏，碭山富室女，父蕤，曾爲宋州刺史。温時聞張有姿色，私心傾慕，有麗華之歎。及温在同州，得張於兵間，因以婦禮納之。温以其宿款，深加敬異。張賢明有禮，温雖虎狼其心，亦所景伏。每謀軍國計，必先延訪。或已出師，中途有所不可，張氏一介請旋，如期而至。其信重如此。初收兗、鄆，得朱瑾妻，温告之云：「彼既無依，寓於輜車。」張氏遣人召之，瑾妻再拜，張氏答拜泣下，謂之曰：「兗、鄆與司空，同姓之國，昆仲之間，以小故尋干戈，致吾姒如此。設不幸汴州失守，妾亦似吾姒之今日也。」又泣下。乃度爲尼，張恒給其費。張既卒，繼寵者非人。及僭號後，大縱朋淫，骨肉聚麀，帷薄荒穢，以致友珪之禍，起於婦人。始能以柔婉之德，制豺虎之心，如張氏者，不亦賢乎！《北夢瑣言》一七。

後梁末帝

1　見李如實1。

2　貞明末，帝夜於寢間擒刺客，乃康王友孜所遣，帝自戮之，造雲母匣，貯所用劍，名匣曰「護聖將軍之館」。《清異録》下。

3　後主于宫中作珠簾，乃勅京師市珠，内外之家收索將盡，計無可得者。後于相國寺僧中收之，猶有隱之者，爲隣僧所告，繫于陛牢，逐院而搜之，僧寺晝閉。有人于寺中請僧齋，閽者曰：「敕家正搜珠急，孰敢入者？」至來年，莊宗入汴，盡滅朱氏，後遠近搜之。寺僧曰：「今日是端的搜朱也。」《洛中紀異録》（張本《説郛》二〇、陶本《説郛》四九）。

4　朱梁許州節度使温韜於衙城濠内得一小龜，金色，遍身緑毛，石函而進之。後主敕於苑内鑿池養之，又構屋宏敞，號金龜堂。至來年，莊宗立，因號大唐，入汴見之，指謂左右曰：「金龜堂者，是歸我也。」《洛中紀異録》（陶本《説郛》四九、張本《説郛》二〇）。

朱全昱

1　全昱，梁祖之兄也。既受禪，宫中閒燕，惟親王得與。因爲博戲，全昱酒酣，忽起，取骰子擊盆迸散，大呼梁祖曰：「朱三，汝碭山一民，因天下饑荒，入黄巢作賊，天子用汝爲四鎮節度使，富貴足矣！

何故滅他李家三百年社稷，稱王稱朕！我不忍見汝血吾族矣，安用博爲！」梁祖不悦而罷。《五代史闕文》。

2　骰子數匝，廣王全昱忽駐不擲，顧而白梁祖，再呼「朱三」，梁祖動容。廣王曰：「你愛他爾許大官職，久遠家族得安否？」於是大怒，擲戲具於階下，抵其盆而碎之，喑嗚眦睚，數日不止。《玉堂閒話》（《通鑑考異》二八）。《南部新書》癸。

後唐武皇

1　河東李克用，其先回紇部人，世爲蕃中大酋，受唐朝官職。太宗於北方沙陁磧立沙陁府，以招集降户。後克用祖朱邪執宜與其父曾依吐蕃，背吐蕃歸朝，德宗於鹽州置陰山府，以執宜爲都督。後遷於神武川黄花堆之别墅，即今應州是也。執宜生赤心，以討徐州龐勛功，賜國姓并名，號李國昌。懿宗問其先世所出，云本隴西金城人，依寓吐蕃。帝曰：「我先與汝同鄉里。」敕令編籍鄭王房。始爲雲州大同軍節度，次授鄜延、振武、代北三節度。其姪克讓爲羽林將軍。其子克用最聞名，以破黄巢功，爲太原節度使。子存勗，平梁、蜀，奄有中原，追尊執宜號懿祖，國昌號獻祖，克用號太祖皇帝。太祖在娠十三月，載誕之夕，母后甚危，令族人市藥於雁門，遇神人，教以率部人被介持旄擊鉦鼓，躍馬大躁，環所居三周而止。果如所教而生。是日虹光燭室，白氣充庭，井水暴溢。及能言，喜道軍旅。年十二三，能連射雙鳥，至於樹葉、鍼鋒、馬鞭，皆能中之。曾於新城北以酒酹毗沙門天王塑像，請與僕交談，天王被甲持矛，隱隱出於壁間。或所居帳内，時如火聚，或有龍形。人皆異之。嘗隨獻祖征龐勛，臨陣出没如神，號爲「飛虎子」。眇一目，時號「獨眼龍」。功業磊落，不可盡述。或云睛邪，非眇也。《北夢瑣言》一七。又《廣記》一三六引。案：《廣記》云軍中號爲「龍虎子」，《南部新書》癸云號爲「火龍子」。

2 太祖武皇，本朱耶赤心之後，沙陀部人也。其先生於雕窠中，酋長以其異生，諸族傳養之，遂以諸爺爲氏，言非一父所養也。其後言譌，以諸爲朱，以爺爲耶。至太祖，生眇一目，長而驍勇善騎射，所向無敵，時謂之「獨眼龍」，大爲部落所疾。太祖恐禍及，遂舉族歸唐，授雲州刺史，賜姓李，名克用。黄巢犯長安，自北引兵赴難，功成遂拜太原節度使，封晉王。《五代史補》二。

3 乾符三年，河南水災，盜寇蜂起，朝廷以段文楚爲代北水陸發運、雲州防禦使，以代支謨。時歲荐饑，文楚削軍人衣米，諸軍咸怨。太祖爲雲中防邊督將，部下争訴以軍食不充，請具聞奏。邊校程懷信、康者立等十餘帳，日譁於太祖之門，請共除虐帥以謝邊人。衆因大譟，擁太祖上馬，比及雲中，衆且萬人，城中械文楚出以應太祖。《後唐太祖紀年録》（《通鑑考異》二四）。

4 康君立爲雲中牙校，事防禦使段文楚。時天下將亂，代北仍歲阻饑，諸部豪傑咸有嘯聚邀功之志。文楚法令稍峻，軍食轉餉不給，戍兵咨怨。雲州沙陀兵馬使李盡忠私謂君立等曰：「段公儒者，難與共事。方今四方雲擾，皇威不振，丈夫不能於此時立功立事，非人豪也。吾等雖擁部衆，然以雄勁聞於時者，莫若李振武父子，官高功大，勇冠諸軍，吾等合勢推之，則代北之地，旬月可定，功名富貴，事無不濟也。」時武皇爲沙陀三部落副兵馬使，在蔚州，盡忠令君立私往圖之，曰：「方今天下大亂，天子付將臣以邊事，歲偶饑荒，便削儲給，我等邊人，焉能守死！公家父子素以威惠及五部，當共除虐帥以謝邊人。」武皇曰：「予家尊在振武，萬一相逼，俟予稟命。」君立曰：「事機已泄，遲則變生。」咸通十三年十二月，盡忠夜帥牙兵攻牙城，執文楚及判官柳漢璋、陳韜等，繫之於獄，遂自知軍州事，遣君立召太祖於蔚州。是月，太祖與退渾、突厥三部落衆萬人趨雲中，十四年正月六日，至鬬雞臺，盡忠遣監軍判官符印請太祖知留後事。七日，盡忠械文楚、漢璋等五人送鬬雞臺，軍人亂食其肉。九日，太祖權知留後。府牙受上三軍表，請授太祖大同防禦使，懿宗不悦。時已除盧簡方代文楚，未至而文楚被害。《莊宗功臣列傳》（《通鑑考異》二四）。

5 唐乾寧中，鳳翔李茂貞、華州韓建、邠州王行瑜擁兵脅君，誅戮宰輔，焚燒宮闕。初，帝西幸鳳翔。昭宗出居石門莎城，太原克用領蕃漢馬步入京，三鎮大懼，是年破邠州，斬王行瑜。昭宗嘉獎倚賴，命延王丕、丹王允賫詔賜李公衣服，兼令二親王設拜，以兄事之。近古未有也。仍封晉王以寵之。延王才識過人，聰悟辯慧，在晉陽留宴累月，每獻酬樂作，必爲晉王起舞。後爲韓建所殺。《北夢瑣言》一七。　案：據史書，延王名戒丕。

6 世傳武皇臨薨，以三矢付莊宗，曰：「一矢討劉仁恭。汝不先下幽州，河南未可圖也。一矢擊契丹。」且曰：「阿保機與我把臂而盟，結爲兄弟，誓復唐家社稷，今背約附賊，汝必伐之。一矢滅朱温。汝能成吾志，死無恨矣！」莊宗藏三矢於武皇廟庭。及討劉仁恭，命幕吏以少牢告廟，請一矢，盛以錦囊，使親將負之，以爲前驅。凱還之日，隨俘馘納矢於太廟。伐契丹、滅朱氏亦如之。又武皇眇一目，世謂之「獨眼龍」。性喜殺，左右小有過失，必寘於死。初諱眇，人無敢犯者，嘗令寫真，畫工即爲撚箭之狀，微瞑一目，圖成而進，武皇大悦，賜與甚厚。《五代史闕文》。

7 武皇之有河東也，威聲大振，淮南楊行密常恨不識其狀貌，因使畫工詐爲商賈，往河東寫之。畫工到未幾，人有知其謀者，擒之。武皇初甚怒，既而親謂曰：「且吾素眇一目，試召亟使寫之，觀其所爲如何。」及至，武皇按膝厲聲曰：「淮南使汝來寫吾真，必畫工之尤也，寫吾不及十分，即階下便是死汝之所矣。」畫工再拜，下筆。時方盛暑，武皇執八角扇，因寫扇角半遮其面，武皇曰：「汝諂吾也。」遽使別寫之。又應聲下筆，畫其臂弓撚箭之狀，仍微合一目，以觀箭之曲直。武皇大喜，因厚賂金帛遣之。《五代史補》二。

8 進士柴朋龜學問精深，文章充贍，光化中，數舉未第，因以文章濟其匱乏，薄遊太原。武皇爲并帥，功冠天下，雄略無比，朋龜乃作《長劍歌》以獻之，文詞壯麗，武皇大悦，賜以千金，猶謂未足酹其才志也，又加以良馬二疋。武皇英特開豁，重士如此。時李襲吉任記室，凡軍書羽檄，一以委之。其文體雄健，詞理精快，爲一時之最也。武皇讀之，未嘗不喜于顏色，嘗謂左右曰：「吾舊有沙陀鐵騎，數纔五千，而猶能破巢賊五十六萬，今又有五千騎，何憂梁寇之未平乎？」侍者皆不達其旨，武皇曰：「李記室文章，一字可當一騎，總而言之，何啻五千騎也。」《耳目記》（張本《説郛》三四）。

9 見李襲吉2。

10 見劉夫人1。

11 晉王嘗窮追汴師，糧運不繼，蒸栗以食，軍中遂呼栗爲「河東飯」。《清異録》上。

劉夫人

1 晉王李克用妻劉夫人，常隨軍行，至於軍機，多所弘益。先是汴州上源驛之變，晉王憤恨，欲回軍攻之，夫人曰：「公爲國討賊，而以杯酒私忿，必若攻城，即曲在於我，不如回師，自有朝廷可以論列。」於是班退。天復中，周德威爲汴軍所敗，三軍潰散，汴軍乘我，晉王危懼，與周德威議，欲出保雲州。劉夫人曰：「妾聞王欲棄城而入外藩，誰爲此畫？」曰：「存信輩所言。」夫人曰：「存信本北方牧羊兒也，焉顧成敗？王常笑王行瑜棄城失勢，被人屠割，今復欲效之何也？王頃歲避難達靼，幾遭陷害，賴遇朝廷多事，方得復歸，今一旦出城，便有不測之變，焉能遠及北藩？」晉王止行。居數日，亡散之士復集，軍城安定，夫人之力也。《北夢瑣言》一七。又《廣記》二七一引。

後唐莊宗

1 莊宗年十一從晉王討王行瑜，初令入覲獻捷，昭宗一見，駭異之，曰：「此子有奇表。」乃撫其背曰：「我兒將來之國棟，勿忘忠孝於吾家。」乃賜鸂鶒酒卮、翡翠盤。十三讀春秋，略知大義。騎射絶倫。其心豁如，采録善言，聽納容物，殆劉聰之比也。又云：昭宗曰：「此子可亞其父。」時人號曰「亞子」。《北夢瑣言》一七。又《廣記》一七〇引。《南部新書》癸。

2 太原屬邑有水清池，本府祈禱雨澤及投龍之所也。後唐莊宗未過河南時，就郡捕獵，就池卓帳，爲憩宿之所。忽見巨蛇數頭自洞穴中出，皆入池中。良久，有一蛇紅白色，遥見可圍四尺以來，其長稱是。獵卒齊彀弩連發，射之而斃。四出火光，池中魚鼈咸死，浮在水上。獵夫輩共封剥食之，其肉甚美。莊宗尋知之。于時諂事者以爲剋梁之兆。有五臺僧曰：「吾王宜速過河決戰，將來梁祚其能久乎？」此亦斷白蛇之類也。《北夢瑣言》（《廣記》四五九）。

3 魏博富雄，列侯專地，唐朝三百年，唯姑息之。羅紹威憤衙軍制己，密聞梁祖，表裏應接算殺之。楊師厚後入魏城，揖出羅周翰，因而代之。師厚卒，梁以賀德倫領鎮，分其土宇，創立相貝爲節鎮，減其力用。三軍作亂，脅持德倫，背梁歸晉。其狀詞云：「屈原哀郢，本非怨望之人；樂毅辭燕，且異傾邪之行。」晉王覽狀，擁兵親臨。先數張彦脅主虐民罪而斬之，便以張彦親軍五百人帶甲持仗，環馬而行。晉王寬衣緩帶，略無猜間，衆心大服。它日資魏博兵力稱健，竟平河南也。衙軍自羅紹威殺戮後，又迫脅賀德倫，復擁兵持趙在禮。天成初，赴行在，于時又殺三千家，乃世襲凶惡也。《北夢瑣言》一七。

4 魏銀槍軍最爲凶悍。唐莊宗爲晉王時，張彦作亂，引五百人謁王。王斬張彦及其黨七人，餘衆股慄，王召諭之，曰：「罪止八人，餘無所問。自今當竭力爲吾爪牙。」衆皆拜伏，呼萬歲。明日，王緩帶輕裘而進，令張彦之卒擐甲執兵，翼馬而從，仍以爲帳前銀槍軍。衆心由是大服。《續世説》三。

5 見後唐武皇6。

6 莊宗之嗣位也，志在渡河，但恨河東地狹兵少，思欲百練其衆，以取必勝於天下。乃下令曰：「凡出師，騎軍不見賊不許騎馬，或步騎前後已定，不得越軍分以避險惡。其分路並進，期會有處，不得違晷刻。并在路敢言病者，皆斬之。」故三軍懼法而戮力，皆一以當百，故朱梁舉天下而不能禦，卒爲所滅良有以也。初，莊宗爲公子時，雅好音律，又能自撰曲子詞。其後凡用軍，前後隊伍皆以所撰詞授之，使揭聲而唱，謂之「御製」。至於入陣，不論勝負，馬頭纔轉，則衆歌齊作。故凡所鬭戰，人忘其死，斯亦用軍之一奇也。《五代史補》二。

7 見高郁1、馬希範1。

8、9 見高季興1、2。

10 見徐寅3。

11 莊宗滅梁平蜀，志頗自逸，命蜀匠旋織十幅無縫錦爲被材，被成，賜名「六合被」。《清異録》下。

12 同光既即位，猶襲故態，身預俳優。尚方進御巾裹，名品日新，今伶人所頂，尚有合其遺製者。曰聖逍遥、安樂巾、珠龍便巾、清涼寶山、交龍太守、六合舍人、二儀幞頭、烏程様、玲瓏高常侍、小朝天、玄虚令、漆相公、自在冠、鳳翼、三千日華、輕利巾、九葉雲、黑三郎、慶雲仙、聖天宜卿，凡二十品。《清異録》下。

13 太宗淳化五年《日曆》載：上謂侍臣曰：「聽斷天下事，直須耐煩，方盡臣下之情。昔莊宗可謂百戰得中原之地，然而守文之道，可謂懵然矣。終日沈飲，聽鄭衛之聲，與胡樂合奏，自昏徹旦，謂之『聒帳』。半酣之後，置畎酒篚，沈醉射弓，至夜不已，招箭者但以物擊鋥器，言其中的。與俳優輩結十弟兄，每略與近臣商議事，必傳語伶人，叙相見遲晚之由。縱兵出獵，涉旬不返。於優倡猱雜之中，復自矜寫春秋。不知當時刑政何如也？」《春明退朝録》下。《楊文公談苑》二（《宋朝事實類苑》二）。

14 唐莊宗喜優戲，善角抵，嘗詔王門開曰：「朕與作對，供養太后。」又先約之曰：「卿不可多讓。」門開退謝者數四。又謂之曰：「卿如一拳致朕倒者，與卿節度。」及出手，果一拳下而仆。尋除幽州節度。《穎川語小》下。

15 唐莊宗或自傅粉墨，與優人共戲於庭，以悦劉夫人，名謂之「李天下」。嘗因爲優，自呼曰：「李天下，李天下。」優人敬新磨遽前批其頰，帝失色，羣優亦駭愕。新磨徐曰：「理天下者，只此一人，豈有兩人耶？」帝悦，厚賜之。《續世説》六。

16 見劉皇后1。

17 見敬新磨2。

18 莊宗小酌，進新橘，命諸伶咏之。唐朝美詩先成，曰：「金香大丞相，兄弟八九人，剥皮去滓子，若箇是汝人？」帝大笑，賜所御軟金盃。《清異録》上。

19 後唐明宗即位之初，誅租庸使孔謙、歸德軍節度使元行欽、鄧州節度温韜、太子少保段凝、汴州麴務辛廷蔚、李繼宣等。孔謙，魏州孔目吏，莊宗圖霸，以供饋軍食，謙有力焉。既爲租庸使，曲事嬖倖，奪宰相權，專以聚斂爲意，剥削萬端，以犯衆怒伏誅。元行欽爲莊宗愛將，出入宫禁，曾無間隔。害明宗之子從景，以是伏誅。段凝事梁，以奸佞進身，至節將。末年綰軍權，束手歸朝。温韜凶惡，發掘西京陵寢。莊宗中興，不證其罪，厚賂伶官閹人，與段凝皆賜國姓，或擁旄鉞。明宗採衆議而誅之。辛廷蔚，開封尹王瓚之牙將也。朱友貞時，廷蔚依瓚勢曲法亂政，汴人惡之。李繼宣，汴將孟審澄之子，亡命歸莊宗，劉皇后畜爲子。時宮掖之間，穢聲流聞。此四凶，帝在藩邸時，惡其爲人，故皆誅之。莊宗皇帝爲唐雪耻，號爲中興。而温韜毁發諸帝陵寢，宜加大辟，而賜國姓，付節旄。由是知中興之説謬矣。《北夢瑣言》（《廣記》二三九）。

20 内臣李承進逮事唐莊宗，太祖嘗問莊宗時事，對曰：「莊宗好畋獵，每次近郊，衛士必控馬首曰：『兒郎輩寒冷，望陛下與救接。』莊宗隨所欲給之，如此者非一。晚年蕭牆之禍，由賞賚無節，威令不行也。」太祖歎曰：「二十年夾河戰争，不能以軍法約束此輩，誠兒戲。」《隆平集》二。

21 莊宗嘗因博戲，覩骰子采有暗相輪者，心悦之，乃自製暗箭格，凡博戲，並認采之在下者。及同光末，鄴都兵亂，從謙以兵犯興教門，莊宗禦之，中流矢而崩。識者以爲暗箭之應。《五代史闕文》。

22 同光末，魏博亂，明宗討之，至城下爲兵所擁，南入汴州。帝乃自統驍騎征之。至一高臺，乘馬立其上，問其臺名，對曰：「愁臺。」帝不樂，即西歸，尋爲郭門高所害。《異志》（《分門古今類事》一三）。

23 唐莊宗時，禁旅王慶乞叙功賞，曰：「侍從濟河日，臣係第一隊；入汴，臣屬前鋒；乞遷補。」莊宗領之。他日又言，亦不納。莊宗好樂，樂工子弟至有得官者，謂慶曰：「子何不學我吹管？」稍稍能之，亦不獲用。後事李嗣源，亦言其勞。莊宗曰：「知慶薄有功，但每見慶則心憤然，安得更有賜與之意？」因舉唐太宗詩曰：「待余心肯日，是汝命通時。」《翰府名談》（《詩話總龜》前集五、《類説》五二）、《翰苑名談》（《分門古今類事》一八）。

24 鄴中環桃特異，後唐莊宗曰：「昔人以橘爲千頭木奴，此不爲餘甘尉乎？」《清異録》上。

25 同光年，上因暇日晚霽，登興平閣，見霞彩可人，命染院作霞樣紗，作千褶裙分賜宮嬪。自後民間尚之，競爲衫裙，號「拂拂嬌」。《清異録》下。

劉皇后

1 莊宗劉皇后，魏州成安人，家世寒微。太祖攻魏州，取成安，得后，時年五六歲，歸晉陽宮，爲太后侍者，教吹笙。及笄，姿色絶衆，聲伎亦所長。太后賜莊宗，爲韓國夫人侍者。後誕皇子繼岌，寵待日隆。它日，成安人劉叟詣鄴宮見上，稱夫人之父。有内臣劉建豐認之，即昔日黄鬚丈人，后之父也。劉氏方與嫡夫人争寵，皆以門族誇尚，劉氏耻爲寒家，白莊宗曰：「妾去鄉之時，妾父死於亂兵，是時環屍而哭，妾固無父。是何田舍翁，詐僞及此？」乃於宫門笞之。其實后即叟之長女也。莊宗好俳優，宫中暇日，自負蓍囊藥篋，令繼岌破帽相隨，似后父劉叟以醫卜爲業也。后方晝眠，岌造其卧内，自稱劉衙推訪女。后大恚，笞繼岌。然爲太后不禮，復以韓夫人居正，無以發明。大臣希旨，請册劉氏爲皇后。議者以后出於寒賤，好興利聚財，初在鄴都，令人設法稗販，所鬻樵蘇果茹，亦以皇后爲名。正位之後，凡貢奉先入後宫，唯寫佛經施尼師，它無所賜。闕下諸軍困乏，以至妻子餓殍，宰相請出内庫俵給，后將出妝具銀盆兩口、皇子滿喜等三人，令鬻以贍軍。一旦作亂，亡國滅族，與夫褒姒、妲己無異也。先是莊宗自爲俳優，名曰李天下，雜於塗粉優雜之間，時爲諸優朴抶摑搭，竟爲嚚婦恩伶之傾玷，有國者得不以爲前鑒！劉后以囊盛金合犀帶四，欲於太原造寺爲尼，沿路復通皇弟存渥，同簣而寢。明宗聞其穢，即令自殺。《北夢瑣言》

一八。

韓淑妃　伊德妃　夏夫人

1　莊宗皇帝嫡夫人韓氏，後爲淑妃，伊氏爲德妃。契丹入中原，石氏乞降，宰相馮道尊册契丹主，大張宴席，其國母后妃列坐同宴，王嬙、蔡姬之比也。夫人夏氏最承恩寵，後嫁契丹突欲，名李贊華，所謂東丹王，即阿保機長子。先歸朝，後除滑州節度使。性酷毒，侍婢微過，即以刀封火灼。夏氏少長宮掖，不忍其凶，求離婚，歸河陽節度夏魯奇家，今爲尼也。《北夢瑣言》一八。

後唐明宗

1　武皇嘉明皇之功，以其屬五百騎號曰「横衝都」，侍於帳下，故兩河間目爲李横衝。《南部新書》癸。

2　明宗始在軍中，居常唯治兵仗，不事生産，雄武謙和。臨財尤廉，家財屢空，處之晏如也。太祖欲試以誠，召於泉府，命恣意取之，所取不過束帛數緡而已。所得賜與，必分部下。戰勝凱還，儕類自伐，帝徐言曰：「人戰以口，我戰以手。」衆皆心服其能。《北夢瑣言》一八。

3　趙在禮作亂，諸將擁明宗入闕。未到間，從馬直郭從謙攻興教門，帝母弟存渥從上戰。及宫車晏駕，存渥與劉皇后同奔太原，至風谷，爲部下所殺。劉皇后欲出家爲尼，旋亦殺之。存霸先除北京留守，亦自河中至太原，兵衆請殺存霸，以安人心，符彦超不能禁。時存霸已翦髮，衣僧衣，謁彦超，願爲山僧，竟不免也。存紀、存確匿於南山民家，人有以報安重誨，重誨曰：「主上已下詔尋訪。帝之仁德，必不加害，不如密旨殺之。」果併命於民家。後明宗聞之，切讓重誨，傷惜久之。《北夢瑣言》一八。

4 莊宗晏駕，明宗皇帝爲將相推舉，霍彦威、孔循上言：「唐運已衰，請改國號。」明宗謂藩邸近侍曰：「何爲改正朔。」左右奏曰：「先帝以錫氏宗屬，爲唐雪冤讎，爲昭宗皇帝後，國號唐。今朝之舊人不欲殿下稱唐，請更名號耳。」明宗泣下，曰：「吾十三事獻祖，洎太祖至先帝，冒刃血戰，爲唐室雪冤，身編宗屬。武皇功業，即吾功業也；先帝天下，即吾天下也。兄亡弟紹，於意何嫌？運之衰隆，吾當身受。」於是不改正朔。人服帝之獨見也。《北夢瑣言》一八。

5 明宗出自沙陀，老于戰陣，即位之歲，年已六旬。純厚仁慈，本乎天性，每夕宫中焚香，仰天禱祝云：「某蕃人也，遇世亂，爲衆推戴，事不獲已，願上天早生聖人，與百姓爲主。」故天成、長興間比歲豐登，中原無事，言于五代，粗爲小康。《五代史闕文》。

6 上問范延光見管馬數，對曰：「見管馬軍三萬五千。」上撫髀歎曰：「朕從戎四十年，太祖在太原時，騎軍不過七千。先皇帝與汴軍校戰，自始至終，馬數纔萬。今有鐵馬三萬五千，不能使九州混一，是吾養卒練士將帥之不至也。老者馬將奈何？」延光以馬數多，國力虚耗爲言，上亦然之。《北夢瑣言》二〇。

7 涇原帥李金全累歷藩鎮，所在掊斂。非時進馬，上問其爲治如何，莫專以進馬爲事。雖黽勉受之，聖旨不懌。《北夢瑣言》一九。

8 孟鵠自三司勾押官歷許州節度使，上曰：「鵠掌三司幾年，得至方鎮。」樞密使范延光奏對上曰：

「鵠實幹事人，以此至方鎮，爭不勉旃？」上心知其由徑忝冒，故以此諷也。《北夢瑣言》一九。

9 明宗皇帝尤惡貪貨。鄧州留後陶玘爲内鄉縣令成歸仁所論，税外科配，貶嵐州司馬。掌書記王惟吉奪歷任告敕，配綏州長流百姓。亳州刺史李鄴以贓穢賜自盡。面戒汝州刺史萇蕳，爲其貪暴。汴州倉吏犯贓，内有史彦珣，舊將之子，又是駙馬石敬瑭親戚，王建立奏之，希免死。上曰：「王法無私，豈可徇親？」由是皆就戮。《北夢瑣言》一八。

10 供奉官丁延徽巧事權貴，人多擁護。監倉犯贓，合處極法，侍衛使張從賓方便救之。上曰：「食我厚禄，偷我倉儲，期於決死，蘇秦説吾不得，非但卿言。」竟處死。《北夢瑣言》一九。

11 緱氏縣令裴彦文事母不謹，誅之。襄邑人周威，父爲人所殺，不雪父冤，有狀和解。明宗降敕賜死。《北夢瑣言》一八。

12 天成中，帝謂侍臣曰：「自古鐵券其事如何？」趙鳳對曰：「此則帝王誓文，賜其子子孫孫，長享爵禄。」帝曰：「先朝所賜，惟三人耳。崇韜、繼麟，尋皆族滅。朕之危疑，事慮朝夕。」嗟歎久之。趙鳳曰：「帝王所執，故知不必銘金鏤石。」帝曰：「敢不深誡。」《南部新書》癸。

13 明宗之在位也，一日幸倉場觀納，時主者以車駕親臨，懼得其辠，較量甚輕。明宗因謂之曰：「且朕自省事以來，倉場給散，動經一二十年未畢，今輕量如此，其後銷折，將何以償之？」對曰：「竭盡家産不足，則繼之以身命。」明宗愴然，曰：「只聞百姓養一家，未聞一家養百姓。今後每石加二斗耗，以備鼠雀侵蠹，謂之鼠雀耗。」倉糧加耗起自此也。《五代史補》二。《石林燕語》三。

14 明宗遣皇子從榮出鎮鄴都。或一日，上謂安重誨曰：「從榮左右，有詐宣朕令旨，不接儒生，儒生多懦，恐鈍志相染。朕方知之，頗駭其事。今此皇子方幼，出臨大藩，故選儒雅，賴其裨佐。今聞此姦險，豈朕之所望也！鞫其言者，將戮之。」重誨曰：「若遽行刑，又慮賓從聞後稍難安處，且望嚴戒。」遂止。《北夢瑣言》一八。

15 明宗戒秦王重榮曰：「吾少鍾喪亂，馬上取功名，不暇留心經籍。在藩邸時，見判官論說經義，雖不深達其旨，大約令人開悟。今朝廷有正人端士，可親附之，庶幾有益。吾見先皇在藩時，愛自作歌詩，將家子文非素習，未能盡妙，諷於人口，恐被諸儒竊笑。吾老矣，不能勉强於此，唯書義尚欲耳裏頻聞。」時從榮方聚雜進士浮薄之子，以歌詩吟詠爲事，上道此言規諷之。或一日，秦王進詩，上説於俳優敬新磨，敬新磨贊美，而曰：「勿訝秦王詩好，他阿爺平生愛作詩。」上大笑。《北夢瑣言》一九。案：重榮，據新、舊《五代史》等史書，當爲從榮。

16 秦王從榮之爲元帥，輕佻淺露，狎近浮薄，列坐將帥，而與判官論詩。未躋大位，而許人禍福，由是中外忌憚，竟及誅敗。上聞從榮伏誅，悲駭幾落御榻，氣絶復蘇者再，由是不豫轉增，以至晏駕。自云：「我今日自作劉窟頭也。」《北夢瑣言》二〇。

17 道士解元龜，本西蜀節將下軍校。明宗入纂，言自西來，對於便殿，進詩歌聖德，自稱太白山正一道士。上表乞西都留守兼三川制置使，要修西京宫闕。上謂侍臣曰：「此老耄自遠來朝此，期別有異見，乃爲身名甚切，堪笑也。」賜號知白先生，賜紫。斯乃狂妄人也。《北夢瑣言》一九。又《廣記》二八九引。

18 明宗在藩，不妄費，嘗召幕屬論事，各設法乳湯半盞，蓋甖中粟所煎者。《清異録》下。

19 天成中，帝令作同阿餅。法用碎肉與麪搜和，如臂，刀截每隻二寸厚，蒸之。《清異録》下。

王淑妃

1 漢高祖自太原起軍建號，至洛陽，命郭從義先入京師，受密旨殺王淑妃與許王從益。淑妃臨刑號泣，曰：「吾家子母何罪，吾兒爲契丹所立，非敢與人争國，何不且留我兒，每年寒食使持一盂飯灑明宗陵寢。」聞者無不泣下。《五代史闕文》。

後唐末帝

1 清泰本姓王氏，恒州平山人也。天祐中，明宗掠地於恒、定間，清泰立於崇福寺堦上，明宗見而異之，因曰：「與我作兒，得否？」乃拜曰：「萬年之幸。」既歸見夫人，乃抱頭哭曰：「真我親生子也。」及明宗即位，封潞王，後即位。小字二十三，蓋正月二十三日生也。及爲君，乃以是日爲千春節。凡奏對皆避，但云兩旬三日，或數物，則云「二十二，更不過二十四」，蓋不敢斥尊也。《紀異志》(《分門古今類事》一四)。《續博物志》六。

2 後唐閔帝殂，潞王立，諸軍以賞薄怨望，謡曰：「除卻生菩薩，扶起一條鐵。」以閔帝仁弱，潞王剛嚴，有悔心也。《續世説》七。

3 晉高祖引契丹圍晉安寨，降楊光遠。清泰帝至自懷覃，京師父老迎帝于上東門外，帝垂泣不止。

父老奏曰：「臣等伏聞前唐時中國有難，帝王多幸蜀以圖進取。陛下何不且入西川？」帝曰：「本朝兩川節度使皆用文臣，所以玄宗、僖宗避寇幸蜀。今孟氏已稱尊矣，我何歸乎！」因慟哭入内，舉族自焚。《五代史闕文》。

李存霸

1 見後唐明宗3。

李存乂

1 莊宗異母弟存乂，即郭崇韜女壻，伏誅。先是郭崇韜既誅之後，朝野駭惋，議論紛然。莊宗令閹人察訪外事，言存乂於諸將坐上訴郭氏之無罪，其言怨望；又於妖術人楊千郎家飲酒聚會，攘臂而泣。楊千郎者，魏州賤民，自言得墨子術於婦翁，能役使陰物，帽下召食物果實之類。又蒲博必勝。人有拳握之物，以法必取。又説煉丹乾汞，易人形，破扃鐍。貴要間神奇之。官至尚書郎賜紫。其妻出入宫禁，承恩用事。皇弟存乂常朋淫於其家，至是與存乂同罹其禍。《北夢瑣言》一八。

李繼岌

1 後唐莊宗世子魏王繼岌伐蜀，迴軍在道，而有鄴都之變。莊宗與劉后命内臣張漢賓齎急詔，所在催魏王歸闕。張漢賓乘驛，倍道急行，至興元西縣逢魏王，宣傳詔旨。王以本軍方討漢州，康延孝相次繼來，欲候之出山，以陳凱歌。漢賓督之。有軍謀陳岷，比事梁，與漢賓熟，密問張曰：「天子改换，且是何人？」張色莊，曰：「我當面奉宣詔魏王，況大軍在行，談何容易。」陳岷曰：「久忝知聞，故敢諮問。兩日來有一信風，新人已即位矣，復何形迹。」張乃説：「來時聞李嗣源過河，未知近事。」岷曰：「魏王且請盤桓，以觀其勢，未可前邁。」張以莊宗命嚴，不敢遷延，督令進發。魏王至渭南遇害。《王氏見聞録》（《廣記》八〇）。

2　魏王繼岌每薦羹，以羊兔猪臠而參之。時盧澄爲平章事，趨朝待漏，堂廚具小饌，澄惟進粥。其品曰粟粥、乳粥、豆沙加糖粥，三種並供。澄各取少許併和而食。廚官遂有「王羹亥卯未，相粥白玄黄」之語。《清異録》下。

李從榮

1～3　見後唐明宗14～16。

4　唐明宗太子從榮好爲詩，不慎之徒相與唱和，如《觀棋》云：「看他終一局，白却少年頭。」從榮果謀不軌。事敗，凡預唱和言涉嫌疑者皆就誅。故往還牋簡中，宜直書其事，不得云彼事如何之類。《該聞録》（《類説》一九）。

5　秦王從榮，明宗之愛子。好爲詩，判河南府，辟高輦爲推官。輦尤能爲詩，賓主相遇甚歡。自是出入門下者，當時名士有若張杭、高文蔚、何仲舉之徒，莫不分庭抗禮，更唱迭和。時干戈之後，武夫用事，覩從榮所爲皆不悦。於是康知訓等竊議曰：「秦王好文，交游者多詞客，此子若一旦南面，則我等轉死溝壑，不如早圖之。」高輦知其謀，因勸秦王託疾：「此輩須來問候，請大王伏壯士，出其不意皆斬之，庶幾免禍矣。」從榮曰：「至尊在上，一旦如此，得無危乎？」輦曰：「子弄父兵，罪當笞爾，不然則悔無及矣。」從榮猶豫不決，未幾及禍，高輦棄市。初，從榮之敗也，高輦竄於民家，且落髮爲僧。既擒獲，知訓以其毀形難認，復使巾幘著緋，驗其真僞，然後用刑。輦神色自若，厲聲曰：「朱衣纔脱，白刃難逃。」觀者壯之。《五代史補》二。

6 王居敏爲秦王六軍判官，素不協意。及從榮擁兵之際，與高輦並轡，指日影曰：「明日如今，已誅王詹事矣。」《南部新書》癸。

後晉高祖

1 清泰中，晉高祖潛龍于并部也，常一日從容謂賓佐云：「近因晝寢，忽夢若頃年在洛京時，與天子連鑣于路，過舊第，天子請某入其第，某遜讓者數四，不得已，即促轡而入。至廳事下馬，升自阼階，西向而坐，天子已馳車去矣。其夢如此。」羣僚莫敢有所答。是年冬，果有鼎革之事。《玉堂閒話》(《廣記》一三六)。

2 晉高祖大漸，召近臣屬之曰：「此天下，明宗之天下，寡人竊而處之久矣。寡人既謝，當歸許王，寡人之願也。」《漢高祖實録》(《通鑑考異》三〇)。案：《考異》以爲「此説難信」。

3 石晉諱敬，淬鏡者用鐵牌。《負暄雜録》（張本《説郛》一八）。

後晉出帝

1 少主之嗣位也，契丹以不俟命而擅立，又景延廣辱其使，契丹怒，舉國南侵。以駙馬都尉杜重威等領駕下精兵甲禦之於中渡橋。既而契丹之衆已深入，而重威等奏報未到朝廷。時桑維翰罷相，爲開封府尹，謂僚佐曰：「事急矣，非大臣鉗口之時。」乃叩内閤求見，欲請車駕親征，以固將士之心。而少主方在後苑調鷹，至暮竟不召。維翰退而歎曰：「國家阽危如此，草澤逋客亦宜下問，况大臣求見而不召耶！事亦可知矣。」未幾，杜重威之徒降於契丹，少主遂北遷。《五代史補》三。

2 開運甲辰歲暮冬，晉帝遣中使至内署，宣問諸學士云：「朕昨夜夢一玉盤，中有一玉碗及一玉帶，皆有碾文，光熒可愛，是何徵也？宜即奏來。」承旨李慎儀與同僚併表奏賀，以爲玉者帝王之寶也，帶者有誓功之兆，盤盂者乃守器之象，爲吉夢。不敢有他占。《玉堂閒話》（《廣記》二七八）。

3 開運既私寵馮夫人，其事猶秘。會高祖御器用有玉平脱雙蒲萄鏡，乃高祖所愛，帝初即位，舉以賜馮，人咸訝之。未久，册爲皇后。《清異録》下。

4 晉少主志於富貴，纔進姓名，即問幾錢拜官，賜職出於談笑。幸臣私號「容易郎君」。《清異録》上。

5 晉出帝不善詩，時爲俳諧語，《詠天》詩曰：「高平上監碧翁翁。」《清異録》上。

後漢高祖

1　石晉以劉知遠爲河東節度使。知遠微時，爲晉陽李氏贅壻，常牧馬犯僧田，僧執而笞之。知遠至晉陽，首召其僧，命之坐，慰諭贈勞，衆心大悦。《續世説》三。

2　劉知遠謂晉高祖曰：「願陛下撫將相以恩，臣請戢士卒以威，恩威兼著，京邑自安。本根安固，則枝葉不傷矣。」知遠乃嚴設科禁，宿衛諸軍無敢犯者。有軍士盜紙錢一襆，主者擒之，左右請釋之。知遠曰：「吾誅其情，不計其直。」竟殺之。由是衆皆畏服。《續世説》二。

後漢隱帝

1　漢隱帝之禍，手中猶持小摩尼數珠，凡一百八枚，蓋合浦珠也，郭允明劫去。《清異録》下。

後周太祖

1　郭祖微時，與馮暉同里閈，相善也，椎埋無賴，靡所不至，既而各竄赤籍。一日，有道士見之，問其能，曰：「吾業彫刺。」二人因令刺之，郭於項右作雀，左作穀粟，馮以臍作瓮，中作雁數隻。戒曰：「爾曹各於項臍自愛，爾之雀銜穀，爾之雁出瓮，乃亨顯之時也。」寒食，馮之婦得麻鞋數雙密藏之，將以作節，馮搜得之，蒲博醉歸，卧門外，其婦勃然曰：「節到也，如何辦得？」馮徐捫腹曰：「休説辦不辦，且看瓮裏飛出雁。」郭祖秉旄之後，雀彀稍近；登位之後，雀遂銜彀。馮秉旄，雁自瓮中累累而出。世號郭威爲郭雀兒。《畫墁録》。

2、3 見柴皇后1、2。

4 高祖征李守貞，軍次河上，高祖慮其争濟，臨岸而諭之。未及坐，忽有羣鴉噪於上，高祖退十餘步，引弓將射之，矢未及發而岸崩，其釁烈之勢在高祖足下。高祖棄弓，顧羣鴉而笑曰：「得非天使汝驚動吾耶？如此則李守貞不足破矣。」於是三軍欣然，各懷鬭志矣。《五代史補》五。

5 郭祖宿師河中逾年，常登蒲坂以望城中，其蒲之民爲逆者固守，乃失言曰：「城開之日盡誅之。」幕府曰：「若然，恐愈固矣。第告之曰：『非守真者，餘皆免。』」一日城開，乃即其地爲普救寺。《畫墁録》。

6 周高祖爲樞密，鳳翔、永興、河中三鎮反，高祖帶職出討之，迴戈路由洛陽。時王守恩爲留守，以使相自專，乘檐子迎高祖于郊外。高祖遥見大怒，且疾驅入於公館，久之，始令人傳旨，託以方浴，守恩不知其怒，但安坐俟久。時白文珂在高祖麾下，召而謂曰：「王守恩乘檐子俟吾，誠無禮也，安可久爲留守！汝亟去代之。」文珂不敢違，於是即時禮上。頃之，吏馳去報守恩曰：「白侍中受樞密命爲留守訖。」守恩大驚，奔馬而歸，但見家屬數百口皆被逐於通衢中，百姓莫不聚觀。其亦有乘便號叫索取貨錢物者，高祖使吏籍其數，立命償之，家財爲之一空。朝廷悚然，不甚爲理。《五代史補》四。

7 見馮道12。

8 高祖之入京師也，三軍紛擾，殺人争物者不可勝數。時有趙童子者，知書善射，至防禦使，覩其紛擾，竊憤之，乃大呼於衆中曰：「樞密太尉，志在除君側以安國，所謂兵以義舉，鼠輩敢爾，乃賊也，豈太尉意耶！」於是持弓矢於所居巷口據牀坐，凡軍人之來侵犯者，皆殺之，由是居人賴以保全者數千家。其間亦有致金帛於門下用爲報答，已堆集如丘陵焉。童子見而笑曰：「吾豈求利者耶！」於是盡歸其主。高祖聞而異之，陰謂世宗曰：「吾聞人間讖云，趙氏合當爲天子，觀此人才略度量近之矣，不早除去，吾與汝其可保乎！」使人誣告，收付御史府，劾而誅之。洎高祖厭世未十年，而皇宋有天下，趙氏之讖乃應。《五代史補》五。

9　王處訥，洛陽人，少時有老叟至其家，煮洛河石爲麵以食之。又嘗夢人持巨鑑，衆星燦然滿中，剖其腹納之，後遂通星曆之學，特臻其妙。依漢祖於太原，開國爲尚書博士，判司天監事。周祖素與處訥厚善，舉兵向闕，以物色求之，得之甚喜。因言及劉氏祚短事，處訥曰：「漢氏曆數悠遠，蓋即位之後，專以復讎殺人及夷人之族，結怨天下，所以社稷不得長久。」周祖蹶然嘆息。適以兵圍蘇逢吉、劉銖第，待旦加戮，遽命置之。逢吉已自縊死，但誅銖，餘悉全活。國初歷司農少卿，直拜司天監。有子熙元，今爲司天少監。《楊文公談苑》（《宋朝事實類苑》四五）。《樂善録》九。

10　見王峻1。

11　高祖登極，改乾祐爲廣順。是年，兖州慕容彦超反，高祖親征。城將破，忽夜夢一人，狀貌甚偉異，被王者之服，謂高祖曰：「陛下明日當得城。」及覺，天猶未曉，高祖私謂：「徵兆如此，可不預備乎？」於是躬督將士戮力急攻，至午而城陷。車駕將入，有司請由生方鳴鞘而進，遂取别巷。轉數曲，見一處門牆甚高大，問之，云：「夫子廟。」高祖意豁然，謂近臣曰：「寡人所夢，得非夫子乎？不然何取路於此也？」因下馬觀之。方升堂，覩其聖像一如夢中所見者，於是大喜，叩首再拜。近臣或諫，以爲天子不合拜異世陪臣。高祖曰：「夫子，聖人也，百王取則。而又夢告寡人，得非夫子幽贊所及耶？安得不拜！」仍以廟側數十家爲洒埽户，命孔氏襲文宣王者長爲本縣令。《五代史補》五。

柴皇后

1 魏人柴公以經義教授里中，有女子備後唐莊宗掖庭，明宗入洛，遣出宫，父母往迎之。至洛遇雨，踰旬不能進。其女悉以奩具計直十萬分其半與父母，令歸大名，曰：「兒見溝旁郵舍隊長黝色花項爲雀形者，極貴人也，願事之。」父母大愧之，知不可奪，問之，即郭某。乃周祖也。因事之，執箕箒之禮。一日，謂其夫曰：「君極貴，不可言，然時不可失，妾有五萬，願奉君以發其身。」周祖因其貲得爲軍司。其父柴公，平生爲獨寢之人，傳司冥間事。一日晨起，忽大笑，妻問之，不對，但笑不已。公惟喜飲，妻逼極醉，因漏泄其事曰：「花項漢將爲天子。」後果然。《玉壺清話》六。

2 周高祖柴后，魏成安人，父曰柴三禮，本後唐莊宗之嬪御也。莊宗没，明宗遣歸其家，行至河上，父母迓之。會大風雨，止於逆旅。數日，有一丈夫冒雨走過其門，衣弊破裂，不能自庇。后見之驚曰：「此何人耶？」逆旅主人曰：「此馬鋪卒吏郭雀兒者也。」后召與語，異之，謂父母曰：「此貴人，我當嫁之。」父母恚曰：「汝帝左右人，歸當嫁節度使，奈何嫁此乞人？」后曰：「我久在宫中，頗識貴人，此人貴不可言，不可失也。槖中裝分半與父母，我取其半。」父母知不可奪，遂成婚於逆旅中。所謂郭雀兒，則周祖也。后每資以金帛，使事漢祖，卒爲漢佐命。后父柴三禮既老，夜寐輒不覺，晝起常寡言笑。其家問之，不答。其妻醉之以酒，乃曰：「昨見郭雀兒已作天子。」初，周祖兵征淮南，過宋州。宋州使人勞之於葛驛。先有一男子、一女子，不知所從來，轉客於市，傭力以食。父老憐其愿也，釀酒食、衣服，使相配爲夫婦。及周祖至，市人聚觀，女子於衆中呼曰：「此吾父也。」市人驅之去。周祖聞之，使前，問之，信其女也，相持而泣，將攜之以行。女曰：「我已嫁人矣。」復呼其夫視之，曰：「此亦貴人也。」乃俱挈之軍中，奏補供奉官，即張永德也。及周祖入汴，漢末帝以兵圍其第，今皇建院是也，盡誅其家。惟永德與其妻在河陽爲監押，末帝亦命河陽誅之。河陽守呼永德，以敕視之。永德曰：「丈人爲德不成，死未晚也。」河陽守見其神色不少變，以爲然，雖執之於獄，所以餽之甚厚，親問之曰：「君視丈人事得成否？」永德曰：「殆必然。」以柴三禮夢所見爲驗。未幾而捷報至。周祖親戚盡誅，惟永德夫婦遂極富貴。《龍川別志》上。

後周世宗

1　邢州城東十餘里，周世宗之祖莊也，門側有井，上有大棗一株。世宗時，柯葉茂盛，垂蔭一畝。恭帝既禪，棗遂枯死。《括異志》五。

2　世宗在民間，嘗與鄴中大商頡跌氏，忘其名，往江陵販賣茶貨。至江陵，見有卜者王處士，其術如神，世宗與頡跌氏同往問焉。方布卦，忽有一蓍躍出，卓然而立，卜者大驚曰：「吾家筮法十餘世矣，常記曾祖以來遺言，凡卜筮而蓍自躍而出者，其人貴不可言，況又卓立不倒，得非爲天下之主乎！」遽起再拜。世宗雖佯爲詰責，而私心甚喜。於逆旅，中夜置酒，與頡跌氏半酣，戲曰：「王處士以我當爲天子，若一旦到此，足下要何官，請言之。」頡跌氏曰：「某三十年作估來，未有不由京洛者，每見税官坐而獲利，一日所入，可以敵商賈數月，私心羡之。若大官爲天子，某願得京洛税院足矣。」世宗笑曰：「何望之卑耶！」及承郭氏之後踐祚，頡跌猶在，召見，竟如初言與之。《五代史補》五。

3 世宗志在四方，常恐運祚速而功業不就，以王朴精究術數，一旦從容問之曰：「朕當得幾年？」對曰：「陛下用心以蒼生爲念，天高聽卑，自當蒙福。臣固陋，輒以所學推之，三十年後，非所知也。」世宗喜曰：「若如卿言，寡人當以十年開拓天下，十年養百姓，十年致太平足矣。」其後自瓦橋關回戈，未到關而晏駕，計在位止及五年餘六箇月。五六乃三十之成數，蓋朴婉而言之。《五代史補》五。

4 世宗南征得六合僧，善知人，言世宗數事，若合符契。又曰：「陛下得三十年。」帝大悦，賜紫袍師號，又賜皇建院居之，即太祖龍潛之舊宅也。又世宗即世，人咸以爲謬。後幼主遜位，方驗三十年者乃三主十年也。《紀異録》（《分門古今類事》二）。

5 周世宗在漢爲諸衛將軍，嘗遊畿甸，謁縣令忘其姓名，令方聚邑客蒱博，弗得見，世宗頗銜之。及即位，令因部夫犯贓數百疋，宰相范質以具獄上奏，世宗曰：「親民之官，贓狀狼籍，法當處死。」質奏曰：「受所監臨財物，有罪止，贓雖多，法不至死。」世宗怒，厲聲曰：「法者，自古帝王之所制，本以防姦，朕立法殺一贓吏，非酷刑也。」質曰：「陛下殺之即可，若付有司，臣不敢奉敕。」遂貸其命。因令今後犯者並以枉法論，質乃奉詔令。《國老談苑》一。

6 周世宗用法太嚴，羣臣職事小有不舉，往往寘之極刑，雖素有才幹聲名，無所開宥，尋亦悔之。末年浸寬，登遐之日，遠近哀慕焉。《續世説》七。

7 見李濤6。

8 世宗之征東也，駐蹕於高平，劉崇兼契丹之衆來迎戰。時帥多持兩端，而王師不利，親軍帥樊愛能等各退衄。世宗赫怒，躍馬入陣，引五十人直衝崇之牙帳。崇方張樂飲酒，以示閒暇，及其奄至，莫不驚駭失次。世宗因以奮擊，遂敗之，追奔於城下，凱旋駐蹕潞州。且欲出其不意以誅退衄者，乃置酒高會，指樊愛能等數人責之曰：「汝輩皆累朝宿將，非不能用兵者也，然退衄者無他，誠欲將寡人作物貨賣與劉崇耳。不然，何寡人親戰而劉崇始敗耶？如此則卿等雖萬死不足以謝天下，宜其曲膝引頸以待斧誅。」言訖，命行刑壯士擒出，皆斬之。於是立功之士以次行賞，自行伍拔於軍廂者甚衆。其恩威並著，皆此類也。初，劉崇求援於契丹，得騎數千，及覩世宗兵少，悔之，曰：「吾觀周師易與耳，契丹之衆宜勿用，但以本軍攻戰，自當萬全。如此，則不惟破敵，亦足使契丹見而心服，一舉而有兩利，兵之機也。」諸將以爲然。乃使人謂契丹主將曰：「柴氏與吾，主客之勢，不煩足下餘刃，敢請勒兵登高觀之可也。」契丹不知其謀，從之。洎世宗之陣也，三軍皆賈勇争進，無不一當百，契丹望而畏之，故不救而崇敗。論者曰：世宗患諸將之難制也久矣，思欲誅之，未有其釁，高平之役，可謂天假，故其斬決而無貸焉。自是姑息之政不行，朝廷始尊大，自非英主，其孰能如此哉！《五代史補》五。

9 柴世宗得天下，劉崇自河東犯闕，世宗將親征，馮道力諫止。世宗曰：「太山壓卵耳，何爲不可！」道曰：「陛下可謂太山乎？今皆宿將，久處貴位，氣方驕，陛下即位席未暖，未易使也。」世宗以道輕己，即日命駕出師。次高平，遇崇接戰，世宗據高原下觀兵。陣方接，東北角奔，西北角次之，王師敗績。明日，按軍不戰，置酒軍中，酒行，牽奔將七十二人斬纛下，即坐中拜七十二人補之，左右股栗。太祖皇帝實預補中。明日再戰，軍士不用命者，太祖刃其笠以識之，戰罷，識者皆斬之，軍聲於是大振。崇走，遂圍太原。《聞見近録》。

10 世宗既下江北，駐蹕於建安，以書召僞主，主皇恐，命鍾謨、李德明爲使以見世宗。德明素有詞辯，以利害説世宗使罷兵，世宗具知之，乃盛陳兵師，排旗幟戈戟，爲門頃道以湊御，然後引德明等入見。世宗謂之曰：「汝江南自以爲唐之後，衣冠禮樂，世無比，何故與寡人隔一帶水，更不發一使奉書相問，惟泛海以通契丹？舍華事夷，禮將安在？今又聞汝以詞説寡人罷兵，是將寡人比六國時一羣癡漢，何不知人之甚也！汝愼勿言，當速歸報汝主，令徑來跪寡人兩拜，則無事矣。不然，則寡人須看金陵城，借府庫以犒軍，汝等得無悔乎！」於是德明等戰懼不能措一辭，即日告歸。及見僞主，具陳世宗英烈之狀，恐非四方所能敵。僞主計無所出，遂上表服罪，且乞保江南之地以奉宗廟，修職貢，其詞甚哀。世宗許之，因曰：「叛則征，服則懷，寡人之心也。」於是遣使者賚書安之，然後凱還。論者以世宗加兵於江南，不獨臨之以威，抑亦諭之以禮，可謂得大君之體矣。《五代史補》五。

11 世宗末年，大舉以取幽州，契丹聞其親征，君臣恐懼，沿邊城壘皆望風而下，凡蕃部之在幽州者亦連宵遁去。車駕至瓦橋關，探邏是實，甚喜，以爲大勳必集，登高阜因以觀六師。頃之，有父老百餘輩持牛酒以獻，世宗問曰：「此地何名？」對曰：「歷世相傳，謂之病龍臺。」默然，遽上馬馳去。是夜，聖體不豫。翌日，病亟，有詔回戈，未到關而晏駕。先是，世宗之在民間，已常夢神人以大傘見遺，色如鬱金，加道經一卷。其後遂有天下。及瓦橋不豫之際，復夢向之神人來索傘與經，夢中還之而驚起，謂近侍曰：「吾夢不祥，豈非天命將去耶？」遂召大臣戒以後事。初，幽州聞車駕將至，父老或有竊議曰：「此不足憂，且天子姓柴，幽者爲燕，燕者亦煙火之謂也，此柴入火，不利之兆，安得成功？」卒如其言。《五代史補》五。

12 王銍言：周世宗既定三關，遇疾而還，至澶淵遲留不行，雖宰輔近臣問疾者皆莫得見，中外恟懼。時張永德爲澶州節度使，永德尚周太祖之女，以親故，獨得至卧内。於是羣臣因永德言曰：「天下未定，根本空虛，四方諸侯惟幸京師之有變。今澶、汴相去甚邇，不速歸以安人情，顧憚朝夕之勞，而遲回於此，如有不可諱，奈宗廟何？」永德然之，承間爲世宗言，如羣臣旨。世宗問曰：「誰使汝爲此言？」永德對：「羣臣之意皆願如此。」世宗熟視久之，歎曰：「吾固知汝必爲人所教，獨不喻吾意哉？然吾觀汝之窮薄，惡足當此！」即日趣駕歸京師。《卻掃編》上。

13 周世宗毁銅佛像鑄錢，曰：「佛教以爲頭目髓腦有利於衆生，尚無所惜，寧復以銅像爲愛乎？」鎮州大悲銅像甚有靈應，擊毁之際，以斧鑁自胸鏡破之。後世宗北征，病疽發胸間，咸謂報應。《談苑》（《類説》五三）。《隨手雜録》。

14 顯德元年，周祖創造供薦之物，世宗以外姓繼統，凡百務從崇厚。靈前看果，雕香爲之，承以黄金，起突疊格。禁中謂之「奪真盤飣」。《清異録》下。

15 顯德六年，世宗慶陵殯土，發引之日，百司設祭於道。翰林院楮泉大若盞口，余令雕印字文文之，黄曰「泉臺上寶」，白曰「冥遊亞寶」。《清異録》下。

16 周世宗嘗作詩以示學士竇儼，曰：「此可宣布否？」儼曰：「詩專門之學，□若勵精叩練，有妨幾務；苟切磋未至，又不盡善。」世宗解其意，遂不作詩。《談苑》(《類説》五三)。《避暑録話》上。

17 顯德中，周世宗征淮南，幸廣陵，〔孟〕貫潛渡江，以所業詩一集，駕前獻之。世宗覽其卷首《貽棲隱洞譚先生》詩句云：「不伐有巢樹，多移無主花。」宣貫曰：「朕以元戎問罪，伐叛弔民，非懼强凌弱，何有巢、無主之有？然獻朕則可，如他人，卿應不免矣。」遂釋褐授官。後不知其所終焉。《江南野史》八。又《詩話總龜》前集四引。《釣磯立談》。

18 陶器，柴窰最古，今人得其碎片，亦與金翠同價矣。蓋色既鮮碧，而質復瑩薄，可以妝飾玩具而成器者，杳不可復見矣。世傳柴世宗時燒造，所司請其色，御批云：「雨過青天雲破處，這般顔色做將來。」《五雜俎》一二。

符皇后

1 符后先適河中節度使李守貞之子崇訓，守貞嘗得術士，善聽聲，知人貴賤，守貞舉族悉令術士聽之，獨言后大貴，當母儀天下。守貞信之，因曰：「吾婦尚爲皇后，我可知也。」遂謀叛。及城陷，后獨免，周祖爲世宗娶之，顯德中册爲后。《五代史闕文》。《邵氏聞見録》七。《畫墁録》。

2 世宗皇后符氏，即魏王彦卿之女，時有相士視之，大驚，密告魏王曰：「此女貴不可言。」李守貞素有異志，因與子崇訓娶之。禮畢，守貞甚有喜色。其後據河中叛。高祖爲樞密使，受命出征。后知高祖與其父有舊，城破之際，據堂門而坐，叱諸軍曰：「我符魏王女也，魏王與樞密太尉，弟兄之不若，汝等慎勿無禮。」於是諸軍聳然引退。頃之，高祖至，喜曰：「此女於白刃紛拏之際保全，可謂非常人也。」乃歸之魏王。至世宗即位，納爲皇后。既免河中之難，其母欲使出家，資其福壽，后不悦，曰：「死生有命，誰能髡首跣足以求苟活也！」母度不可逼，遂止。世宗素以后賢，又聞命不以出家爲念，愈賢之，所以爲天下母也。《五代史補》五。

唐人軼事彙編卷三十二

敬翔

1 敬翔應三《傳》，數舉不第，發憤投太祖，願備行陳。太祖問曰：「足下通《春秋》久矣，今吾主盟，其爲戰欲效春秋時，可乎？」翔曰：「不可。夫禮樂猶不相沿襲，况兵者詭道，宜其變化無窮。若復如春秋時，則所謂務虚名而喪其實效，大王之事去矣。」太祖大悦，以爲知兵，遽延之幕府，委以軍事，竟至作相。《五代史補》一。

2 見梁太祖4。

3 五代敬翔當權時，門前一舉子白衫作舞，歌唱曰：「執板談歌乞個錢，塵中流浪酒中仙。直饒到老常如此，猶勝危時弄化權。」《侯鯖録》六。

李振

1、2 見後梁太祖18、20。

張策

1 張策，同文子也。自小從學浮圖，法號藏機，粲名内道場爲大德。廣明庚子之亂，趙少師崇主文，策謂時事更變，求就貢籍，崇庭譴之。策不得已，復舉博學宏辭，崇職受天官，復黜之，仍顯揚其過。策後爲梁太祖從事。天祐中，在翰林，太祖頗倚之，爲謀府。策極力媒蘖，崇竟罹冤酷。《唐摭言》一一。

2 見趙崇2。

3 唐張策早爲僧，敗道歸俗，後爲梁相。先在華山雲臺觀修業，觀側有莊。其弟篪亦輕易道教，因脱褻服，挂於天尊臂上，云：「借此公爲我掌之。」須臾精神恍惚，似遭毆擊，痛叫狼狽，或頓或起，如有人拖曳之狀。歸至別業而卒。《北夢瑣言》四。

薛貽矩

1 梁相國薛貽矩，名家子，擢進士第，在唐至御史大夫。先是，南班官忌與北司交通。天復中，翦戮閹官，貽矩嘗與韓全誨等作寫真讚，悉紀於内侍省屋壁間，坐是謫官。它日齎唐帝命禪于梁，仕至宰相。《北夢瑣言》一六。

2 梁太祖篡位之初，宰臣薛貽矩自御史大夫百日拜相，性懷忠正，臨莅端明。公事之閒，每加寬憫。太祖忽因入閤，怪之曰：「卿爲天子郎官，何得不親政事？」薛奏曰：「臣少年之時曾任封丘主簿，在官之日，嘗與僧悟因相知。每日公暇之時，便到其院。此僧預知臣至，先在院門等臣，以是殷勤。直至三年考滿，替人將至。或一日，其僧不出院內，臣怒僧世情，以言責問。僧云：『今日實不知簿公訪及，有闕迎門。』臣因問每日又何知之，僧曰：『每日微僧齋後略睡，便有神人報云薛相公來。微僧狼忙驚起，披挂出院迎待，果是簿公臨門。今日神人不來相報，有誤迎接，非是世情。』臣遂請僧結壇持念，乞其警戒。其僧果見神人相報云：『薛主簿爲曲斷公事一件，取錢五緡，卻不得宰相也。若正其公事，却還其錢，即可牽復，不然者無計矣。』僧因報臣警戒，遂省其非，尋便還錢，改正公事。其神人果又報僧曰：『薛公名字在宰相夾中。』臣自後不敢欺公，每事審細。大凡公事，豈宜造次而行。」太祖睿知通明，悦其所奏，賜金百兩，尋加吏部尚書。後扈從太祖鑾輿自洛還汴，熒惑三犯，上相得疾而薨。是知悟因名亦前定矣。《鑒誡録》二。

李琪

1 李琪，名族也。父敬，唐廣明中佐王鐸滑州幕。琪生而敏異，十歲通六籍，遂博覽文史，如寤宿習。十三，詞賦詩頌大爲時賢親賞。府帥王鐸聞而異之，然每見所作，亦有疑志。鐸嘗留其父敬及幕府帥飲，密遣人以《漢祖三傑賦》題試之，俟畢，持去。賦尾云：「得士則昌，非賢罔共。龍頭之友斯貴，鼎足之臣可重。宜哉項氏之所以亡，一范增而不能用。」鐸駭曰：「此兒大器也。」將欲發其文價，乃以賦示坐客，一席稱獎。他日總角謁鐸，鐸顧曰：「適蜀中詔到，用夏州拓跋思恭爲京北收復都統，可作一詩否？」即秉筆立製云：「飛騎經巴棧，鴻恩及夏臺。將從天上去，人自日邊來。此處金門遠，何時玉輦迴。早平闕右賊，莫待詔書催。」鐸益奇之，因執琪手曰：「此真鳳毛也。」時年十四。明年丁母憂，因流寓青齊間，然糠照薪，俾夜作晝，覽書數千卷，間爲詩賦。唐僖宗再幸梁洋，竊賦云：「哀痛不下詔，登封誰上書？」至昭宗廟，聯中科第。又忽忽不樂，恨未得轉四體爲訓誥之語。及梁祖受禪，琪始自前殿中侍御史，擢翰林學士。《李琪集序》（《廣記》一七五）。《古今詩話》（《詩話總龜》前集二）。

2　梁李相國琪，唐末以文學策名，仕至御史。昭宗播遷，衣冠蕩析，因與弘農楊玢藏跡於荆楚間。楊即泝蜀，琪相盤桓於夷道之清江，自晦其迹，號華原李長官。其堂兄光符宰宜都，嘗厭薄之。琪相寂寞，每臨流跋石。摘樹葉而試草制詞，吁嗟怏悵，而投於水中。梁祖受禪，徵入拜翰林學士，尋登廊廟。爾後宜都之子彬羇旅渚宫，因省相國，乃數厥父之所短而遣之矣。《北夢瑣言》六。

3　明宗入纂，安重誨用事，取謀於孔循，舊相豆盧革、韋説出官。孔循不欲以河朔人入相，極薦崔協，而任圜力争之，云：「崔協者，少識文字，時人呼爲無字碑。有李琪者，學際天人，奕代軒冕，論才校藝，可敵時輩百人。讒夫巧沮，忌害其能。必舍李琪而相崔協，如棄蘇合之丸，取結蜣之轉也。」重誨笑而止。然以孔循故，終相之。帝曰：「馮書記先帝判官，與物無競，可以相矣。」由是道與協並命，而舍李琪。識者惜之。《北夢瑣言》一八。《續世説》四。

4　梁朝宰相李琪以文章自許。唐明宗平中山王都，琪賀表云：「收契丹之凶黨，破真定之逆賊。」馮道讓琪曰：「昨來收復定州，非真定也。」詔曰：「契丹既無凶黨，真定不是逆賊。李琪罰俸一月。」《續世說》一一。

羅紹威

1 見羅弘信1。

2 哀帝時，魏博羅紹威以牙軍之逼，召朱全忠。全忠殪八千餘家，其餘散在州縣，攻討悉平。全忠留魏半年，紹威供億，所殺牛羊豕近七十萬，資糧稱是，所賂遺又近百萬。比全忠之去，蓄積爲之一空。紹威雖除其偪，而魏兵自是衰弱，紹威悔之，謂人曰：「合六州四十三縣鐵，不能爲此錯也。」《續世說》七。

3 紹威厚率重斂，傾府藏以奉〔朱〕温，小有違忤，温即遣人詬辱。紹威方懷愧耻，悔自弱之謀，乃潛收兵市馬，陰有覆温之志，而賂温益厚。温怪其曲事，慮蓄奸謀而莫之察，乃賜紹威妓妾數人，皆承嬖愛，未半歲，温卻召還，以此得其陰事。《莊宗實録》（《通鑑考異》二八）。

4 梁鄴王羅紹威世爲武人，有膽決，喜尚文學，雅好儒生。於廳所之側，別立學舍，招延四方遊士，置於其間，待以恩禮。每旦視事之暇，則與諸儒講論經義。聚書萬餘卷，於學舍之側建置書樓，縱儒士隨意觀覽，己亦孜孜諷誦。當時藩牧之中，最獲文章之譽。每命幕客作四方書檄，小不稱旨，壞裂抵棄，自襞牋起草，下筆成文。雖無藻麗之風，幕客多所不及。又癖於七言詩，每歌酒讌會，池亭遊覽，靡不賦詠，題之屋壁。江南有羅隱者，爲兩浙錢鏐幕客，有文學，紹威特遣使幣交聘，申南阮之敬。隱悉以所著文章詩賦酬寄紹威，紹大傾慕之，乃目其所爲詩曰羅江東，今鄴中人士有諷誦者。嘗自爲大廳記，亦微有可觀。

《羅紹威傳》(《廣記》二〇〇)。《北夢瑣言》一七。

5　羅紹威唐末爲魏博節度使，喜爲詩。時江東羅隱有詩名，紹威厚禮之，因目己所爲詩號《偷江東集》。如「樓前淡淡雲頭日，簾外蕭蕭雨脚風」之句，無愧於隱。《遯齋閒覽》(《類説》四七)。《唐詩紀事》六一。

6　見羅隱11。

7　羅鄴王紹威，俊邁有詞學，尤好戲判。常有人向官街中鞴驢，置鞍於地，值牛車過，急行碾破其鞍，驢主怒，毆駕車者，爲廂司所擒。紹威更不按問，遂判其狀云：「鄴城大道甚寬，何故駕車碾鞍？領鞴驢漢子科決，待駕車漢子喜歡。」詞雖俳諧，理甚切當，論者許之。《五代史補》三。

葛從周

1　梁葛侍中從周鎮兗之日，嘗遊此亭。公有廳頭甲者，年壯未壻，有神彩，善騎射，膽力出人，偶因白事，葛公召入。時諸姬妾並侍左右，内有一愛姬，乃國色也，專寵得意，常在公側，甲窺見愛姬，目之不已。葛公有所顧問，至于再三，甲方流眄於殊色，竟忘其對答，公但俛首而已。既罷，公微哂之。或有告甲者，甲方懼，但云神思迷惑，亦不計憶公所處分事，數日之間，慮有不測之罪。公知其憂甚，以温顔接之。未幾，有詔命公出征，拒唐師於河上。時與敵決戰，交鋒數日，敵軍堅陣不動。日暮，軍士飢渴，殆無人色，公乃召甲謂之曰：「汝能陷此陣否？」甲曰：「諾。」即攬轡超乘，與數十騎馳赴敵軍，斬首數十級。大軍繼之，唐師大敗。及葛公凱旋，乃謂愛姬曰：「大立戰功，宜有酬賞，以汝妻之。」愛姬泣涕辭命，公勉之曰：「爲人之妻，可不愈於爲人之妾耶？」令其飾資妝，其直數千緡。召甲告之曰：「汝立功於河上，吾知汝未婚，今以某妻，兼署列職。」此女即所目也。甲固稱死罪，不敢承命，公堅與之，乃受。噫，古有絶纓盜馬之臣，豈逾於此！葛公爲梁名將，威名著於敵中，河北諺曰：「山東一條葛，無事莫撩撥」云。《玉堂閒話》（《廣記》二七七）。

2 葛從周有殊功，鎮青社，人語曰：「山東一條葛，無事莫撩撥。」《南部新書》癸。《實賓録》一〇。

3 梁將葛從周忠義驍勇，每臨陣，東西南北，忽焉如神。晉人稱爲「分身將」。《清異録》上。

4 葛從周養一皂鷹，甚鷙，忽突籠飛去。從周惜責掌事，討捕良急。從周方食，小僕報桐樹上鷹見棲泊，望之，乃一鴟也。怒罵曰：「不解事奴，此癡伯子，得萬箇何所用？」促尋黑漫天。黑漫天，所失鷹名也。《清異録》上。

劉鄩

1 劉鄩本事販鬻。王氏既承昭皇密詔，會諸道將伐朱氏，乃遣鄩偷取兗州。鄩乃詐爲回圖軍將，於兗州置邸院，日僱傭夫數百。詣青州，潛遇健卒，僞白衣，逐晨就役，夜即留寓於密室，如是數月間，得敢死之士千餘人。又於大竹内藏兵仗入，監門皆不留意。既而迎曉突入州，據其甲仗庫。時兗州節度使姓張，統師伐河北，鄩既入據子城，甲兵精鋭，城内人皆束手，莫敢旅拒。加以州將素無恩信於衆，鄩諭以將爲順舉，戢御嚴明，雞犬無撓，軍庶悦伏。青州益師又至，兼招誘武勇，不日衆逾數萬。張氏家族在州，供備逾於其舊，張帥有母，鄩端簡候問，備晨昏之敬，加以容止重厚，見者畏而敬之。俄而張帥聞變，回師圍城。張母登陴呼其子而語之曰：「我今雖在城内，與汝隔絶，而劉司空晨夕端笏問我起居，其餘燕雀莫敢諠雜，汝切不可無禮於他。」由是張頓兵緩攻青州，聽命於梁。圍解，鄩乃歸降梁。梁太祖得鄩大喜，累用征伐，皆獲殊勳，平魏府後，遂爲梁氏元帥，威名顯於北朝矣。《金華子》下。

2　王師範之鎮青州，以部將劉鄩竊據兗州。先是汴將葛從周鎮於是邦，因出征，劉鄩將圖兗也，詐爲茶商，苞苴鎧甲，大起店肆，剖巨木藏兵仗而入。竊發之日，得其徒千人，據其府舍，升堂拜從周之母，仍以禮待其妻子，子弟職掌妻孥供億如常。俄而從周攻其城，梯轒雲合。鄩以板輿請從周母登城，諭從周曰：「劉將軍待我不異於兒，新婦已下，並不失所。」從周在城下歔欷，即時退舍。及青州兵敗，師範納款，梁祖遣使諭鄩。鄩曰：「臣知王公修好，與梁國通盟，但臣本受王公之命，保有州城，一旦見其勢窮，擅命不顧，非盡心於所事也。僕俟王公之命，俛首非晚。」至是師範諭之，方以城歸。梁祖多其義，超擢非次，官至方鎮，爲梁之名將。《北夢瑣言》一七。

3　晉王之入魏博，梁將劉鄩先屯洹水，寂若無人。因令覘之，云城上有旗幟來往。晉王曰：「劉鄩一步一計，未可輕進。」更令審探。果縛芻爲人，插旗於上，以驢負之，循堞而行，故旗幟嬰城不息。問城中羸老者，曰：「軍去已二日矣。」果趨黄澤，欲寇太原，以霖潦不克進。其計謀如是。《北夢瑣言》一七。又《雲仙雜記》九、《廣記》一九〇引。《續世説》一二。

王彦章

1 王彦章之應募也，同時有數百人，而彦章嘗求爲長。衆皆怒曰：「彦章何人，一旦自草野中出，便欲居我輩之上，是不自量之甚也！」彦章聞之，乃對主將指數百人曰：「我天與壯氣，自度汝等不及，故求作長耳。汝等咄咄，得非勝負將分之際耶！且大凡健兒開口便言死，死則未暇，且共汝輩赤脚入棘鍼地走三五遭，汝等能乎？」衆初以爲戲，既而彦章果然，衆皆失色，無敢效之者。太祖聞之，以爲神人，遽擢用之。《五代史補》一。

2 苔，一名地錢，一名緑衣元寶。王彦章葺園亭，壘壇種花，急欲苔蘚少助野意，而經年不生，顧弟子曰：「叵耐這緑拗兒！」《清異録》上。

竇夢徵

1 朱梁翰林竇學士夢徵，以文學稱於世。時兩浙錢尚父有元帥之命，竇以錢公無功於本朝，僻在一方，坐邀渥澤，不稱是命，乃抱麻哭於朝。翌日，竇謫掾於東州。及失意被譴，嘗鬱鬱不樂，曾夢有人謂曰：「君無自苦，不久當復故職。然將來慎勿爲丞相，苟有是命，當萬計避之。」其後竇復居禁職。有頃，遷工部侍郎。竇忽憶夢中所言，深惡其事，然已受命，不能遜避。未幾果卒。《玉堂閒話》(《廣記》一五八)。

任贊

1　梁朝翰林學士任贊居職數年，猶着朱紱，於案上題詩，梁主知之，命賜紫袍金章。詩曰：「數年叨内署，衫色儼然傾。任贊字希度，知君是火精。」《玉堂閒話》（《類説》五四）。

封舜卿

1　朱梁封舜卿文、詞特異，才地兼優，恃其聰俊，率多輕薄。梁祖使聘于蜀，時岐梁眦睚，關路不通，遂泝漢江而上。路出金州，土人全宗朝爲帥。封至州，宗朝致筵于公署。封素輕其山州，多所傲睨，金之人莫敢不奉之。及執斝索令，曰：「《麥秀兩歧》。」伶人愕然相顧，未嘗聞之，且以他曲相同者代之。封擺頭曰：「不可。」又曰：「《麥秀兩歧》。」復無以措手。主人耻而復惡，杖其樂將，停盞移時。逡巡，盞在手，又曰：「《麥秀兩歧》。」既不獲之，呼伶人前曰：「汝雖是山民，亦合聞大朝音律乎！」金人大以爲耻。次至漢中，伶人已知金州事，憂之。及飲會，又曰：「《麥秀兩歧》。」亦如金之筵，三呼不能應。有樂將王新殿前曰：「略乞侍郎唱一遍。」封唱之未遍，已入樂工之指下矣。由是大喜，吹此曲，訖席不易之。其樂工白帥曰：「此是大梁新翻，西蜀亦未嘗有之。請寫譜一本，急遞入蜀，具言經過二州事。」洎封至蜀，置設，弄參軍後，長吹《麥秀兩歧》於殿前。施芟麥之具，引數十輩貧兒，襤褸衣裳，攜男抱女，挈筐籠而拾麥，仍合聲唱。其詞淒楚，及其貧苦之意，不喜人聞。封顧之，面如土色，卒無一詞，慙恨而返。乃復命，歷梁漢安康等道，不敢更言兩歧字。蜀人嗤之。《王氏見聞》(《廣記》二五七)。案：《碧雞漫志》五亦載此事，文小異，「封舜卿」作「封舜臣」，且誤爲唐德宗時人。

2 封舜卿，梁時知貢舉，後門生鄭致雍同受命入翰林爲學士。致雍有俊才，舜卿才思拙澀，及試五題，不勝困弊，因託致雍秉筆。當時議者以爲座主辱門生。同光初，致仕。《北夢瑣言》一九。又《廣記》一八四引。

鄭致雍

1 鄭雍學士未第時，求婚於白州崔相公遠，纔允許，而博陵有事，女則隨例填宫。至朱梁開平之前，崔氏在内託疾，敕令出宫，還其本家。鄭則復託媒氏致意，選日親迎，士族婚禮，隨其豐儉，亦無所闕。尋有莊盆之感，又杖經朞周，莫不合禮。士林以此多之，美稱籍甚，場中翹足望之。一舉中甲科，封尚書牓下。脱白，授秘校，兼内翰，與丘門同敕入。不數載而卒。《玉堂閒話》(《廣記》一六八)。《南部新書》庚。案：鄭雍，《南部新書》及《舊五代史·封舜卿傳》作鄭致雍。

2 見封舜卿2。

李如實

1 户部李侍郎如實者，本梁朝清直之士也。均王名友貞在東宫時，李以筆硯佐之，及均王即位，不得居密司焉，李常深恨之。及見帝黜剥賢良，見用奸詐，每俟閒，方欲折檻諫之。或一日李在帝祭，帝問李曰：「卿知天子見誰補服？」李奏曰：「人臣所補。」帝曰：「朕地據三川，位尊力有，若非天意所補，人臣又何補焉？」李曰：「太祖出身行伍，歷職卑微，萬戰千征，九生十死，方得節居四鎮，位處一人。陛下生在深宫，長居富貴，披承餘蔭，嗣守萬方，豈知王業艱難，人臣共致。固須理不忘亂，居安思危，臨泉履冰，責躬省過。况吴門强盛，蜀國繁華，太原有殺兄之讎，秦庭懷負國之怨，得失頃刻，豈是天補者哉？若是天補爲君，只合自天降下，喫天人之食，受天人之衣。方今血使三軍，膿食萬姓，自喜天補，豈不非耶！陛下如此發言，爲覆餗之禍耳。」上曰：「憨老漢，不足與語耳！」李即日有鄭州之拜，再宿貶汝州副使。至汝州，置一卧車子，常於車子中安酒一瓢，琴一張，書數策，遣小僮十餘輩載而入謁，長街朗詠，觀者笑焉。李恨朝廷久無牽復之命，裁落韻詩以譏之。後入蜀，遇孟高祖之知，及開霸初，拜户部侍郎而卒。落韻詩曰：「路傍傷羸牛，羸牛身已老。兩眼不能開，四蹄行欲倒。牛曾少壯時，歲歲耕田早。耕却春秋田，駕車長安道。今日領頭穿，無人飼水草。喘也不能喘，問也没人問。」又曰：「炎蒸不可度，執爾生涼風。在物誠非器，於人還有功。殷勤九夏内，寂寞三秋中。想君應有語，棄我如秋扇。」《鑒誡録》三。

《十國春秋》五三。

温韜

1　温韜少無賴，拳人幾死，市魁將送官，謝過魁前，拜逾數百，魁釋之。韜每念之，以爲耻。既貴達，拍金薄爲搭膝帶之，曰：「聊酬此膝。」《清異録》上。

2 五代梁温韜爲義勝軍節度使，在鎮七年，唐諸陵在其境内者，悉發掘之，取其金寶。徙鎮忠武，莊宗滅梁，韜自許來降，因令嬖人景進納賂劉皇后，皇后爲言之，莊宗待韜甚厚。郭崇韜曰：「此劫陵塚賊爾，罪不可赦！」莊宗曰：「已宥之矣，不可失信。」遽遣還鎮。頃之，受代歸闕，久留京師。親黨或憂其闕乏，其子揚言曰：「使一裸體黄漢，足了一年支費。」蓋謂劫陵所得金偶人也。《實賓録》一四。

3 見鄭元素2。

張全義

1 世傳梁祖亂全義家婦女，悉皆進御，其子繼祚不勝憤憤，欲剚刃于梁祖，全義止之曰：「吾頃在河陽遭李罕之之難，引太原軍圍閉經年，啗木屑以度朝夕，死在頃刻，得他他謂梁祖救援，以至今日，此恩不可負也。」其子乃止。《五代史闕文》。

2 河南令羅貫，方正文章之士，事全義稍慢，全義怒，告劉皇后，斃貫于枯木之下，朝野冤之。洛陽監軍使嘗收得李太尉平泉醒酒石，全義求之，監軍不與，全義立殺之。《五代史闕文》。

3 齊王諱全義，《五代史》有傳，今之所書，蓋史傳之外見聞遺事爾。王濮州人，嘗在巢軍中，知其必敗，遂黜身歸國，唐授王澤州刺史。初，過三城，謁節度使諸葛爽，爽有人倫之鑒，覩王之狀貌，待之殊厚，贈且多，臨辭謂王曰：「他時名位在某之上，勉之。」爽既歿，王漸貴，追思疇昔見知之恩未嘗報，乃圖其形像於其私第，日焚香供養之，每晨朝於影前捻香訖，方出視事，未嘗小怠，至於終身。其感恩不背本也如是。在澤未久，移授洛州刺史。時洛城兵亂之餘，縣邑荒廢，悉爲榛莽。白骨蔽野，外絶居人，洛城之中，悉遭焚毁。初，巢、蔡繼亂，乃築三小州城，保聚居民，以防寇盜。及罕之等争奪，但遺餘堵而已。初至洛，率麾下百餘人，與州中所存者僅百户，共保中州一城。洛陽至今尚存南州、中州之號。王招懷完葺五七年間，漸復都城之壯觀，正居守之位焉。王本傳云：洛城之中，户不滿百。又唐鴻撰王行狀云「於瓦礫邱墟之内化出都城」是也。今正史云：京城内有南州、北州，蓋光啓中張全義築。至明宗天成中，詔許人請財填築。言光啓中築，乃王再葺而已，非始築也。其城壕今尚遺跡焉。余少時親聞舊老所説云：巢、蔡亂罹之後，洛陽苑牆中松柏甚多，至秦王修築都城及裏外橋，多聚側近御苑廢宫之松柏用之。聖朝歲，洛陽大水，諸城門悉摧壞，余親見厚載、長夏等門堆積材木，視之，多柏木。及洛中枿毁，行修寺木橋，以土實之，橋即故南州西壕上之橋也，得其木，皆柏木，即舊老之言可驗矣。王始至洛，於麾下百人中選可使者一十八人，命之曰屯將，每人給旗一口，榜一道，於舊十八縣中令招農户，令自耕種，流民漸歸。王於百人中又選可使者十八人，命之曰屯副，民之來者綏撫之，除殺人者死，餘但加杖而已，無重刑，無租税，流民之歸漸衆。王又麾下選書計一十八人，命之曰屯判官。不一二年，十八屯申每屯户至數千。王命農隙每選丁夫，教以弓矢槍劍，爲起坐進退之法。行之一二年，每屯增户大者六七千，次者四千，下之三二千，共得丁夫閑弓矢槍劍者二萬餘人，有賊盜即時擒捕之。關市人賦，殆於無藉，刑寬事簡，遠近歸之如市。五年之内，號爲富庶。於是奏每縣除令、簿主之，所謂亂後易治乎！王之得簡易之道乎！户既多，丁亦衆，餘時則教習之。時李罕之在河陽，罕之姦賊也，嘗破北山之摩雲寨，當時號爲李摩雲，亦嘗置寨於洛城中，至今民呼其寨地爲李摩雲寨，寨之西號寨西市。是時罕之鎮三城，知王專以教民耕織爲務，常宣言於衆曰：「田舍翁何足憚！」王聞之蔑如也。每飛尺書於王，求軍食及縑帛，王曰：「李太傅所要，不得不奉之。」左右及賓席咸以爲不可與，王曰：「第與之。」似若畏之者。左右不之曉。罕之謂王畏己，不設備，因罕之舉兵收懷、澤，王乃密召屯兵潛師夜發，遲明入三城，罕之顧無歸路，遂逃遁，投河東。朝廷即授王兼鎮三城，時以正西京留守之任。每喜民力耕織者，某家今年蠶麥善，去都城一舍之内，必馬足及之，悉召其家老幼，親慰勞之，賜以酒食茶綵，丈夫遺之布袴，婦人裙衫，時民間上衣青，婦人皆青絹爲之。取其新麥新繭觀之，對之喜動顔色。民間有竊言者曰：「大王好聲妓，等閒不笑，惟見好蠶麥即笑爾。」其真朴皆此類。每觀秋稼，見好田田中無草者，必於田邊下馬，命賓客觀之，召田主慰勞之，賜之衣物；若見禾中有草，地耕不熟，立召田主，集衆決責之；若苗荒地生，詰之，民訴以牛疲，或闕人耕鋤，則田邊下馬，立召其鄰仵責之曰：「此少人牛，何不衆助之！」鄰仵皆伏罪，即赦之。自是洛陽之民無遠近，民之少牛者，相率助之，少人者亦然。田夫田婦相勸，以力耕桑爲務，是以家家有蓄積，水旱無飢民。王在洛四十餘年，累官至守太尉、中書令，封魏王，徙封齊王。昭宗遷洛，郊廟，行事差官，攝太尉，時朝中有識者揚言曰：「太尉重官，歷朝多闕，所以差攝，今齊王官守太尉，何差攝之有！」王誠信，每水旱祈祭，必具湯沐，素食，別寢精潔，至祠祭所，儼然若對至尊，容如不足。晴旱，祈禱未雨，左右必曰：「王可開塔。」即無畏師塔也，塔在龍門廣化寺。王即依言而開塔，拜訖，王祝曰：「今少雨，恐傷苗稼，和尚慈悲，告佛降雨。」如是未嘗不澍雨。故當時俚諺云：「王禱雨，買雨具，無畏之神耶，齊王之潔誠耶？」齊王在巢軍，先歸唐，授澤州刺史，梁祖後歸唐，授同州刺史。自後與梁祖互爲中書令、尚書令。及梁祖兼四鎮也，齊王累表讓兼鎮，蓋潛識梁祖姦雄，避其權位，欲圖自全之計爾。梁祖經營霸業，外則干戈屢動，内則帑庾多虚，齊王悉心盡力，傾竭財資助之。及北喪師，梁祖猜忌王，慮爲後患，前後欲殺之者數四。雖夫人儲氏面訐梁祖獲免，亦由齊王忠直無貳，有動名於天下，不能傾動之故也。梁祖遂以子福王納齊王之女爲親，以故雖盡力於梁祖，而武皇、莊宗常切齒於齊王矣。及莊宗滅梁，齊王上表待罪，莊宗降詔釋之，召見大喜，開懷慰納，若見平生故人，盡魚水之情焉。與論當世之務，皆出莊宗功臣意表，恨得齊王之晚。其識略德望動人主也如此。因再上表，叙述屢爲朱梁窺圖，偶脱虎口，逼爲親，且非素志，乞雪。表數句云：「伏念臣曾棲惡木，曾飲盜泉，實有瑕玼，未蒙昭雪。」鴻辭也。復下詔雪之，令劉皇后入齊王居第省之。劉后堅求拜齊王與夫人儲氏，齊王避不敢見。劉后歸内奏之，且言少失父母，願拜齊王并儲氏爲義父母，莊宗許之。齊王累表辭讓，不得已而受之。莊宗令翰林學士禮院草定皇后與齊王儲氏爲義父母相見及往來牋書儀注焉。此乃從古所無之事也。《洛陽縉紳舊聞記》二。

4 桑中令維翰父拱，爲河南府客將。桑魏公將應舉，父乘間告王曰：「某男粗有文性，今被同人相率，欲取解，俟王旨。」齊王曰：「有男應舉，好事，將卷軸來，可教秀才來。」桑相之父趨下再拜，既歸，令子侵早投書啓，獻文字數軸。王令請桑秀才，父教之趨階，王曰：「不可，既應舉，便是貢士，可歸客司。」謂魏公父曰：「他道路不同，莫管他。」終以客禮見之。王一見甚奇之，禮遇頗厚。是年，王力言於當時儒臣，且推薦之，由是擢上第。至晉高祖有天下，桑魏公在位，奏曰：「洛陽齊王生祠未有額，乞賜號忠肅」可之。廟敕已下，會朝廷有故，遂中輟之。上御歷，知齊王於唐末有大功，洛民受賜者四十年，比夫甘棠、墮淚，宜昭祀典，詔有司復以「忠肅」額之焉，其德政碑樓，俾再完葺。《洛陽縉紳舊聞記》二。

朱友謙

1 冀王朱友謙鎮河中，常以一鐵毬杖晝夜爲從，遇怒者，擊而斃之。有愛姬，極專房，因其夫人之誕日，作珠翠衣以獻。夫人拒而不納，姬乃發怒，悉焚之。友謙忽聞其臭，詢之得實。至暮，遂命其姬三杯後責人喝起，而毬杖破腦矣。《南部新書》辛。

2 見路德延1。

王易簡

1 王易簡，蕭希甫下及第，名居榜尾，不看榜歸華山。尋就山釋褐，授華州幕官。後拜左拾遺，又辭官歸隱，留詩曰：「汨没朝綱愧不才，誰能低折向塵埃！青山得去且歸去，官職有來還自來。」再入，升朝官，位諫垣、臺閣三十年，官至八座。乞致仕歸華山，十年而終。《郡閣雅談》（《詩話總龜》前集四六）。《唐詩紀事》七一。

韋洵美　崔素娥

1 韋洵美先輩，開平歲及第，受鄴都從事辟焉，乃挈所寵素娥行。羅紹威聞其姝麗，才達臨河，令女使齎二百匹及生𦁆而露意焉。洵美無所容足，遂令妝束更衣，修緘獻之。素娥姓崔氏，亦大梁良家子，善諧謔筆札，和淚作詩曰：「妾閉閒房君路岐，妾心君恨兩依依。魂神儻遇巫娥伴，猶逐朝雲暮雨歸。」洵美乃不受辟，夜渡河，宿一寺，長吁而寢，曰：「何處人能報不平？」寺有行者排闥而揖曰：「先輩蓄何不平事？」洵美具語之。歘然出門而去，至三更，忽擲一皮囊入門，乃貯素娥而至。侵曉問寺僧，言在寺打鐘，勤苦三十餘年，已不知所之。洵美即遁迹他所。《燈下閒談》(《五代詩話》八)。

張咸光

1 梁龍德年，有貧衣冠張咸光，遊丐無度於梁宋之間。復有劉月明者，與咸光相類。常懷匕著，每遊貴門，即遭虐戲，方飧則奪其匕著，則袖中出而用之。梁駙馬温積諫議，權判開封府事，咸光忽遍詣豪門告别，問其所詣，則曰：「往投温諫議也。」問有何紹介而往，答曰：「頃年大承記録，此行必厚遇也。大諫嘗製碣山潛龍宫上梁文云：『饅頭似椀，胡餅如籮。暢殺劉月明主簿，喜殺張咸光秀才。』以此知必承顧盼。」聞者絶倒。《玉堂閒話》(《廣記》二六二)。

于兢

1 梁相國于兢善畫牡丹。幼年從學，因覩學舍前檻中牡丹盛開，乃命筆放之，不浹旬奪真矣。後遂酷思無倦，動必增奇。貴達之後，非尊親旨命不復舍毫。有人贈詩曰：「看時人步澀，展處蝶争來。」有寫生全本折枝傳於世。《圖畫見聞志》二。《古今詩話》(《詩話總龜》前集二〇)。

趙嵓

1 梁駙馬都尉趙嵓,酷好繪事,兼嫺小筆。偶唐末亂世,獨推至鑒。人有鬻畫者,則必以善價售之,不較其多少。繇是四遠向風,抱畫者歲無虚日。復以親貴擅權,凡所依附,率多以法書名畫爲贄,故畫府祕藏圖軸僅五千餘卷,時稱盛焉。暇日亦多自倣前賢名蹟,勒成卷軸。每延致藝士,輻湊門館,各取其所長而厚遇之,然多不迨己也,亦未始面加雌黄。荒淺甚者,自慚而退。食客常至百餘人,其間亦多琴棋道術高雅之流。時衣冠士族尚有唐之遺風也。以畫見留者,惟胡翼、王殷二人而已。嘗令胡翼品第畫府之優劣,中品已下,或有未至者,即指示令翳去其病,或用水刷,或以粉塗,有經數次方合其意者。時人謂之趙家畫選場。其精別如此。《圖畫見聞誌》五。

跋異

1 見張圖1。

2 跋異,汧陽人。眉目疏秀,舉止詳雅,而性沉厚。然善畫佛道鬼神及大像。異恃能,頗自負,抑嘗於廣愛寺爲張圖排斥,洛陽謡言曰:「赫赫洛下,唯説異畫,張氏出頭,跋異無價。」亦有慚色。後福先寺請異畫大殿護法善神,異方朽約,忽一人自稱曰:「吾姓李,滑臺人,有名善畫羅漢,故鄉里呼吾爲李羅漢。當與汝對畫，角其拙巧，以沽名譽。」異亦默思，恐如張圖者，遂固讓西壁與之。異乃竭精竚思，意與筆會，屹成一神，侍從嚴毅，又設色鮮麗，此蓋平生之所未能者，盡功於是。時京洛士人争來品藻，李氏乃縱觀異畫，見其精妙入神，非己所及，遂手足失措。時人謡曰：「李生來，跋君怕，不意今日却增價，不畫羅漢畫馳馬。」由是異大有得色，遂誇咤曰：「昔見敗於張將軍，今取捷於李羅漢。」李氏深有怍色，倏起如廁，久而不出，人競怪，乃往視之，李已縊於步簷下矣。異遂藁葬於城北之僧園。《五代名畫補遺》

張圖

1 張圖，字仲謀，河南洛陽人。朱梁太祖在藩鎮日，圖掌行軍資糧簿籍，故時人呼爲張將軍。圖少穎悟，而好丹青，及善潑墨山水，皆不由師授，自致神妙，亦不法今古，自成一體。尤長大像。梁龍德中，洛陽廣愛寺沙門義暄剩置金幣，邀四方奇筆畫三門兩壁。時處士跋異號爲絶筆，乃來應募。異方草定畫樣，云用朽木描畫。圖忽立其後，長揖而語曰：「知跋君敏手，固來贊貳。」異方自負，乃笑而答曰：「吾嘗謂畫之聖在吾手筆，自餘畫者，不得其門而入，又安得至于聖乎？爾不知跋異之名，且顧、陸，吾曹之友也，吾豈須贊貳然後爲功哉？」圖亦忻然，復曰：「願繪右壁，或不克意，則請朽墁之。」異愈怒，乃授朽木大筆於圖，圖捧之，遂投朽木於地，就西壁，不暇朽約，搦筆揮寫，倏忽成折腰報事師者，從以三鬼。異乃瞪目踧踖，驚拱而言曰：「子豈非張將軍乎？」圖捉管厲聲曰：「然。」異乃雍容而謝曰：「抑嘗聞將軍之名，誠未拜將軍之面，適觀神筆刮利，信所謂事辭稱其經也。此二壁，非異所能也。」遂引退。圖亦不僞讓，遂專其功。洛陽爲之謡言，且讖異也。語在異評。圖乃於東壁畫水神一座，直視西壁報事師者，其意思高遠，視之如生，今並存焉。《五代名畫補遺》。

2 見跋異2。

關仝

1 關仝，一名穜，長安人。畫山水，早年師荆浩，晚年筆力過浩遠甚。尤喜作秋山、寒林，與其村居、野渡、幽人逸士、漁市、山驛，使其見者悠然如在灞橋風雪中、三峽聞猿時，不復有市朝抗塵走俗之狀。蓋仝之所畫，其脱略毫楮，筆愈簡而氣愈壯，景愈少而意愈長也。而深造古淡，如詩中淵明，琴中賀若，非碌碌之畫工所能知。當時郭忠恕，亦神仙中人也，亦師事仝授學，故筆法不墮近習。仝於人物非所長，於山間作人物，多求胡翼爲之。故仝所畫村堡、橋彴，色色備有，而翼因得以附名於不朽也。今御府所藏九十有四。《宣和畫譜》一〇。

厲歸真

1 唐末，江南有道士厲歸真者，不知何許人也。曾遊洪州信果觀，見三官殿内功德塑像，是玄宗時夾紵，製作甚妙，多被雀鴿糞穢其上，歸真遂於殿壁畫一鷂，筆跡奇絶，自此雀鴿無復栖止此殿。其畫至今尚存。歸真尤能畫折竹、野鵲。後有人傳歸真於羅浮山上昇。《玉堂閒話》（《廣記》二一三）。《圖畫見聞誌》二。《宣和畫譜》一四。

2　道士厲歸真，莫知其鄉里。善畫牛、虎，兼工竹雀、鷙禽。雖號道士，而無道家服飾，唯衣布袍。徜徉闤闠，視酒壚旗亭如家而歸焉。人或問其出處，乃張口茹拳而不言，所以人莫之測也。一日，朱梁太祖詔而問曰：「卿有何道理？」歸真對曰：「臣衣單愛酒，以酒禦寒，用畫償酒，此外無能。」梁祖然之。推是語以究其所得，必非常人。此與「除睡人間總不知」之意何異！真寓之於畫耳。……《宣和畫譜》一四。《圖畫見聞誌》二。

3　道士王松年説：厲歸真在丹丘，善畫，常至人家。有好事者將絹素鋪於案上，即自下筆，預知人之所欲。禽獸松竹之類，如請之，却多不允。飲酒數斗不醉。《葆光録》一。

4　厲歸真畫虎，毛色明潤，其視眈眈，有威加百獸之意。嘗作棚於山中大木上，下觀虎，欲見真態。又或自衣虎皮，跳躑於亭，以思倣其勢。《德隅齋畫品》。

李靄之

1　李靄之，華陰人。善畫山水泉石，尤喜畫貓。雅爲羅紹威所厚，建一亭爲靄之援毫之所，名曰「金波」，時以號靄之爲金波處士。妙得幽人逸士林泉之思致，故一寄於畫，則無復朝市車塵馬足肩磨轂擊之狀，真胸中自有丘壑者也。畫貓尤工，蓋世之畫貓者必在於花下，而靄之獨畫在藥苗間，豈非幽人逸士之所寓，果不爲紛華盛麗之所移耶？今御府所藏十有八。《宣和畫譜》一四。《圖畫見聞誌》二。

胡翼

1 胡翼，字鵬雲，工畫道釋人物，至於車馬樓臺，種種臻玅。趙嵓都尉以畫著名一時，見翼，禮遇加厚。喜臨摹古今名筆，目之曰「安定鵬雲記。」有《秦樓吳宮》、《盤車》等圖傳於世。今御府所藏八。《宣和畫譜》八。《圖畫見聞誌》二。

韋說

1 後唐相國韋公說，仕梁爲中書舍人，倅軺於錢塘。先是錢尚父自據一方，每要姑息。梁主以河北關西悉爲勍敵，又頻失利於淮海，甚藉兩浙牽犄之，其次又資貢賦，凡命使臣遠泛滄溟，一則希其豐遺，二則懼不周旋，悉皆拜之。錢公亦自尊大。唯京兆公長揖而已，既不辱命，識者異之。竟有巖廊之拜也。《北夢瑣言》五。

2 杜荀鶴曾得一聯詩云：「舊衣灰絮絮，新酒竹篘篘。」時韋相國說右司員外郎寄寓荊州，或語於韋公，曰：「我道『印將金鏁鏁，簾用玉鉤鉤。』」即京兆大拜氣概，詩中已見之矣。《北夢瑣言》七。又《廣記》二〇〇引。《古今詩話》（《詩話總龜》前集六）。　案：韋說，《廣記》、《詩話總龜》作「韋莊」。

盧程

1 盧程擢進士第，爲莊皇帝河東判官，建國後命相。無他才業，唯以氏族傲物。任圜常以公事入謁，程烏紗隱几，謂圜曰：「公是蟲豸，輒來唐突。」圜慚愕，驟告莊宗，大怒，俾殺之，爲盧質救解獲免。自是出中書，時人切齒焉。江陵在唐世，號衣冠藪澤，人言「琵琶多于飯甑，措大多于鯽魚」。有邑宰盧生，每于枝江縣差船入府，舟子常苦之。一旦王仙芝兵火，盧生爲船人挑其筋，繫于船舷，放流而死。大凡無藝子弟，率以門閥輕薄，廣明之亂，遭罹甚多，咸自致也。《北夢瑣言》（《廣記》二六六）。

安重誨

1 見孟知祥1。

2 見後唐明宗1。

3 明宗令瞿光鄴、李從璋誅重誨于河中私第。從璋奮檛擊重誨于地，重誨曰：「某死無恨，但不與官家誅得潞王，他日必爲朝廷之患。」言終而絶。《五代史闕文》。又《通鑑考異》二九引。

鄭珏

1 鄭珏第十九，應進士，十九年及第，十九人及第，十九年後入相。子遘，太平興國中，任正郎。《南部新書》辛。《該聞集》(《分門古今類事》一八)。

2 梁相國鄭珏與李相國愚同爲學士，忽一日，鄭之閤下有一麻生，李曰：「承旨入相矣。」指麻示之，曰：「此天命也，願得當制，以盡荒虚。」時亢陽既久，其麻益茂，高丈餘，若雨露之偏滋焉。及霜降成實，取而視之，真白麻也。是夜，制出，果鄭登庸而李復寓直，得不爲乾坤之命，朋友之分乎？鄭年十九赴舉，凡十九年登第，又十九年入相，時人謂之「三九相公」。李常僦居，忽遇暴雨，一庭俱爲白沙，公甚惡之。及薨，葬于伊闕，得吉地于白沙里，時人謂之「白沙相公」。皆前定也。《紀異志》(《分門古今類事》一五)。李愚事又見《類説》一二引《紀異録》。

崔協

1 見李琪3。

2 明宗問宰相馮道：「盧質近日喫酒否？」對曰：「質曾到臣居，亦飲數爵。臣勸不令過度，事亦如酒，過即患生。」崔協强言於坐曰：「臣聞《食醫心鏡》：酒極好，不假藥餌，足以安心神。」左右見其膚淺，不覺哂之。《北夢瑣言》一九。《賓閒宴語》(陶本《説郛》三六)。

趙鳳

1 天成中，有僧於西國取經回，得一佛牙，舍利十粒，行以呈上。進其牙，大如拳，褐漬皺裂。趙鳳言於執政曰：「曾聞佛牙鎚鍛不壞，請試之。」隨斧而碎。時宫中已施數千，聞毁碎，方遂擯棄之云云。此僧號智明，幽州人，僕嘗識之。《北夢瑣言》一九。

李愚

1 李愚告人：予夙夜在公，不曾爛遊華胥國，意欲於洛陽買水竹，作蝶庵，謝事居其間。庵未下手，銘已畢工。庵中當以莊周爲開山第一祖，陳摶配食。然忙者難爲注籍供職。《清異録》下。

2 見鄭珏2。

任圜

1 任圜昆弟五人，曰圜、圓、圖、回、團。雍穆有裕，風采俱異。圜美姿容，有口辨，負籌略。平蜀後，除黔南，不行。天成初，入相。簡拔賢俊，杜絶倖門，憂國如家，切於功名。而安重誨忌之。常會於私第，有妓善歌，重誨求之不得，嫌隙漸深。俄罷三司，除太子太保，歸磁州致仕。因朱守殷作亂，立遣人稱制害之。受命之日，神氣不撓，中外冤痛。清泰中，贈右僕射。《北夢瑣言》一八。

2 見李琪3。

馬胤孫

1 馬胤孫入相，親舊未嘗延接。時號「三不開相公」。入朝，印不開；見客之時，口不開；歸宅，門不開。故謂三不開也。《紀異録》(《類説》一二)。

盧文紀

1 後唐盧文度、文紀俱在翰林，文度喜屬文，文紀思遲澀，每書詔事填委，多文度代草之。一日休暇，文紀當直，文度以禁中無事，送客郊外。會有密詔數道，亟遣僮騎迫其兄還，不及餞飲。縉紳聞而笑之，咸曰：「文度自外來，躍馬赴其弟之急難。逮至翰苑中，文紀以書册圍合矣。」蓋言文紀檢閱舊本倉卒也。《楊文公談苑》(《宋朝事實類苑》六四)。

2 見于鄴1。

3 文紀性滑稽，孟知祥之僭號，嘗奉使於蜀，適會改元。方春社，知祥張宴，設彘肉，語文紀曰：「上戊之辰，時俗所重，不可廢也，願嘗一臠。」文紀笑曰：「家居長安，門族豪盛，彘肩不登於俎。時從叔伯祖頗欲大嚼，終不可致。一家奴慧黠，衆以情語之。宅後園有古冢空曠，奴掃除其中，設肉數盤，私命諸從祖食之，珍甚，五房不覺言珍。五房曰：『匪止珍哉，今日乃大美元年也。』良久，冢中二鬼驟至，呼曰：『諸君竊食糟彘，敗亂家法，其過已大，乃敢擅改年號乎？』」知祥有愧色。清泰即位，將命相，取達官名十人致瓶中探取之，首得文紀，遂爲宰相。《楊文公談苑》（《宋朝事實類苑》六七）。

4　盧文紀有玉枕骨，故凡枕之堅實者悉不可用。親舊間作楊花枕贈之，遂獲安寢。自是縫青繒，充以柳絮，一年一易。《清異録》下。

柴朋龜

1　見後唐武皇8。

李襲吉

1　河東節度副使李習吉，嘗應舉不第，爲李都河中從事。都失守，習吉自昭義游太原，辟爲從事。習吉好學，有筆述，雖馬上軍前，手不釋卷。太原所發牋奏軍書，皆習吉所爲也。因從李克用至渭南，令其入奏，帝重其文章，授諫議大夫，使上事北省以榮之。竟歸太原，復其戎職。莊宗即位，追贈禮部尚書。梁太祖每覽太原書檄，遥景重之曰：「我何不得此人也！陳琳、阮瑀，亦不是過。」《北夢瑣言》一四。案：新、舊《五代史》本傳作「李襲吉」。

2　太原李克用自渭北班師，次河西縣，王珂於冰上搆浮航，公渡浮航，馬足陷橋，李習吉從，馬軼墜河，習吉抱冰，舟人拯之獲免。王珂懼，公謂曰：「公之於吾，非機橋者，何嫌之有？李諫議有聞於時，則不吾知也。」置酒笑樂而罷。習吉，右相林甫之後，應舉不第，黄巢後，游於河東，攝榆次令，李公辟爲掌記，牋檄之捷，無出其右。梁祖每讀河東書檄，嘉歎其才，顧敬翔曰：「李公計絶一隅，何幸有此人。如鄙人之智算，得習吉之才筆，如虎之傅翼也。」其見重如此。《北夢瑣言》一七。

3　見後唐武皇8。

4　見殷鵬1。

王　緘

1　李克用擒劉仁恭父子，命掌書記王緘草露布，緘不知故事，書之於布，遣人曳之。《續世説》一一。

張承業

1　莊宗將即位于魏州，承業自太原至，謂莊宗曰：「吾王世奉唐家，最爲忠孝。自貞觀以來，王室有難，未嘗不從。所以老奴三十餘年爲我王攟拾財賦，召補軍馬者，誓滅逆賊朱温，復本朝宗社耳。今河朔甫定，朱氏尚存，吾王遽即大位，可乎！」云云。其下事具《莊宗實録》。莊宗曰：「奈諸將意何？」承業知不可諫止，乃慟哭曰：「諸侯血戰者，本爲李家，今吾王自取之，誤老奴矣！」即歸太原，不食而死。《五代史闕文》。

2　承業諫帝曰：「大王何不待誅克梁孽更平吴蜀，俾天下一家，且先求唐氏子孫立之，復更以天下讓有功者，何人輒敢當之！讓一月即一月牢，讓一年即一年牢，設使高祖再生，太宗復出，又胡爲哉！

今大王一旦自立，頓失從前仗義征伐之旨，人情怠矣。老夫是閹官，不愛大王官職富貴，直以受先王付囑之重，欲爲先王立萬年之基爾。」莊宗不能從，乃謝病歸太原而卒。《洛中紀異録》（《通鑑考異》二九）。

盧　質

1　盧端揆質，文筆俊健，性好翫，又爲莊宗管記，會醫官陳玄補太原府醫學博士，所司請藁，公立草之，筆不暫輟。末句云：「既懷厚朴之才，宜典從容之職。」莊宗覽之，久爲啓齒。《紀異録》（《白孔六帖》二四、《類説》一二）。

崔貽孫

1　禮部尚書崔貽孫年過八十，求進不休，囊橐之資，素有貯積，性好干人，喜得小惠。左降之後，二子争財，甘旨醫藥，咸不供侍，書責其子曰：「生有明君真宰，死有天曹地府，無爲老朽，豈放爾邪？」爲縉紳之笑端。《北夢瑣言》一九。

朱漢賓

1　朱漢賓少時善射。嘗因與同輩出獵，指一飛雁，隨矢而落，其鏃正中其臆，臆上貫一金錢，有篆文，示其郡之碩學，皆無識者，人甚異之。由是人皆號之朱落雁。《晉史》（《御覽》九一七）。

蕭希甫

1 蕭希甫，進士及第，有文才口辨，多機數。梁時不得意，棄母妻渡河，易姓名，爲皇甫教書。莊宗即位於魏州，徵希甫知制誥。莊宗平汴洛，希甫奉詔宣慰青齊，方知其母死妻嫁，乃持服於魏州。時議者戲引李陵書云：「老母終堂，生妻去室。」後爲諫議大夫。性褊忿，躁於進取。疏宰相豆盧革、韋説，至於貶死。又以毁訾宰臣，責授嵐州司馬。《北夢瑣言》一九。又《廣記》二六四引。

孔循

1 見梁太祖19。

2 後唐同光年，故滄帥孔相循以邦計二職權莅夷門軍府事。長垣縣有四盜，巨有財產。及敗，所牽挽四人，則貧民耳。時都虞候姓韓者，則樞密郭崇韜之僚婿也，與權吏暨獄典等同議，鍛成其欵，都不訊鞫，但以四貧民代四巨盜。欵成，而上孔公，斷令棄市。將赴市，又親慮之，則又卒無一言，命令就法。將過蕭屏，囚屢回首向廳顧之，公察之，疑情未究，即復召問，曰：「爾數次回顧，得非枉耳？」令吏卒緩，詢之，稍得其情。對曰：「實枉！」「適何不言？」曰：「適引問之時，獄吏高其枷尾，遂不得言也。」請去左右，因而細述。公曰：「得非虚否？」對曰：「某則已死之人，豈徒延瞬息之生邪？」即令移於州獄，俾郡主簿鞫之。自韓已下，凡受賂近數十人，計贓約七千緡，則並校而推之，具欵而吐。韓即使人馳告于崇韜，移書于公，公不諾，即具伏法。四人獲雪，用畫像以答孔公之德。《疑獄集》二。《折獄龜鑑》二。

敬新磨

1　敬新磨，河東人，爲伶官，大爲莊宗所寵惜。莊宗出自沙陀部落，既得天下，多用蕃部子弟爲左右侍衛，高鼻深目者甚衆。加以恃勢淩辱衣冠，新磨居常嫉之，往往揚言曰：「此輩雖硬弓長箭，今天下已定，無所施矣。惟有一般勝於人者，鼻孔大、眼睛深耳，他不足數也。」衆皆切齒，相與訴於莊宗，其間亦有言發而泣下者。莊宗不悦，召新磨責之曰：「吾軍出自蕃部，天下孰不知？汝未嘗爲我避諱，更辱駡之，使各垂泣告朕，何也？」新磨即正色對曰：「陛下妄矣。此輩淚便用桔槔子打亦不出，豈能見之也？」莊宗素好俳，不覺大笑。時殿上常有惡犬，及新磨退，一犬奮起似欲肆噬。新磨意莊宗使之，遽倚柱大呼曰：「陛下勿縱男女咬人。」莊宗色變，索弓箭，新磨遽抗聲曰：「臣雖賤，與陛下一體，殺之不祥。」問其故，對曰：「陛下改元，以同光爲紀年，天下謂之同光帝。且同者，銅也，不得敬新磨，銅光何以見耶？」莊宗又欣然。其謔浪狎侮，應機而發，皆此類也。《五代史補》二。

2　莊宗好獵，每出，未有不蹂踐苗稼。一旦至中牟，圍合，忽有縣令，忘其姓名，犯圍諫曰：「大凡有國家者，當視民如赤子，性命所繫，陛下以一時之娱，恣其蹂踐，使比屋囂然，動溝壑之慮。爲民父母，豈若是耶？」莊宗大怒，以爲遭縣令所辱，遂叱退，將斬之。伶官鏡新磨者，知其不可，乃與羣伶齊進，挽住令，佯爲詬責曰：「汝爲縣，可以指麾百姓爲兒。既天子好獵，即合多留閒地，安得縱百姓耕耡，皆偏妨天子鷹犬飛走耶？而又不能自責，更敢咄咄，吾知汝當死辜！」諸伶亦皆嘻笑繼和，於是莊宗默然，其怒少霽。頃之，恕縣令罪。《五代史補》二。

3 見後唐莊宗15。

4 東坡謁吕微仲，值其晝寢，久之方出。見便坐有昌陽盆，豢緑毛龜，坡指曰：「此易得耳。唐莊宗時，有進六目龜者，敬新磨獻口號云：『不要鬧，不要鬧，聽取龜兒口號。六隻眼兒睡一覺，抵別人三覺。』」《游宦紀聞》二。

5 老伶官黄世明常言，逮事莊宗，大雪内宴，敬新磨進詞，號冷飛白。《清異録》上。

6 見後唐明宗15。

康義誠

1 後唐長興中，侍衛使康義誠常軍中差人于私宅充院子，亦曾小有笞責。忽一日，憐其老而詢其姓氏，則曰姓康，别詰其鄉土親族息胤，方知是父，遂相持而泣。聞者莫不驚異。《玉堂閒話》（《廣記》五〇〇）。

于鄴

1 于鄴除工部郎中，時尚書盧文紀諱業，甚不平，陶鑄欲請换曹，其夕鄴雉經。盧尚書貶石州司馬。于、盧之器固小也，然過在執政。《南部新書》癸。

裴皞

1 裴皞官至禮部尚書，放三榜，四人拜相：桑維翰、竇貞固、張礪、馬裔孫。清泰二年，馬裔孫知貢舉，纔放榜，謝恩，引諸生詣座主宅謁拜。裴公以詩示云：「宦途最重是文衡，天與愚夫著盛名。三主禮闈年八十，門生門下見門生。」未開宴，裔孫登庸。《郡閣雅談》（《詩話總龜》前集一八）。又陶本《説郛》一七引。《閒譚録》（《容齋五筆》七）。

孟鵠

1 見後唐明宗8。

李從曮

1 唐鳳翔李曮令公，收蜀充饋運使，於蜀城東門外下營。魏王與郭侍中入居蜀宫，玉帛子女，它人無復見矣。中令寂寞無以遣，適潁川陳昭符仕蜀，累剖竹符，早在岐山，微有階緣，而得候謁，因求一美人以獻之。有蕭夫人者，乃蜀先主之寵愛也，曾賜與鳳翔歸降指揮使王胡，忘其名。賜名丞弁。王胡乃岐王賜姓，連彦字。卒後，蕭氏寡而無子。其容態明悟，國人具聞。陳致媒氏，誘之而獻。抱衾之夕，中令於窗隙中窺之，歎其妍妙，乃詰所來，左右方以王胡爲對。中令止之曰：「王胡背恩投蜀，誠不可容。然其向來吾之子姪矣，此事不可。」遽令約迴。時有知者，皆重中令少年而忍欲復禮，誠貴達人難事。潁川每爲愚話之。《北夢瑣言》二〇。

2 李曮，岐王之子，昆仲間第六，官至中書令，世謂之六令公。情性好戲。爲鳳翔節度，因生辰，鄰道持賀禮使畢至。有魏博使少年如美婦人，秦鳳使矬陋且多髯，二人坐又相接，而魏使在下，曮因曰：「二使車一姸一醜，何不相嘲以爲樂事？」魏博使恃少俊，先起曰：「今日不幸，與水草大王接席。」秦鳳使徐起應曰：「水草大王不敢承命，然吾子容貌如此，又坐次相接，得非水草大王夫人耶？」在坐皆笑。《五代史補》四。案：李曮，新舊《五代史》本傳作「李從曮」。

潘環　崔祕

1 天成二年，潘環以軍功授棣牧，素無賓客。或有人薦崔祕者，博陵之士子也，舉止閒雅，詞翰亦工。潘一見甚喜，上館以待之。經宿不復往，潘訪之不獲，既而辟一書生乃往。後薦主見而詰之，崔曰：「潘公雖勤厚，鼻柱之左有瘡，膿血常流，每被薰灼，腥穢難可堪，目之爲白死漢也。」薦主大咍崔之不顧名實而爲輕薄也。蓋潘常中流矢于面，骨銜其鏃，故負重傷。醫療至經年，其鏃自出，其瘡成漏，終身不痊。《玉堂閒話》（《廣記》二六六）。

姚　洪

1 閬州守禦指揮使姚洪，梁時經事董璋。璋將叛，頻誘，洪以大義拒之。城陷被擒，璋責之，洪大罵璋曰：「老賊孤恩背主。吾於爾何恩，而云相負？爾爲李七郎奴，掃馬糞，得一臠殘炙，感恩無盡。今天子付以茅土，結黨反噬。爾本奴才，即無耻。吾忠義之士，不忍爲也。」璋怒，令十人持刀割其膚，然鑊於前，自取啗食。洪至死大罵不已。明宗聞之泣下，置洪二子於近衛，給賜頗優。于時夏魯奇守遂州，城破自刎而死。並爲忠烈也。《北夢瑣言》一九。

張虔釗

1　張虔釗父簡嘗以孟郊詩令讀之，虔釗曰：「五七言詩何如五七赤矛！」後爲山南節度使。《海録碎事》一九。

2　張虔釗多貪。鎮滄州日，因亢旱民饑，發廩賑之，方上聞，帝甚嘉獎。它日秋成，倍斗徵斂。常言：「自覺言行相違，然每見財，不能自止。」朝論鄙之。虔釗好與禪毳謎語，自云知道，心與口背，唯利是求，只以飯僧，更希福利。議者以渠於佛上希利，愚之甚也。後叛入蜀，取人産業，黷貨無厭，蜀民怨之。或説在蜀問一禪僧云：「如何是舍利？」對曰：「垂置僦居，即得舍利。」清河慚笑而已。《北夢瑣言》一九。又《廣記》二四三引。

李仁矩

1　後唐明宗皇帝時，董璋據東川，將有跋扈之心。于時遣客省使李仁矩出使梓潼，仁矩比節使下小校驟居內職，性好狎邪，元戎張筵，託以寒熱，召之不至，乃與營妓曲宴。璋聞甚怒，索馬詣館，遽欲害之。仁矩鞹足端簡門迎，璋怒稍解。他日作叛，兩川舉兵，並由仁矩獻謀於安重誨之所致也。《北夢瑣言》一六。又《廣記》二六四引。

李嚴

1 同光初，莊宗滅梁，將行大禮。蜀遣翰林學士歐陽彬持禮入洛，顧太尉遠爲之副焉。莊宗復遣李客省嚴銜厥命以通好。嚴本辨士也，既而屈蜀，亦稱臣焉。然於朝對之間，舉措輕易。及置一笏記，廣叙興亡，詞旨鏗鏘，驚駭聞聽，蜀之文武卿咸伏其雄。洎歸中朝，上策取蜀。及平蜀之後，莊宗命孟祖制臨。嚴又於明宗天成得位之初，復來臨護。孟祖加之禮分，賜從容，乃言曰：「吾聞利口之覆邦家，辨言之亂刑政。故少正卯言僞而辯，孔子誅之。子今巧言如簧，弗矜細行，有大罪者五，自知之乎？只如初與王朝折箭爲誓，及其降也，復又誅之，遂使天道惡盈，二國俱滅，其罪一也。其次，平蜀之際，先入禁闈，取內藏之珠金，選宮庭之嬪婇，其罪二也。頃者詐諭三川，減釋兩稅，及其得地，倍更加徵，其罪三也。而又誑惑朝廷，妄陳利害，説三川之形勢，創二鎮之節旄閫綿，控扼我咽喉，覬覦我土宇，其罪四也。今又來爲監護，坐握兵權，蹴我藩維，承吾爵位，人神豈恕，天意争容？爾之再來，機亦謬矣，其罪五也。」言訖，遂令武士把下階簷。嚴亦蒼黃，失其節操，乃叩頭曰：「嚴之五罪，一死宜然，願乞殘骸，爲洛中之鬼。」高祖不聽，命劍斬之。是時天下咸聞，皆稱妙算。《鑒誡録》一。

李懌

1 李懌於天成中入直禁署，時宰執以司會貢士呈試多不合格式，起請令翰林學士各爲格詩格賦一首，以爲繩準。時同職各已撰成送中書，中書吏累督懌，令撰之，懌曰：「李某識字有數，因人成事，苟令復應進士，落第必矣。今備位禁署，後生可畏，焉能以格詩格賦垂於世哉？」終不下筆。時論喧然，以爲知大體。《續翰林志》下。《談苑》（《類説》五三）。

何澤

1 見崔安潛6。

2 唐何澤者，容州人也。嘗攝廣州四會縣令。性豪横，唯以飲啖爲事，尤嗜鵝鴨。鄉胥里正，恒令供納。常豢養鵝鴨千百頭，日加烹殺。澤只有一子，愛憐特甚。嘗一日烹雙雞，爨湯以待沸，其子似有鬼物撮置鑊中。一家驚駭，就出之，則與雙雞俱潰爛矣。《報應録》（《廣記》一三三）。案：此何澤不知是否同一人，附此。

高輦

1 見李從榮5。

李任　任瑤

1 天成年，盧文進鎮鄧，因出城，賓從偕至。舍人韋吉亦被召，年老，無力控馭。既醉，馬逸，東西馳桑林之中，被横枝骨挂巾冠，露秃而奔突，僕夫執從，則已墜矣。舊患肺風，鼻上癮疹而黑，卧于道周，幕客無不笑者。從事令左司郎中李任、祠部員外任瑤各占一韻而賦之。賦項云：「當其廳子潛窺，衙官共看，諠呼於麥壠之裏，偃仆於桑林之畔。藍攙鼻孔，真同生鐵之椎。靦甸骷髏，宛是熟銅之鑵。」餘不記之。聞之者無不解頤。《玉堂閒話》（《廣記》二五二）。

韓昭胤

1 清泰朝，李專美除北院，甚有舟檝之歎。時韓昭裔已登庸，因賜之詩曰：「昭裔登庸汝未登，鳳池雞樹冷如冰。如何且作宣徽使，免被人呼粥飯僧。」《南部新書》癸。

唐朝美

1 見後唐莊宗18。

王仲舉

1 王仲舉，嵤道人。母嘗夢挾兩子入月。仲舉修進士業，長興二年赴舉，謁秦王，登第後有詩謝秦王曰：「三千里外抛漁艇，二十人前折桂枝。」太平興國中，仲舉有子曰嗣全，亦中進士第。乃挾兩子入月之祥。《青瑣集》（《五代詩話》二）。又《詩話總龜》前集三四引。

周玄豹

1 周玄豹，燕人。少爲僧，其師有知人之鑒，從游十年，不憚辛苦，遂傳其祕，還鄉歸俗。盧程爲道士，與同志三人謁之，玄豹退謂人曰：「適二君子明年花發，俱爲故人，唯彼道士，它年甚貴。」來歲，二人果睹零落，盧果登庸。後歸晉陽，張承業猶重之，言事多中。承業俾明宗易衣，列於諸校之下，以它人請之，曰：「此非也。」玄豹指明宗於末綴曰：「骨法非常，此爲内衙太保乎？」或問前程，唯云末後爲鎮帥。明宗夏皇后方事巾櫛，有時忤旨，大犯檟楚，玄豹曰：「此人有藩侯夫人之相，當生貴子。」其言果驗。凡言吉凶，莫不神中，事多不載。明宗自鎮師入纂，謂侍臣曰：「周玄豹昔曾言朕事，諸有徵，可詔北京津置赴闕。」趙鳳曰：「袁、許之事，玄豹所長，若詔至輦下，即争問吉凶，恐近於妖惑。」乃令就賜金帛，官至光禄卿。年八十而終。又聞嘗與蜀高祖預説符命嗣主，至於雲龍將相，其言無不符驗，果異乎哉！《北夢瑣言》一九。又《廣記》二二三引。

2 見孟昶1。

程紫霄

1 左街僧録惠江，威儀程紫霄，俱捷，每相嘲誚。江素充肥，會暑袒露，霄忽見之曰：「僧録琵琶腿。」江曰：「先生觱篥頭。」又見駱駝數頭，霄見一大者曰：「此必頭陀也。」江曰：「此輩滋息，亦有先後。此則是先生者，非頭陀也。」《紀異録》（《類説》一二）。

2 道家有言三尸，或謂之三彭，以爲人身中皆有是三蟲，能記人過失，至庚申日乘人睡去而讒之上帝。故學道者至庚申日輒不睡，謂之守庚申，或服藥以殺三蟲。……且唐末猶有道士程紫霄，一日，朝士會終南太極觀守庚申，紫霄笑曰：「三尸何有？此吾師託是以懼爲惡者爾。」據壯求枕，作詩以示衆曰：「不守庚申亦不疑，此心長與道相依。玉皇已自知行止，任爾三彭説是非。」投筆，鼻息如雷。《避暑録話》下。《紀異録》（《類説》一二）。

誠慧

1 五臺山僧誠慧，其徒號爲降龍大師。鎮州大水，壞其南城，誠慧曰：「彼無信心，吾使一小龍警之。」自言能役使毒龍故也。同光初到闕，權貴皆拜之，唯郭崇韜知其爲人，終不設拜。京師旱，迎至洛下祈雨，數旬，無徵應。或以焚燎爲聞，懼而潛去，至寺慚恚而終。建塔號法雨大師，何其謬也！《北夢瑣言》一九。《續世説》六。

體静

1 後唐同光三年，體静禪師住郡城東山華嚴寺，未幾，莊宗徵入輦下。衆僧看經，惟師與徒衆不看，帝問師：「爲甚不看經？」師曰：「道泰不傳天子令，時清休唱太平歌。」帝曰：「衆徒爲甚也不看？」師曰：「獅子窟中無異獸，象王行處絶狐蹤。」帝曰：「衆僧爲甚看經？」師曰：「水母元無眼，求食須賴蝦。」帝曰：「師是後生，爲甚却稱長老？」師曰：「三歲國家龍鳳種，百年殿下老朝臣。」《閩中考》(《五代詩話》八)。

李贊華

1 東丹王，契丹天皇王之弟，號人皇王，名突欲。後唐長興二年，投歸中國，明宗賜姓李，名贊華。善畫本國人物鞍馬，多寫貴人酋長，胡服鞍勒，率皆珍華，然而馬尚豐肥，筆乏壯氣。《圖畫見聞誌》三。《宣和畫譜》八。《圖繪寶鑑》二。

2 見韓淑妃1。

盧文進

1 盧文進，范陽人，少從軍，身長八尺，姿貌偉異，名振燕薊。莊宗連兵於兩河，屢戰獲勝，一夕忽敗夜走，馬墜澗中，纔及水，一躍而出。明日視之，乃郡之黑龍潭，絶岸高險，深不可測。文進知有神助己，氣因復振，收餘衆，會食於野。一巨蛇長十丈餘，徑至坐所，衆皆奔避，獨文進不動，蛇引首及膝，文進以匕筯取食飼之訖，蛇蜿蜒方去。奔敗之餘，物情疑阻，舉衆入契丹。虜主厚遇，使率兵救鎮、冀，又與莊宗連戰。明宗即位，老思南土，部曲皆華人，復還中國。明宗親加宴勞，因詔得封大將軍。八十二，無病卒。卒之日，星殞於寢，大如盃，文進噓赤光丈餘，與星相接。《玉壺清話》六。馬令《南唐書》二二。《十國春秋》二四。

2 范陽盧文進自云嘗偕契丹入絶塞，射獵以給軍食。一日晝晦，星象粲然，衆皆懼，捕得番人，曰：「吾國以爲常也。」頃之，景復開朗。《江南餘載》下。

3 盧文進，幽州人也。至江南，李氏封范陽王。嘗云：陷契丹中，屢入絶塞。正晝方獵，忽天色晦黑，衆星燦然。問蕃人，云：「所謂笪卻日也。以此爲常。」頃之乃明，方午也。又云：嘗於無定河見人脛骨一條，大如柱，長可七尺。《南部新書》癸。陸游《南唐書》九。《十國春秋》二四。

馮道

1 馮長樂七歲吟《治圃詩》云：「已落地花方遺掃，未經霜草莫教鋤。」仁厚天性全生靈性命，已兆於此。《陳輔之詩話》（《類説》五七）。

2 道在晉天福中爲上相，詔賜生辰器幣。道以幼屬亂離，早喪父母，不記生日，懇辭不受。《容齋隨筆》三筆九。

3 宰相馮道形神庸陋，一日爲丞相，士人多竊笑之。劉岳與任贊偶語，見道行而復顧，贊曰：「新相回顧何也？」岳曰：「定是忘持《兔園册》來。」道之鄉人在朝者，聞之告道，道因授岳祕書監，任贊授散騎常侍。北中村墅多以《兔園册》教童蒙，以是譏之。然《兔園册》乃徐庾文體，非鄙朴之談，但家藏一本，人多賤之也。《北夢瑣言》一九。

4 馮道對：「太子食有邪蒿，師傅以其名邪，令去之。況人事乎？」上退，問羣臣「邪蒿」之義，范延光對：「無名之役，不急之務，且宜罷之。」自安重誨伏誅，而宦者孟漢瓊連宮掖之勢，居中用事，人皆憚之。因宰臣奏對，延光等深言邪蒿、春冰、虎尾之戒，欲驚悟上意也。上聖體乖和，馮道對：「寢膳之間，動思調衞。」因指御前果實曰：「如食桃不康，翌日見李而思戒可也。」初，上因御李，暴得風虚之疾，馮道不敢斥言，因奏事諷悟上意。《北夢瑣言》二〇。《後唐史》（《御覽》九六七）。

5 明宗謂侍臣曰：「馮道純儉。頃在德勝寨，所居一茅庵，與從人同器而食，卧則芻藁一束，其心晏如。及以父憂退歸鄉里，自耕耘樵采，與農夫雜處，不以素貴介懷。真士大夫也。」《北夢瑣言》一九。

6 晉天福三年與戎和。晉祖曰：「當遣輔相爲使。」趙瑩、桑維翰同堂，皆未言，以戎雖通好而反覆難測，咸懼於將命。馮道與諸公中書食訖，分廳堂吏前白道言北使事，吏人色變手顫。道索紙一幅，書云：「道去。」即遣寫敕。屬吏泣下。道遣人語妻子，不復歸家，舍都亭驛，不數日即行。晉祖餞，語以家國之故，煩耆德使遠，自酌卮酒飲之。虜以道有重名，欲留之，命與其國相同列，所賜皆等。戎賜臣下以牙笏及臘月賜牛頭，皆爲殊禮，道皆得之，以詩謝云：「牛頭偏得賜，象笏更容持。」戎甚喜，潛諭留之。道曰：「兩朝皆臣，豈有分別？」賜悉市薪炭，云：「北地寒，老年不堪。」及還京師，作詩五章以述北使之意。其首章云：「去年今日奉皇華，只爲朝廷不爲家。殿上一盃天子泣，門前雙節國人嗟。龍荒冬往時時雪，兔苑春歸處處花。上下一行如骨肉，幾人身死掩風沙。」虜中大寒，賜錦襖、貂襖、羊狐貂衾各一。每入謁，悉服四襖衣，宿館中，並覆三衾。詩曰：「朝披四襖專藏手，夜蓋三衾怕露頭。」《叢苑》（《詩話總龜》前集一）。《談苑》（《類説》五三）。

7 道凡得賜，悉市薪炭，云：「北地苦寒，老年所不堪，當爲之備。」戎人頗感其意，乃遣歸。道三上表乞留，固遣，始去，更住月餘。既行，所至留駐，凡兩月出境，即馳歸。左右曰：「得生還，恨無羽翼，公獨宿留，何也？」道曰：「戎人多詐，總急還，以彼筋脚，一夕即追及，亦何可脱，但徐緩，即不能測矣。」《談苑》（《類説》五三）。

8 晉開運中，馮道方在中書，有人于市中牽一驢，以片幅大署其面曰「馮道」二字。道之親知見而白焉。道徐曰：「天下同名姓人有何限，但慮失驢訪主，又何怪哉！」其大度如此。《閒談録》（張本《説郛》一四）。

9 見和凝9。

10 馮道之鎮同州也，有酒務吏乞以家財修夫子廟，道以狀付判官參詳其事。判官素滑稽，因以一絶書之，判後云：「荆棘森森遶杏壇，儒官高貴盡偷安。若教酒務修夫子，覺我慚惶也大難。」道覽之有愧色，因出俸重創之。《五代史補》三。《古今詩話》（《詩話總龜》前集三七）。

11 見張燦1。

12 周太祖在漢隱帝朝爲樞密使，將兵伐河中李守貞，時馮道守太師不與朝政，以疾請告。周祖謁道于私第，問伐蒲策，道辭以不在其位，不敢議國事。周祖固問之，道不得已，謂周祖曰：「祖公頗知博乎？」時周祖始兼平章事。周祖微時好蒱博，屢以此抵罪，疑道譏己，勃然變色。道曰：「是行亦猶博也。夫博，財多者氣豪而勝，財寡者心怯而輸。守貞在晉，累典禁兵，自爲軍情附己，遂謀反耳。今相公誠能不惜官錢，廣施恩愛，明其賞罰，使軍心許國，則守貞不足慮也。」周祖曰：「恭聞命矣。」故伐蒲之役，周祖以便宜從事，卒成大功，然亦軍旅歸心，終移漢祚。又周祖自鄴起兵赴闕，漢隱帝兵敗，遇害于劉子陂。周祖入京師，百官謁〔之〕。周祖見道，猶設拜，意道便行推戴。道受拜如平時，徐曰：「侍中此行不易。」時周祖兼侍中。周祖氣沮，故禪代之謀稍緩。及請道詣徐州册湘陰公爲漢嗣，道曰：「侍中由衷乎？」周祖設誓，道曰：「莫教老夫爲繆語〔人。〕」及行，謂人曰：「平生不繆語，今爲繆語人。」《五代史闕文》。又《通鑑考異》三〇引。

13 郭忠恕七歲童子及第，富有文學，尤工篆隸。嘗有人於龍山得鳥跡篆，忠恕一見輒誦如宿習。乾祐中，湘陰公鎮徐州，辟爲推官。周祖之入京師也，少主崩於北崗，周主命宰相馮道迎湘陰公，將立之。至宋州，高祖已爲三軍推戴，忠恕知事變，乃正色責道曰：「令公累朝大臣，誠信著于天下，四方談士，無賢不肖，皆以爲長者。今一旦返作脱空漢，前功業並棄，令公之心安乎？」道無言對。忠恕因勸湘陰公殺道以奔河東，公猶豫未決，遂及於禍。忠恕竄迹久之。《五代史補》五。《續釋常談》（張本《説郛》三五）。《十國春秋》一〇八。

14 見周世宗9。

15 馮瀛王道之在中書也，有舉子李導投贄所業。馮相見之，戲謂曰：「老夫名道，其來久矣，加以累居相府，秀才不可謂不知，然亦名導，於禮可乎？」李抗聲對曰：「相公是無寸底道字，小子是有寸底導字，何謂不可也？」公笑曰：「老夫不惟名無寸，諸事亦無寸，吾子可謂知人矣。」了無怒色。《五代史補》五。

16 馮道曰：「吾三入相，每不及前，以擢任親故知之。初入能用至丞郎，再入能用至遺補，三入不過州縣，是宰輔之權日輕也。」《幕府燕閒録》（《類説》一九）。

17 趙鳳女嫁馮道子，道夫人常怒之。鳳使乳媪訴之，累數百言，道但云：「傳語親公，今日好雪。」《吹劍録》。《南村輟耕録》六。

18 馮瀛王性仁厚，家有一池，每得魚放池中。其子監丞每竊釣之，瀛王聞之不悦，于是高其墻垣，鑰其門户，作一詩書其門曰：「高却垣墻鑰却門，監丞從此罷垂綸。池中魚鼈應相賀，從此方知有主人。」《詩話總龜》前集四〇。

19 五代時馮瀛王門客講《道德經》，首章有「道可道，非常道」，門客見「道」字是馮名，乃曰：「不敢説可不敢説，非常不敢説。」《籍川笑林》（《類説》四九）。

20 同州澄城縣有九龍廟，然只一妃耳，士人云馮瀛王之女也。夏縣司馬才仲戲題詩云：「身既事十主，女亦妃九龍。」過客讀之，無不一笑。《嬾真子》一。

馮吉

1 馮瀛王道，德度凝厚，事累朝，體貌山立。其子吉，特浮俊無檢，爲少卿。善琵琶，妙出樂府，世無及者。父酷戒之，略無少悛。一日家宴，因欲辱之，處賤伶之列，衆執器立於庭，奏數曲罷，例以纏頭縑鏹隨衆伶給之。吉置縑鏹於左肩，抱琵琶，按膝長跪，厲聲呼謝而退，家人大笑於箔，回首謂父曰：「能爲吉進此技於天子否？」凡賓僚飲聚，長爲不速，酒酣即彈，彈罷起舞，舞罷作詩，昂然而去，自謂曰「馮三絶」。《玉壺清話》二。《澠水燕談録》一〇。《宋朝事實類苑》六四。

2 馮吉，瀛王道之子，能彈琵琶，以皮爲弦。世宗嘗令彈於御前，深欣善之，因號其琵琶曰「繞殿雷」也。道以其惰業，每加譴責，而吉攻之愈精。道益怒，凡與客飲，必使庭立而彈之，曲罷或賜以束帛，命背負之，然後致謝。道自以爲戒勗極矣，吉未能悛改，既而益自若。道度無可奈何，嘆曰：「百工之司藝而身賤，理使然也。此子不過太常少卿耳。」其後果終於此。《五代史補》五。

3 見馮道18。

唐人軼事彙編卷三十三

桑維翰

1 見馬希範1。

2 見張全義4。

3 石晉桑維翰身短面廣，每對鑑自嘆曰：「七尺之身，何如一尺之面？」登第，同牓四人。秦王幕客陳保極戲謂人曰：「今歲三箇半人及第。」以維翰短陋，故謂之半人也。《續世説》六。

4 桑維翰草萊時，語友人：「吾有富貴在造物，未還三債，是以知之。上債錢貨，中債妓女，下債書籍。」既而鐵硯功成，一日，酒後謂親密曰：「吾始望不及此，當以數語勸子一杯。」其人滿酌而引，公云：「吾有三悦而持之，一曰錢，二曰妓，三曰不敢遺天下書。」公徐云：「吾銜露太甚，自罰一觥。」《清異録》上。

5 唐明宗詔張從賓發河南兵數千擊范延光，遂與延光同反，引兵入洛陽，又扼汜水關，將逼汴州。時羽檄縱横；從官在大梁者，無不洶懼，獨桑維翰從容指畫軍事，神色自若，接對賓客，不改常度，衆心差安。維翰嘗一制指揮節度使十五人，無敢違者，時人服其膽略。《續世説》三。　案：據史書，「唐明宗」當爲「晉高祖」

之誤。

6 蘇氏《閒談録》：桑中令維翰嘗謂交親曰：「凡居宰相職後，有似着新鞋襪，外望雖好，其中甚不快活。」《續釋常談》（張本《説郛》三五）。

7 石晉崔棁知貢舉，有進士孔英者，行醜而才薄，宰相桑維翰深惡之，及棁將鏁院來辭，維翰曰：「孔英來也。」蓋柅之也。棁性純直，因默記之，遂放及第。牓出，人皆喧譁。維翰舉手自抑其首者數四，蓋悔言也。《續世説》七。

8 桑維翰壽辰，韋潛德獻太湖石一塊，上有鐫字金飾，曰「寵僊」。《清異録》上。

9 見馮玉2。

10 魏公桑維翰尹開封，一日，嘗中夜於正寢獨坐，忽大驚悸，如有所見，向空厲聲云：「汝焉敢此來！」如是者數四。旬日憒懣不已，雖貼體亦不敢有所發問。未幾，夢已整衣冠，嚴車騎，將有所詣，就乘之次，忽所乘馬亡去，追尋莫知所在。既寤，甚惡之。不數日及難。《玉堂閒話》（《廣記》一四五）。

11 見後晉出帝1。

12 桑維翰形貌甚怪，往往見之者失次。張彥澤素以驍勇稱，每謁候，雖冬月，未嘗不雨汗。及中渡變生，彥澤引蕃部至，欲逞其威，乃領衆突入開封府，弓矢亂發，且問：「桑維翰安在？」維翰聞之，乃厲聲曰：「吾爲大臣，使國家如此，其死宜矣。張彥澤安得無禮！」乃升廳安坐，謂彥澤曰：「汝有何功，帶使相已臨方面，當國家危急，不能盡犬馬之力以爲報効，一旦背叛，助戎狄作威爲賊，汝心安乎？」彥澤覩其詞氣慨然，股慄不敢仰視，退曰：「吾不知桑維翰何人，今日之下，威稜猶如此，其再可見耶！」是夜，令壯士就府縊殺之。當維翰之縊也，猶瞋目直視，噓其氣再三，每一噓皆有火出，其光赫然，三噓之外，火盡滅，就視則奄然矣。《五代史補》三。

14 桑維翰服蟬翼紗、大人帽，庶表四方，名爲「化巾」。《清異録》下。

13 鳳尾袍者，相國桑維翰時未仕緼衣也，謂其襤褸穿結，類乎鳳尾。《清異録》下。

馮玉

1 馮玉嘗爲樞密使。有朝使馬承翰，素有口辯，一日持刺來謁玉，玉覽刺輒戲曰：「馬既有汗，宜卸下鞍。」承翰應聲曰：「明公姓馮，可爲死囚逢獄。」玉自以言失，遽延而謝之。《五代史補》四。

2 石晉桑維翰與馮玉同在中書，會舍人盧櫝秩滿，玉乃下筆除櫝工部侍郎。維翰曰：「詞臣除此官稍慢，恐外有所議。」因不署名。屬維翰休假，玉竟除之，由此尤不相協。玉以語激少帝，出維翰爲開封尹。或謂玉：「桑公元老，奈何使之尹京，親細猥之事？」玉曰：「恐其反爾。」曰：「儒生安得反？」曰：「縱不自反，恐其教人爾。」《續世説》一一。按：「盧櫝」，新、舊《五代史》並作「盧價」。

和凝

1 晉相和凝，少年時好爲曲子詞，布於汴洛。洎入相，專託人收拾焚毁不暇。然相國厚重有德；終爲艷詞玷之。契丹入夷門，號爲「曲子相公」，所謂好事不出門，惡事行千里。士君子得不戒之乎？《北夢瑣言》六。《實賓録》一。

2 五代和魯公凝長於歌詩，初辟征西從事，軍務之餘，往往爲歌篇。詔使往來，傳於都下，當時籍籍，以爲宫體復生。俄而時主知之，遣中使馳驛索《宫詞》百首，即日上焉。其間有云：「遥望青青河畔草，幾多歸馬與休牛。」又云：「赤子顒顒瞻父母，已將仁德比乾坤。」又云：「越溪姝麗入深宫，儉素皆持馬后風。盡道君王修聖德，不勞辭輦與當熊。」使事中的，有風人之作。《東原録》。

3 和魯公凝有艷詞一編，名《香奩集》。凝後貴，乃嫁其名爲韓偓，今世傳韓偓《香奩集》，乃凝所爲也。凝生平著述，分爲《演綸》、《游藝》、《孝悌》、《疑獄》、《香奩》、《籯金》六集。自爲《游藝集》序云：「予有《香奩》、《籯金》二集，不行於世。」凝在政府，避議論，諱其名；又欲後人知，故於《游藝集》序(述)〔實〕之，此凝之意也。予在秀州，其曾孫和惇家藏諸書，皆魯公舊物，末有印記甚完。《夢溪筆談》一六。《事實類苑》三九。案《韻語陽秋》五、《遯齋閒覽》(《苕溪漁隱叢話》前集二三)并辨沈括此説爲誤，後人多從之。

4 范魯公質舉進士，和凝相主文，愛其私試，因以登第。凝舊在第十三人，謂公曰：「君之辭業合在甲選，暫屈爲第十三人，傳老夫衣鉢，可乎？」魯公榮謝之。後至作相，亦復相繼。時門生獻詩有「從此廟堂添故事，登庸衣鉢亦相傳」之句。《玉壺野史》六。《古今詩話》(《詩話總龜》前集三八)。《邵氏聞見録》七。《澠水燕談録》六。《紀異録》(《類説》一二)。《西溪叢語》下。《容齋四筆》四。

5 和峴，字晦仁。父凝，晉宰相、太子太傅、魯國公。峴生之年，會凝入翰林，加金紫，知貢舉。凝喜曰：「我平生美事，三者並集。此子宜於我矣，且名之曰三美。」《范蜀公蒙求》（《宋朝事實類苑》二四）。又《錦繡萬花谷》前集一八、《古今合璧事類備要》前集三二引。

6 石晉和凝爲端明殿學士，大署其門「不通賓客」。前耀州團練推官襄邑張誼致書於凝，以爲切近之職，爲天子耳目，宜周知四方利病，奈何拒絶賓客？身爲便，如負國何？凝奇之。《續世説》三。

7 和魯公上巳日修禊事於濟汶之上。或曰：「長津之内，游舸甚繁，擊鼓鳴榔之下，必起飛鰩而驚睡龍。」俄有漁者獲一巨魚，長丈餘，其圍數尺，斑首赤喙，刀鬣骨鱗，遂贖而放之。或謂曰：「子欲望負足乎？」魯公曰：「豫且之箭，前編所遺，但惜其救早之功未展，不可隨泥鰋沙鰌同鱠也。」且爲《放魚歌》，有云：「骨鱗骨□皆龍子。」時張昭遠稱之云：「解束縛之讎，願登賢相。」蓋志形於詞也。後爲右揆。《東原録》。

8 和魯公慷慨厚德，每滑稽，則哄堂大笑。時博士楊永符能草聖，有省郎聞魯公笑聲，戲謂楊曰：「丞相口歡笑。」永符曰：「予忝事筆墨，方揮掃之際，亦謂太博手怒耶？」《清異録》下。

9 故老能言五代時事者云：馮相道、和相凝同在中書，一日，和問馮曰：「公靴新買，其直幾何？」馮舉左足示和曰：「九百。」和性褊急，遽回顧小吏云：「吾靴何得用一千八百？」因詬責久之。馮徐舉其右足曰：「此亦九百。」於是哄堂大笑。時謂宰相如此，何以鎮服百僚。《歸田録》一。

10 和凝在朝，率同列遞日以茶相飲，味劣者有罰，號爲湯社。《清異録》下。

11 和魯公嘗以春社遺節饌用奩，惟一新樣大方碗，覆以剪鏤蠟春羅。椀内品物不知其幾種也，物十而飯二焉，禁庭社日爲之，名「辣驕羊」。《清異録》下。

12 和魯公有白方硯，通明無纖翳，得之於峨嵋比丘。公自題硯室曰「雪方池」。《清異録》下。

呂琦　趙玉

1 呂兗爲滄州節度判官，劉守光攻陷滄州，兗被擒，族誅。子琦年十五，將就戮，有趙玉者，幽薊義士也，久游兗門，見琦臨危，紿謂監刑者曰：「此子，某之同氣也，幸無濫焉。」乃引之俱去。琦病足，玉負之而行，逾數百里，變姓名，乞食於路，乃免於禍。琦仕石晉，至兵部侍郎，高祖將以琦爲相，忽遇疾而逝。常以玉免己於難，欲厚報之。玉遇疾，琦親爲扶持，供其醫藥，玉卒，代其家營葬事。玉之子曰文度，既孤而幼，琦誨之甚篤。及其成人，登進士第，尋升宦路，琦之力也。時議者以非玉之義，不能存呂氏之嗣；非琦之仁，不能撫趙氏之孤；惟仁義，二公得之。燕趙之士流爲美談。《續世説》一。《厚德録》四。

李瀚

1 李瀚及第於和凝相牓下，後與座主同任學士。會凝作相，瀚爲承旨，適當批詔。次日，於玉堂輒開和相舊閣，悉取圖書器玩，留一詩於榻，攜之盡去，云：「座主登庸歸鳳閣，門生批詔立鰲頭。玉堂舊閣多珍玩，可作西齋潤筆不？」《玉壺清話》二。《古今詩話》（《詩話總龜》前集三）。《續翰林志》。《五代史》（《廣卓異記》一三）。案：李瀚，《古今詩話》、《舊五代史》並作李澣，《廣卓異記》引作李浣。

2　李瀚有逸才，每作文則筆不停輟，而性嗜酒。楊凝式嘗受詔撰錢鏐碑，自以作不逮瀚，於是多市美酒召瀚飲，俟其酣，且使代筆。經宿而成，凡一萬五千字，莫不詞理典贍。凝式歎伏久之。少主入蕃也，宰相馮道等至鎮州，戎主皆放還。瀚時爲翰林院學士，北主以其才特留之，竟卒于蕃中。其後人有得其文集者，號曰《丁年集》，蓋取蘇武丁年奉使之義。《五代史補》三。

殷　鵬

1　梁均王，晉天福中始葬，故妃張氏獨存。考功員外殷鵬爲誌文曰：「七月有期，不見望陵之妾；九疑無色，空餘泣竹之妃。」後唐武皇師還渭北，不獲入覲，幙客李龔吉作違離表云：「穴禽有翼，聽舜樂以猶來；天路無梯，望堯雲而不到。」五代之季，工翰墨者，無以過此也。《文昌雜録》六。《續世説》九。案：殷鵬《文昌雜録》避宋諱作「商鵬」。

祭　殼

1　祭殼，開運中爲詞臣。時北戎來侵，晉楊光遠以青州大將爲節帥，卒，少帝命殼艸文以祭之。殼立具艸以奏曰：「漢北有不賓之寇，山東起伐叛之師。雲陣未收，將星先落。」少帝甚激賞。《楊文公談苑》（張本《説郛》二一）。

吴承範

1 〔吴〕承範以稟賦敦厚，時宰屢有薦延，言可大用，公台之望日隆矣。每盛暑，必危坐奥室，加以純緜，慮有寒溼之疾，其自重也如此。卒不登用，其命也夫。《續翰林志》下。

薛融

1 石晉高祖時，高行周奏修洛陽宫，諫議大夫薛融諫曰：「今宫室雖經焚毁，猶侈於帝堯之茅茨；所費雖寡，猶多於漢文之露臺。况魏城未下，公私窘困，誠非陛下修宫室之日。請俟海内平寧，營之未晚。」上納其言，仍賜詔褒之。《續世説》一〇。

楊凝式

1 楊凝式父涉，爲唐宰相。太祖之篡唐祚也，涉當送傳國璽，時凝式方冠，諫曰：「大人爲宰相，而國家至此，不可謂之無過，乃更手持天子印綬以付他人，保富貴，其如千載之後云云何？其宜辭免之。」時太祖恐唐室大臣不利於己，往往陰使人來探訪羣議，搢紳之士及禍甚衆。涉常不自保，忽聞凝式言，大駭曰：「汝滅吾族！」於是神色沮喪者數日。凝式恐事泄，即日遂佯狂。時人謂之「楊風子」也。《五代史補》一。《游宦紀聞》一〇。《邵氏聞見録》一六。《容齋三筆》一六。《甕牖閒評》二。

2 楊少師凝式，正史有傳。博總經籍，能文工書，其筆力健，自成一家體。襟量恢廓，居常自負，既不登大用，多佯狂以自穢。時班行潛目之爲楊風子。在洛多遊僧寺道觀，遇水石松竹清涼幽勝之地，必逍遥暢適，吟詠忘歸，故寺觀牆壁之上，筆跡多滿，僧道等護而寶之。院僧有少師未留題詠之處，必先粉飾其壁，潔其下，俟其至。若入院見其壁上光潔可愛，即箕踞顧視，似若發狂，引筆揮灑，且吟且書，筆與神會，書其壁盡，方罷，略無倦怠之色。遊客覩之，無不歎賞。故馮瀛王次子少吉嘗於寺壁留題曰：「少師真跡滿僧居，祇恐鍾王也不如。爲報遠公須愛惜，此書書後更無書。」進士安鴻漸題云：「端溪石硯宣城管，王屋松煙紫兔毫。更得孤卿老書札，人間無此五般高。」石晉時，張相從恩自南院宣徽使官才檢校司徒，權西京留守，到洛城後未久，少師自東京得假往洛陽，夜宿中牟縣，時申、未間，飛蝗蔽日，自東京而至。又明日，至鄭州，是晚飛蝗小至。次日滎陽，飛蝗亦至滎陽。適有乘傳往洛中者，少師附書并一絶先次贈洛陽居守張公，略曰：「押領蝗蟲向洛京，合消居守遠相迎」云云。及到洛數日，少師寄詩上張相云：「南院司徒鎮洛京，未經三月政聲成。四方羣后皆如此，端坐庸夫見太平。」張公知其貧，贈遺甚厚。楊之居在府衙西門咫尺，尋常入府，籃輿在前，牽馬在後，少師策杖冠褐，數十步後徐行隨之，見者笑而不測之。此佯狂之一也。常近冬，居家未挾纊，少師安然不之問。一旦，故舊自西回，行李甚偉，楊以書訴貧。故舊凌晨來候之，仍於通利店内先寄物中，留紬五十匹、絹百匹，書送於楊，請貨易以略備冬服。少師得紬與絹，紬盡送修行尼寺造襪，施數寺僧尼，絹盡送南禪、大字兩院，請飯僧。宅中骨肉已有寒色，老女使聞施僧，嗟訝有泣者，少師笑而不言。數月，居守知之，召女工輩，依楊宅之家口數，大小悉造綿衣無闕者，造成送之。少師見送衣至，笑謂宅中曰：「我故知留守公送衣來爾。」此亦不測其心，佯狂之二也。尋常每出，上馬至大門外，前驅者請所訪，楊與一老僕語曰：「今日好向東遊廣愛寺。」老僕曰：「不如向西遊石壁寺。」少師舉鞭曰：「且遊廣愛寺。」鞭馬欲東。老僕曰：「且向西遊石壁寺。」少師徐曰：「且遊石壁寺。」聞者竊笑之。此皆佯狂之事也。有談歌婦人楊苧羅，善合生雜嘲，辨慧有才思，當時罕與比者。少師以姪女呼之，每令謳唱，言詞捷給，聲韻清楚，真秦青、韓娥之儔也。少師以姪女呼之，蓋念其聰俊也。時僧雲辨能俗講，有文章，敏於應對，若祀祝之辭，隨其名位高下，對之立成，千字皆如宿搆。少師尤重之。雲辨於長壽寺五月講，少師詣講院，與雲辨對坐，歌者在側。忽有大蜘蛛於簷前垂絲而下，正對少師於僧前，此句有脱字。雲辨笑謂歌者曰：「試嘲此蜘蛛，如嘲得著，奉絹兩匹。」歌者更不待思慮，應聲嘲之，意全不離蜘蛛，而嘲戲之辭正諷雲辨。少師聞之絶倒，久之，大叫曰：「和尚，取絹五匹來。」雲辨且笑，遂以絹五匹奉之。歌者嘲蜘蛛云：「喫得肚罌撑，尋絲繞寺行。空中設羅網，祇待殺衆生。」蓋譏雲辨體肥而肚大故也。雲辨師名圓鑒，後爲左街司録，久之遷化。少師於西京寺觀壁上書札甚多，人間所收真跡絶少。其寺觀所書壁，僧道相承保護之。至興國九年，大水湮没，牆壁摧壞，十無一存。可爲惜之，可爲惜之！《洛陽搢紳舊聞記》一。又《詩話總龜》前集四、三八引。《游宦紀聞》一〇。

3　黄祕書長睿父之子詔，紀其尊人建炎庚戌在平江闔城中失去楊凝式書一册，并其先人手書楊傳，以無別本，念念不忘。是歲四月，復寓饒之德興太寧資福寺，偶録遺文，遂見之，喜甚。予偶得其本，恐終失墜，今紀其年譜、家譜、傳贊於此。唐咸通十四年癸巳，凝式是年生，故題識多自稱癸巳人。唐天祐四年丁卯，是年夏，朱全忠篡唐，凝式諫其父唐相涉，宜辭押寶使，涉懼事泄，凝式自此遂陽狂。時年三十。《五代史補》言時年方弱冠，誤也。……凝式雖仕歷五代，以心疾閒居，故時人目以風子。其筆迹遒放，宗師歐陽詢與顔真卿，而加以縱逸。既久居洛，多遨游佛道祠，遇山水勝概，輒留連賞詠，有垣牆圭缺處，顧視引筆，且吟且書，若與神會。率寶護之。其號或以姓名，或稱癸巳人，或稱楊虛白，或稱希維居士，或稱關西老農。其所題後，或真或草，或不可原詰，而論者謂其書自顔中書後一人而已。……凝式詩什，亦多雜以詼諧。少從張全義辟，故作詩紀全義之德云：「洛陽風景實堪哀，昔日曾爲瓦子堆。不是我公重葺理，至今猶自一堆灰。」它類若此。……其題壁有「院似禪心静，花如覺性圓。自然知了義，争肯學神仙。」清麗可喜也。尹洛者皆當時王公，凝式或傲然不以爲禮，尹亦以其耆俊狂直，不之責也。凝式本名家，既不遇時，而唐、梁之際，以節義自立，襟量宏廓，竟免五季之禍，以壽考終。洛陽諸佛宫，書跡至多，本朝興國中，三川大寺刹率多頹圮，翰墨所存無幾，今有數壁存焉。士大夫家亦有愛其書帖者，皆藏弆以爲清玩。世以凝式行書頗類顔魯公，故謂之顔楊云。《游宦紀聞》一〇。

4 少師楊凝式書畫獨步一時，求字者紙軸堆疊，若垣壁。少師見則浩歎曰：「無奈許多債主，真尺二冤家也。少時怪閻立本戒子弟勿習丹青，年長以來始覺以能爲累。」《清異録》下。

5 其書法自顔、柳以入二王之妙。居洛陽延福坊，每出，導從輿馬在前，多步行於後。一日欲遊天宫寺，從者曰：「曷往廣愛寺？」亦從之。今兩寺壁間題字爲多。多寶塔院有遺像尚存。近歲劉壽臣爲留臺，於故按牘中得少師自書假牒十數紙，皆楷法精絶。世論少師書以行草爲長，誤矣。《邵氏聞見録》一六。

6 楊凝式仕後唐、晉、漢間，落魄不自檢束，自號楊風子，終能以智自完。書法高妙，傑出五代，可與顔、柳繼軌，今洛中僧寺尚多有其遺跡。《題華嚴院》一詩云：「院似禪心静，花如覺性圓，自然知了義，争肯學神仙。」用筆尤奔放奇逸。李西臺建中平生師凝式書，題詩於旁曰：「枯杉倒檜霜天老，松煙麝煤陰雨寒，我亦生來有書癖，一回入寺一回看。」西臺書亦自深穩老健，前輩所貴重也。《蔡寬夫詩話》（《苕溪漁隱叢話》前集二四）。《侯鯖録》七。

7 楊凝式滑稽。精舍老尼即王令公家乳母，公至，苦不爲禮，乃書壁云：「暇日遊老比丘院，延待尤厚。」尼甚感之。後悟「老比」之言，立圬圬鏝之。《紀異録》（《類説》一二）。

8 見李瀚2。

9 楊凝式，華陰人也。形貌寢倪，然精神矍然，要大於身。善文詞，出時輩右。《宣和書譜》一九。

楊苧羅

1 見楊凝式2。

盧　詹

1 盧詹尚書任吏部，押官告，楷署其名，字體遒麗，時謂之真書盧家。《南部新書》辛。

白文珂

1 白中令諱文珂，河東遼州人。由軍職積勞至藩方馬步都校，遥郡。後爲遼州刺史、代州刺史。在代州日，值漢祖授北京留守、河東節度使，代屬郡也。中令長子曰廷誨，時爲衙内指揮使，每日以事干郡政。漢祖聞之，怒其失教，遂奏之，罷郡。白以屬郡路由并州，遂詣府參謁，漢祖見之，覩其儀貌敦厚，舉止閒雅，訪以時事，對答有條貫，皆中肯要。漢祖由是大喜，屢開筵宴，命賓客盡歡而罷。時漢祖已奏乞除一人北京副留守，未報，漢祖因奏公乞就除副留守，朝廷可之。除書既下，中令日接漢祖從容。會晉末，胡寇猾夏，漢祖有掃除天下之志，奇謀密畫，中令之力俱多，遂成攀鱗之遇焉。中令，漢祖建義：授河中府節使；漢祖即大位，改授天平軍；未久，移授陝府。屬蒲、岐、雍三州連叛，授河中府招討之命，兼知府行事。周太祖時爲樞密使，命總戎律，督三路攻取之埶。中令在北京日，素與周祖親洽，周太祖屢召中令，諮詢戎事，三叛平，周祖德之。師旋，與同來。時西京留守王相守恩爲左右所惑，大納賄賂，衆口諠譁，周祖即日移牒中令，權守宫鑰，替王相。歸第密奏之，漢少主遂下制除西京留守、大尹事，兼中書令。周祖即大位之數年，公求入覲，懇乞致政。周祖敦喻頗切，中令辭以年老，堅請不已，遂許之，授太子太師致仕，許歸洛下頤養，賜以肩輿、鳩杖，命宰臣備祖筵于板橋，餞之。遺榮之上繼二疏之跡，千載之下，一人而已。公仗鉞之後，宣差昝相居潤充都押衙，與公之肘腋牛從福爲校練使，常預心腹之寄，屢以昝相有識略，密言于周祖，後漸用之，驟至顯位。使相嘗判開封府焉，贈王爵。沈中令諱倫，常客于白中令門下。昝相既顯，白中令使人密以沈相名姓薦之，昝相遂稱薦于太祖皇帝。……二公之貴達，亦由中令之知人乎！中令既殁，余熟其門，余布衣受中令見知，詳其事，遂記之。《洛陽縉紳舊聞記》五。

馬全節

1 馬全節爲鄴都留守，以元城是桑梓之邑，具白襴，詣縣庭謁拜。縣令沈遘避之，節曰：「父母之鄉，自合致恭，勿讓也。」州里榮之。《南部新書》癸。

2 魏帥侍中馬全節，嘗有侍婢，偶不愜意，自擊殺之。後累年，染重病，忽見其婢立於前。家人但訝全節之獨語，如相問答。初云：「爾來有何意？」又云：「與爾錢財。」復曰：「爲爾造像書經。」哀祈移時。其亡婢不受，但索命而已。不旬日而卒。《玉堂閒話》（《廣記》一三〇）。

馮暉

1 馮暉爲靈武節度使，其威名羌戎畏服，號「麻胡」，以其面有黥文也。《楊文公談苑》（張本《説郛》二一、陶本《説郛》一六）。

郭金海

1 見安從進1。

張 鑝

1 密牧張鑝少年時，嘗有一飛鳥狀若尺鷃，銜一青銅錢，墮於張懷袖間，張異之，常繫錢於衣冠間。其後累財巨萬，至死物力不衰。即飛鳥墮錢，將富之祥也。《玉堂閒話》（《廣記》一三八）。

趙在禮

1 趙在禮之在宋州也，所爲不法，百姓苦之。一旦下制，移鎮永興，百姓欣然相賀曰：「此人若去，可爲眼中拔釘子，何快哉！」在禮聞之怒，欲報「拔釘」之謗，遽上表更求宋州一年。時朝廷姑息勳臣，詔許之。在禮於是命吏籍管内户口，不論主客，每歲一千，納之於家，號曰「拔釘錢」。莫不公行督責，有不如約，則加之鞭朴，雖租賦之不若也。是歲獲錢百萬。《五代史補》三。

安彦威

1 安中令諱彦威，山後人，《五代史》有傳。元隨都押衙劉，失其名，讀數經書，略通大義，涉獵史傳，俊辨有識，端謹事中令歲久。自中令貴，常左右之。中令所至，有威惠刑殺之際，未嘗私，必委之佐寮，詳之然後行。中令寬宏大度，不妄喜怒。事無大小，既與賓寮商議，至夜必召劉某審之。故中令歷大藩，位望隆重，無苛擾之稱者，蓋劉某常内助之爾。中令歷永興軍節度使、西京留守，以壽終，亦近世五福之全者。中令河東時，嘗前後奏請十數事，内有再奏請者，皆寢而不報。一日賓客盛會，有語及之者，中令意有不平，似微嫌當時執權者。因言：「所奏事，皆可行者，況某爲京留守、河東節度使，豈有前後奏章皆不下？必有所擁閼爾。」賓席逡巡未對閒，劉某於中令後屬耳偶語。劉某謂賓客曰：「令公腹微痛。」且起，賓客謂之誠然，俱退。中令既入宅，劉某隨之。中令入中門，漸至堂前中庭，劉某亦隨之。中令怪而顧之，劉某曰：「某有所白，不欲外人聞。」至堂前中庭，中令坐，劉某曰：「某伏事歲久，受恩亦多，忽見近日作爲，某憂懼及禍，不忍遽辭訣，某今日乞令公與罪名殺之，以答從來受恩。」言訖，兩手捧巾，擲之於地，怒目却立，氣咽久之，遂蹶然而倒。中令自扶抱之，令女使數人扶翼坐，久之能言，但曰：「某死罪。」中令不之測，滿宅驚懼。中令却其婢妾輩，低顔安慰，自問其故。劉某曰：「中令既貴如是，富如是，朝廷用如是，此外更欲何求？且令公勳名位望，朝廷非不知，前後所奏皆不欲行，却是好事。」中令曰：「凡奏事前後十餘度，皆不行，何謂之好事？」劉某曰：「若令公情性凶險，此地表裏山河，朝廷務姑息；即事無大小，悉行之，不爾，即禍旋及之。今天子明聖，輔弼得人，察令公忠賢，所奏事皆纖細，不行者，不疑令公爾。朝廷既不疑令公，令公又何自疑？旦來對諸廳，某恐令公因此及他日更失言，若執政知之，豈不疑令公乎？某家衹數口，令公百餘口，幸令公慎於言樞。」對訖，取土實其口，中令公自奪其土。劉某曰：「古人對君不顧而唾，尚求必死之地以謝罪，況某至愚，無禮之極，乞一罪名斬之，以謝無禮於上。」中令遽曰：「爾憂主人如此，却出恁言，轉教我不安。大都是這老漢死日到，罪過淫亂得你如此，干你甚事？我知罪過，今後不敢。你便休，你便休！」喚小大取鍁钁將篋照來，中令自就地取幞頭，用公服袖揩拭，令女使與裹之。劉某摇首不之受，中令遂自將幞頭與裹，令女使扺掠之，中令再三安慰遜謝。劉某涕泣謝罪，數日不食，幾至殂殞。安每日使子弟候問，待之如骨肉焉。……中令退召子弟，誡之曰：「汝等勿謂此人作没意智漢，是切言救我，前後似此者多矣。使我百口保富貴，朝廷待我厚皆此人之力也。他日我死，汝等看此人如我今日，不得令有少乏。」中令既殁，諸子弟如其教，衣食財物無虚日，至於終身。《洛陽縉紳舊聞記》四。

張希崇

1 晉張希崇鎮邠州日，有民與郭氏爲義子，自孩提以至成人，因戾不受訓，遣之。郭氏夫婦相次俱死，有嫡子已長，時郭氏諸親與義子相約，云是親子，欲分其財，助而訟之。前後數政不能理，遂成疑獄。希崇覽其訴狀，斷云：「父在已離，母死不至。雖假稱義子，辜二十年撫養之恩；儻曰親兒，犯三千條悖逆之罪。大爲傷害名教，安敢理認田園！其生涯竝付親子。所訟人與朋黨者，委法官以律定刑。」聞者服其明斷。《疑獄集》三。《折獄龜鑑》八。

張　輅

1 晉高祖鎮鄴時，魏州冠氏縣華村僧院有鐵佛一軀，高丈餘。忽云佛能語，以垂教戒，徒衆稱贊，聞乎鄉縣，士庶雲集，施利填委。高祖命衙將齎香設供，且驗其事虚實，張輅請與偕行。至則盡遣僧出，乃開其房，搜得一穴通佛座下，即由穴入佛身，厲聲以説諸僧過惡。衙將遂擒其魁，高祖命就彼戮之。《折獄龜鑑》五。

安從進

1 張從恩相公，晉祖時爲宣徽南院使。時鎮州安重榮叛。晉祖將征之，行有日矣。張相中夜思之，若聖駕北征，安王從進在襄陽已有跋扈之狀，恐朝廷無備，來日朝退求見，遂以襄州爲請。且曰：「安從進若乘虛來襲京師，即陛下何以爲備？」晉祖曰：「卿未知爾。今已命高行周爲招討，用卿爲都監，仍命高勳、焦繼勳等數人備指使。」張聞晉祖言已有備，正與己意合，且上命己護其師旅，不敢辭讓。因陳請數事，皆允之。先發騎將郭金海部領三千餘騎，往唐州駐泊，焦繼勳等數人亦同是行。晉祖纔發京師，襄陽安從進遂叛。謂朝廷無備，欲乘虛掩襲，遂選精騎南下。焦繼勳等知從進已叛，即飛表聞于行在，張相渤海公亦繼發。從進與郭相遇於花山。金海，蕃將，善用槍，時罕與敵，拳勇過人，喜戰鬭，欲立奇功。兩陣相去數里。從進素管騎兵，金海久在麾下，安亦待之素厚。從進乃躍馬引數百騎乘高，去晉陣百步，厲聲叫郭金海。金海獨鞭馬出于陣數十步，免冑側身，高聲自稱曰金海。從進又前行數十步，勞之曰：「金海安否？我素待你厚，略不知恩，今日敢來待共我相殺。」金海應聲答曰：「官家好看大王，負大王甚事，大王今日反！金海舊事大王，乞與大王一箭地，大王迴去。若不去，喫取金海槍。」言訖，援槍鞭馬，疾趨其陣。繼勳亦繼進。從進懼，躍馬而退。師遂相接，大爲金海所破。焦繼勳押陣奏到，晉祖大喜，賞賜有差。從進自此喪氣，嬰城自固，王師爲連城重塹以守之。月餘，王師攻城，城上矢下如雨，王師被傷者衆。是日，金海爲飛矢集身，扶傷歸營。明日，從進用計污金海，欲使朝廷疑之。以金餅貯酒，金合盛藥，以索懸之城上，呼郭金海。金海知之，力疾扶創而往。城上勞金海曰：「大王知你中箭創甚，賜你金餅、金合、酒與風藥。」金海、蕃人目不知書，惟利是貪，取餅與合歸營，且不聞于元戎。元戎等疑之，乃馳驛奏。晉祖念花山之功，不加罪。城下，就除金州團練，併其兵，放他部。金海之任，居常悒悒不樂，至於捐館。惜哉！焦繼勳，我太祖幸洛之歲，降麻授相州節鉞而終。高勳陷北虜，用爲幽州節度使。母在京洛陽福善里，太祖常厚賜慰安之。高後欲歸，不知其終。《洛陽搢紳舊聞記》一。

安重榮

1 安重榮出鎮，常懷不軌之計久矣，但未發。居無何，厩中産朱鬃白馬，庭鴉生五色雛，以爲鳳，乃欣然謂天命在己，遂舉兵反。指揮令取宗嶺路以向闕。時父老聞之，往往竊議曰：「事不諧矣。且王姓安氏，曰：鞍得背而穩，何不取路貝州？若由宗嶺，是安及於鬃，得無危乎？」未幾，與王師先鋒遇，一戰而敗。《五代史補》三。

2 晉安重榮之叛於成德軍也，鎮之牙署堂前有揭幡竿長數十尺，重榮將叛之前一日，張弓彀矢，仰竿柯銅龍之首，謂左右曰：「我必有天命，一發而中。」果中。左右即時拜賀。後終於斬首漆顱。《玉芝堂談薈》五。

楊光遠

1 楊光遠滅范延光之後，朝廷以其功高，授青州節度，封東平王，奄有登、萊、沂、密數郡。既而自負强盛，舉兵反。朝廷以宋州節度李守貞嘗與光遠有隙，乃命李討之。李受詔欣然，志在必取，莫不身先矢石。光遠見而懼之，度不能禦，遂降。初，光遠反，書至，中外大震。時百官起居次，忽有朝士揚言於衆曰：「楊光遠欲謀大事，吾不信也。光遠素患秃瘡，其妻又跛，自古豈有秃頭天子、跛腳皇后耶？」於是人心頓安。未幾，光遠果降。《五代史補》三。

趙延壽

1 僞遼丞相趙延壽，德鈞之子也。仕唐爲樞密使。清泰末，自太原陷虜，耶律德光用爲僞丞相，綜國事。晉少主失政，延壽道戎王爲亂，凡數年之間，盜有中夏，實延壽贊成之力也。延壽將家子，幼習武略，即戎之暇，時復以篇什爲意，亦甚有雅致。嘗在虜庭賦詩曰：「黄沙風捲半空抛，雲動陰山雪滿郊。探水人迴移帳就，射鵰箭落著弓抄。鳥逢霜果饑還啄，馬渡冰河渴自跑。占得高原肥草地，夜深生火折林梢。」南人聞者往往傳之。《趙延壽傳》（《廣記》二〇〇）。

張彥澤

1 見桑維翰2。

2、3 見李濤4、5。

白項鴉

1 契丹犯闕之初，所在羣盜蜂起，戎人患之。陳州有一婦人，爲賊帥，號曰白項鴉。年可四十許，形質粗短，髮黄體黑，來詣戎王，襲男子姓名，衣巾拜跪，皆爲男子狀。戎王召見，賜錦袍銀帶鞍馬，署爲懷化將軍，委之招輯山東諸盜，賜與甚厚。僞燕王趙延壽，召問之，婦人自云：「能左右馳射，被雙鞬，日可行二百里。盤矛擊劍，皆所善也。」其屬數千男子，皆役服之。人問有夫否，云：「前後有夫數十人，少不如意，皆手刃之矣。」聞者無不嗟憤。旬日在都下，乘馬出入，又有一男子，亦乘馬從之，此人妖也。北戎亂中夏，婦人稱雄，皆陰盛之應。婦人後爲兗州節度使符彥卿戮之。《玉堂閒話》（《廣記》三六七）。

張薦明

1 張薦明隱樂山林，有古松十餘株，謂人曰：「予人中之仙，此木中之仙也。」《清異録》上。

白承福

1 石晉吐谷渾酋長白承福，家甚富，飼馬用銀槽。《續世説》九。

史弘肇

1 史弘肇嘗與大臣飲於竇貞固之第，以夙憤激蘇逢吉，舉爵曰：「安朝廷，定禍亂，直須長鎗大劍。至如毛錐子，安足用焉？」三司使王章曰：「雖有長鎗大劍，若無毛錐子，贍軍財賦，自何而集？」肇默然而散。自此蘇史有隟。《南部新書》癸。

2 漢隱帝賜諸伶錦袍玉帶，史弘肇奪之還官曰：「健兒戍邊，寒暑未有優卹，爾輩不當也！」其凶戾也如此。然至理得中。《南部新書》癸。

蘇逢吉

1 高祖在河東，幕府闕書記，朝廷除前進士丘廷敏爲之，以高祖有異志，恐爲所累，辭疾不赴，遂改蘇逢吉。未幾，契丹南侵，高祖仗順而起，兵不血刃，而天下定。逢吉以佐命功，自掌書記拜中書侍郎平章事。逾年，廷敏始選授鳳翔麟遊縣令，過堂之日，逢吉戲之，且撫所坐椅子曰：「合是長官坐，何故讓與鄙夫耶？」廷敏遂慚悚而退。《五代史補》四。

楊邠

1 楊邠起於小吏，及爲相，嘗言曰：「爲國家者，但得帑藏豐盈，甲兵强盛。至於文章禮樂，並是虛事，何足介意。」自此後始不在清議。《南部新書》癸。

王章

1 見史弘肇1。

李濤

1 李濤相國性滑稽，爲布衣時，往來京洛間。汜水關有一僧舍，曰不動尊院，院中有不出院僧，十餘載，濤每過，嘗憩其院，必省其僧。未幾，寺爲火所焚，僧衆皆徙他所。濤後過，但門扉猶在，題詩其上云：「走却坐禪客，移將不動尊。世間顛倒事，八萬四千門。」《楊文公談苑》（《宋朝事實類苑》六三）。又《詩話總龜》前集四〇、《類説》五三引。

2 兵部李内相濤，唐宗室子，自河陽令一舉狀登科。小字社翁，每于班行中多自名焉，其坦率如此。翰林月給内醖，兵部嘗因春社寄翰林一絶云：「社翁今日没心情，爲乏治聾酒一瓶。惱亂玉堂將欲遍，依稀循到第三廳。」其筆札遒麗，自成一家之妙。俗傳社日酒治耳聾，故有是句。《古今詩話》（《詩話總龜》前集四一)。

3 世言社日飲酒治聾,不知其何據。五代李濤有《春社從李昉求酒》詩云:「社公今日没心情,爲乞治聾酒一瓶。惱亂玉堂將欲徧,依稀巡到第三廳。」昉時爲翰林學士,有日給内庫酒,故濤從乞之,則其傳亦已久矣。社公,濤小字也。唐人在慶侍下,雖達官高年,皆稱小字。濤性疏達不羈,善諧謔,與朝士言,亦多以社公自名,聞者無不以爲笑。然亮直敢言,後官亦至宰相。《石林詩話》上。

4 李濤常忿張彦澤殺邠州幕吏張式而取其妻。濤率同列上疏,請誅彦澤以謝西土,高祖方姑息武夫,竟不從。未幾,契丹南侵,至中渡橋,彦澤首降,戎主喜,命以本軍統蕃部控弦之士,先入京師。彦澤自以功不世出,乃挾宿憾殺開封尹桑維翰。濤聞之,謂親知曰:「吾曾上疏請誅彦澤,今國家失守,彦澤所爲如此,吾之首領庸可保乎!然無可奈何,誰能伏藏溝瀆而取辱耶!」於是自寫門狀求見彦澤,其狀云:「上疏請殺太尉人李濤謹隨狀納命。」彦澤覽之,欣然降階迎之。然濤猶未安復,曰:「太尉果然相怨乎?」彦澤曰:「覽公門狀,見納命二字,使人怨氣頓息,又何憂哉!」濤素滑稽,知其必免,又戲爲伶人詞曰:「太尉既相怨,何不將壓驚絹來!」彦澤大笑,卒善待之。《五代史補》三。

5 石晉高祖時,張彦澤殘虐不法,刑部郎中李濤伏閤極論彦澤之罪,語甚切至。彦澤削一階,降爵一級。及契丹入京師,彦澤恣行殺戮,士民不寒而栗。濤時爲中書舍人,謂曰:「吾與其逃於溝瀆而不免,不若往見之。」乃投刺謁彦澤曰:「上疏請殺太尉人李濤謹來請死。」彦澤欣然接之,謂濤曰:「舍人今日懼乎?」對曰:「濤今日之懼,亦猶足下昔年之懼也。鄉使高祖用濤之言,事安至此?」彦澤大笑,命酒飲之，濤引滿而去，旁若無人。《續世説》三。

6 世宗以張昭遠好古直，甚重之。因問曰：「朕欲一賢相，卿試爲言，朝廷誰可？」昭遠對曰：「以臣所見，莫若李濤。」世宗常薄濤之爲人，聞昭遠之舉甚驚，曰：「李濤本非重厚，朕以爲無大臣體，卿首舉此，何也？」昭遠曰：「陛下所聞止名行，曾不聞才略如何耳。且濤事晉高祖，曾上疏論邠州節度使張彦澤蓄無君心，宜早圖之，不然則爲國患，晉祖不納。其後契丹南侵，彦澤果有中渡之變，晉社殲焉。先帝潛龍時，亦上疏請解其兵權，以備非常之變，少主不納，未幾先帝遂有天下。以國家安危未兆間，濤已先見，非賢而何！臣所首舉之者，正爲此也。」世宗曰：「今卿言甚公，然此人終不可於中書安置。」居無何，濤亦卒。濤爲人不拘禮法，與弟澣雖甚雍睦，然聚話之際，不典之言往往間作。澣娶禮部尚書竇寧固之女，年甲稍高，成婚之夕，竇氏出參，濤輒望塵下拜。澣驚曰：「大哥風狂耶？新婦參阿伯，豈有答禮儀？」濤應曰：「我不風，只將謂是親家母。」澣且慚且怒。既坐，竇氏復拜，濤又叉手當胸，作歇後語曰：「慚無竇建，繆作梁山。喏，喏，喏！」時聞者莫不絶倒。凡濤於閨門之内不存禮法也如此。故世宗以爲無大臣體，不復任用，宜哉！《五代史補》五。

張允

1 五代漢隱帝時，吏部侍郎張允家貲萬計，而性吝，雖妻子不之委。常自繫衆鑰於衣下而行，如環佩。郭威入京師，允匿於佛殿中藻井之上，登者浸多，板壞而墜，軍士掠其衣，遂以凍餒而卒。《續世説》一一。

王仁裕

1　五代王仁裕少不知書，因夢吞五色小石無數，遂有文章。敏速甚異於人。與賓酬和，不問多少韻數，立命筆和送，題云走筆，猶自矜謂人曰：「某官詩輒已批回。」漢丞相兵部尚書李濤素滑稽，戲目之爲「判詩博士」。《實賓録》一。

2　王仁裕著詩萬首，謂之「詩窖子」，亦曰「千篇集」。《後史補》（《類説》二六）。又《海録碎事》一九、《記纂淵海》七五、《錦繡萬花谷》前集二一引。

3　後唐清泰之初，王仁裕從事粱苑，時范公延光帥之。春正月，郊野尚寒，引諸幕寮，餞朝客于折柳亭。樂則於羽，而響鐵獨有宮聲，洎將摻執，竟不諧和。王獨訝之，私謂戎判李大夫式、管記唐員外獻曰：「今日必有譸張之事，蓋樂音不和。今諸音舉羽，而獨扣金有宮聲，且羽爲水，宮爲土，水土相剋，得無憂乎？」于時筵散，朝客西歸，范公引賓客，紲鷹犬，獵于王婆店北，爲奔馬所墜，不救于荒陂。自辰巳至午後，絶而復蘇。樂音先知，良可至矣。《玉堂閒話》（《廣記》二〇四）。

4　王尚書仁裕，乾祐初放一榜二百一十四人，乃自爲詩云：「二百一十四門生，春風初動毛羽輕。擲金换卻天邊桂，鑿壁偷將榜上名。」陶穀爲尚書，素好詼諧，見詩佯聲曰：「大奇，大奇！不意王仁裕今日做賊頭也。」聞者皆大笑。《五代史補》四。

5　先公嘗言：座主王公翰林學士户部侍郎王仁裕也。知舉時，已年高，有數子皆早亡，諸孫並幼。每諸生至門，必迎于中堂，公與夫人偶坐夫人歐陽氏。受諸生拜，一如兒孫禮。然後備酒饌，命諸生侍坐，于餅餌羹臛之物，皆公與夫人親手調品以授諸生，甚于慈母之親嬰兒也。公文章之外，尤精音律。至酒酣，則盡出樂器，自取小管吹弄。諸生有善絲竹者，亦各使獻其能。或間以分題聯句，未嘗不盡歡焉。忽一日，生徒畢集，出一詩版懸于客次曰：「二百一十四門生，時并明經童子二百十四人，故禮部侍郎賈黃中即童子闕頭也。春風初長羽毛成。擲金換得天邊桂，鑿壁偷將榜上名。何幸不才逢聖世，偶將疏網罩羣英。衰翁漸老兒孫少，異日知誰略有情？」公後有一孫名全禧，終于緜州西昌令；一女適河東薛氏，甚賢明，余亦忘矣。《先公談録》（張本《說郛》四〇、陶本《說郛》二四）。又《古今事文類聚》前集二八引。《摭遺》（《詩話總龜》前集二二）。

6　先公嘗言：恩門王公，終於太子少保。七十後，精力猶不衰，每天氣和暖，必乘小駟，從三四老蒼頭，攜照袋，照袋以皮爲之，四方有蓋，其中可容一斗以來。中貯筆硯、《韻略》、刀子、礪石、牋紙數十幅，并小樂器之類。後別置遊春盛隨事，備酒炙三五人之具，門生在京者多侍行。每出郊野，遇有園亭及竹樹之處，必賞燕終日。賦詩，品小管色，盡歡醉而歸。吾忝左拾遺日，適暮春，與同門生五六人，從公登繁臺佛舍。繁臺，即梁孝王吹臺也。公是日飲酒賦詩甚歡，抵夜方散。嘗記得公詩曰：「柳陰如霧絮成堆，又引門生上吹臺。淑景即隨風雨去，芳罇宜命管絃催。謾誇列鼎鳴鐘貴，寧免朝烏夜兔摧。爛醉也須詩一首，不能空放馬頭回。」其天才縱逸，風韻閒適，皆此類也。《先公談録》（《宋朝事實類苑》三九、（《類說》一五）。《名賢詩話》（《靖康緗素雜記》一）。

7　五代王仁裕知貢舉，王丞相溥爲狀元，時年二十六。後六年，遂相周世宗，猶及本朝以太子太保罷歸班，年纔四十二，前此所未有也。溥初拜相，仁裕猶致仕無恙，嘗以詩賀溥云：「一戰文場拔趙旗，便調金鼎佐無爲。白麻驟降恩何極，黄髮初聞喜可知。跋敕案前人到少，築沙堤上馬歸遲。立班始得遥相見，親洽争如未貴時。」溥在位，每休沐必詣仁裕，從容終日。《石林詩話》下。《廣卓異記》六。《春明退朝録》（《宋朝事實類苑》二四）。案：《宋朝事實類苑》所引《春明退朝録》，當爲《先公談録》之誤。

8　王仁裕嘗從事于漢中，家于公署。巴山有採捕者，獻猿兒焉，憐其小而慧黠，使人養之，名曰野賓，呼之則聲聲應對。經年則充博壯盛，縻縶稍解，逢人必齧之，頗亦爲患。仁裕叱之，則弭伏而不動，餘人縱鞭箠亦不畏。其公衙子城繚繞，並是榆槐雜樹，漢高廟有長松古柏，上烏巢不知其數。時中春日，野賓解逸，躍入叢林，飛趠于樹稍之間。遂入漢高廟，破烏巢，擲其雛卵于地。是州衙門有鈴架，羣烏遂集架引鈴。主使令尋烏所來，見野賓在林間，即使人投瓦礫彈射，皆莫能中。薄暮腹枵，方餒而就縶。乃遣人送入巴山百餘里溪洞中。人方回，詢問未畢，野賓已在廚内謀餐矣。又復縶之。忽一日解逸，入主帥廚中，應動用食器之屬，並遭掀撲穢污，而後登屋，擲瓦拆磚。主帥大怒，使衆箭射之。野賓騎屋脊而毁拆塼瓦，箭發如雨，野賓目不妨視，口不妨呼，手拈足擲，左右避箭，竟不能損其一毫。有使院老將馬元章曰：「市上有一人善弄胡猻。」乃使召至，指示之曰：「速擒來。」于是大胡猻躍上衙屋趕之，踰垣驀巷，擒得至前。野賓流汗體浴而伏罪，主帥亦不甚詬怒，衆皆看而笑之。于是頸上係紅綃一縷，題詩送之曰：「放爾丁寧復故林，舊來行處好追尋。月明巫峽堪憐静，路隔巴山莫厭深。棲宿免勞青嶂夢，躋攀應愜碧雲心。三秋果熟松稍健，任抱高枝徹曉吟。」又使人送入孤雲兩角山，且使縶在山家。旬日後，方解而縱之，不復再來矣。後罷職入蜀，行次嶓冢廟前，漢江之壖，有羣猿自峭巖中連臂而下，飲于清流。有巨猿捨羣而前，于道畔古木之間，垂身下顧，紅綃彷彿而在。從者指之曰：「此野賓也。」呼之，聲聲相應。立馬移時，不覺惻然。及聳轡之際，哀叫數聲而去。及陟山路，轉壑回溪之際，尚聞嗚咽之音，疑其腸斷矣。遂繼之一篇曰：「嶓冢祠邊漢水濱，此猿連臂下嶙峋。漸來子細窺行客，認得依稀是野賓。月宿縱勞羈紲夢，松餐非復稻粱身。數聲腸斷和雲叫，識是前年舊主人。」《王氏見聞録》（《廣記》四四六）。

張　燦

1　贈大監張公諱燦。……至漢祖既即位之初，爲上黨戎判。漢祖在北京時，大聚甲兵，禁牛皮不得私貨易及民間盜用之。如有牛死，即時官納其皮。其有犯者甚衆。及即大位，三司舉行請禁天下牛皮，其立法與河東時同，天下苦之。會上黨民犯牛皮者二十餘人，獄成，罪俱當死，大監時爲判官，獨執曰：「主上欽明，三司不合如此起請，二十來人死尚間，況天下犯者皆銜冤而死乎！且主上在河東大聚甲兵，須藉牛皮，嚴禁之可也。今爲天下，君何少牛皮，立法至于此乎！」遂封奏之。時三司使方用事，執政之地除馮瀛王外，皆惡之，曰：「豈有州郡使敢非朝廷詔敕！」力言于漢祖，漢祖亦怒，曰：「昭義一判官是何人，爲作敢如是！」其犯牛皮者，依敕俱死。大監以其非毀詔敕，亦死。敕未下，獨瀛王非時請見。漢祖出，瀛王曰：「陛下在河東時，斷牛皮可也。今既有天下，牛皮不合禁。陛下赤子枉殺之，亦足爲陛下惜。昭義判官以卑位食陛下禄，居陛下官，不惜軀命，敢執而奏之，可賞不可殺。臣當輔弼之任，使此敕枉害天下人性命，臣不能早奏，使陛下正之，臣罪當誅。」稽首再拜。又曰：「張燦不合加罪，望寬敕赦之。」漢祖久之曰：「已行之矣。」馮瀛王曰：「敕未下。」漢祖遽曰：「與赦之。」馮曰：「欲勒停可乎？」上曰：「可。」由是改其敕，記其略曰：「三司邦計，國法攸依。張燦體事未明，執理乖當，宜停見職。犯皮者貸命放之。」大監聽命拜訖，聞敕云「執理乖當」，尚曰：「中書自不能執，若一一教外道判官執，則焉用彼相乎！」未久，朝廷知之，且愛其直敢言事，欲用之爲諫官。無何，授監察御史，初授監察命詞云：「前件官澄之不清，撓之不濁。」捧敕牒官告遍詣時宰，謂之呈官告，馮瀛王于官告上改一字，云「澄之必清」，用堂印印之。聚廳屈見之，馮曰：「此官已有清白，豈合言『澄之不清』乎！」由是清白之名遍于朝野。後轉殿中侍御史持留憲于西京。《洛陽縉紳舊聞記》五。案：張燦，《能改齋漫録》一〇作「張璨」。

趙暉

1 見陶晟1。

王晏

1 見陶晟1。

侯章

1 見陶晟1。

慕容彦超

1 漢慕容彦超善捕盜。爲鄆帥日，有州息庫，遣吏主之，有人以白金二錠質錢十萬，與之，既去而驗之，乃假銀也。彦超知其事，召主庫吏，密令出榜，虚稱被盜竊所質白銀等財物，今備賞錢一萬，召知情收捉元賊。不數日間，果有人來贖銀者，執之，伏罪。人服其知。又有獻新櫻，彦超令主者收之，俄而爲給役人盗食之，主者白於彦超。彦超呼給役人，僞安慰之，曰：「汝等豈敢盜吾所食之物，蓋主者執誣耳，勿懷憂懼。可各賜以酒。」彦超潛令左右入黎蘆散，既飲之，立皆嘔吐，則新櫻桃在焉，於是伏罪。《疑獄集》三。

2 慕容彦超，漢隱帝時鎮鄆州，嘗召富僧數輩就食，日晏不進饌，大餒而回。如是者累日。他日復召之食，遣庖人致蠅蟲於饌中，諸僧立嘔。彦超使人驗之，則皆已肉食矣，大責其賂，乃釋之。《續世説》一二。

3 慕容彦超素有鉤距。兖州有盜者詐爲大官從人，跨驢於衢中，市羅十餘疋，價值既定，引物主詣一宅門，以驢付之，曰：「此本宅使，汝且在此，吾爲汝上白於主以請直。」物主許之。既而聲迹悄然，物主怒其不出，叩門呼之，則空宅也。於是連叫賊，巡司至，疑其詐，兼以驢收之，詣府。彦超憫之，且曰：

「勿憂，吾爲汝擒此賊。」乃留物主府中。復戒廐卒高繫其驢，通宵不與水草，然後密召親信者牽於通衢中放之，且曰：「此盜者之驢耳，自昨日不與水草，其飢渴甚矣，放之必奔歸家。但可躡蹤而觀之，盜無不獲也。」親信者如其言隨之。其驢果入一小巷，轉數曲，忽有兒戲於門側，視其驢，連呼曰：「驢歸，驢歸！」盜者聞之，欣然出視，遂擒之。《五代史補》四。

4 慕容彥超之被圍也，乘城而望，見高祖親臨矢石，其勢不可當，退而憂之。因勉其麾下曰：「汝等宜爲吾盡命，吾庫中金銀如山積，若全此城，吾盡以爲賜，汝等勿患富貴。」頃之，有卒私言曰：「我知侍中銀皆鐵胎，得之何用？」於是諸軍聞之，稍稍解體。未幾，城陷。及高祖之入也，有司閱其庫藏，其間銀鐵胎者果十有七八。初，彥超嘗令人開質庫，有以鐵胎銀質錢者，經年後，庫吏始覺，遂言之於彥超。初甚怒，頃之，謂吏曰：「比易致耳。汝宜僞劃庫牆，凡金銀器用暨縑帛等，速皆藏匿，仍亂撒其餘，以爲賊踐，後申明，吾當擒此輩矣。」庫吏如其教。於是彥超下令曰：「吾爲使長典百姓，而又不謹，遭賊劃去，其過深矣。今恐百姓疑彥超隱其物，宜令三日内各投狀，明言物色，自當倍償之，不爾者有過。」百姓以爲然，於是投狀相繼。翌日，鐵胎銀主果出。於是擒之，置之深屋中，使教部曲輩晝夜造，用廣府庫，此銀是也。《五代史補》五。

劉銖

1 漢隱帝朝〔劉〕銖爲開封尹。周祖自鄴起兵，銖盡誅周祖之家，今皇建院即周祖家。子孫婦女十數人，極其慘毒。及隱帝遇害，周祖以漢太后令收銖下獄，使人責之語在漢史。銖對曰：「某爲漢家戮叛族耳，不知其他。」周祖怒，遂殺之。《五代史闕文》。案：劉銖，原作「劉洙」，據兩《五代史》改。《通鑑考異》三〇亦引作「劉銖」。

趙惟則

1 趙惟則官至正郎，以廉介自處。乾祐中，於京師賃一故宅，居歲餘，有叟叩門見之。自言嘗爲此宅閽吏，契丹犯闕時，故主與之深夜掘地，藏金銀幾甕，兵火之後，故主去世，人未有知者，今識其處，公取之，以少許見賜，用救朝夕。惟則初聞愕然，欲詬責是叟，久之佯喜曰：「甚善，甚善，寶物豈可容易而得，汝慎勿言，俟吾擇一吉日，召汝取之可也。」叟以爲然。既出，惟則謂家人曰：「平生不以貨財自汙，今日一旦爲是褻瀆，辱莫甚焉。此宅不可復居。」翌日，遂遷去。《五代史補》四。

韋曜

1 契丹宴犒漢使，必厚具酒肉，以示夸大。高祖鎮河東，嘗命韋曜北使，曜羸瘠不能飲酒，虜人强之，遂卒。《九國志》（《通鑑考異》三〇）。

陶晟

1 陶晟，虢州人。少讀書業文，尤長於詩。五十餘，耻無成，遂求隸虢之右職，相次爲步使。虢，陝之屬郡，使府藉其才幹，召置陝城。久之，會晉末，戎虜犯中夏，侯章、趙暉俱爲國指揮使在陝，王晏爲都頭，戎將令至陝驛，侯章等隨虜帥就驛候之，虜命蕃將鎮陝。一旦，有蕃使見侯章衣新褐毛衫，繫金度銅束帶，虜人使一作使人再三視侯，與虜胡語往來甚久。蕃帥臨上馬，命驛語者謂章曰：「天使要指揮身上毛衫與束帶。」逼之甚急，侯不獲已，與之，假他人衣與帶而歸。三人同行，章在澗南，遂召王晏與趙暉來澗南營内，取酒同飲。既而侯章曰：「安有身爲指揮使，著一領毛衫，繫一條銅束帶作主不得，就身上奪却！」憤惋久之。趙暉亦怒，獨王晏無言。將散，晏謂侯章、趙暉曰：「今世亂，我輩衣與束帶閒事，將來未知死所爾。」侯與趙曰：「如何？」王晏曰：「到恁田地藉箇甚？今夜領二三十人入驛，斫取蕃使頭，因便入衙，殺了蕃王所差使長。得則固守，不得則將家屬，掠金帛，入河東投奔劉大王。」劉大王即漢高祖也。侯初怯不應，趙暉然之，晏熟視侯章久之而去。是夜，獨王晏、趙暉率死士數十人入驛，斬戎使，盡取財物以歸，乃踰垣入衙，殺蕃酋，遂據其城。王晏領甲騎數百人詣澗南，欲殺侯章，章惶懼拜於馬前，釋之，令上馬。推趙暉爲首，侯章、王晏爲都監、巡檢。差陶公與趙暉之子延進同齎表，奏漢祖勸進焉。漢祖大喜，因次第酬之。後漢祖知晏功，三人皆節使，備在正史。陶公遂委質事漢祖。及王師南舉，命爲開道使。高祖即天位，陶使人來求趙暉、侯章等奏舉，朝廷不得已，遂授公虢州刺史，然執政者由是側目矣。罷郡，處之環衞，後出爲蕃方副車軍司馬焉，終於荆州副使知州事。公能詩，與宮師王相溥善，常有詩往來屬和。翰林承旨陶公穀叔事之，自前延安軍司馬授華州行軍，陶翰林爲序，親書以送之。……公晚年知進士張翼能詩，召置門下，厚待之。嘗曰：「七言詩我不如翼，五言詩翼不如我。」陶公詩有「河經蕃地濁，山到漢家青」，又在環衞時詩「擬抛丹禁去，試著白衣看」。有集，陶翰長爲之序。張翼嘗投詩兩軸於宫師王相溥，王相以詩謝云：「清河詩客本賢良，惠我新吟六十章。格調宛同羅給事，功夫深似賈司倉。登山始覺天高廣，到海方知浪渺茫。好去蟾宫是歸路，明年應折桂枝香。」陶以副車別駕權莅蕃閫者久之，所至稱治，不苛不擾，律身省事而已，在政無赫赫之稱。罷任日，民皆攀轅遮留，泣涕塞路，前驅鞭撻之，然後進。既遭逢漢祖，始用爲開道使。以其讀書多學，有木秀之忌。一求薦於三帥，過亦輕矣。授一刺史，二年而罷，竟以散秩坎軻終身，亦命夫！時俗謂之「求關節」，履捷逕以致身者，得爲深誡乎！仲尼曰：「富而可求，雖執鞭之士，吾亦爲之。」聖人之旨明，富不可妄求，況貴位乎！子元鼎，有文章，擢進士第。烏乎，今不幸而殂矣！《洛陽縉紳舊聞記》一。

韋　恩

1　五代漢韋恩，在上黨五年，無令譽可稱，唯以聚斂爲事。性又鄙吝，未嘗與賓佐有酒食之會。有從事欲求謁見者，恩覽剳而怒曰：「必是來獵酒也。」命典客者飲而遣之。其鄙吝如此。《續世説》一一。

李守貞

1　見楊光遠1。

1　見周世宗符后1。

趙思綰

1 賊臣趙思綰自倡亂至敗，凡食人肝六十六。無非面剖而膾之，至食欲盡，猶宛轉叫呼。而戮者人亦一二萬。《玉堂閒話》（《廣記》二六九）。

李　穀

1 李相穀嘗爲陳州防禦使，三日，謁夫子廟，但見破屋數間，中有一像巍然而已。穀歎息久之。俄而伶人中有李花開趨進而前，獻口號云：「破落三間屋，蕭條一旅人。不知負何事，生死厄於陳。」穀驚，以謂伶人之詞趨向有如此者，遽出俸以修之。《五代史補》五。

2 周太祖時，李穀以病臂未愈，三表辭位，帝遣中使諭指曰：「卿所掌至重，朕難其人，苟事功克集，何必朝禮。朕今於便殿待卿，可暫入相見。」穀見于金祥殿，面陳款悃，帝不許。穀不得已，復視事，未能執筆，詔以三司務繁，令刻名印用之。其後又九表辭位，罷守本官，令每月肩輿一詣便殿議政事。《續世説》五。

3 見韓熙載2。

王　峻

1 廣順初，河東劉崇引契丹攻晉州，遣峻率師赴援，峻頓兵於陜。周祖欲親征，遣使諭之。峻見使受宣訖，時惟傳口宣，無詔書。謂使曰：「與某馳還，附奏陛下，謂周祖也。言晉州城堅，未易可拔，劉崇兵鋒方鋭，不可與力争。所以駐兵者，待其氣衰耳，非臣怯也。陛下新即位，不宜輕舉。今朝中受聖知者，惟李穀、范質而已，陛下若車駕出汜水，則慕容彦超以賊軍入汴，大事去矣。」時彦超據兖州叛。使還具奏，周祖自以手提耳，目使者曰：「幾敗吾事！」《五代史闕文》

2 周初，樞密王峻會朝臣，予亦預，吏引坐覽驥亭。深不喻其名，呼吏問之，曰：「太尉暇日，悉閲厩馬於此爲娱玩焉。」《清異録》下。

王朴

1 周顯德中，朴與魏仁浦俱爲樞密使。時太祖皇帝已掌禁兵，一日，有殿直乘馬誤衝太祖道從，太祖自詣密地訴其無禮。仁浦令宣徽院勘詰，朴謂太祖曰：「太尉時太祖檢校太尉。名位雖高，未加使相；殿直，廷臣也，與太尉比肩事主；太尉況帶軍職，不宜如此。」太祖唯唯而出。《五代史闕文》。

2 王朴仕周世宗，制禮作樂，考定聲律，正星曆，修刑統，百廢俱起。又取三關，收淮南，皆朴爲謀。然事世宗纔四年耳，使假之壽考，安可量也？嘗自謂「朴在則周朝在」，非過論也。王禹偁記朴在密院，太祖時爲殿前點檢。一日，有殿直衝節者，訴於密院。朴曰：「殿直雖官小，然與太尉比肩事主，且太尉方典禁兵，不宜如此。」太祖聳然而出。又周世宗於禁中作功臣閣，畫當時大臣如李穀、鄭仁誨與朴之屬。太祖即位，一日過功臣閣，風開半門，正與朴像相對。太祖望見，却立聳然，整御袍襟領，磬折鞠躬頂禮乃過。左右曰：「陛下貴爲天子，彼前朝之臣，禮何過也？」太祖以手指御袍云：「此人若在，朕不得此袍着。」其敬畏如此。又《閒談録》云，朴植性剛烈，大臣藩鎮皆憚之。世宗收淮南，俾朴留守。時以街巷隘狹，例從展拆，怒廂校弛慢，于通衢中鞭背數十。其人忿然歎云：「宣補廂虞候，豈得便從決！」朴微聞之，命左右擒至，立斃于馬前。世宗聞之，笑謂近臣云：「此是大愚人，去王朴面前誇宣補廂虞候，宜其死矣。」《默記》上。

3　見後周世宗3。

4　見李度1。

范質

1　見和凝4。

2　范質爲翰林學士時，戎王將圖南寇，少帝徵外諸侯用兵，因是觀其進退以去留之。八月一日，有制命一十五，將以北京留守劉充爲行營都統等。是夜質直金門，帝以制多，令召別學士共草，公奏曰：「今或夜開禁門，必恐漏洩機密，臣之罪也。不若臣獨草。」遲明已封進訖付外。丞相於閣中覽制，咸異之曰：「昔草五王制者，傳作美談。今范公獨草十五將麻制，真大手筆也。」質，周太祖朝拜相。《五代晉書》（《廣卓異記》一三）。

3　范質初作相，與馮道同堂。道最舊宿，意輕其新進，潛視所爲。質初知印，當判事，語堂吏曰：

「堂判之事，並施簽表，得以視而書之。慮臨文失誤，貽天下笑。」道聞嘆曰：「真識大體，吾不如也。」《楊文公談苑》（《宋朝事實類苑》九）。

4 周世宗深怒翰林學士竇儀，欲殺之。宰相范質入奏事，帝望見知其意，即起避之。質趨前伏地，叩頭諫曰：「儀罪不至死，臣爲宰相，致陛下枉殺近臣，罪皆在臣。」繼之以泣。帝意解，乃釋之。《續世説》一〇。

5 見周世宗5。

6 周顯德中，以太祖在殿前點檢，功業日隆，而謙下愈甚，老將大校多歸心者，雖宰相王溥亦陰效誠款。今淮南都園，則溥所獻也。惟范質忠於周室，初無所附。及世宗晏駕，北邊奏契丹入寇，太祖以兵出拒之。行至陳橋，軍變，既入城，韓通以親衛戰於闕下，敗死。太祖登正陽門望城中，諸軍未有歸者，乃脱甲詣政事堂。時早朝未退而聞亂，質下殿執溥手曰：「倉猝遣將，吾儕之罪也。」爪入溥手，幾血出，溥無語。既入見太祖，質曰：「先帝養太尉如子，今身未冷，奈何如此？」太祖性仁厚，流涕被面。然質知事不可遏，曰：「事已爾，無太倉卒，自古帝王有禪讓之禮，今可行也。」因具陳之，且曰：「太尉既以禮受禪，則事太后當如母，養少主當如子，慎勿負先帝舊恩。」太祖揮涕許諾，然後率百官成禮。由此太祖深敬重質，仍以爲相者累年。終質之世，太后、少主皆無恙。故太祖、太宗每言賢相，必以質爲首。《龍川別志》上。

7 〔范魯公〕嘗謂同列曰：「人能鼻吸三斗醇醋，即可爲宰相矣。」《涑水記聞》（《宋朝事實類苑》九）。《沂公筆録》（《古今事文類聚》別集一六）。

柴守禮

1 廣順三年，以柴守禮子榮爲皇子，拜守禮太子少保致仕，皇子即位，是爲世宗。守禮居西洛，與王溥、王彦超、韓令坤之父結友嬉游，裘馬衣冠，僭逼逾制。當時人爲一日具，設樂集妓，輪環無已，謂之鼎社。洛下多妙妓，守禮日點十名，以片紙書姓字，押字大如掌，使人持呼之。被遣者詣府尹，出紙呈示，尹從旁僉字，妓見紙晝時争到買喚子，號曰鼎社。《清異録》上。

王處訥

1 見後周太祖9。

扈載

1 扈載畏内特甚。未仕時，欲出則謁假於細君。細君滴水於地，指曰：「不乾須前歸。」若去遠則燃香印，掐至某所，以爲還家之驗。因筵聚，方三行酒，載色欲逃遁，朋友默曉，譁曰：「扈君恐砌水隱形，香印過界耳，是當罰也。吾徒人撰新句一聯，勸請酒一盞。」衆以爲善，乃俱起，一人捧甌，吟曰：「解禀香三令，能遵水五申。」逼載飲盡。别云：「細彈防事水，短爇戒時香。」别云：「戰兢思水約，匍匐赴香期。」别云：「出佩香三尺，歸防水九章。」别云：「命繫逡巡水，時牽決定香。」載連沃六七巨觥，吐嘔淋漓。既上馬，羣譟曰：「若夫人怪遲，但道被水香勸盞留住。」《清異録》上。

徐台符

1 台符早以亂罹，曾陷北虜，因間遯歸。所乘馬常多嘶鳴，暨晝伏宵行，則帖耳屏息。逮至中土，嘶鳴如故，識者以爲積善之徵。後處禁林，周世宗必欲置之廊廟，將擇吉日宣制，一日内直，忽終於玉堂。車駕親臨，救以上藥，已奄然矣。《續翰林志》下。

張昭遠

1 見李濤6。

2 張昭遠特好學，積書數萬卷，以樓載之，時謂之「書樓張公家」。嘗謂所親：「《太玄經》見黄鍾不在戊己之位，使律本從何而生乎？揚子雲本通曆象，嘗著是書。嚴君平爲之下星緯行度，凡二十八宿，於參、觜、牛，頗差其次。未知君平之學止於是耶？後人傳之誤也？未可知已。」其探討如此。《五代史補》五。

劉坦

1 劉坦狀元及第，爲維揚李重進書記。好酒，李常令酒庫：「但書記有客，無多少供之。」尋爲掌庫吏頗恡之，須索甚艱，因大書一絶於廳之屏上云：「金殿試迴新折桂，將軍留辟向江城。思量一醉猶難得，辜負揚州管記名。」未幾重進望日，復謁於坦，讀之忽悟，曰：「小吏恡酒於書記也。」立命斬之。坦不懌，凡數月，悔而成疾。《南部新書》癸。

何承裕

1 何承裕，韶州曲江人。父澤，嘗爲嶺南劉隱從事。承裕有逸才，爲小詞尤工，娼樓酒肆，往往流布。與翰林陶穀素不叶。世宗之征河東也，書詔填委，陶獨當之。時何以通籍，亦預扈從之數。世宗欲擢用，問陶曰：「何承裕可以知制誥否？」奏曰：「承裕好俳。發揮潤色，恐非所長。」世宗遂已。何知之。及陶之判銓，一旦方偃息，何自外抗聲唱挽歌而入。陶甚驚駭，承裕曰：「尚書豈長生不死者耶？幸甚無恙，聞其一兩曲又何妨？」陶無以抗。及知商州，有舉人投卷。初甚欣慰，及覽其詩有「日暮啼猿旅思悽」之句，遽曰：「足下此句甚佳，但上句對屬未切，奉爲改之。何不云『曉來犬吠張三婦，日暮猿啼旅思悽？』」舉人大慚而去。其放蕩不羈，動以滑稽爲務也如此。《五代史補》五。

李度

1 李度，顯德中舉進士，工詩，有「醉輕浮世事，老重故鄉人」之句，人多誦之。王朴爲樞密，止以此一聯薦於申文炳知舉，遂擢爲第三。人嘲曰：「主司只誦一聯詩。」《玉壺清話》七。又《詩話總龜》前集三九引。

宋彦筠

1 宋彦筠，正史有傳。起于行伍，善用槍。初隸滑州，莊宗有天下，遷禁軍指揮使。從康延孝爲伐蜀先鋒，以戰功授渝州刺史。彦筠多力勇健，走及奔馬。爲小校時，欲立奇功，每見陣敵，于兜牟上闊爲雙髻，故軍中目之爲宋忙兒。後雖貴爲節將，遠近皆謂之宋忙兒。周初，李諫議知損有詩名，當時號曰李羅隱。彦筠嘗問李曰：「諫議姓李，因何人皆言李羅隱？」李性峻多急，好戲，應聲答曰：「如太師姓宋，滿朝皆唤作宋忙兒，又何異乎？」宋聞之喜甚，與之笑而退。初破西蜀，彦筠占一蜀將之宅，主已亡，妻見存，姬妾且衆，財貨數萬計。宋知宅中窖藏之物甚多，主妻祕之使婢妾輩勿泄言，乃紿主妻云：「某無正室，今納夫人爲之。」日與同飲食，以齊體之禮禮待之。及朝廷就除渝牧，與之偕行，私藏之物皆爲彦筠所有。然侍妾已衆，中心厭薄主妻，將自渝歸闕，乃醉而殺之，埋于渝之衙後。《洛陽縉紳舊聞記》四。

李知損

1 李知損官至諫議大夫。好輕薄，時人謂之「李羅隱」。至於親友間往還簡牘，往往引里巷常談爲之偶對。常有朝士奉使回，以土物爲贈，其意猶望卻回，知損覺之，且貽書謝之曰：「在小子一時間卻擬送去，恐大官兩羅裏更不將來。」乾祐中，奉使鄭州，時宋彦筠爲節度使，彦筠小字忙兒，因宴會，彦筠酒酣，輒問曰：「衆人何爲號足下爲羅隱？」對曰：「下官平素好爲詩，其格致大抵如羅隱，故人爲號。」彦筠曰：「不然，蓋謂足下輕薄如羅隱耳。」知損大怒，厲聲曰：「只如令公，人皆謂之宋忙兒，未必便能放牛。」滿座皆笑。《五代史補》四。

安審琦

1 襄陽後帥安審琦，亦有愛妾與外人私接。忽因夜初隔幕燭下，潛見有人自宅中出去，據膝而言曰：「叵耐！」審琦是夕遇害，莫知其誰。子姪輩皆泣告曰：「大王平生器業如此，豈無威靈使其奸人敗露？」須臾時，於是其奸賊自以手擒捉身體，撲於靈座前。亦一僕廝耳。《丁晉公談録》。

周景威

1 周顯德中，許京城民居起樓閣，大將軍周景威先於宋門内臨汴水建樓十三間，世宗嘉之，以手詔獎諭。景威雖奉詔，實所以規利也，今所謂十三間樓子者是也。景威子瑩，國初爲樞密使。《澠水燕談録》九。

李花開

1 見李縠1。

韓通

1 韓通少應募，以勇力聞。顯德二年，河北大兵之後，遺骸滿野。通悉令收瘞，爲萬人冢，命記室賈湘刻石紀事，立於無極縣。《厚德録》三。

李筠

1 太祖初即位，李筠將叛而患錢糧缺少，乃以情喻僧曰：「吾軍府用不足，欲借師之名以足之。吾爲師作維那教，化錢糧各三十萬，且寄我倉庫，事畢之日，中分之。」僧許諾。乃令積薪坐其上，尅日自焚。筠爲穿地道于其下，令通府中，曰：「至日，走歸府中足矣。」筠遂與夫人先往，傾家財盡施之。于是遠近争以錢糧餽之，四方輻輳，倉庫不能容，旬日錢糧六十萬俱足。筠乃塞其地道，焚僧殺之，盡取其錢糧，遂叛。人皆謂筠之智略及此，而不知此唐李抱真鎮潞州時謀也，其事載之《尚書故實》，筠知之，于是用此策。《甕牖閒評》八。《楊文公談苑》（《宋朝事實類苑》七八）。《涑水記聞》一。

李重進

1 見劉坦。

唐人軼事彙編卷三十四

楊行密

1 見鄭綮1。

2 吳太祖爲廬州八營都巡警，至糝潭，憩於江岸。有漁父鼓舟直至前，饋魚數頭，曰：「此猶公子孫鱗次而霸也。」因四指曰：「此皆公之山川。」吳公異之，將遺以物，不顧而去。《江淮異人録》。《十國春秋》一二。

3 僞吳先主吳王行密，廬州合淝人，力舉三百斤。微時，居常獨處，必見黑衣人侍其側。後既有衆，遂令部兵悉以黑繒羃其首，號曰「黑雲都」。行密之妻兄朱延壽，始爲行密稱薦，旋至壽州節帥。而延壽潛以宗姓通於梁祖，將規淮甸，行密乃謀去之。且慮召之不至，遂詐爲目疾，凡三年。其妻旦夕視其動靜，以爲信，至於私於隸僕，悉避餘人，唯不避行密。密一日謂其妻曰：「吾目疾不瘳矣，諸兒且不克省軍府之事，當屬於舅，汝宜召之。」其妻自以書召。延壽既至，行密處正廳，潛兵以見之。俄而開目曰：「數年不見舅，今日果相覩。」延壽惶駭，遂叱勇士執而殺之，仍廢其妻焉。行密雄豪而頗有度量。蘇州刺史成及及，浙之八都也。後爲彰義軍節度使兼侍中，皆王命也。爲部所叛，執送行密，密以其厚重伉直，頗重之，舍於正廳之後，房室間亦有劍甲之類，而行密盛暑中日以單衣而至，與及飲膳，了無疑忌之色。及又嘗抵行密內室，見行密方起盥漱，而右手擎一沙羅，可百餘兩，水滿其中而洗項。則力舉三百斤不謬矣。《五國故事》上。

4 楊行密據淮南，以妻弟朱氏衆謂之朱三郎者，行密署爲泗州防禦使。泗州素屯軍。朱氏驍勇，到任恃衆自負，行密雖悔，度力未能制，但姑息之。時議以謂行密事勢去矣。居無何，行密得目疾，雖痛，且詐稱失明，其出入皆以人扶策，不爾，則觸牆抵柱，至於流血。姬妾僕隸以爲實然，往往無禮。首尾僅三年。朱氏聞之信，而少懈弛。行密度其計必中，謂妻曰：「吾不幸臨老兩目如此，男女卑幼，苟不諱，則國家爲他人所有。今晝夜思忖，不如召泗州三舅來，使管勾軍府事，則吾雖死無恨。」妻以爲然，遽發使述其意而召之。朱氏大喜，倍道而行。及入謁，行密恐其覺，坐於中堂，以家人禮見。朱氏頗有德色，方設拜，行密奮袖中鐵槌以擊之，正中其首，然猶宛轉號呼，久而方斃。行密內外不測，即時升廳，召將吏等，謂之曰：「吾所以兩目失明者，蓋爲朱三此賊，今已擊殺，兩目無事矣，諸公知之否？」於是軍府大駭，其僕妾嘗所無禮者皆自殺。初，行密之在民間也，嘗爲合肥縣手力，有過，縣令將鞭之，行密懼且拜。會有客自外入見，行密每拜，則廳之前簷皆叩地，而令不之覺，客知其非常，乃遽升廳揖令，於他處告以所見，令驚，遂恕之，且勸事郡以自奮。行密度本郡不足依，乃投高駢。駢死，秦彥、孫儒等作亂，行密連誅之，遂有淮南之地。《五代史補》一。

5 見朱延壽1。

6 楊行密嘗命宣州刺史田頵領兵圍錢塘，錢鏐危急，遣其子元璙修好於行密。元璙風神俊邁，行密見之甚喜，因以其女妻之，遽命顒罷兵。初，顒之圍城也，嘗遣使候錢鏐起居，鏐厚待之。將行，復與之小飲，時羅隱、皮日休在坐，意以顒之師無能爲也，且欲譏之。於是日休爲令，取一字，四面被圍而不失其本音，因曰：「『其』字上加『艸』爲萁菜，下加『石』爲碁子，左加『玉』爲琪玉，右加『月』爲期會。」羅隱取「于」字，上加「雨」爲舞雩，下加「皿」爲盤盂，左加「玉」爲玗玉，右加「邑」爲邘地。使者取「亡」字，譏錢鏐必亡。然「亡」上加「草」爲「芒」，下加「心」爲「忘」，右加「邑」爲邙，左加「心」爲忙，其令必不通，合坐皆嘻笑之，使大慚而去。未幾，顒果班師。先是，行密與鏐勢力相敵，其爲憤怒，雖水火之不若也。行密嘗命以大索爲錢貫，號曰「穿錢眼」。鏐聞之，每歲命以大斧科柳，謂之「斫楊頭」。至是，以元璙通昏，二境漸睦，穿眼、斫頭之論始止。《五代史補》一。

7 楊行密馳射武伎皆非所長，而寬簡有智略，善撫士卒，與同甘苦，推心待物，無猜忌。嘗早出，從者斷馬鞦取其金，行密知而不問，它日復早出如故。人服其度量。《續世説》三。《十國春秋》一。

8 江南呼蜜爲蜂糖，蓋避楊行密名也。行密在時，能以恩信結人，身死之日，國人皆爲之流涕。予里中有僧寺曰南華，藏楊、李二氏税帖，今尚無恙。予觀行密時所徵産錢，較之李氏輕數倍。故老相傳云：煜在位時，縱侈無度，故增賦至是。歐陽謂行密爲盜亦有道，豈非以其寬厚愛人乎？《獨醒雜志》一。

9 楊行密之據淮陽，淮人避其名，以「蜜」爲「蜂糖」。《澠水燕談録》九。《齊東野語》四。

10 楊行密據江淮，至今民間猶謂蜜爲蜂糖。滁人猶謂荇溪爲菱溪，則俗語承諱久，未能頓易故也。《青箱雜記》二。

楊渥

1 淮南楊渥居喪，晝夜酣飲作樂，燃十圍之燭以擊毬，一燭費錢數萬。《續世説》九。《十國春秋》二。

楊隆演

1 見徐知訓1。

楊溥

1 楊溥巡白沙，太學博士王轂上書，請改白沙爲迎鑾。其略曰：「日月所經，星辰盡爲黄道；鑾輿所止，井邑皆爲赤縣。」《九國志》（《資治通鑑》二七三注）。

2 吴主忽謂左右曰：「孤克己雖勤，爲下所奉，然爲徐氏制馭，名存實喪，今欲求爲一田舍翁，將安所歸乎？」遂泣下數行。《江南野史》四。

3 讓皇居泰州永寧宫，嘗賦詩云：「江南江北舊家鄉，三十年來夢一場。吴苑宫闈今冷落，廣陵臺榭已荒涼。雲籠遠岫愁千片，雨滴孤舟淚萬行。兄弟四人三百口，不堪回首細思量。」《江表志》上。《江南餘載》下。《古今詩話》（《詩話總龜》前集四四）。參見李煜21。

4 徐氏將移楊氏之祚，乃以昇州爲大吴西都，揚州爲東都，聲言將遷楊氏於江南，改白沙爲迎鑾鎮。

俄而逼禪，稱楊氏欲入道，乃營室於茅山，遷溥居之。册曰：「受禪老臣臣知誥謹上尊號，曰高尚思元崇古讓皇帝。」溥既渡江，賦詩，略曰：「煙凝楚岫愁千點，雨滴吳江淚萬行。兄弟四人三百口，不堪端坐細思量。」及將遇弑，方誦佛書於樓上，使者前趨，溥以香鑪擲之，俄而見害。李氏以海陵爲泰州，置永寧宫於州之門右，遷其族以處，使親信褚仁規爲刺史以專防護。後周世宗渡淮，李氏急使人赴海陵，盡害之。《五國故事》上。

5 溥能委運壽終，不罹篡殺之禍，深于機者也。《九國志》（《通鑑考異》三〇）。

6 〔先主〕遷讓皇於京口，以潤州廨舍爲丹陽宫以處之，用親吏馬恩讓爲丹陽宫使。讓皇以世子璉囑於主曰：「吾無一事，但爲選師儒之有年德者教育吾兒，令知人倫孝讓，他日不絶祀享，俾吾先血食泉下，吾志足矣。」主爲選中書舍人徐善兼右庶子以教焉。璉，讓皇長子也。十歲封江都王，立爲太子。性淳謹好學，骨清神淺，脣縮齒露，風鑑者所不許。主受禪，封璉中書令、池州刺史，將赴上，遇寒食飲冷失節，卒於池口舟中，年十九歲。初，先主第四女，璉納之爲妃，賢明温淑，容範絶世。及禪代，封永興公主。聞人呼公主，則嗚咽流涕，辭不願稱，宫中爲之慘戚。璉卒，永興終身縞素，斥去容飾，不茹葷血，惟誦佛書，但自稱未亡人，朝夕焚香，對佛自誓曰：「願兒生生世世莫爲有情之物。」居延和宫，年二十四無疾坐亡。《玉壺清話》九。

7 讓皇在泰州數年，每有嗣息及五歲，必有中使至，賜品官章服，然即日告卒。《江南餘載》下。

8 唐人遷讓皇之族於泰州，號永寧宫，守衛甚嚴，不敢與國人通婚姻，久而男女自爲匹偶。《十國紀年》

《通鑑考異》三〇。馬令《南唐書》一。

9 吴讓皇既殂於丹陽〔宫〕，其族屬尚居泰州廨舍，先主自受禪已還，未暇措置，迨殂，方囑付嗣君曰：「邦君皆楊氏所有，天地事物之變，偶移在我，然順逆之勢不常。吾所憫孤兒嫠女，僑寄殊鄉。令往泰州津歛楊族，安於京口，賙贍撫育，無令失所，男女婚嫁，悉資官給。」璟禀遺戒，遣園苑使尹延範具舟車調費，往泰般護。時王室在難，道路已亂，延範慮有他變，取子弟六十人皆殺之，惟載婦女以渡江。璟大怒，以延範腰斬，仍誅其族於市，以慰其冤。楊氏諸女二十餘人，選士族嫁之，奩匣閨槖，不失常度。《玉壺清話》一〇。馬令《南唐書》三。《十國春秋》三。

楊　濛

1 行密四子，渥、渭悉襲僞位，唯濛爲溥之長，濛第十六，溥第十七。而長於弓馬。徐氏忌之，故不立，而終構其罪，自臨川王廢爲歷陽公，幽於歷陽。濛聞將有禪讓，遂殺監守者，與其下二騎赴廬江詣周本。本時爲廬江節帥，即濛之婦翁也。本之子祚閉門不納，本聞之曰：「我家郎，何以不見？」祚不答，因執濛宫之於外，濛因殺數人而卒。徐氏使溺其家於江中。《五國故事》上。

2 初，主（今按：指南唐先主）將受禪也，時吴之宗室臨川王濛久囚廢於歷陽，司馬徐玠素不悦於主，欲濛受禪，陰諷太尉、中書令西平王周本及趙王李德誠輩，倚以德爵勳舊之重，欲使推戴於濛，盡玠之謀也。濛聞將受禪，殺監守者，與親信走騎投西平王周本。本已昏耄，不知時變，皆其子祚左右其事，故拒之不令入報。濛懇祈再三，亦不許，閉中門外，執濛以殺之。本知之，怒曰：「我家郎君，何不使吾一見！」濛既被害，吴室遂移。本力疾扶老，隨衆至建康，但勸進而已。自是心頗内愧，數月而卒。實素無推翊之誠，而主寬裕，置而不辨，及其死也，厚葬之，優恤其孤。《玉壺清話》九。

楊璉

1 見楊溥6。

2 楊璉拜陵，至竹篠口維舟，大醉，一夕而卒。《九國志》(《資治通鑑》二八二注)。《十國春秋》四。

徐温

1 〔徐温〕會唐末大亂，販鹽爲盜。從吴武王楊行密起合淝，勁兵數萬，號其軍爲「黑雲長劍」。所與舉事者，劉威、陶雅之徒，號「三十六英雄」，獨温未嘗有戰功。行密用其謀殺朱延壽，以功遷右衙指揮使，始預謀議。馬令《南唐書》八。《十國春秋》一三。

2 初，温之與〔張〕顥同謀害〔楊〕渥，實戊辰歲夏六月也。議既定，其夕將暝，顥已先入，而温使告顥曰：「今非番直不欲俱入，慮其謀漏泄。」請顥獨訖其事，然後見報。顥諾之。其夕既殺渥，遂召温。温乃詣城門大哭曰：「張顥弑逆，殺害老令公郎君矣！」軍衆皆爲之哭。其夕遂殺顥，立楊渭。渭以温兼左右軍政焉。《五國故事》上。

3　王疾病，大丞相温來朝，議立嗣君。門下侍郎嚴可求言王諸子皆不才，引蜀先主顧命諸葛亮事，温以告知誥，知誥曰：「可求多知，言未必誠，不過順大人意爾。」温曰：「吾若自取，非止今日。張顥之亂，嗣王幼弱，政在吾手，取之易於反掌。然思太祖大漸，欲傳位劉威，吾獨力争，太祖垂泣，以後事託我，安可忘也！」乃與内樞密使王令謀定策，稱隆演命，迎丹楊公溥監國。己丑，隆演卒。六月戊申，溥即王位。《十國紀年》（《通鑑考異》二九）。

4、5　見李昪8、9。

6　見李璟1。

7　義祖令知詢入覲，明日詔下，以知詢爲相。其夕，宋齊邱與術士劉通微同宿，聞鼓聲，通微曰：「事必中變，且有大喪。」書至，而義祖殂。《江南别録》。

8　義祖徐氏諱温，烈祖之養父也。剛毅寡言，罕與人交，衆中凛然可畏，目爲「徐嗔」。《江南别録》。馬令《南唐書》八。《實賓録》七。

徐知訓

1　知訓，温長子也。少學兵法，不能竟。尤喜劍士角觝之戲。怙温權勢，多爲不法。温出鎮潤州，留知訓輔政，常陵侮諸將，而對吴主隆演無君臣禮。隆演幼懦，嘗飲酒樓上，命優人高貴卿侍酒，知訓爲參軍，隆演鶉衣髽髻爲蒼鶻。知訓因使酒罵座，語侵隆演。隆演愧耻泣涕，而知訓愈陵辱之。左右扶隆演起去，知訓殺一吏乃止。李德誠有女樂，知訓求之，德誠曰：「此輩皆有所生，且復年長，不足以接貴人，俟求少妙者進之。」知訓對德誠使者駡曰：「吾殺德誠并取其妻亦易爾。」初學兵於朱瑾，瑾力教之。後因求馬於瑾，瑾不與，遂有隙。夜遣壯士殺瑾，瑾手刃數人，瘞舍後。知訓知曲在己，隱而不聞。俄出瑾爲静淮節度使。瑾詣知訓別，且願獻前馬。知訓喜，往謁瑾家。瑾妻出拜，知訓答拜，瑾以笏擊踣，遂斬知訓，提其首入告吴主曰：「爲國去賊，爲民除害，在今日矣。」吴主驚曰：「彼有父在，吾不敢預聞。」瑾怒曰：「竪子不足與語！」遂自殺。坐誅者數家。初，宿衛將李球、馬謙挾隆演登樓，取庫兵以誅知訓，陣于門橋。知訓與戰頻却。朱瑾適自外來，以一騎前，視其陣，曰：「不足爲也。」因反顧一麾，外兵争進，遂斬球、謙，亂兵皆潰。瑾嘗有德於知訓者也。及其凶終，吴人皆謂曲在知訓。馬令《南唐書》八。《十國春秋》一三。

2　見朱瑾3、4。

3　徐知訓在宣州，聚斂苛暴，百姓苦之。入覲侍宴，伶人戲作緑衣大面若鬼神者，傍一人問「誰何」，對曰：「我宣州土地神也。吾主入覲，和地皮掘來，故得至此。」《江南餘載》上。《江表志》中。《南唐近事》（《類説》二一）。

4　見李昪1、刁彦能1。

5　先是，知訓待烈祖甚悖，每呼爲乞子。與諸弟夜飲，遣召烈祖，烈祖不至。知訓怒曰：「不喫酒，喫劍乎？」餘皆類此。及敗，知訓宅中有土室封閉甚固，烈祖請義祖開視，其中絹圖義祖之形，而身荷五木，烈祖及諸弟執縛如就刑之狀，已被衮冕，南面視朝。義祖唾曰：「狗死遲矣！」《江南別録》。馬令《南唐書》一。

6 昔徐温子知訓在廣陵，作紅漆柄骨朵，選牙隊百餘人，執以前導，謂之「朱蒜」。天祐末，廣陵人競服短袴，謂之「不及秋」。後十三年六月，知訓爲朱瑾所殺焉，則「朱蒜不及秋」之應也。《青箱雜記》七。

徐知詢

1 見周宗1。

2、3 見李昇12、13。

李神福

1 〔天福〕三年，攻杜洪于鄂州，大敗洪軍。時城中積荻山上，神福謂將軍曰：「今夜焚此。」諸將皆不測。是夕，遣人乘舟載火炬至灄口，分焚樹，僞爲梁軍來援之狀。城中焚荻應之。諸將伏其智。《九國志》一。《十國春秋》五。

張訓

1 天復三年，王茂章平密州，以〔張〕訓爲刺史。會梁祖以大軍至，訓謂諸將曰：「城孤師少，何以待之？」皆欲焚城掠聚而去。訓曰：「不可。如此則我師難歸。」遂封府藏，下懸門，立虛幟于城上，遣老弱居前，訓自以鋭兵殿其後。梁軍前鋒至，見城上旗多，未敢逼，數日方入城。又見府庫城邑宴然如故，亦不追之。天祐七年，遷黄州刺史，卒于治所。訓質直，勇而多力。曾渡毘陵西橋，馬畏不渡，乃持尾鬣，舉之以濟。然不恃其勇，故多功保全焉。《九國志》一。《十國春秋》五。

柴再用

1 再用，蔡州汝南人，性至孝。七歲遇龐勛亂，舉族避地，祖訥鼓不能去，唯再用獨留侍，賊見而去之，以是大爲鄉里所異。及長，沉毅有斷，面黑如鐵人，號爲柴黑子。會秦宗權召募驍勇，再用以騎射應選。時軍令：亡馬者斬。一日戰回，藉鞍而寢，既寤而馬逸。再用追之，遇賊于林中，環樹而射，一發，人樹俱貫。賊畏走，遂奪馬而歸。光啓中，從孫儒攻廣陵。再用本名存，嘗與軍中小校結爲死友。會有告小校謀反，儒斬之，執再用至，儒問：「何故反？」再用不對。既伏質，又問之，始對曰：「某與彼相結爲死友，彼反則某反矣。公既誅之，復何問焉。」儒奇之曰：「汝果不反，吾再用汝。」因令改名再用。《九國志》一。《十國春秋》六。

2 越人寇東洲，遣再用率兵禦之，賜長矟伍拾。戰敗，艦破水滿，再用爲長矟所泛得不溺。家人聞敗，飯于僧爲禱。再用戰歸，取其飯召麾下以犒之，曰：「此輩濟我，佛何力之有？」《九國志》一。《十國春秋》六。

3 龍武統軍柴再用，嘗在廳事凭几獨坐，忽有鼠走至庭下，向再用拱立，如欲拜揖之狀。再用怒呼左右，左右皆不至，即自起逐之，鼠乃去。而廳屋梁折，所坐牀几，盡壓糜碎。再用後爲盧鄂宣三鎮節度使卒。《稽神録》二。又《廣記》四四〇引。《十國春秋》六。

4 柴再用按家樂於後園，有左右人竊於其門隙觀之。柴知，乃召至後園，使觀按習，曰：「隙風恐傷爾眸子。」《江表志》上。《江南餘載》上。《十國春秋》六。

劉存

1 〔天復〕四年，復攻江夏，時〔李〕神福病歸，〔劉〕存代爲招討使。引十數騎巡城，憩于高岡，張樂命飲，酒酣，鄂兵大至，存以旗向江三招而止，鄂人望之仡然，有頃自退。軍中服其膽略。《九國志》一。

劉信

1 劉信攻南康，終月不下，義祖譴信使者而杖之，詈曰：「語劉信，要背即背，何疑之甚也？」信聞命大怖，并力急攻，次宿而下。凱旋之日，師至新林浦，犒錫不至，亦無所存勞。他日謁見，義祖命諸元勳爲六博之戲，以紓前意。信酒酣，掬六骰于手曰：「令公疑信欲背者，傾西江之水終難自滌。不負公，當一擲徧赤。誠如前旨，則衆彩而已。信當自拘，不煩刑吏耳。」義祖免釋不暇。投之於盆，六子皆赤。義祖賞其精誠昭感，復待以忠貞焉。《南唐近事》。《十國春秋》七。

2 後唐莊宗即位，遣諫議大夫薛昭文册閩王，假道豫章，信勞之，謂昭文曰：「皇帝知有信否？」昭文曰：「主上新有河南，未熟公之名。」信曰：「漢有韓信，吴有劉信，異代其人也。」因指牙旗銀首，舉巵酒以屬昭文曰：「射中此，願公飲。」一箭而穿之，觀者無不稱快。《九國志》二。陸游《南唐書》九。《十國春秋》七。

朱延壽

1 朱延壽，廬州舒城人，〔楊〕行密之妻弟也。美姿容。未冠事行密，從征秦、畢、孫儒，皆以摧堅陷陣受賞。行密征維揚，授延壽以扞城之任，時軍中多盜，行密方務寬恕，求得士伍心。知延壽好殺，每捕至者，必并所盜物遺而貰之，仍誡之曰：「慎勿使延壽知。」既而密報延壽，俱復擒殺之。……田頵、安仁義結搆延壽叛，將分地而治。行密憂形于色，即詐爲目疾，每接延壽使，必錯亂所見以示之。嘗誤觸楹柱，而朱夫人救之，良久始蘇，因泣曰：「吾今喪目，軍府事大，兒子輩俱幼，不如得三舅代治，吾無憂矣。」夫人因以書召之，延壽不疑，遂來覲，行密迎至寢門，使人刺殺之，年三十四。出夫人嫁蘄州刺史石膳。既而朱瑾入賀，行密曰：「彼二大賊不足憂，惟憂此小賊。今得之，無事矣。」延壽善用兵，有鈐略，好以寡擊衆，不勝敵而返者，無不盡戮之。嘗與梁人戰，遣衆二百持大劍而往，内指一卒留之，卒云：「願攻賊自效。」延壽亦斬之。其令出必行，皆此類也。性疏財，每得賞賜皆分賚將士。《九國志》三。《十國春秋》一三。

2 見楊行密3、4。

3 宣州田頵、壽州朱延壽將舉軍以背楊行密，請杜荀鶴持箋詣淮都。俄而事泄，行密悉兵攻宛陵，延壽飛騎以赴，俱爲淮軍所殺。延壽之將行也，其室王氏勉延壽曰：「願日致一介，以寧所懷。」一日，介不至，王氏曰：「事可知矣。」乃部分家僮，悉授兵器，遽闔州中之扉。而捕騎已至，不得入。遂集家僮，私阜帑，發百燎，廬舍州廨焚之。既而稽首上告曰：「妾誓不以皎然之軀爲仇者所辱！」乃投火而死。古之烈女，無以過也。《北夢瑣言》一六。《續世説》八。

朱瑾

1　朱瑾之據兗州，梁祖攻之未克，其從父兄齊州刺史瓊先降，與瓊同詣壁下以曉之。瑾乃遣都虞候胡規出獻款曰：「兄已降，願貸瑾不死，請以鎮委吏。」既而啓延壽門，陳牌印于笥曰：「兄來，請先奉此。」梁祖命瓊受之。葛從周疑詐，選勇士孫少迪等仗劍以馭，瓊曰：「彼力屈，不足疑。」瓊進前受印篇，瑾單馬曰：「兄獨來，密語耳。」始相及，瑾令驍卒董懷進勾曳瓊墜馬，乃發所匿刃殺瓊，勾戟突出牽入之。須臾，城上鼓譟，擲瓊首於埤也。我軍失色。梁祖哀慟久之，斬軍謀徐厚，署瓊弟玭爲齊州防禦使，恩禮殊厚。瑾竟棄城投揚州。《北夢瑣言》一六。《十國春秋》八。

2　瑾之奔淮南也，時行密方圖霸，其爲禮待，加於諸將數等。瑾感行密見知，欲立奇功爲報，但恨無入陣馬，忽忽不樂。一日晝寢，夢老叟眉髮皓然，謂瑾曰：「君常恨無入陣馬，今馬生矣。」及廐隸報，適退槽馬生一駒，見卧未能起。瑾驚曰：「何應之速也！」行往視之，見骨目皆非常馬，大喜曰：「事辦矣！」其後破杜洪，取鍾傳，未嘗不得力焉。初，瑾之來也，徐温覩其英烈，深忌之，故瑾不敢預政。及行密死，子溥嗣位，温與張鎬争權，襲殺鎬，自是事無大小，皆決於温。既而温復爲自安之計，乃以子知訓自代，然後引兵出居金陵，實欲控制中外。知訓尤恣横，瑾居常嫉之。一旦，知訓欲得瑾所乘馬，瑾怒，遂擊殺知訓，提其首，請溥起兵誅温。溥素怯懦，見之掩面而走。瑾曰：「老婢兒不足爲計。」亦自殺。中外大駭且懼。温至，遽以瑾尸暴之市中。《五代史補》一。　案：朱瑾誅徐知訓事在楊渭時，此云楊溥，誤。

3 天祐十三年，淮南小校馬謙、李球乘酒脅衆，挾〔楊〕渭登樓，發武庫兵爲亂，陳於門橋北外，衆屢却。會瑾自浙西至，惟引一騎，視其坐起，云：「此不足爲禍。」因返顧外衆，推手一呼，亂兵皆潰去，遂擒謙。是冬與行軍副使徐知訓率兵攻潁州，梁人援至而解。渭將開國，知訓患瑾位加於己，請以泗州建静淮軍，出瑾爲節度。先是，瑾因朔望，令女妓通候問於知訓，知訓淫縱，强欲私之，瑾心已不平，復有是行。會知訓夜張祖筵，瑾中宵先起，詰旦，度知訓酒方困，復留刺以去。既旰，知訓果來謝，瑾因延入室，出其妻陶氏，知訓方拜，瑾以笏擊之，踣於地，左右自外突入殺之。初，瑾先縶二惡馬於廡下，及將圖知訓，密令釋其羈紲，馬果蹄嚙，外人莫得聞變，因斬首以出。知訓從人數百，瑾扼臂叱之，俱辟易散去。復乘知訓馬，馳入府中，訴於渭云：「今日爲大王除患。」渭曰：「此事吾不敢知。」因命瑾疾去。瑾忿，以知訓首擊柱，詬渭曰：「懦夫安足與成事！」攜劍復出，望府門已闔，因踰垣，折足，大呼曰：「吾爲萬人除患，今以一身當之耳。」遂自刎，夷其族。時年五十二。《九國志》二。《十國春秋》八。

4 朱瑾者，楊氏之名將也。徐温既出鎮潤州，以其子知訓知廣陵政事，謂之政事僕射。瑾與知訓有通家之好，嘗使知客詣知訓之第，知訓纔二十餘，頗以聲色爲務，而潛與知客通，取其所佩綃巾。知客懼，歸以告瑾，瑾頗銜之。一日，楊氏會鞠於廣場，知訓與瑾立馬觀之，馬首相接。瑾因揖知訓曰：「那日綃巾，希以見還。」知訓知事泄，且慮瑾爲變，翌日遂諷楊氏出瑾爲歷陽。瑾知爲知訓所排，將整行計，密有圖知訓之意。及知訓詣瑾告别，時盛暑，瑾以水徧灑廳事，皆汪洋不可駐足，乃直抵其内。瑾大設宴以待之，出愛姬姚氏薦酒，乃獻名馬。瑾愛其馬，夏以羅幬，冬以錦帳覆之。知訓納拜於瑾，瑾以手板擊殺之，截其首，提入以見。楊氏聞變，乃閉諸門，且曰：「伊自有阿爺處置是事。」瑾以楊氏不見納，遂踰城而出，因墮城下，折足，乃自剄。吴人暴其尸於市，蟲蛆不犯。《五國故事》上。

5 見徐知訓1。

嚴可求

1 嚴求微時爲陽邑吏，陽宰器之，待以賓禮，每曰：「卿當自愛。他日極人臣之位，吾不復見卿之貴，幸以遺孤留意。」期年，嚴亟登公輔。宰殁既久，其子理遺命候謁嚴門，嚴贈擔石束帛而已，其子慊懷而退。嚴不甚顧，密遣家人賫黄金數十斤，伺于逆旅間，謝之曰：「非陽宰之子乎？相君使奉金以備行李。」又薦一官，地宅僕馬畢爲之置。其子他日及門致謝，嚴曰：「聊以報尊府君平昔之遇耳。」一見後，終身謝絶焉。《南唐近事》。《十國春秋》一〇。案：嚴求，馬令、陸游兩《南唐書》及《十國春秋》皆作「嚴可求」。

2 見李昪16。

3 嚴球爲相，是年王慎辭奉使北朝，球在病請告，烈祖授以論答凡百事，皆中機務。球欲一見，就宅訪之。球覽畢，尤所深美，請更添一二事：「北朝若問黑雲長，劍多少，及五十指揮皆在部下，柴再用不曾赴任，將何以對？」愼辭既到北朝，一無所問，首問黑雲長劍并柴再用所之。愼辭依前致對，梁太祖銳意南征，即時罷兵。愼辭還朝，夜宿金山，嘗有詩云：「淮船分蟶點，江市聚蠅聲。」烈祖性多猜忌，聞之，宋齊丘因而興譖，收愼辭，以竹籠盛之，沈於江口。《江表志》上。《江南餘載》上。　案：嚴球，《江南餘載》作嚴可求。賦詩被沉，又作徐融事，參見徐融2。

周　本

1　五代吳周本少倜儻。有猛虎爲暴，本與二兄往視之，遇於篁竹間，奮躍前搤虎喉，二兄同擊之，虎敗，死於穴，由是知名。初仕宣州趙鍠，常衣緋衫褌，持劍出入行陣，軍中壯之。後與楊行密戰，被執，行密曰：「吾久聞周虎子之名，恨見之晚。」釋縛，以爲裨將。《十國紀年》（《白孔六帖》九七）。

2　見楊濛2。

3　見李昪14。

王　安

1　虔州節度使王安持節請覲，遂卒於朝，年七十二。安，廬江人，少事吳。武王觀戰，戰酣，武王坐於高阜，注目以望陣勢，安捧匜器侍側。忽陣外一執槊勇士疾走而至，徑趨王座，止數十步，安始覺，左右盡凝立，瞪目前視，無一夫警者。安乃置所捧於地，取弓射之，一發而倒，徐納弓於弢中，復捧器而立，神色不少變。武王奇之，曰：「汝真有器度，當至極貴。」《玉壺清話》九。馬令《南唐書》九。陸游《南唐書》六。《十國春秋》七。

王興

1　王興爲江南楊氏軍中小校，少從軍，圍潤州，中巨弩射右耳，其矢穿左耳而去，旁二人中矢死之。興卧病百日餘乃愈，至老不聾，亦無瘢迹。又嘗攻潁，夜有道士告之曰：「旦有流星下墜，能避之，則富貴不可名，不爾則斃矣。」及旦，興拔劍倚栅木驅兵，城中飛大石，正中其栅，及興鎧甲，皆糜碎而壞。興曰：「流星乃此也。」益自貴重，終爲使相。《玉壺清話》六。《稽神録》一。馬令《南唐書》九。陸游《南唐書》一五。《十國春秋》七。

案：王興，《稽神録》作「王璵」。

張崇

1　張崇帥廬江，好爲不法，士庶苦之。嘗入覲江都，廬人幸其改任，皆相謂曰：「渠伊必不復來矣。」崇歸，聞之，計口徵「渠伊錢」。明年，再入覲，盛有罷府之耗，人不敢指實，皆道路相目，捋鬚相慶。歸，又輒徵「捋鬚錢」。嘗爲伶人所戲，使一伶假爲人死，有譴當作水族者，陰府判曰：「焦湖百里，一任作獺。」崇亦不慚。《江表志》中。《江南餘載》上。《唐宋遺史》（《類説》二七）。《十國春秋》九。

2　崇殘酷暴斂，淝人畏之。嘗入覲，議者盛言不返，鄽市少年皆捋頤相慶。崇歸，聞之，因斂「捋頤錢」數萬貫。尤好使酒殺人。重掌奏刁鎔，每謂左右曰：「吾醉，慎勿令鎔出。」一日醉甚，三召鎔至，竟殺之。詰旦召鎔，左右曰：「已殺矣。」崇大悔，取其首視之，揖曰：「罪過員外。」其輕人命如此。頗信鬼神，家人求以厭息崇者。先是，后土廟塑韋安道配座，乃遣巫女詐云：「天上謫后土，與公爲偶。」崇往視之，巫女潛洩異香，以爲后土至矣，崇乃命樂，對像酣飲。一夕，家人竊其兵器，盡置廟中，巫女報曰：「列仙不喜殺戰，故遣六丁取至，公不得更用此傷害。」崇因是大爲改悔。歷藩鎮二十年，掠下以奉上，每歲一入覲，輸貢絡繹，國中執事無不受賂。故其肆虐淩下，保全禄位，終身爲横耳。《九國志》一。

3 張崇帥廬，在鎮不法，酷於聚斂。從者數千人，出遇雨雪，皆頂蓮花帽、琥珀衫，所費油絹不知紀極。市人稱曰「雨仙」。《清異録》下。

4 張崇帥廬，遇生日設延生大齋，僧道獻功德疏，祈祝之詞往往上比彭、李，有草衣叟聞之，笑曰：「分身夢宅，會歸變滅，革囊汙穢，煩惱所生，何足多戀！」或言於崇，崇以壽日免决，押領出。《清異録》下。

崔太初

1 太初不喜儒生，多疑好察，每通衢交會之所牆必置耳。常謂人曰：「還聞牆有耳否？」又曰：「非牆耳，乃吾〔耳〕也。」由是，行路之人鮮敢偶語者。《九國志》二。又《白孔六帖》一二引。

王　潛

1 王潛夜宴，盜入其家，盡取飲具，逮明方知，笑曰：「亦好飲耶？」竟不問。《九國志》（《白孔六帖》二七）。

沈顔

1 僞吴沈顔，字可鑄，傳師之孫。天復初進士，爲校書郎。屬亂離，奔湖南，辟巡官。吴周建，爲淮南巡官、禮儀使、兵部郎中、知制誥、翰林學士，順義中卒。顔少有詞藻，琴棋皆臻妙。場中語曰「下水船」，言爲文敏速，無不載也。性閒淡，不樂世利。嘗病當時文章浮靡。倣古著書百篇，取元次山聱叟之説，附己志而名書。其自序云：自孟軻以後千餘年，經百千儒者，咸未有聞焉，天厭其極，付在鄙予。其誇誕如此。《郡齋讀書志》四中。《十國春秋》一一。

2 沈顔游鍾陵，自章江入劍池，過臨川。時天旱，水將涸，阻風，泊小渚。獲敗碑，字存者十七、八，乃撫州刺史顔魯公之文，即臨川所沈碑也。其文多載魯公之德業。《唐語林》一。

徐融

1 見李昇6。

2 南唐徐融《夜宿金山》詩云：「維舟分蟻照，江市聚蛙聲。」烈祖性嚴忌，宋齊丘譖之，以竹籠沉於京口。《古今詩話》（《詩話總龜》前集三一）。參見嚴可求3。

王慎辭

1 見嚴可求3。

徐延休

1 徐鉉父延休博物多學，嘗事徐温爲義興縣令。縣有後漢太尉許馘廟，廟碑即許劭記，歲久字多磨滅，至開元中，許氏諸孫重刻之。碑陰有八字云：「談馬礪畢王田數七。」時人不能曉。延休一見，爲解之曰：「談馬即言午，言午許字。礪畢必石卑，石卑碑字。王田乃千里，千里重字。數七是六一，六一立字。」此亦楊修辨虀臼之比也。《青箱雜記》七。《十國春秋》一一。

聶師道

1 聶師道，歙人。少好道。唐末于濤爲歙州刺史，其兄方外爲道士，居於郡南山中，師道往事之。濤時往詣方外，至於郡政，咸以諮之，乃名其山爲問政山。吴朝以師道嘗居是山，因號爲問政先生焉。初，方外在山中，郡人少信奉者，及師道至，胣信日至而富實。師道嘗與友人同行，至一逆旅，友病熱疾，村中無復醫藥，或教病者曰：「能食少不潔，可以解。」及病危，因復勸之，人有難色，師道諭之曰：「事急矣，何難於此？吾爲汝先嘗之。」乃取啗之。人感其意，乃食，而病果愈。後給事中裴樞爲歙州，當唐祚之季，詔令不通，宣州田頵、池州陶雅舉兵圍之累月。歙人頻破之後，食盡援絶，議以城降。而城中殺外軍已多，無敢將命出者。師道乃自請行，樞曰：「君乃道士，豈可遊兵革中耶？請易服以往。」師道曰：「吾已受道法科教，不容易服。」乃縋之出城。二將初亦甚怪，及與之語，乃大喜曰：「真道人也。」誓約已定，復遣還城中。及期，樞適有未盡，復欲延期，更令師道出諭之，人謂其二三，咸爲危之。師道亦無難色。及復見二將，皆曰：「無不可，唯給事命。」時城中人獲全，師道之力也。吴太祖聞其名，召至廣陵，建紫極宫以居之。一夜，有羣盜入其所止，至於什器皆盡取之，師道謂之曰：「汝爲盜，取吾財以救饑寒也，持此將安用之？」乃引於曲室，盡取金帛與之，仍謂之曰：「爾當從某處出，無巡人，可以無患。」盜從所教，竟以不敗。後吴朝遣師道至龍虎山設醮，道遇羣盜劫之，將加害，其中一人熟視師道，謂同黨曰：「勿犯先生。」令盡以所得還之，羣盜亦皆從其言。因謂師道曰：「某即昔年揚州紫極宫中爲盜者，感先生至仁之心，今以奉報。」後卒於廣陵。《江淮異人録》。《十國春秋》一四。

徐月英

1 江淮間有徐月英，亦娼者。其《送人》詩云：「惆悵人間事久違，兩人同去一人歸。生憎平望亭前水，忍照鴛鴦相背飛。」一本又有云：「枕前淚與階前雨，隔箇牕滴到明。」亦有詩集。金陵徐氏諸公子寵一營妓，卒乃焚之。月英送葬，謂徐公曰：「此娘平生風流，没亦帶焰。」時號美戲也。《北夢瑣言》九。又《廣記》二七三引。

李昪

1 先主昪，字正倫，唐憲宗第八子建王恪之玄孫。其〔父〕〔祖〕志，去宗室懸遠，遂飄遊他郡，爲徐州判官。〔父榮〕安貧謹厚，喜佛書，多遊息佛寺，號爲李道者。主以光啓四年生於彭城。會天下喪亂，因轉徙濠梁。家貧，二姊爲尼。吴武王楊行密克濠梁，主爲亂兵所掠，時尚幼，行密見而奇之，育爲己子。長子楊渥驕狠恣横，多或凌之。行密慮爲渥所害，謂大將徐温曰：「此兒異常，吾深愛之，慮失保佑，汝無子，可賜汝養之。」温得主，致保姆，命師傅，鞠育異之。及長，身長七尺，坦額隆準，神彩鑑物，雖緩行，從者闊步追之不及。相者曰：「正所謂龍行虎步也。」瞻視明燦，其音如鐘。嘗泛舟渡淮，暴浪中起，舟人合噪，喧號無制，主舉聲指畫，響出數百夫外，兩岸皆聞。天祐中，童謡曰：「東海鯉魚飛上天。」蓋謂主素育于徐氏，後竟復唐姓。一狂僧走金陵城中，狷狂荒急，每見人則尋「飛龍子」，凡十餘年。逮主來爲昪州刺史，狂僧見之，乃不復尋矣。時江南初平，守宰者皆武夫，率以兵戈爲急務。主獨好文，招儒素，督廉吏，德望著立，物情歸美。徐知訓爲淮南節度使，驕侈淫虐，爲朱瑾所殺，一方甚擾。主亟往代之，悉反其治，謙寛惇裕。初，知訓已忌主之能，每欲加害，嘗開宴，主預坐，伏劍士于室。刁彦能行酒，以爪掐主，主佯吐茵而起，偶免之。後又飲于廣陵城東山光寺，會主適自京入覲，亦預焉。知訓狂酲，決欲害之，其弟知諫白於主，遂鞭馬急奔。知訓不逞，授劍與彦能，俾急追之。彦能及於中途，但舉劍揚袂遥示之，及河而止，以奔騎難追爲白。殆知訓遇害也，其父温方知其惡，將吏盡被黜責。明年，建吴國，以主爲左僕射，參大政，於是百姓始得投戈息肩。時四境雖定，惟越人爲梗，主不欲黷武，專務安輯，遂許和好。戢兵薄賦，休養民力，山澤所産，公私同之，戢擾吏，罷掊斂，中外之情，翕然倚附，雖剛鷙很愎者，率亦馴擾。所統僅三十餘州，爲太平之世者二十年。置延賓亭，待四方豪傑，無貴賤之隔。非意相干者，亦雍容遣之。漂泛羈遊輩，隨才而用之。搢紳之後，窮不能婚葬者，皆與畢之。義父温雖鎮金陵，凡朝政但總大綱而已，臺閣庶政皆主決之。金陵司馬徐玠者，性詭險，深忌於主，屢諷温曰：「輔政之權不宜假也，請以嫡子知詢代之，以收其勢。」主知之，連上疏求罷政事。表將上，會温卒，知詢果襲之，所爲不法，不久，亂萌已兆。主使諭之，亟令入朝，以宣蕭牆之禍，朝廷以爲左統軍，悉罷兵柄。主時始專大任，秉執益謹。一旦臨鏡，理白髭，喟然嘆曰：「丈夫此物懸於頷，壯圖已矣。時不待人，惜哉！」有周宗者，廣陵人，少孤貧，事主爲左右給事，敏黠可喜，聞主之歎，請入廣陵，告宋齊邱以禪代之事。齊邱險刻，忌其謀非己出，手疏切諫，言天時人事未可之際，請斬宗爲謝。主怒其專，輒將斬之，徐玠力援，獲免。後數年，徐玠請禪之説行，宗方復職，後竟爲樞密使。後五載，壬辰歲，出鎮金陵，以長子璟爲兵部尚書，參政事，如温之制。甲午歲，進封齊王，加元帥，置左右丞相，以宋齊邱佐之。丁酉十月，受吴禪，奉吴王爲讓皇，改年昇元，追尊考温武皇帝，子璟爲吴王。以建康爲西都，廣陵爲東都。即金陵使府爲宫，但加鴟尾欄楯而已，終不改作。接見親族，一用家人禮。昔所師友之尊長者，皆親拜之。《玉壺清話》九。馬令《南唐書》一。

2　昪本潘氏，湖州安吉縣人，父爲安吉砦將，嘗因淮將李神福侵我吴興，擄潘氏而去，昪遂爲神福家奴。徐温嘗造神福家，見而異之，求爲養子。至是乃隱本族而冒徐姓焉。後嘗致書于我，以毘陵求易吴興，仍引祊田爲説，則本潘氏明矣。《吴越備史》二。又《通鑑考異》三〇所引稍異，曰：「劉恕以爲昪復姓附會祖宗，固非李氏，而吴越與唐人仇敵，亦非實録。」

3 烈祖諱昪，唐之宗室也。舊名知誥。少孤，爲義祖所養。有相者謂義祖曰：「君相至貴，且有貴子，然非君家所生。」又夢爲人引臨大水，中黄龍數十，令義祖捉之，義祖獲一龍而寤。明旦，乃得烈祖。烈祖奉義祖以孝聞。嘗從義祖征伐，有不如意，杖而逐之。及歸，拜迎門外。義祖驚曰：「爾在此耶！」烈祖泣曰：「爲人子者，舍父母何適？父怒而歸母，子之常也。」義祖由是益憐惜。《江南别録》。《釣磯立談》。馬令《南唐書》一。《十國春秋》一五。

4 李烈祖爲徐温養子，年九歲，《詠燈詩》云：「主人若也勤挑撥，敢向尊前不盡心！」温歎賞，遂不以常兒遇之。《詩史》（《詩話總龜》前集二〇）。《古今詩話》（《詩話總龜》前集五）。

5 先主雖少，而天性穎悟，夙敦子道，朝夕起居温凊，左右承顔侍膳，迥若成人。及遇〔徐〕温戚屬，皆能俯躬迎奉，温婦見之，亦頗鍾愛，撫養無異。逮十餘歲，温知其必能幹事，遂試之以家務，令主領之。自是温家生計，食邑采地夏秋所入，及月俸料，或頒賜物段，出納府廩，雖有專吏主職，然能於晦朔總其支費存留，自緡疋之數，無不知其多少。及四時伏臘，薦祀牲腯，讌饌肴蒸，賓客從吏之費，概量皆中其度。逮嬪婢孌姹，寒燠衣御，紈綺幣帛高下之等，皆取其給，家人之屬，且亡間言。温之嫡子皆好騁田臘，先主惟習書計，暇則肄射，所志必精。遂用徐姓，名知誥。《江南野史》一。

6 李昪本爲徐温所養。温殺張鎬，權出於己，自稱大丞相、中書令、都統。及出居金陵，以嫡子知訓爲丞相，昪爲潤州節度。昪始爲宣州，忽得潤州，甚怏怏，將白温辭之。宋齊丘素與昪善，因謂昪曰：「知訓驕倨，不可大用，殆必有損足焚巢之患。宣州去江都遠，難爲應，潤州方隔一水爾，有急則可以立功，慎勿辭也。」昪聞之釋然，遂行。至潤州未幾，知訓果爲朱瑾所殺。是夜江都亂，火光亘天，昪望之曰：「宋公之言中矣。」遂引軍渡江，盡誅朱瑾之黨後，解甲去備，以待徐温。温至，且喜且怒，謂昪曰：「猶幸汝在潤州，不然，吾家大事將去矣。汝於兄弟中有大功者耶。」即日用昪爲左僕射，知政事，以代知訓。昪善於撫禦，内外之心翕然而歸之，故徐温卒未幾，而江南遂爲昪所有。先是，江南童謡云：「東海鯉魚飛上天。」東海，即徐之望也；李者，鯉也。蓋言李昪一旦自温家起而爲君爾。初，昪既畜異志，且欲諷動僚屬，雪天大會，酒酣出一令，須借雪取古人名，仍詞理通貫。時齊丘、徐融在座。昪舉杯爲令曰：「雪下紛紛，便是白起。」齊丘曰：「著屐過街，必須雍齒。」融意欲挫昪等，遽曰：「明朝日出，爭奈蕭何。」昪大怒，是夜收融投于江，自是與謀者惟齊丘而已。《五代史補》三。

7 見宋齊丘5。

8 見徐知訓5。

9 知誥既代知訓，以厚重清儉鎮撫時俗，頗革知訓之道矣。徐温嘗入覲，知誥密聞於楊氏曰：「温雖臣之父，忠孝有素，而節鎮入覲，無以兵仗自從之例，請以臣父爲始。」乃命温悉去兵仗而入。既洎知誥之第，侍奉彌謹。初更睡覺，見有侍於牀前者，問之，曰：「知誥。」温因遣其休息，知誥不退。及再寤，又見之，乃曰：「汝自有政事，不當如此，以廢公家之務。」知誥乃退。及温中夕而興，又見一女子侍立，問之，曰：「知誥新婦。」亦勞而遣之。他日，温謂諸子曰：「事在二哥矣，汝輩當善事之。」温好被白袍，知誥每遇温生日必獻。一日既獻，而座客有諂温者曰：「白袍不如黄袍好。」知誥遂斥之，而謂温曰：「令公忠孝之德，朝野所仰，一旦惑諂佞之説，聞於中外，無乃玷烜赫之名！願令公無聽其邪言。」温亦然之。知誥慮温急於取國，而己非其嫡，不得以嗣，故以是言之。然内謀其家，外謀其國，勞心役慮數倍於曹、馬矣。《五國故事》上。

10 知訓之用事也，常陵弱楊氏而驕侮諸將，遂以見殺。及知誥秉政，乃寬刑法，推恩信，起延賓亭以待四方之士，引宋齊丘、駱知詳、王令謀爲館客，士有羈旅於吴者，皆齒用之。常陰使人察視民間，有凶荒匱乏者賙給之。盛暑未嘗張蓋操扇，左右進蓋，必却之，曰：「士衆尚多暴露，我何用此！」以故温雖遥秉大政，而吴人頗歸知誥。武義元年拜左僕射，知政事，漸復朝廷紀綱，脩典禮，舉法律，以抑强暴。中外謂之「政事僕射」。馬令《南唐書》一。《十國春秋》一五。

11 見周宗1。

12 知誥之兄知詢，以徐温既卒，乃代爲金陵節制，爲政暴急，仍與知誥争權。知誥患之，乃紿以楊氏將申輔相之命，使知詢入朝。知詢信之，亟請入覲。及至江都，舍於知誥之第，且不得見。知詢詰之，知誥曰：「吾兄爲政暴急，上知之，將加譴責。今待罪於私第，尚恐未暇，況欲見乎！」知詢由是始悔入覲，尋處環衛之列焉。《五國故事》上。

13 魏王知詢，徐温之子也。烈祖曲宴，引金觴賜酒，曰：「願我弟百年長壽。」魏王意烈祖寘毒，引他器均之，曰：「願與陛下各享五百歲。」烈祖不飲。申漸高乘談諧，竝而飲之，納金鍾於懷袖，亟趨而去，到家腦潰而終。《江表志》上。《南唐近事》。　案：《南唐近事》云酖周本。《通鑑考異》二九曰：「二書皆出鄭文寶，而不同乃爾。按知誥既即位，欲除周本，自應多方，不須如此。云酖知詢近是。」

14 烈祖曲宴便殿，引酖觥賜周本，本疑而不飲，佯醉，别引一卮，均酒之半，跪捧而進曰：「陛下千萬歲！陛下若不飲此，非君臣同心同德之義也。臣不敢奉詔。」上色變，無言久之，左右皆相顧流汗，莫知所從。伶倫申漸高，有機智者，竊諭其旨，乃乘談諧，盡併兩盞以飲之，內杯於懷中，亟趨而出。上密使親信持藥詣私第解之，已不及矣，漸高腦潰而卒。《南唐近事》（《通鑑考異》二九）。馬令《南唐書》二五。陸游《南害書》一七。參見上條。

15 烈祖輔吳之初，未踰强仕，元勳碩望，足以鎮時靖亂。然當時同立功如朱瑾、李德誠、朱延壽、劉信、張崇、柴再用、周本、劉金、張宣、崔太初、劉威、韋建、王綰等，皆握强兵，分守方面。由是朝廷用意牢籠，終以跋扈爲慮。上雖至仁長厚，猶以爲非老成無以彈壓，遂服藥變其髭鬢，一夕成霜。洎歷數有歸，讓皇內禪，諸藩入覲，竟無異圖。《南唐近事》。《江南餘載》下。

16 烈祖輔吳，四方多壘，雖一騎一卒，必加姑息。然羣校多從禽聚飲，近野，或搔擾民庶。上欲糾之以法，而方藉其材力，思得酌中之計。問於嚴求，求曰：「無煩繩之，易絶耳。請敕泰興、海鹽諸縣罷採鷹鸇，可不令而止。」烈祖從其計，期月之間，禁校無復游墟落者。《南唐近事》。

17～19 見宋齊丘10～12。

20 烈祖輔吴，將有禪讓之事，人情尚懷彼此，一二不樂。周宗請之，上曰：「吾夜夢爲人引劍斷吾之頸，意所惡之。」宗遽下堦拜賀曰：「當策立耳。」居數日而内禪。《南唐近事》。《十國春秋》二一。

21 見周宗3。

22 初，有禪代之志，忽夜半寺僧撞鐘，滿城皆驚。逮旦召問，將斬之，云：「夜來偶得《月詩》。」先主令白，乃曰：「徐徐東海出，漸漸入天衢。此夕一輪滿，清光何處無！」先主聞之，私喜而釋之。又天祐中諸郡童謡云：「東海鯉魚飛上天。」東海，徐氏之望；鯉，姓也。天時人事，冥符有如此者。《江南野史》一。《江南野録》(《詩話總龜》前集一一、《類説》一八)。

23 武義中，有童謡云：「江北楊花作雪飛，江南李樹玉團枝，李花結子可憐在，不似楊花没了期。」及烈祖受禪，其日白雀翔於庭。郡國以符瑞言者不可以數計，其尤著者，江西楊化爲李，臨川李樹生連理。於是始下還宗之議。初，立唐宗廟，定郊堂之位，圜丘毖祀之夕，迺孟夏上旬，月至三鼓當没，而升壇之際皎然如晝，柴燎畢，乃没。太史奏言月延三刻。遠近歎以爲異事。《釣磯立談》。

24 未幾，將復有唐之姓，尚懷徐氏之恩，未欲驟改，不忍即言。既而諸王露奏懇請，方下議有司及百官，中外惇請，不得已，方復姓李，立唐之宗廟，祀高祖及太宗而下。追尊考温廟號義祖，封徐氏二子爲王。用張居詠、李建勳平章事，張延翰爲僕射。十一月，讓皇殂於丹陽宫，主喪服三年。受禪之三載夏四月，始郊祀圜丘。時當上旬，月没頗早，逮昇壇之際，皎潔如晝，非日非月。至柴燎甫畢，夜景復晦，一若常夕。人咸異之。羣臣請上尊號，主曰：「尊稱者率皆虚美爾，且非古制。」抑請不允，下詔曰：「宜寑來章，不得再上。」時全吴符瑞不輟，所奏皆抑而不納。《玉壺清話》九。

25 金陵李氏始以唐號國，錢文穆王問之曰：「金陵冒氏族於巨唐，不亦駭人乎！」沈韜文曰：「此可取譬也。且如鄉校間有姓孔氏者，人則謂之孔夫子，復何怪哉！」王大笑，賞巵酒。《白孔六帖》二三。

26 秋七月，宋齊邱罷丞相，爲洪州節度使。蓋齊邱屢諷主曰：「天下自廣明之後，崩離板蕩，垂四十年，諸侯角立。今才名有望主，仍江淮，頻歲豐稔，兵食皆足，乃天意欲中興土運之際，宜恢復彊宇，爲萬世之固。」主長嘆，謂齊邱曰：「吾少長軍旅，覩干戈爲民之害甚矣，不忍復言。苟彼安，吾亦安矣，何更求哉！先生之教，謹不敢守。」由是收權衡之柄，因黜之，以遠其惑。是年，吴越災，宫室府庫鎧甲庾廩焚之殆盡。羣臣復欲乘其弊而襲之，諸將自奮者甚衆。主固拒不許，曰：「人生何堪此酷也，土木當亦傷害。」乃遣使唁之，賫帑幣糧鏹僅百餘艘以賙其急，越人德之。《玉壺清話》九。

27 見宋齊丘18。

28 唐祚中興，大臣議廣土宇，往往皆以爲當自潭、越始，烈祖不以爲是。一日召宋齊邱、馮延巳等數人俱入，元宗侍側，上曰：「……疆場之虞，不警於外廷，則寬刑平政，得以施之於統内。男不失秉耒，女無廢機織。如此數年，國必殷足。兵旅訓練，積日而不試，則其氣必倍。有如天啓其意，而中原忽有變故，朕將投袂而起，爲天下倡。倘得遂北平潛竊，寧乂舊都，然後拱揖以招諸國，意雖折簡可致也，亦何以兵爲哉！」於是孫忌及宋齊邱同辭以對曰：「聖志遠大，誠非愚臣等所及也。」上嘗服金石藥，疽劇，將崩，呼元宗登御榻，嚙其指至血出，戒之曰：「他日北方當有事，勿忘吾言。」保大中，查文徽、馮延魯、陳覺等争爲討閩之役，馮延巳因侍宴爲嫚言曰：「先帝齷齪無大略，每日戢兵自喜，邊壘偶殺一二百人，則必齎咨動色，竟日不怡。此殆田舍翁所爲，不足以集大事也。今陛下暴師數萬，流血于野，而俳優燕樂不輟於前，真天下英雄主也。」元宗頗領其語。其後閩土判涣，竟成遷延之兵，湖湘既定而復變，地不加闢，財乏而不振。會耶律南入，中國大亂，邊地連表請歸命，而南唐君臣束手，無能延納者。韓熙載上疏，請乘釁北略，而兵力頓匱，茫洋不可爲計，刮瘍裹創，曾未得稍完。而周祖受命，世宗南征，全淮之地再戰而失，元宗始自歎恨，厭厭以至於棄代。時有隱君子作爲《割江賦》以譏諷其事，又有隱士詩云：「風雨揭却屋，渾家醉不知。」將遷幸南都，而伶人李家明亦獻詩云：「龍舟悠漾錦颿風，雅稱宸遊望遠空，偏恨皖公山色翠，影斜不入壽杯中。」故知傾國之漸，良由廢烈祖之聖訓而致然也。按：所云隱士，即叟父虚白也。《釣磯立談》。

29 以張宣爲鄂州節度使。宣以邊功自恃，强横不法。鄂市寒雪，有民鬭於炭肆者，捕而詰之，乃市炭一秤，權衡頗輕，使秤之，果然，宣斬鬻炭者，取其首與炭懸於市。主聞之，歎曰：「小人衡斛爲欺，古今皆然，宣置刑太過。」盡奪官，以團副置於蘄春，遣潤州節度使王輿代之。時天下擾亂，刑獄無典，因是凡決死刑，方用三覆五奏之法，民始知有邦憲，物情歸之。《玉壺清話》九。

30 李先主以國用不足，〔税〕民間有鵝卵出雙子者、柳花爲絮者。伶戲詞曰：「唯願普天多瑞慶，柳條結絮鵝雙生。」《見聞録》（《類説》一九）。《五代詩話》三。

31 見李建勳1。

32　烈祖於宋齊丘字之而不敢名，齊丘一語不合，則挈衣笥望秦淮門欲去，追謝之乃已。陸游《南唐書》一一。

33　烈祖嘗以中秋夜翫月延賓亭，宋齊丘等皆會。時御史大夫李主明面東而坐，烈祖戲之曰：「偏照隴西。」主明應聲對曰：「出自東海。」皆以帝之姓爲諷也。《江南餘載》上。

34　見王棲霞1。

35　魏進忠，不知何許人，徐玠稱其有飛鍊之術，上聞於烈祖，俄擢爲延英殿使，寵錫甚厚。詔以延英殿爲飛鍊所。進忠造宅於皇城之東，廣致妓樂，託結貴近，出入導從，擬於王者。或贈人金帛，動盈千百。士人多附之。經數年，竟無狀，遂配東海縣。《江南餘載》下。

36　史守沖、潘扆皆不知何許人。烈祖嘗夢得神丹，既覺，語左右，欲物色訪求，而守沖適詣宮門獻丹，方扆亦以方繼進。烈祖皆神之，以爲仙人，使煉金石爲丹，服之多暴怒。羣臣奏事，往往厲聲色詰讓。嘗以其藥賜李建勳，建勳乘間言曰：「臣服甫數日，已覺炎躁，此豈可常進哉！」烈祖笑曰：「孤服之已久，寧有是事！」諫者皆不從。俄而疽發，遂至大漸，臨終謂元宗曰：「吾服金石求長生，今反若此，汝宜以爲戒也。」陸游《南唐書》一七。《十國春秋》三四。

37　主自受代以來，臺閣多俗吏，細大之務，主親決之。末年始任儒雅，用簡易之政，悉罷苛細，將修復典故，以爲著令。因感疾，漸至殘廢，遂寢焉。晚爲方士所誤，餌硫黃丹砂，吐納陰修之術，忽躁怒。居常最寬和，殆病，百司奏事，或厲聲呵詬，然無他害。羣有司案牘，果事理明白者，則收斂顏色，慇懃謝而從之。既覺數屯，多布德澤。文武官没者，子孫隨收叙，不限資蔭；孤露者，營其婚葬；幼未堪仕及無嗣者，出内帑以賑之；死王事者，下至卒伍，皆給二年之廪。士之貴賤長幼，卒無身後之患。……先主幼歷喪亂，備諸險易，故持兼節，以固勤托孝，謙卑自牧。身爲輔相，事義祖徐温，禮如庶人。稍有疾，則衣不解帶，藥必親嘗。温嘗責諸兒曰：「汝輩能如二兄，則可以爲天下範也。」《玉壺清話》九。

38、39 見种夫人1、2。

40 見李璟3。

41 始天祐間，江表多故。洎及寧帖，人尚苟安。稽古之談，幾乎絶侶。横經之席，蔑而無聞。及高皇初收金陵，首興遺教，懸金爲購墳典，職吏而寫史籍。聞有藏書者，雖寒賤必優辭以假之。或有贄獻者，雖淺近必豐厚以答之。時有以學王右軍書一軸來獻，因償十餘萬，繒帛副焉。由是六經臻備，諸史條集，古書名畫，輻輳絳帷。俊傑通儒，不遠千里，而家至户到，咸慕置書。經籍道開，文武並駕。暨昇元受命，王業赫然，稱明文武，莫我跂及，豈不以經營之大基有素乎！《金華子》上。

42 知誥自以取國艱難，乃志勤儉。金陵雖升都邑，但以舊衙署爲之，唯加鴟尾欄檻而已，其餘女伎、音樂、園苑、器玩之屬，一無增加。故宋齊丘爲其挽辭曰：「宫砌無新樹，宫衣無組繡，宫樂盡塵埃。」皆其實也。《五國故事》上。

43 德昌宫者，蓋南唐内帑别藏也。自吴建國有江淮之地，比他國最爲富饒，山澤之利，歲入不資。烈祖勵以節儉，一金不妄用，其積如山。太子嘗欲一杉木作版障，有司以聞，烈祖書奏後曰：「杉木不乏，但欲作戰艦，以竹代之可也。」陸游《南唐書》一五。

44 江南李昪性節儉，常躡蒲屨，盥頮用鐵盎，暑則寢於青葛。雖左右使令，唯老醜宫人，服飾粗略。《續世説》一二。《十國春秋》一五。

45 江南烈祖素儉，寢殿燭不用脂蠟，灌以烏臼子油，但呼「烏舅」。案上捧燭鐵人高尺五，云是楊氏時馬厩中物。一日黄昏，急須燭，唤小黄門：「掇過我金奴來。」左右竊相謂曰：「烏舅、金奴，正好作對。」《清異録》下。

46 唐末有御廚庖人，隨中使至江表，聞崔胤誅北司，遂漂浮不歸，留事吴。至烈祖受禪，御膳宴飲皆賴之，有中朝之遺風。其食味有鷺鷥餅、天喜餅、駝蹄餤、雲霧餅。《江南餘載》下。

47 凡視五色皆損目，惟黑色與目無損。李氏有江南日，中書皆用皂羅糊屏風，所以養目也。《倦遊雜録》（張本《説郛》一四）。

48 德明宫，本南唐烈祖之舊宅，在後苑之北，即景陽臺之故址。有太湖石特奇異，非數十人不能運致，即陳後主之假山遺址。其下有井，石欄有銘，字跡隱隱猶在。《江南餘載》下。

种夫人

1 种氏者，樂部中之官伎也，有寵于永陵，生江王景逷。烈祖矜嚴峻整，有難犯之色，嘗作怒數聲，金鋪振動，种夫人左手擎飯，右手捧匙，安詳而進之，雷電爲少霽。後封越國太妃。《江表志》上。陸游《南唐書》一六。

《十國春秋》一八。

2 景遏母种氏，晚歲尤承恩寵，宋后罕得接見。烈祖幸齊王宮，遇其親理樂器，大怒切責。數日，种氏承間言景遏之才可代爲嗣，烈祖作色曰：「國家大計，女子何預！」立嫁之。《江南別録》。馬令《南唐書》六。陸游《南唐書》一六。《十國春秋》一八。　案：景遏，原作景遷，據兩《南唐書》改。

李璟

1 嗣主璟，幼有奇相，惟義祖徐温器之，曰：「此子殆非人臣相。」温食，即命同席，南向以坐之，曰：「徐氏無此孫。」温自金陵迎吴王於迎鑾江，大閲水嬉，還至百家灣，向夕，暴風忽起，舟人束手於駭浪中，温四望無計，遂袒裼負璟於背，迴語嬪御曰：「吾善游，不暇救爾輩，所保者此子爾。」言訖風息，若神護。璟天姿高邁，始出閤，即就廬山瀑布前構書齋，爲他日閒適之計。及迫於紹襲，遂捨爲開先精舍。《玉壺清話》一〇。《九國志》（《白孔六帖》二）。

2 嗣主諱璟，字伯玉，初名景通，烈祖元子也。美容止，器宇高邁，性寬仁，有文學。甫十歲，吟《新竹》詩云：「棲鳳枝梢猶軟弱，化龍形狀已依稀。」人皆奇之。起家爲尚書郎，吴讓皇見之曰：「吾諸子皆不及也。」馬令《南唐書》二。

3 烈祖嘗晝寢，夢一黄龍繚繞殿檻，鱗甲炳焕，照耀庭宇，殆非常狀。逼而視之，蜿蜒如故。上既寤，使視前殿，即齊王凭檻而立，偵上之安否。問其至止時刻及視向背，皆符所夢。上曰：「天意諄諄，信非偶爾。成吾家事，其惟此子乎！」旬月之間，遂正儲位。齊王即元宗居藩日所封之爵也。《南唐近事》。《釣磯立談》。

4 知誥疾革，以其子景達類己，欲立之。時景達爲成王，居守東都，東都，揚州也。知誥乃密爲書以召景達，使入，將付後事。醫官吴庭紹與知誥診候，知其將終且召景達之事，遂密告李景，使人追回其書。時書已出秦淮門而追及之。俄而知誥殂，景乃即位。其後吴庭紹迭内職，人罕知其由。或云：知誥在位，嘗晝寢，夢黃龍遶其殿檻，使人視之，報曰：「齊王抱小殿之柱而立。」知誥心喜，乃定其儲位。齊王即景之初封也。後爲吴王。本名景通，即位改曰璟，後避周廟諱，更名景。以二説相異，未詳孰是。又嘗以其事質於江南一朝士，曰：「非也。徐温既與張顥將謀弑渥，而先擇其嗣主，而温夢入宫中，見白龍抱其殿柱。明日早入，果見渥弟渭衣白衣抱殿柱而立，心乃定之。非李氏事也。」景在位，嘗構一小殿，謂之「龜頭」，居常處之以視事。人有偵其所在，必問曰：「大家何在？」「在龜頭裏。」及後有内附之事，人始悟焉。《五國故事》上。

5 元宗幼學之年，馮權常給使左右，上深所親倖，每曰：「我富貴之日，爲爾置銀靴焉。」保大初，聽政之暇，命親王及東宫舊僚擊鞠，歡極，頒賚有等。語及前事，即日賜銀三十斤以代銀靴。權遂命工鍛靴穿焉，人皆哂之。《南唐近事》。

6 元宗嗣位之初，春秋鼎盛，留心内寵，宴私擊鞠，略無虚日。常乘醉命樂工楊花飛奏《水調》詞進酒，花飛唯歌「南朝天子好風流」一句，如是者數四。上既悟，覆杯大懌，厚賜金帛，以旌敢言。上曰：「使孫、陳二主得此一句，固不當有銜璧之辱也。」翌日罷諸懽宴。留心庶事，圖閩吊楚，幾致治平。《南唐近事》。《十國春秋》三二。　案：一作王感化事，參見王感化3。

7 元宗少躋大位，天性謙謹，每接臣下，恭慎威儀，動循禮法，雖布素僚友無以加也。夏日御小殿，欲道服見諸學士，必先遣中使數使宣諭，或訴以「小苦，巾裹不及，冠褐可乎？」常目宋齊丘爲子嵩、李建勳爲史館，皆不之名也。君臣之間，待遇之禮，率類於此。《南唐近事》。陸游《南唐書》一一。

8 江南李璟，爲人謙謹，初即位，不名大臣，數延公卿論政體。李建勳謂人曰：「主上寬仁大度，優於先帝。但性習未定，苟旁無正人，恐不能守先帝之業耳。」《續世説》四。

9 元宗宴於別殿，宋齊丘已下皆會。酒酣，出内宫聲樂以佐歡。齊丘醉狂，手撫内人於上前，衆爲之悚慄，而上殊不介意，盡興而罷。明日，上於卧帷中索紙筆賜慰齊丘，乃自安。《江南餘載》上。

10 見李徵古2。

11、12 見宋齊丘23、24。

13 見李昇28。

14 見魏岑1。

15 李璟遊後湖賞蓮花，作詩曰：「蓼花蘸水火不滅，水鳥驚魚銀梭投。滿目荷花千萬頃，紅碧相雜敷清流。孫武已斬吴宫女，琉璃池上佳人頭。」識者謂雖佳句，然宫中有佳人頭非吉也。《摭遺》（《詩話總龜》前集三三）。

16 李璟時，朝中大臣多蔬食，月爲十齋，至明日，大官具晚膳，始復常珍，謂之半堂食。其後周師至淮上，取濠、泗、揚、楚、泰五州，而璟又割獻滁、和、廬、舒、蘄、黄六州，果去唐國土疆之半，則半堂食之應也。《青箱雜記》七。《九國志》（《白孔六帖》一六）。

17〔朱元〕以所部降于世宗，於是諸軍大潰，景達、陳覺亦奔還。嗣主怒，議斬元妻子，妻乃查文徽之女，文徽屢表雪之，誠款懇切。嗣主署其表曰：「只斬朱元妻，不殺查家女。」文徽乃無辭。《江南野史》五。馬令《南唐書》二七。

18馮延巳自元帥府掌書記爲中書侍郎，登相位，時論少之。延魯之敗，御史中丞江文蔚上疏請黜延巳，上曰：「相從二十年，賓客故寮，獨此人在中書，亦何足怪？雲龍風虎，自古有之。且厚於舊人，則於斯人亦不得薄矣。」《江南餘載》上。

19元宗誅戮大臣之後，暮年于禁中往往見宋齊邱、陳覺、李徵古如生，叱之不去，甚惡之，因而南幸。太子冀既病，數見太弟景遂爲祟于昭慶宫中。《江表志》中。《江南餘載》下。

20世宗既罷兵，使鍾謨以誠來諭曰：「吾與江南大義已定，固無他慮，然人命不保，江南無備已久，後之人將不汝容。可及吾之世繕修城隍，分據要害，爲子孫之計宜矣。」璟得命，乃修建康諸郡城池，毁者堅之，甲卒寡者補之。又議遷都。璟曰：「建康與敵境，隔江而已，又在下流，吾今移都豫章，據上流而制根本，上策也。」羣臣多不欲，遂葺洪州爲南都。洪州雖爲大藩，及爲都邑，則迫隘丘坎，無所施力，羣情不安之。下議來還，會疾作，殂於洪州，年四十六。《玉壺清話》一〇。

21元宗遷都洪州，過蕪湖江口永壽禪院，親射偃蓋松，東南枝遂枯死。至今御箭仍在。《江南餘載》下。

22見李家明1。

23見王感化2。

24 元宗割江南之後，金陵對岸即爲敵境，因遷都豫章。舟車之盛，旌旗絡繹，凡數千里，百司儀衛洎禁校帑藏不絕者近一載。上每北顧，忽忽不樂，澄心堂承旨秦裕藏多引屏風障之。嘗吟御製詩曰：「靈槎思浩渺，老鶴憶崆峒。」《江表志》中。《古今詩話》（《詩話總龜》前集二五）。

25 元宗神彩精粹，詞旨清暢，臨朝之際，曲盡姿制。湖南嘗遣廖法正將聘，既還，語人曰：「汝未識東朝官家，其爲人粹若琢玉，南嶽真君恐未如也。」是以荆渚孫光憲叙《續通歷》云：「聖表聞於四鄰。」蓋謂此也。又其天性雅好古道，被服朴素，宛同儒者。時時作爲歌詩，皆出入風騷，士子傳以爲玩，服其新麗。《釣磯立談》。《江南別録》。

26 元宗罷朝，多御延英殿聽公卿奏事，因即其處爲閣，甚壯。有司請置額名，上以生月在孟春，御題爲千春閣。《江南餘載》下。

27 見楊溥9。

28 慶王〔弘〕茂，元宗第二子也，雅言俊德，宗室罕倫。未冠而薨。上深軫惜，每顧侍臣曰：「子夏喪明，不爲異也。」或對曰：「臣聞仁而不壽，仙經所謂鍊形於太陰之中。然慶王必將侍三后於三清，友王喬於玉除，伏望少寢矜念。」上泫然焉。《南唐近事》。

29 元宗友愛之分備極天倫。登位之初，太弟景遂、江王景逷、齊王景達，出處遊宴，未嘗相捨，軍國之政，同爲參決。保大五年元日，天忽大雪，上召太弟以下登樓展宴，咸命賦詩，令中使就私第賜進士李建勳。建勳方會中書舍人徐鉉、勤政殿學士張義方于溪亭，即時和進。元宗乃召建勳、鉉、義方同入，夜分方散。侍臣皆有興詠，徐鉉爲前後序。太弟合爲一圖，集名公圖繪，曲盡一時之妙。御容，高冲古主之；太弟以下侍臣、法部絲竹，周文矩主之；樓閣宫殿，朱澄主之；雪竹寒林，董元主之；池沼禽魚，徐崇嗣主之。圖成，無非絶筆。《江表志》中。《江南餘載》下。《圖畫見聞誌》六。

30 見王感化3。

31 苕溪漁隱曰：《古今詩話》云：「江南成文幼爲大理卿，詞曲妙絶，嘗作《謁金門》云：『風乍起，吹皺一池春水。』中主聞之，因案獄稽滯，召詰之，且謂曰：『卿職在典刑，一池春水，又何干于卿？』文幼頓首。」又《本事曲》云：「南唐李國主嘗責其臣曰：『吹皺一池春水，干卿何事？』蓋趙公所撰《謁金門》辭有此一句，最警策，其臣即對曰：『未如陛下小樓吹徹玉笙寒。』」若《本事曲》所記，但云趙公，初無其名，所傳必誤。惟《南唐書》與《古今詩話》二説不同，未詳孰是。《苕溪漁隱叢話》後集三九。參見馮延巳6。

32 朱勰仕江南爲縣令，甚疏逸。有詩云：「好是晚來香雨裏，擔簦親送綺羅人。」李璟聞之，處以閒曹。又有僧庭實獻詩云：「吟中雙鬢白，笑裏一生貧。」璟聞云：「詩以言志，終是寒薄。」以束帛遺之。《詩史》（《詩話總龜》前集三）。

33 見李煜56。

34 〔李璟〕工正書。觀其字，乃積學所致，非偶合規矩。其後，煜亦以書名，與錢俶相先後，蓋其源流本有自也。今御府所藏正書一。《宣和書譜》五。

35 右散騎常侍王仲連，北土人，事元宗。元宗嘗謂曰：「自古及今，江北文人不及江南才子之多。」

仲連對曰：「誠如聖旨，陛下聖祖玄元皇帝降于亳州真源縣，文宣王出于兖州曲阜縣，亦不爲少矣。」嗣主有媿色。《江表志》中。《江南餘載》上。

36 周繼諸者，鄱陽人，詣闕上書，累官至郎省。告免歸鄉，與名僧道士爲雲泉之交。元宗召之，授以美官，堅辭不就。上嘉之，賜粟帛，又賜金鉏一柄，敕曰：「是朕苑中自種藥者，今以賜卿，表卿高尚之節。」《江南餘載》下。

37 見蕭儼1。

38 李璟保大七年，召大臣宗室赴内香燕。凡中國外夷所出，以至和合煎飲、佩帶粉囊，共九十二種，江南素所無也。《清異録》下。《十國春秋》一六。

李煜

1 李後主少時，遣人於廬山爽塏地爲精舍，極一時林泉之勝。既成，命宫苑使董源，以澄心堂紙寫其圖來上。既即位，以精舍爲開先寺，以圖畫賜刁衎，藏於家。蔡天啓之子佑猶及見之。《京口耆舊傳》一。

2 江南李後主煜，性寬恕，威令不素著。神骨秀異，駢齒，一目有重瞳。篤信佛法。殆國勢危削，自嘆曰：「天下無周公、仲尼，君道不可行。」但著《雜説》百篇以見志。十一月獵於青龍山，一牝狙觸網於谷，見主，兩淚稽顙搏膺，屢指其腹。主大怪，戒虞人保以守之，是夕，果誕二子。因感之，還幸大理寺，親録囚係，多所原貸。一大辟婦以孕在獄，産期滿則伏誅，未幾亦誕二子。煜感牝狙之事，止流於遠，吏議短之。《湘山野録》中。《誠齋雜記》下。

3 憲司章疏有繩糾過訐者，皆寢不下。論決死刑，多從末減，有司固争，乃得少正，猶垂泣而後許之。嘗獵于青山，還，如大理寺，親録繫囚，多所原釋。中書侍郎韓熙載奏：「獄訟有司之事，囹圄非車駕所宜臨幸，請罰内庫錢三百萬以資國用。」雖不聽，亦不怒也。陸游《南唐書》三。馬令《南唐書》五。《十國春秋》一七。

4 見蕭儼2。

5 見楊行密8。

6 趙綺困於場屋，將自三山北渡以歸梁京，爲邏者所得，遂下廷尉。從獄中上書曰：「初至江干，覺天網之難漏；及歸棘寺，知獄吏之可尊。」後主覽之，批其末曰：「陵雖孤恩，漢亦負德。」乃釋其罪。明年，綺狀元及第。《江南餘載》上。

7 見韓熙載18～20。

8 後主自少俊邁，喜肄儒學，工詩，能屬文，曉悟音律，姿儀風雅，舉止儒措，宛若士人。酷信浮圖之法，垂死不悟。常於禁中署僧尼寺宇，中常所聚徒迨數百人。朝退，與后頂僧伽帽，衣袈裟，轉誦佛書，手不暫釋，拜跪頓顙，至爲瘤贅。親爲桑門削作厠簡子，試之顋頰，有少澁滯者，再爲治之。其手不鈔，乃學佛握印而行。百官士庶則而效之。由是建康城中寺院僧徒迨至萬餘。親給廩米帑藏繒帛以供之，常召募有道士爲僧者，與之二金，往往貪苟而爲者。僧犯姦，有司具牘還俗，後主不聽，乃曰：「僧人姦淫，本圖還俗，今若從之，是縱其欲。」勑令禮佛三百拜，免其刑。北朝聞之，陰選少年有經業口辨者往化之，後主崇奉，謂之「一佛出世」，號爲「小長老」，朝夕與論六根四諦、天堂地獄、循環果報。又説令廣施刹梵、營造塔像、身被紅羅銷金三事。後主讓其太奢，乃曰：「陛下不讀《華嚴經》，爭知佛富貴！」自是襟懷澈恍，兵機守禦之謀，慌然而施，囷廩漸虚，財用益竭。又使後主於牛頭山大起蘭若，僅千間，聚徒千衆，旦暮設茶食，無非異方珍饌，一日食之不盡，明旦再具，謂之「折倒」。時議謂折倒爲翌日讖。及大兵至，獲爲營署。北朝又俾僧於采石磯下卓庵，自云少而草衣木食，後主使齎貢獻，佯爲不受。乃陰鑿穴及壘石爲塔，闊數圍，高迨數丈，而夜量水面。及王師剋池州，而浮梁遂至，繫於塔穴，且度南北，不差毫釐。師徒合圍，乃召小長老議其拒守，對曰：「臣僧當遥退之。」於是登城大呼，而周麾兵乃小却。後主喜，令僧俗兵士念誦「救苦觀音菩薩」，滿城沸湧。未幾，四面矢石雨下，士民傷死者衆。後主復使言之，託疾不起。及誅皇甫繼勳之後，方疑無驗，乃鴆而殺之。時城中有僧數千，表乞被堅執鋭出城鬭戰，後主不從，曰：「不可毁他教法。」宰相湯悦、吏部尚書徐鉉之徒，但順非文過，尸禄希旨，曾不一言諫諍，坐待王師，陰伺敗亡，隨作係虜。韓熙載詼佞苟容，常上疏云：「諸佛慈悲，尚容悔過。」言多此類，任成禍胎，見危是幸。迨盧絳出水戰，生獲裨將及甲士百人。其校身狀魁岸，容貌甚武，將見後主，或告之曰：「若對官家，善爲詞説，必免其禍。」校乃抗聲：「彼則一國主，何官家之有！」既見，喏而不拜。後主喜而且懼，因問：「北師中似汝輩者幾？」對曰：「國主若悟，誠宜趣降，爲一城生民延命。苟不如是，旦夕之中，適爲魚肉。如吾輩者幾萬，何足問之！」後主默然無斷，久之令出，爲閹人所刺，乃大呼曰：「吾恨死不得其地矣。」餘甲士皆重傷，後主哀之，給飲食藥餌治之，迨損引見，各給曰：「官家如佛慈悲，然好生惡殺，臣者無以爲報答，願踰城竊斬北師，以謝生成。」乃夜縱之，迨旦皆割馘而至。後主喜之，賞賜有加，於是再遣之，而不復至矣。後主不知賊劃城外百姓耳獻焉。故城中虚實之狀皆被測之。諸郡有斷死獄者，當先奏牘，既詳覆無疑。乃於佛前炷香爇燈，以達旦爲驗。若火滅，則從之。如燃，則貸死。富商大賈有犯法者，乃賂左右内人竊續之，而獲宥者多矣。其爲人茫昧如此，不亡何俟。《江南野史》三。《江南野録》（《類説》一八）。馬令《南唐書》二六。陸游《南唐書》一八。參見《揮麈後録》五。

9　後主奉竺乾之教，多不茹葷，常買禽魚爲放生。《江表志》下。

10　後主篤信佛法，於宫中建永慕宫，又於苑中建静德僧寺，鍾山亦建精舍，御筆題爲報慈道場。日供千僧，所費皆二宫玩用。《江南餘載》下。

11　廬山圓通寺在馬耳峯下，江左之名刹也。南唐時，賜田千頃，其徒數百衆，養之極其豐厚。王師渡江，寺僧相率爲前鋒以抗。未幾，金陵城陷，其衆乃遁去。使李煜愛民如僧，則其民亦皆知報國矣。《獨醒雜志》一。

12　李後主手書金字《心經》一卷，賜其宫人喬氏。喬氏後入太宗禁中，聞後主薨，自内廷出其經，捨在相國寺西塔以資薦，且自書於後曰：「故李氏國主宫人喬氏，伏遇國主百日，謹捨昔時賜妾所書《般若心經》一卷在相國寺西塔院。伏願彌勒尊前，持一花而見佛」云云。其後，江南僧持歸故國，置之天禧寺塔相輪中。寺後失火，相輪自火中墮落，而經不損，爲金陵守王君玉所得。君玉卒，子孫不能保之，以歸寧鳳子儀家。喬氏所書在經後，字極整潔，而詞甚悽惋，所記止此。《徐鍇集》南唐制誥，有宫人喬氏出家誥，豈斯人也？《默記》中。《十國春秋》一八。

13 置澄心堂於内苑，引能文士及徐元機、元楡、元樞兄弟居其間，中旨由之而出，中書、密院乃同散地。兵興之際，降御札移易將帥，大臣無知者。皇甫繼勳誅死之後，夜出萬人斫營，招討使但署牒遣兵，竟不知何往，蓋皆澄心堂直承宣命也。長圍既合，内外隔絶，城中之人惶怖無死所。後主方幸浄居室，聽沙門德明、雲真、義倫、崇節講《楞嚴圓覺經》。用鄱陽隱士周惟簡爲文館《詩》、《易》侍講學士，延入後苑講《易·否卦》，賜惟簡金紫。羣臣皆知國亡在旦暮，而張洎猶謂北師已老，將自遯去。後主益甘其言，晏然自安，命户部員外郎伍喬於圍城中放進士孫確等三十八人及第。其所施爲大抵類此。故雖仁愛足以感其遺民，而卒不能保社稷云。陸游《南唐書》三。《十國春秋》一七。

14 《西清詩話》云：「南唐後主圍城中作長短句，未就而城破：『櫻桃落盡春歸去，蝶翻金粉雙飛，子規啼月小樓西。曲欄金箔，惆悵卷金泥。門巷寂寥人去後，望殘煙草低迷。』余嘗見殘藁點染晦昧，心方危窘，不在書耳。藝祖云：『李煜若以作詩工夫治國事，豈爲吾虜也！』」苕溪漁隱曰：「余觀《太祖實録》及《三朝正史》云：『開寶七年十月，詔曹彬、潘美等率師伐江南，八年十一月，拔昇州。』今後主詞乃詠春景，決非十一月城破時作。《西清詩話》云後主作長短句，未就而城破，其言非也。然王師圍金陵凡一年，後主於圍城中春間作此詩，則不可知，是時其心豈不危窘，於此言之乃可也。」《苕溪漁隱叢話》前集五九。

15 宣和間，蔡寶臣致君收南唐後主書數軸來京師以獻蔡絛約之。其一乃王師攻金陵城垂破時，倉皇中作一疏，禱於釋氏，願兵退之後許造佛像若干身、菩薩若干身、齋僧若干萬員、建殿宇若干所，其數皆甚多。字畫潦草，然皆遒勁可愛，蓋危窘急中所書也。又有看經發願文，自稱蓮峯居士。李煜又有長短句《臨江仙》云：「櫻桃結子春歸盡，蝶翻金粉雙飛。子規啼月小樓西。玉鉤羅幕，惆悵捲金泥。門巷寂寥人去後，望殘烟草低迷。」而無尾句。劉延仲爲補之云：「何時重聽玉驄嘶。撲簾飛絮，依約夢回時。」（《墨莊漫録》七。）

16 蔡絛作《西清詩話》，載江南李後主《臨江仙》云：圍城中書，其尾不全。以余考之，殆不然。余家藏李後主七佛戒經及雜書二本，皆作梵葉，中有《臨江仙》塗注數字，未嘗不全。其後則書李太白詩數章，似平日學書也。本江南中書舍人王克正家物，後歸陳魏公之孫世功君懋，余陳氏婿也。其詞云：「櫻桃落盡春歸去，蝶翻輕粉雙飛。子規啼月小樓西。玉鉤羅幕，惆悵暮煙垂。別巷寂寥人散後，望殘煙草低迷。爐香閒裊鳳凰兒。空持羅帶，回首恨依依。」後有蘇子由題云：「凄涼怨慕，真亡國之聲也。」（《耆舊續聞》三。）

17 初，後主既違朝旨，拒命不行，嘗謂人曰：「他日王師見討，孤當擐戎服，親督士卒，背城一戰，以存社稷。如其不獲，乃聚室自焚，終不作他國之鬼。」太祖聞之，謂左右曰：「此措大兒語耳，徒有其口，必無其志。渠能如此，孫皓、叔寶不爲降虜矣。」至是果然。（《江南野史》三。《江南野録》（《類説》一八）。）

18 始，國主令積薪宮中，言若社稷失守，則盡室赴火死。及見〔曹〕彬，彬慰安之，且諭以歸朝俸賜有限，費用至廣，當厚自齎裝，既爲有司所籍，一物不可復得矣。因復遣煜入宮，惟意所取。行營左廂戰棹都監梁迴及田欽祚等皆諫曰：「苟有不虞，咎將誰執？」彬但笑而不答，迴等忿争不已，彬曰：「煜素無斷，今已降，必不能自引，決可無慮也。」又遣五百人爲輦載重寶。煜方憤歎國亡，無意蓄財，所操持極鮮，頗以黄金分賜近臣。《太平治跡統類》一。《楊文公談苑》（《宋朝事實類苑》五四）。馬令《南唐書》五。《東原録》。

19 建隆中，曹彬、潘美統王師平江南，二將皆知兵善戰，曹之識慮亦遠，潘所不迨。城既破，國主李煜白衫紗帽見二公。先見潘，設拜，潘答之。次見曹，設拜，曹使人明語之曰：「介胄在身，下拜不及答。」識者善其得體。二公先登舟，召煜飲茶，船前設一獨木脚道，煜嚮之國主儀衛甚盛，一旦獨登舟，徘徊不能進，曹命左右翼而登焉。既一啜，曹謂李歸辦裝，詰旦會于此，同赴京師。來曉，如期而赴焉。始，潘甚憾之，曰：「詎可放歸？」曹曰：「適獨木板尚不能進，畏死甚也。既許其生赴中國，焉能取死？」衆方服其識量。《談淵》（《張本《説郛》三四、陶本《説郛》三五）。《養痾漫筆》（《陶本《説郛》四七）。

20 開寶八年十一月，江南平，留汴水以待李國主。舟行盛寒，河流淺涸，詔所在爲垻閘，瀦水以過舟。官吏擊凍，督役稍稽，則皆何校，甚者劾罷，以次被罰，州縣官降敕而杖之者凡十餘人。《春明退朝録》上。

21 王師既入建康，……〔曹〕彬乃使監守後主與二弟、太子而下登舟赴闕，百司官屬僅千艘，將發，號泣之聲溢於水陸。既行，後主於舟中時泣數行下，因命筆自賦詩云：「江南江北舊家鄉，三十年來夢一場。吴苑宫闈今冷落，廣陵臺殿已荒涼。雲籠遠岫愁千片，雨打孤舟淚萬行。兄弟四人三百口，不堪閒坐細思量。」既至汴口，欲登禮普光寺，左右猶諫止，後主怒而大罵曰：「吾自少被汝輩禁制，都不自由，今日家國俱亡，尚如此耶！」登之，拳拳而禮，歎念久之，散施衣物縉帛。《江南野史》三。《江南野録》（《類説》一八）。馬令《南唐書》三。參見楊溥3。

22 江南李氏納款之後，僞命詞臣多在近密，太宗幸翰苑閱羣書，後主爲金吾上將軍，在環衛之列，徐鉉、湯悅之徒侍坐。太宗見江南臣在上而故主居下位侍臣，曰：「不能修霸業，但嘲風詠月，今日宜矣。」《見聞録》（《類説》一九）。

23 江南李煜既降，太祖嘗因曲燕問：「聞卿在國中好作詩」，因使舉其得意者一聯。煜沈吟久之，誦其《詠扇》云：「揖讓月在手，動搖風滿懷。」上曰：「滿懷之風，卻有多少？」他日復燕煜，顧近臣曰：「好一箇翰林學士。」《石林燕語》四。《談淵》（張本《説郛》三四、陶本《説郛》三五）。

24 江南李主一目重瞳，務長夜之飲，内日給酒三石，藝祖勑不與酒，奏曰：「不然何計使之度日？」遂復給之。李主姿貌絶美，藝祖曰：「公非貴貌也，乃一翰林學士耳。」有詩曰：「鬢從近日添新白，菊是去年依舊黃。」又云：「青鳥不傳雲外信，丁香空結雨中愁。」皆是氣不滿，有亡國之悲。臨終有詩云：「萬古到頭爲一醉，死鄉葬地有高原。」《翰府名談》（《類説》五二）。

25 李煜暮歲乘醉書於牖曰：「萬事到頭歸一死，醉鄉葬地有高原。」醒而見之大悔，不久謝世。《翰府名談》（《詩話總龜》前集三二）。

26 南唐李後主歸朝後，每懷江國，且念嬪妾散落，鬱鬱不自聊，嘗作長短句云：「簾外雨潺潺，春意闌珊，羅衾不暖五更寒。夢裏不知身是客，一餉貪歡。獨自莫凭欄，無限關山，別時容易見時難。流水落花何處也，天上人間。」含思悽惋，未幾下世。《西清詩話》（《苕溪漁隱叢話》前集五九）。

27 龍衮《江南録》有一本删潤稍有倫貫者云：李國主小周后隨後主歸朝，封鄭國夫人，例隨命婦入宫。每一入輒數日而出，必大泣罵後主，聲聞於外，多宛轉避之。又韓玉汝家有李國主歸朝後與金陵舊宫人書云：「此中日夕只以眼淚洗面。」《默記》下。《避暑漫抄》（陶本《説郛》三九）。

28 徐鉉歸朝，爲左散騎常侍，遷給事中。太宗一日問：「曾見李煜否？」鉉對以：「臣安敢私見之！」上曰：「卿第往，但言朕令卿往相見可矣。」鉉遂徑往其居，望門下馬，但一老卒守門。徐言：「願見太尉。」卒言：「有旨不得與人接，豈可見也！」鉉云：「我乃奉旨來見。」老卒往報，徐入立庭下久之。老卒遂入取舊椅子相對。鉉遥望見，謂卒曰：「但正衙一椅足矣。」頃間，李主紗帽道服而出。鉉方拜，而李主遽下堦引其手以上。鉉告辭賓主之禮，主曰：「今日豈有此禮？」徐引椅少偏乃敢坐。後主相持大哭，乃坐默不言。忽長吁歎曰：「當時悔殺了潘佑、李平。」鉉既去，乃有旨再對，詢後主何言。鉉不敢隱，遂有秦王賜牽機藥之事，牽機藥者，服之前卻數十回，頭足相就如牽機狀也。又後主在賜第，因七夕命故妓作樂，聲聞于外，太宗聞之大怒；又傳「小樓昨夜又東風」及「一江春水向東流」之句，併坐之，遂被禍云。《默記》上。

29 李王煜以太平興國三年七月七日生日，錢王俶以雍熙四年八月二十四日生日，皆與賜器幣，中使燕罷暴死。並見國史。《邵氏聞見後録》三二。

30 建康受圍二歲，斗米數千，死者相藉，人無叛心。後主殂于大梁，江左聞之，皆巷哭爲齋。《江表志》下。

31 《靈芝圖》言：千歲蝙蝠色如雪，目如硃，集則倒懸，以其腦重故也，服此可以長生。後主時，有人獲之進上，上方事佛，禁殺戮而不用，後不知所之。《江南餘載》下。

32 李煜在國時，自作祈雨文曰：「尚乖龍潤之祥。」《清異録》上。

33 見周后1。

34、35 見小周后1、2。

36 後主煜幼子宣城郡公仲宣，后周氏所生。敏慧特異，眉目神彩若圖畫。三歲能誦《孝經》及古雜文，煜置膝上，授之以數萬言。因作樂，盡别其節。宫中譆侍，自然知事親之禮。見士大夫，揖讓進退，皆如成人。……年五歲，忽自言曰：「兒不能久居，今將去矣。」因瞑目逝。周后在疾，聞之，亦逝。煜悼痛傷悲，哽躃幾絶者數四，將赴井，救之，獲免。《玉壺清話》一〇。

37 元宗殂於豫章，獨從善扈從，因懷非望，就徐遊求遺詔，遊正色不與。至建業，具其事以聞，後主不問，待之愈厚。從善奉使不返，其妻泣詣後主，後主無以爲辭，每聞其至輒避之。妻憂思卒，國人哀之。馬令《南唐書》七。陸游《南唐書》一六。《江南野史》三，誤以從善爲從謙。《十國春秋》一九。

38 遣長弟從善入貢，因留質。後主天性友愛，自從善不還，歲時宴會皆罷，惟作《登高賦》以見意，曰：「原有鴒兮相從飛，嗟我季兮不來歸。」《江南别録》。馬令《南唐書》五。陸游《南唐書》一六。《十國春秋》一九。

39 江南周則少賤，以造雨傘爲業。其後戚連椒闈，後主戲問之，言：「臣急於米鹽，日造二傘貨之，惟霪雨連月，則道大亨。後生理微温，至於遭遇盛明，遂捨舊業。」後主曰：「非我用卿而富貴，乃高密侯提攜而起家也。」明年當封，特以爲高密侯，實誚之耳。《清異録》下。

40 丁晉公在中書日，因私第會賓客，忽顧衆而言曰：「某嘗聞江南李國主鍾愛一女，早有封邑，聰慧姿質，特無與比。年及釐降，國主謂執政曰：『吾止一女，才色頗異，今將選尚，卿等爲擇佳壻，須得少年奇表，負殊才而有門地者。』執政遍詢搢紳，須外府將相之家，莫得全美。或有詣執政言曰：『嘗聞洪州劉生者爲本郡參謀，歲甲未冠，儀刑秀美，大門曾列二卿，兼富辭藝，可以塞選。』執政遽以上言，亟令召之，及至，皆如其説，國主大喜，於是成禮。授少列，拜駙馬都尉，鳴珂鏘玉，出入中禁，良田甲第，奇珍異寶，莽奕崇盛，雄視當時。未周歲而公主告卒，國主傷悼悲泣，曰：『吾不欲再覩劉生之面。』勑執政削其官籍，一簪不與，却送還洪州。生怳若夢覺，觸類如舊。」《續湘山野録》。《澠水燕談録》六。

41 煜，景之次子，本名從嘉，嗣僞位乃更今名。有辭藻，善筆札，頗亦有惠性而尚奢侈。嘗於宮中以銷金紅羅冪其壁，以白銀釘瑇瑁而押之。又以緑鈿刷隔眼，糊以紅羅，種梅花於其外。又於花間設綵畫小木亭子，纔容二座，煜與愛姬周氏對酌於其中，如是數處。每七夕延巧，必命紅白羅百匹以爲月宮天河之狀，一夕而罷，乃散之。《五國故事》上。《十國春秋》一七。

42 李後主於清微歌「樓上春寒水四面」。學士刁衎起奏：「陛下未睹其大者遠者爾。」人疑其有規諷，訊之云：「風乍起，吹皺一池春水。」又作紅羅亭，四面栽紅梅花，作艷曲歌之。韓熙載和云：「桃李不須誇爛熳，已輸了春風一半。」時已割淮南與周矣。《江隣幾雜志》。《古今詩話》（《詩話總龜》前集三八）、《南唐拾遺記》。

43 小説載江南大將獲李後主寵姬者，見燈輒閉目云：「煙氣。」易以蠟燭，亦閉目云：「煙氣愈甚！」曰：「然則宮中未嘗點燭耶？」云：「宮中本閣每至夜，則懸大寶珠，光照一室，如日中也。」觀此，則李氏之豪侈可知矣。《默記》中。

44 《道山新聞》云：李後主宫嬪窅娘，纖麗善舞，後主作金蓮高六尺，飾以寶物細帶，纓絡蓮中，作品色瑞蓮，令窅娘以帛繞脚，令纖小屈上作新月狀，素襪舞蓮花中，回旋有凌雲之態。唐鎬詩曰：「蓮中花更好，雲裏月長新。」因窅娘作也。由是人皆效之，以纖弓爲妙。以此知紮脚自五代以來方爲之。《輟耕録》一〇。《南唐拾遺記》。《十國春秋》一八。

45 違命侯苑中鑿地廣一頃，池心疊石象三神山，號「小蓬萊」。《清異録》上。

46 李後主每春盛時，梁棟、窗壁、柱拱、階砌並作隔筒，密插雜花，榜曰「錦洞天」。《清異録》上。

47 廬山僧舍有麝囊花一叢，色正紫，類丁香，號「紫風流」。江南後主詔取數十根，植於移風殿，賜名「蓬萊紫」。《清異録》上。

48 李煜在國，微行娼家，遇一僧張席，煜遂爲不速之客。僧酒令、謳吟、吹彈莫不高了，見煜明俊醖藉，契合相愛重。煜乘醉大書石壁曰：「淺斟低唱，偎紅倚翠，大師鴛鴦寺主，傳持風流教法。」久之，僧擁妓入屏帷，煜徐步而出，僧、妓竟不知煜爲誰也。煜嘗密諭徐鉉，鉉言於所親焉。《清異録》上。

49 宣簡初登大科，通守金陵日，有李琵琶者，本建康伶人，國除時十餘歲，逮兹近八十。因宴席呼出，猶能飲巨觥，陳叙平昔，歷歷可聽，辭容不甚追愴，若無情人。又云後主喜音藝，選教坊之尤者，號「别敕都知」，日夕侍宴。自稱父喜琵琶，名冠别選。王師圍城未陷間，後主猶未輟樂，但云甚迷。《珍席放談》下。

50 煜善音律，造《念家山》及《振金鈴》曲破，言者取要而言之《家山破》、《金鈴破》。又建康染肆之牓多題曰「天水碧」，尋而皇家蕩平之，悉前兆也。天水碧，因煜之内人染碧，夕露於中庭，爲露所染，其色特好，遂名之。《五國故事》上。

51 李後主末年，宮人競服碧衣，取靛花，盛天雨水，澄而染之，號「天水碧」。《乘異記》（《類説》八）。《鐵圍山叢談》三。

52 後主妙於音律，樂曲有《念家山》，親演其聲爲《念家山破》，識者知其不祥。《江南別録》。

53 亡國之音信然不止《玉樹後庭花》也。南唐後主精于音律，凡變曲莫非奇絶，開寶中，國將除，自撰《念家山》一曲，既而廣爲《念家山破》，其讖可知也。宮中民間日夜奏之，未及兩月傳滿江南。蓋李氏將亡，雖聰明睿智，不能無感其怨。于今音尚在焉。《野説》（張本《説郛》四〇）。《雁門野説》（陶本《説郛》二四）。

54 後主天性喜學問，嘗命兩省丞郎，給諫，詞掖，集賢、勤政殿學士，分夕於光政殿，賜之對坐，與相劇談，至夜分迺罷。其論國事，每以富民爲務，好生戒殺，本其天性。承蹙國之後，羣臣又皆尋常充位之人，議論率不如旨。嘗一日歎曰：「周公、仲尼忽去人遠，吾道蕪塞，其誰與明？」乃著爲《雜説》數千萬言，曰：「特垂此空文，庶幾百世之下有以知吾心耳。」《釣磯立談》。

55 江南李後主嘗於黄羅扇上書詩以賜宮人慶奴云：「風情漸老見春羞，到處消磨感舊遊。多謝長條似相識，强垂煙態拂人頭。」想見其風流也。扇至今傳在貴人家。《墨莊漫録》二。

56 元宗後主皆妙于筆札，好求古迹，宮中圖籍萬卷，鍾、王墨跡尤多。城將陷，謂所幸保儀黄氏曰：「此皆吾寶惜，城若不守，爾可焚之，無使散軼」。及城陷，黄氏皆焚。《江南別録》。馬令《南唐書》六。陸游《南唐書》一六。《十國春秋》一八。

57 見陸希聲2。

58 江南僞後主李煜，字重光，早慧精敏，審音律，善書畫。其作大字，不事筆，卷帛而書之，皆能如意，世謂撮襟書。復喜作顫掣勢，人又目其狀爲金錯刀。尤喜作行書，落筆瘦硬，而風神溢出。然殊乏姿媚，如窮谷道人、酸寒書生，鶉衣而鳶肩，略無富貴之氣。《宣和書譜》一二。

59 江南李後主善書，嘗與近臣語書，有言顔魯公端勁有法者，後主鄙之曰：「真卿之書，有楷法而無佳處，正如扠手並脚田舍漢耳。」《東軒筆録》一五。

60 江南僞主李煜，字重光，政事之暇，寓意于丹青，頗到妙處。自稱鍾峯隱居，又略其言曰鍾隱，後人遂與鍾隱畫溷淆稱之。然李氏能文善書畫，書作顫筆樛曲之狀，遒勁如寒松霜竹，謂之金錯刀，畫亦清爽不凡，别爲一格。然書畫同體，故唐希雅初學李氏之錯刀筆，後畫竹乃如書法，有顫掣之狀。而李氏又復能爲墨竹，此互相取備也。其畫雖傳於世者不多，然推類可以想見。至於畫《風虎雲龍圖》者，便見有霸者之略，異於常畫。蓋不期至是，而志之所之，有不能遏者。《宣和畫譜》一七。

61 見鍾隱1。

62 魯直詩注：世傳江南李王作竹，自根至梢，極小者一鉤勒成，謂之「鐵鉤鎖」。自云：「唯柳公權有此筆法。」《海録碎事》一九。《錦繡萬花谷》前集七。

63 江南李後主善詞章，能書畫，皆臻妙絶。是時紙筆之類，亦極精致。世傳尤好玉屑牋，於蜀主求牋匠造之，唯六合水最宜於用，即其地製作。今本土所出麻紙，無異玉屑，蓋所造遺範也。《珍席放談》下。

64 南唐後主留心筆札，所用澄心堂紙、李廷珪墨、龍尾石硯三物爲天下之冠。自李氏之亡，龍尾石不復出。嘉祐中，校理錢仙芝知歙州，訪得其所，乃大溪也。李氏常患溪深不可入，斷其流，使由他道。李氏亡，居民苦其溪之回遠，導之如昔，石乃絶。仙芝移溪還故道，石乃復出，遂與端溪並行。《澠水燕談録》八。

65 江南李氏後主寶一研山，徑長尺踰咫，前聳三十六峯，皆大如手指，左右則引兩阜坡陀，而中鑿爲研。及江南國破，研山因流轉數士人家，爲米元章所得。後米老之歸丹陽也，念將卜宅，久勿就。而蘇仲恭學士之弟者，才翁孫也，號稱好事。有甘露寺下竝江一古墓，多羣木，蓋晉、唐人所居。時米老欲得宅，而蘇覬得研山。於是王彦昭侍郎兄弟與登北固，共爲之和會，蘇、米竟相易。米後號「海岳菴」者是也。研山藏蘇氏，未幾，索入九禁。《鐵圍山叢談》五。《漁陽公石譜》（張本《説郛》一六）。

66 李後主得青石硯，墨池中有黄石如彈丸，水常滿，終日用之不耗，每以自隨。後歸朝，陶穀見而異之，硯大不可持，乃取石彈丸去。後主拽其手，振臂就馬，後主請以寶玩爲謝，陶不許。後主曰：「惟此硯能生水，他硯皆不可用。」陶試數十硯，皆不生。後主索之良苦，不能奈，曰：「要當碎之。」石破，中有小魚，跳地上即死。自是硯無復澤潤。《硯譜》（《類説》五九）。

67 南唐李主諱煜，改鸜鵒爲八哥。《負暄雜録》（張本《説郛》一八）。

周后

1 後主昭惠國后周氏，小名娥皇，司徒宗之女，十九歲來歸。通書史，善歌舞，尤工琵琶，嘗爲壽元宗前，元宗歎其工，以燒槽琵琶賜之。至于采戲弈棋，靡不妙絶。後主嗣位，立爲后，寵嬖專房。創爲高髻纖裳及首翹鬢朵之妝，人皆效之。嘗雪夜酣燕，舉杯請後主起舞，後主曰：「汝能創爲新聲，則可矣。」后即命牋綴譜，喉無滯音，筆無停思，俄頃譜成，所謂《邀醉舞破》也。又有《恨來遲破》亦后所製。故唐盛時，《霓裳羽衣》最爲大曲，亂離之後，絶不復傳，后得殘譜，以琵琶奏之，於是開元、天寶之遺音復傳于世。內史舍人徐鉉開之於國工曹生。鉉亦知音，問曰：「法曲終則緩，此聲乃反急，何也？」曹生曰：「舊譜實緩，宮中有人易之，非吉徵也。」後主以后好音律，因亦躭嗜，廢政事，監察御史張憲切諫，賜帛三十匹以旌敢言，然不爲輟也。未幾，后卧疾已革，猶不亂，親取元宗所賜燒槽琵琶、及平時約臂玉環爲後主別，乃沐浴妝澤，自內含玉，卒于瑶光殿，年二十九。葬懿陵。後主哀，自製誄刻之石，與后所愛金屑檀槽琵琶同葬。又作書燔之與訣，自稱「鰥夫煜」，其辭數千言，皆極酸楚。或謂后寢疾，小周后已入宮中，后偶褰幔見之，驚曰：「汝何日來？」小周后尚幼，未知嫌疑，對曰：「既數日矣。」后恚怒，至死，面不外向。故後主過哀，以揜其迹云。陸游《南唐書》一六。馬令《南唐書》六。《十國春秋》一八。

小周后

1 後主后周氏，司徒宗之少女，前后之妹。少以姻戚往來宮中，後主見其美姿容，乃納之。前后疾亟，忽見后入，乃問：「妹妹幾時至宮來？」后時年幼，不知嫌疑，即以實對，曰：「既數日矣。」后怒，遂面壁而卧，至死不顧。后既殂，常入禁中，至納爲后，乃成禮。已而將納采，後主令校鵝被以繒綵，使啣書，極於侈靡。及親迎，民庶觀者或登於屋，有墜瓦而死。其夕讌羣臣，韓熙載而降皆爲詩以諷焉，而後主不之譴。自是士庶婚姻寖成風俗。《江南野史》三。馬令《南唐書》六。《十國春秋》一八。

2 后自昭惠殂，常在禁中，後主樂府詞有「衩襪步香堦，手提金縷鞋」之類，多傳于外。至納后，乃成禮而已。馬令《南唐書》六。《十國春秋》一八。

3 李煜僞長秋周氏，居柔儀殿，有主香宮女。其焚香之器曰：把子蓮、三雲鳳、折腰獅子、小三神、卍字金鳳、口罌玉太古、容華鼎，凡數十種，金玉爲之。《清異録》下。《十國春秋》一八。

4 見李煜27。

李景遂

1 晉王景遂，先主第三子。天資雍睦，美姿容，性和厚。讓皇殂於丹陽，遣送葬，望柩哀慟雨淚，觀者爲之出涕。兄璟繼位，立爲儲副，固讓不從，改字退夫以見志。接物得人歡心。喜與賓僚宴詠，投壺賦詩。好用美玉器，每以玉器行酒，客傳玩，惟贊善張易乘醉抵於地，曰：「輕人貴寶，殿下豈當至是耶！」坐客失色，景遂收容厚謝，撤以他器。嗣主遣易泛海使契丹，景遂手疏留之曰：「朝中如易者幾希，宜朝夕左右，今泛不測之淵，投足黠虜，歸朝莫準。」嗣主答曰：「張易奇人，海龍王亦懼之。」景遂一日朝服，忽於宫中揖讓，謂左右曰：「上帝詔許旌陽召吾偕往，頃當行矣。」急入北堂，拜辭所生母，無疾坐亡。贈太傅，謚文成。《玉壺清話》一〇。馬令《南唐書》七。陸游《南唐書》一六。《十國春秋》一九。參見張易2。

2 初，景遂之出鎮也，弘冀爲太子，弘冀嘗被讒於元宗，有復立景遂之意。景遂在鎮，亦頗忽忽多忿躁。嘗以忤意殺都押衙袁從範之子，弘冀刺知之，乃使親吏持酖遺從範，使毒景遂。景遂擊鞠而渴，索漿，從範毒漿以進之，暴卒，年三十九。未斂，體已潰。元宗素友愛，聞訃悲悼，左右欲少慰釋之，因妄曰：太弟初得疾，忽語人曰：「上帝命我代許旌陽。」元宗始少解，故被酖之事竟不之知。廢朝七日。贈太弟，謚文成。陸游《南唐書》一六。《十國春秋》一九。

李景達

1 齊王景達，字子通，烈祖第四子，元宗之母弟也。……爲理嚴察，人多憚之。好神仙脩鍊之事，記室徐鍇獻《述仙賦》以諷，遂絶所好。嘗從元宗遊苑中，乘小舟而覆，左右惶駭，景達入水負元宗出。性非善水而能蹈之者，忠誠之至也。元宗多與宗戚近臣曲宴，如馮延巳、陳覺、魏岑之徒喧笑無度，景達每呵責之。嘗與延巳會飲，延巳欲以詭佞賣恩，佯醉，撫景達背曰：「爾不得忘我。」景達大怒，入白元宗，請致之死，元宗慰諭而已。出謂所親曰：「吾悔不先斬以聞。」太子讚善張易從容謂景達曰：「羣小構扇，其禍不細。大王力未能去，自宜隱忍。」景達由是罕預曲宴，每被召輒辭以疾。馬令《南唐書》七。陸游《南唐書》一六。《十國春秋》一九。

2 見李璟4。

李弘冀

1 弘冀，元宗長子。故唐之末，民間相傳讖曰：「東海鯉魚飛上天。」而烈祖果育於徐氏，因信符讖。又有讖曰：「有一真人在冀川，開口持弓向左邊。」元宗欲其子應之，乃名之曰弘冀。陸游《南唐書》一六。參見錢鏐24。

2 文憲太子〔弘〕冀，既正儲闈，頗專國，而又率多不法。元宗一日甚怒，撻之以毬杖，且曰：「當命太弟景遂代之。」冀有慚色。他日密使人持酖付昭慶宮使袁從範。從範從太弟在金陵，未幾，從範子承乾爲景遂嬖臣宋何九讒搆，遂寘之法，從範懼而且怨。會景遂擊鞠暑渴，從範進漿，遇酖，即日薨。未殯而體已潰矣。《江表志》中。

3 保大末，太弟懇乞就藩，燕王弘冀爲皇太子，以令旨牓子逼逐昭慶宮僚，太弟始自鎮國門上馬就道。論者知太子之不永焉。《江南餘載》上。

李從善

1　見李煜37。

李從謙

1　吉王從謙，元宗第九子，後主母弟也。風采峭整。喜爲律詩，動有規誨。後主燕閒嘗與侍臣弈，從謙甫數歲，侍側。後主命賦《觀碁》詩，曰：「竹林二君子，盡日竟沉吟。相對終無語，争先各有心。恃强斯有失，守分固無侵。若筭機籌處，滄滄海未深。」後主賞歎久之。馬令《南唐書》七。《江南野史》三。《江南野録》（《詩話總龜》前集一）。

2　僞唐宜春王從謙喜書札，學晉二王楷法。用宣城諸葛筆，一枝酬以十金，勁妙甲當時，號爲「翹軒寶箒」，士人往往呼爲「寶箒」。《清異録》下。

3　江南後主同氣宜春王從謙，常春日與妃侍游宫中後圃，妃侍覩桃花爛開，意欲折而條高，小黄門取綵梯獻，時從謙正乘駿馬擊毬，乃引鞚至花底，痛採芳菲，顧謂嬪妾曰：「吾之緑耳梯何如？」《清異録》上。

李芳儀

1　李芳儀，江南國主李璟女也。納土後，在京師，初嫁供奉官孫氏，爲武疆都監。爲遼中聖宗所獲，封芳儀，生公主一人。趙至忠虞部自北虜歸宋，嘗仕遼爲翰林學士，修國史，著《虜庭雜記》載其事。時晁補之爲北都教官，覽其書而悲之，與顔復長道作《芳儀曲》云……江州廬山真風觀，李主有國日施財修之，刊姓氏於石，有太寧公主、永禧公主，皆李璟女，不知芳儀者孰是也。《避暑漫抄》（陶本《説郛》三九）。《南唐拾遺記》。《十國春秋》一九。

唐人軼事彙編卷三十五

宋齊丘

1 宋齊丘微時，日者相之曰：「君貴不可説，然亞夫下獄之相，君實有之。位極之日，當早引退，庶幾保全。」齊丘登相位數載，致仕。復以大司徒就徵。保大末，坐陳覺謀干記事，乃餓死于青陽。《南唐近事》。

2 宋齊丘，豫章人。父嘗在鍾傳幕下。齊丘素落魄，父卒，家計蕩盡，已在窮悴，朝夕不能度。時姚洞天爲淮南騎將，素好士，齊丘欲謁之，且囊空無備紙筆之費，計無所出，但於逆旅杜門而坐。如此殆數日，鄰房有散樂女，尚幼，問齊丘曰：「秀才何以數日不出？」齊丘以實告，女歎曰：「此甚小事，秀才何吝一言相示耶？」乃惠以數緡。齊丘用市紙筆，爲詩詠以投洞天。其略曰：「某學武無成，攻文失志，歲華蹭蹬，身事蹉跎。胸中之萬仞青山，壓低氣宇；頭上之一輪紅日，燒盡風雲。加以天步陵遲，皇綱廢絶，四海淵黑，中原血紅。挹飛蒼走黄之辨，有出鬼没神之機。」洞天怒其言大，不即接見。齊丘窘急，乃更其啓，翌日復至。其略曰：「有生不如無生，爲人不若爲鬼。」又云：「其爲誠懇萬端，只爲飢寒兩字。」洞天始憫之，漸加以拯救。徐温聞其名，召至門下。及昪之有江南也，齊丘以佐命功，遂至將相。乃上表以散樂女爲妻，以報宿惠，許之。《五代史補》二。《江南別録》。

3 時先主刺昇州，其親友饒洞天出守廬陵，齊邱因刺謁之，與語終日，延於門下，且夕爲之醼，因訪時務。未幾，洞天解郡，遂命載歸廣陵，未至而洞天疾病且死，因遺書薦之於先主。既至，棲遲逆旅，褁調罄乏，因吁歎數四。其鄰倡優女魏氏聞之，乃竊賂遺數鍰，由是獲備管幅，遂克投贄。一見，先主賓之以國士，大獲賂遺。尋□娶魏氏，館而給之。《江南野史》四。

4 宋齊丘爲儒日，修啓投姚洞。其大略云：「城上之嗚嗚曉角，吹入愁腸，樹頭之颯颯秋風，結成離恨。」又曰：「其如干懇萬端，無奈饑寒兩字。」時有識者云：「當須殍死。」果如其言。《江表志》下。

5 烈祖爲昇州刺史，齊丘因騎將姚克瞻得見。暇日陪燕游，賦詩以獻曰：「養花如養賢，去草如去惡。松竹無時衰，蒲柳先秋落。」烈祖奇其志，待以國士。從鎮京口，入定朱瑾之難，常參秘畫。因説烈祖講典禮，明賞罰，禮賢能，寬征賦，多見聽用。烈祖爲築小亭池中，以橋度，至則徹之，獨與齊丘議事，率至夜分。又爲高堂，不設屏障，中置灰鑪而不設火，兩人終日擁爐畫灰爲字，旋即平之。人以比劉穆之之佐宋高祖。然齊丘資躁褊，或議不合，則拂衣遻起，烈祖謝之而已。義祖獨惡其爲人，每欲進拔輒不果，浮沉下僚十餘年。陸游《南唐書》四。《十國春秋》二〇。

6 宋齊丘既在知誥賓席，温甚疑之。有石頭大師者，温頗加待遇，而齊丘亦寓於石頭之精舍。一日，温謂石頭曰：「宋措大在吾兒子門下，甚非純信之士，慮其近習，不以忠孝爲務，師其察之。」石頭乃伺其所爲，而齊丘已察其意，自是晨出暮返，歸必大醉，或以花間柳曲謳歌之辭以示之。石頭乃謂温曰：「宋措大蓋狂漢耳，不足爲慮。」温由是不介意。《五國故事》上。

7 見李昪6。

8 見李建勳4。

9 偶閱大中祥符間太常博士許載著《吴唐拾遺録》，所載多諸書未有者。其《勸農桑》一篇正云：「吴順義年中，差官興版簿，定租税，厥田上上者，每一頃税錢二貫一百文，中田一頃税錢一貫八百，下田一頃千五百，皆足陌見錢，如見錢不足，許依市價折以金銀，算計丁口課調，亦科錢。宋齊丘時爲員外郎，上策乞虚擡時價，而折紬、綿、絹本色，曰：『江淮之地，唐季已來，戰争之所。今兵革乍息，黎甿始安，而必率以見錢，折以金銀，此非民耕鑿可得也，無興販以求之，是爲教民棄本逐末耳。』是時，絹每匹市價五百文，紬六百文，綿每兩十五文，齊丘請絹每匹擡爲一貫七百，紬爲二貫四百，綿爲四十文，皆足錢，丁口課調，亦請蠲除。朝議喧然沮之，謂虧損官錢，萬數不少。齊丘致書於徐知誥曰：『明公總百官，理大國，督民見錢與金銀，求國富庶，所謂擁篲救火，撓水求清，欲火滅水清可得乎？』知誥得書，曰：『此勸農上策也。』即行之。自是不十年間，野無閒田，桑無隙地，自吴變唐，自唐歸宋，民到於今受其賜。」齊丘之事美矣。徐知誥亟聽而行之，可謂賢輔相。而《九國志·齊丘傳》中略不書，《資治通鑑》亦佚此事。《容齋續筆》一六。

10 時先主權位日隆，中外皆知有代謝之勢，而以吴主恭謹守道，欲待嗣君。先主次子景遷，吴主之壻也，先主鍾愛特甚。齊丘使陳覺爲景遷教授，爲之聲價。齊丘參決時政，多爲不法，輒歸過於嗣主而盛稱景遷之美，幾有奪嫡之計。所以然者，以吴主少而先主老，必不能待，他日得國，授於景遷易制，已爲元老，威權無上矣。此其日夕爲謀也。先主覺之，乃召齊丘如金陵以爲己之副，遥兼申蔡節度使，無所關預，從容而已。《江南録》（《通鑑考異》三〇）。

11　宋齊丘，洪井人。多機智，極才辯。事徐知誥，甚見狎密。先請廣里堠，以塼甃之，時人謂之「塼堠里大」。齊丘乃説知誥曰：「公累世相楊氏，有大功，民間皆知公非徐氏之嫡，其實李也。今有『塼堠里大』之兆。又讖曰『密密作』，楊行密開托之初也；『唐唐得』，非公而誰？天命定矣，願公速副民望。」知誥大悦，乃篡楊氏，僭帝位，國號大唐，遂以齊丘爲相。後璟立，以他事誅之，無遺類。《紀異録》（《分門古今類事》二〇）。

12　初，烈祖權位日隆，舉國皆知代謝之勢。吴主謙恭無失德，烈祖懼羣情未協，欲待嗣君，與齊丘議合。已而都押衙周宗揣微指，請急至都，以禪代事告齊丘。齊丘默計，大議本自己出，今若遽行，則功歸周宗，欲因以釣名，乃留與夜飲，亟遣使，手書切諫，以爲時事未可。後數日，馳至金陵，請斬宗以謝國人。烈祖亦悔，將從之，徐玠固争，財黜宗爲池州副使。玠乃與李建勳等遂極言宜從天人之望。復召宗還舊職。齊丘由是頗見疏忌，留爲諸道都統判官，加司空，無所關預，從容而已。數請退，烈祖以南園給之。俄而齊國建，猶以勳舊爲左丞相，而不預事。李德誠、周本自廣陵持吴帝詔，來行傳禪，齊丘謂德誠子建勳曰：「尊公吴室元勳，今日掃地矣。」獨稱疾卧家，不預勸進。烈祖既受禪，徐玠爲侍中，李建勳爲中書侍郎同平章事，周宗爲樞密使，齊丘但遷司徒，中懷不平。及宣制至「布衣之交」，忽抗聲曰：「臣爲布衣時，陛下亦一刺史耳！今爲天子，可不用老臣矣！」烈祖優容之。嘗夜宴天泉閣，李德誠曰：「陛下應天順人，惟宋齊丘不悦。」因出齊丘諷止勸進書，烈祖却之曰：「子嵩三十年故人，豈負我者！」齊丘頓首謝。自是爲求媚計，更請降讓皇爲公侯，絶吴太子璉婚。久之，表言備位丞相，不當不聞國政，又自陳爲人所間，烈祖大怒。齊丘歸第，白衣待罪，而烈祖怒已解，謂左右曰：「宋公有才，特不識大體爾。孤豈忘舊臣者！」命吴王璟持手詔召見，遂以丞相同平章事，寖復委任。陸游《南唐書》四。《十國春秋》二〇。

13 見李昪32。

14 宋齊丘既以徐氏啓慶，開國之宴，遂乘醉大詬於筵上。百僚悚然，知誥隱忍而已。《五國故事》上。

15 齊丘久之，計無所出，乃更上書請議遷讓皇他郡，以絶人望。吴世子璉，烈祖子婿也，又請絶其婚而斥遠之。其詞云：「非獨婦人有七出，夫有罪亦可出之。」聞者莫不大笑。馬令《南唐書》二〇。

16 齊邱常與先主議選宮嬪，雜以珠貝羅綺，使之泛海，北通契丹，欲圖復中原。而虜主耶律德光使至，厚幣遣還，迨至淮北，乃使人殺之，復遣沿海賫琛以爲報聘。虜主不知，謂北朝殺己之使，因漸構隙。前後如是者數四，于是德光大怒，數寇邊境。及嗣晉少主與之抗禮，遂入梁園。遣使召江南與之會醮，嗣主謙抑，辭而不行。故周世宗初征淮南詔書云：「結連并寇，與我爲仇；勾誘契丹，至今未已。」皆齊邱之始謀也。或云：虜母青媛乃江南之嬪。《江南野史》四。

17 見李昪26。

18 齊丘親吏夏昌圖盜庫金數百萬，特判傳輕典，烈祖命斬昌圖。齊丘慚，稱疾求罷省事，許之，遂不復朝謁。帝遣壽王景遂勞問，許鎮故鄉，始入朝，因召與宴飲。齊丘酒酣，輒曰：「陛下中興，實老臣之力，乃忘老臣，可乎？」烈祖怒曰：「太保始以游客干朕，今爲三公，足矣！」齊丘詞色愈厲，曰：「臣爲游客時，陛下亦偏裨耳，今不過殺老臣！」遂引去。烈祖頗悔，明日手詔曰：「朕之性，子嵩所知，少相親，老相怨，可乎？」拜鎮南節度使。至鎮，起大第，窮極宏麗，坊中居人，皆使修飾垣屋，民不堪其擾，有逃去者。初赴鎮，烈祖曰：「衣錦晝行，古人所貴。」賜以錦袍，親爲着之，遂服錦袍視事。陸游《南唐書》四。《十國春秋》二〇。

19 宋齊丘出鎮洪州，詔賜錦袍，烈祖親爲衣之。李建勳贈詩，有「一人看上馬，雙節引還鄉」之句。時論榮之。《江南餘載》下。

20 宋齊丘鎮鍾陵，有布衣李匡堯累贄謁於宋，宋知其忤物，託以他故，終不與之見。一日，宋公喪子，匡堯隨弔客造謁賓司，復贄之，乃就賓次大署二十八字，却云：「安排唐祚挫强吴，盡是先生設廟謨，今日喪雛猶自哭，讓王宫眷合如何？」《江表志》上。《夢溪筆談》二三。

21 見李家明1。

22 見李璟9。

23 陳覺、李徵古少日依託鎮南楚公宋齊丘，援引至樞密使。保大之末，王室多故，覺及徵古屢上變，言天命已改，請元宗深居後苑，委國老攝國事。令陳喬草勅，喬袖勅上前曰：「陛下既署此勅，臣不復見陛下矣。」元宗使鍾謨言於周世宗，曰：「罪大臣，理合奏啓。」世宗曰：「自家國事，我國何預！」元宗乃命湯悦草制曰：「惡莫大于無君，罪莫重于賣國。宋齊丘本一布衣，遭遇先帝，不二十年窮極富貴。陳覺、李徵古言齊丘是造國之手，理當居攝云云。即日徙齊邱青陽安置，覺、徵古各賜自盡。」齊丘將至青陽，絶食數日。後命至，家人亦菜色，中使云：「令公捐館，方使供食。」家人以絮掩口而卒。《江表志》中。

24 嗣主自亡淮南，神情躁撓，荒悸不安，嘗曰：「孤欲屣脱國務，放心雲鶴，每思寄託，恨未得人。」時陳覺、李徵古等常見親密，因順旨而言：「齊丘先朝夙老，謀家造國，四方所知，若委之國事，俾繼伊、旦，陛下暫輟萬幾，高宴深宫，候睿德隆寧，歸政何晚！」又會鍾謨北使返諭，稱世宗曰：「朕與江南分義既定，然宋齊丘不死，殆難保其久永，合朝順非，遂成釁隙。」因是貶殺覺等。時齊丘不知其旨，乃見艫艦舟詔入，遣歸九華。既至，遂絶糧七日而卒。齊丘昔常著啓云：「至於千愍萬端，只爲飢寒兩字。」人見其死，謂之自讖。《江南野史》四。

25 徐公撰《江南録》，議者謂之不直，蓋不罪宋國老故也。國老當淮甸失律之後，援引門人陳覺、李徵古掌樞密之任，且授其意曰：天命已去，元宗當深居後苑，國老監國。元宗詔將行，陳喬草詔争之而止，舉國皆聞。爲臣之道，餘可知矣。《江表志》中。

26 宋齊丘相江南李先主昪及事中主璟，二世皆爲右僕射。璟愛其才，而知其不正。一日，選景於華林廣園，以明妝列侍，召齊丘共宴，試小妓羯鼓，齊丘即席獻《羯鼓詩》曰：「巧斲牙牀鏤紫金，最宜平穩玉槽深。因逢淑景開佳宴，爲出花奴奏雅音。掌底輕憁孤鵲噪，杖頭乾快亂蟬吟。開元天子曾如此，今日將軍好用心。」又嘗獻《鳳凰臺》詩，中有「我欲烹長鯨，四海爲鼎鑊。我欲羅鳳凰，天地爲矰繳」之句。

皆欲諷其跋扈也，而主終不聽。不得意，上表乞歸九華，其略云：「千秋載籍，願爲知足之人；九朵峯巒，永作乞骸之客。」主知其詐也，一表許之，賜號九華先生，以青陽一縣輿賦給之，怨毁萬狀。後放歸田里鎖之，穴其牆以給膳，遂自經，年七十三。《湘山野録》下。《古今詩話》（《詩話總龜》前集一）。參見《西溪叢語》上。

27 宋齊丘，豫章人。天下喪亂，經籍道息。齊丘忿然力學，根古明道，宗經著書。鍾氏既亡，洪州兵亂，隨衆東下。先主爲昇州刺史，往依焉，大禮之。齊丘本字超回，歙人。汪台符貽書侮之曰：「聞足下齊大聖以爲名，超亞聖以爲字。」齊丘慚，改字子嵩。先主深欲進用，爲義父徐温所惡，凡十年，温卒，方用爲平章事。遂樹朋黨，陰自封殖，狡險貪愎，古今無之。不知命，無遠識，事三朝，惟延卜祝占相者數十輩置門下。傳云齊丘少夢乘龍上天，至垂老猶抱狂妄，及國家發難，尚欲因其釁以窺覬，時已年七十三矣。事敗，囚於家，鑿土竇以給食，因而縊焉。平生無正娶，止以倡人爲偶。亦封國，無子，以從子摩詰爲嗣。《玉壺清話》一〇。《十國春秋》一〇。

28 宋齊丘至青陽，初命穴牆給食，俄又絶之，餒者數日。中使謂齊丘曰：「侯令公捐館，方供食耳。」以絮塞其口，遂卒。……元宗暮年，禁中往往見齊丘、陳覺、李徵古如生時，禳之不去，甚惡之，因議南幸。太子宏冀病，亦數見太弟爲祟云。《江南餘載》下。

29 宋齊丘好交術士，得罪之日，出入其門者蓋八百人。《江南餘載》上。

30 齊丘性度不能洪綽，襟器斗筲，苟不附己，莫之容忍。汪台符譏其名字，潛沈深淵。初鎮南昌日，有故識慢言，致之大辟，乃牓其户曰：「毁辱先皇，謗訕今上，亂臣賊子，宜棄市朝。」斯亦孔子所謂管仲之器小哉！初因九華，乃命筆作《老牛歌》以獻，爲主者所匿，今傳於人口。將死，謂人曰：「吾昔幽囚楊氏於泰州，一無聊生，吾之罪也。然今一死，故無所恨。」遂自縊而卒。《江南野史》四。

31 見徐融2。

32 江南宋齊丘，智謀之士也。自以謂江南有精兵三十萬；士卒十萬，大江當十萬，而己當十萬。《夢溪筆談》二三。《江南野録》（《類説》一八）。《南唐拾遺記》。參見馬令《南唐書》二〇、陸游《南唐書》四。

33 藝祖時，嘗遣使至江表，宋齊丘送於郊次。酒行，語熟，使者啓令曰：「須啗二物，各取南北所尚，復以二物，仍互用南北俚語。」使者曰：「先喫鱣魚又喫螃蟹，一似拈蛇弄蝎。」齊丘繼聲曰：「先喫乳酪，後喫喬團，一似噇膿灌血。」時朝廷方草創，用度不給，倚江表爲外府，故齊丘及之。左右以令逼使之太甚，相顧失色。使者雅歎焉，故歸朝而間行。《蟹譜》下。

34 几建碑碣，皆齊丘之文，命韓熙載八分書之。熙載常以紙實其鼻，或問之故，答曰：「其辭穢而且臭。」《江南野史》四。馬令《南唐書》一三。《十國春秋》二八。

35 書札不工，亦自矜衒，而嗤鄙歐、虞之徒。馮延巳亦工書，遠勝齊丘，而佯爲師授以求媚。齊丘謂之曰：「子書非不善，然不能精意，往往似虞世南，其何堪也！」其狂瞽如此。馬令《南唐書》二〇。《十國春秋》二〇。

徐知諤

1 江南徐知諤爲潤州節度使温之少子也，美姿度，喜畜奇玩。蠻商得一鳳頭，乃飛禽之枯骨也。彩翠奪目，朱冠紺毛，金嘴如生，正類大雄鷄，廣五寸，其腦平正，可爲枕。諤償錢五十萬。《湘山野録》下。馬令《南唐書》八。陸游《南唐書》八。《十國春秋》二〇。

2 梁王徐知諤，温之少子也。該明經術，風度□□，善爲詩屬文，好游樂，善狎侮。□□偏購古書名畫。一日遊蒜山，除地爲廣圃，編虎皮數百番爲巨幄，植旗張纛，極於驕侈，自號「武帳」。會文武，大張樂飲，時以樂焉。方鼓吹振天，忽神物卷江波爲大風雨，盡拔去其帳，亂飛如蝶，翳空而散。知諤單騎奔建康，感寒，遂病而卒。平日嘗謂所親曰：「諺謂人生百歲，七十者稀。吾幼享富貴，而復恣肆。一日之費，敵世人一年之給。或幸卒於七十之半已足矣。」果卒於三十五。十子皆郡縣公。《玉壺清話》九。馬令《南唐書》八。陸游《南唐書》八。《十國春秋》二〇。

徐　遊

1 徐遊，知誨子也。初名景遊，避元宗名去景字。知誨于元宗有舊恩，故元宗待遊及兄汝南郡公遼尤親厚。出入宫省，備顧問，預籌畫，專典宫室營繕及浮屠事，當時言蠹政者以兩人爲首。後主嗣位，好爲文章，遊復以能屬文見昵，封文安郡公。燕飲則流連酣詠，更相倡和，雖后妃在席，不避也。昭惠后好音，時出新聲。或得唐盛時遺曲，遊輒從旁稱美，有三閣狎客之風。間居講論古今得失，後主設問，遊具以所聞對；或遊有疑，以請後主，亦引經義或古事，稱制答之。君臣相矜，至國亡不悟也。遊有巧思，欹器之制久不傳，人無知者，遊獨以意創製，皆合古法。太平興國中，蘇易簡爲學士，得之。暇日試于玉堂，太宗皇帝聞而取視之，歎賞不已。陸游《南唐書》八。《十國春秋》二〇。

李德誠

1 李德誠，廣陵人。少事宣州節度使趙鍠爲給使。吴攻宣州，鍠出降，德誠與韓球俱從之不去。城中復推立裨將周進思以拒吴。鍠使德誠入城，説進思降。將行，暴得疫疾，委頓不克往，乃改命球。球既至，進思斬之，擲其首城外。德誠是日即愈，人皆異之。陸游《南唐書》九。馬令《南唐書》九。《十國春秋》七。

2 趙王李德誠卒，德誠即建勳之父也。少時，人相曰：「泰山之高，可比君福，不用寸功，日享千鍾。」德誠少事吴主，獨無一能，寵遇特深，爲馬步軍使，但豐白充美服裘乘馬而已。從諸軍圍安仁義於潤州，諸軍見仁義皆謾罵詬辱，惟德誠執禮，未嘗以一語辱之。城陷，仁義執弓矢毅然坐於城上，無敢近者，久之，獨呼德誠，使前，曰：「雀鼠小人皆罵辱吾，獨汝見我有禮，且有奇相，他日至貴，吾委命於爾，以爲爾功。」乃擲弓矢於地，以愛妾美玩盡贈之。德誠扶掖下城。由是擢拜日進，〔加〕中書令，封趙王。子四十餘人。至先主受禪，用其子建勳之謀，率諸侯勸進，以推戴之功卒厚寵遇。楊武王諸將，惟德誠無寸功，止用謙善而已。卒年八十四。《玉壺清話》九。陸游《南唐書》九。《十國春秋》七。

3 趙王李德誠鎮江西，有日者自稱世人貴賤一見輒分。王使女妓數人與其妻滕國君同妝梳服飾，偕立庭中，請辨良賤。客俯躬而進曰：「國君頭上有黄雲。」羣妓不覺皆仰首。日者曰：「此是國君也。」王悦而遣之。《南唐近事》。

周宗

1 烈祖鎮建業日，義祖薨于廣陵，致意將有奔喪之計。康王已下諸公子謂周宗曰：「幸聞兄長家國多事，宜抑情損禮，無勞西渡也。」宗度王似非本意。堅請報簡示信於烈祖，康王以忽遽爲詞。宗袖中出筆，復爲左右取紙，得故茗紙貼，乞手札。康王不獲已而札曰：「幸就東府舉哀，多壘之秋，二兄無以奔喪爲念也。」明年，烈祖朝覲廣陵，康王及諸公子果執上手大慟，誣上不以臨喪爲意，詛讓百端，冀動物聽。上因出王所書以示之，王靦顔而已。《南唐近事》。《十國春秋》二一。

2 見李昪1。

3 知誥在相府，嘗一日不悦。其夫人問之，知誥乃告曰：「夜夢不吉，以是爲憂耳。」夫人曰：「夢無吉凶，在人諼之耳。有善諼者，請召之，庶解憂慮。」知誥因出廳事，俄見周宗於庭下，乃謂曰：「我昨夢過順天門，俄而仆地，非凶邪？」宗亟拜賀曰：「此明公宜令人策立也。」知誥大悦，及宗入内室，與夫人同席而飲。後使宗知鹽鐵職務，家遂大富，官至侍中焉。《五國故事》上。

4 見李昪20。

5 僞侍中周宗既阜於家財而販易，每自淮上通商，以市中國羊馬。及世宗將謀渡淮，乃使軍中人蒙一羊皮，人執一馬，僞爲商旅，以渡浮橋而守，繼以兵甲，遂入臨淮。雖金陵弛於邊防，亦周宗務於貪黷。《五國故事》上。

6 初，俞文正爲烈祖幕賓，而宗及馬仁裕皆從給使。至是，宗出鎮江州，文正猶爲九江巡官，輒問宗曰：「馬押衙何在？」宗知其涼德，笑曰：「馬相公出鎮浙西久矣。」文正嘗預公宴，俛首詐曰：「下官飲量、棋局，令公素知之。」座皆愕然，而宗不之罪。其寬厚類如此。連歷將相，奉法循理，然貲産巨億，儉嗇愈甚，論者鄙之。留守東都，以老病乞骸骨，乃以司徒致仕。周兵初起，而宗卒，宋齊丘撫棺哭曰：「君太能黠，來亦得時，去亦得時。」元宗聞之不平。宗娶繼室生二女，皆國色，繼爲國后。侈靡之盛，冠于當時。馬令《南唐書》一一。陸游《南唐書》五。《十國春秋》二一。

李建勳

1 建勳，字致堯。少好學，能屬文，尤工詩。德誠在潤州，嘗秉燭夜出，候者以告，義祖疑有變，徙江州。德誠猶慮讒間，遣建勳入謁，義祖見之釋然，妻建勳以女，所謂廣德公主也。建勳家世將相，又娶於徐氏，爲其國貴游，然杜門不預世事，所與交皆寒畯，裘馬取具而已。烈祖鎮金陵，用爲副使。預禪代之策，拜中書侍郎、同平章事，加左僕射，監修國史，領滑州節度使。自開國至昇元五年，猶輔政，比他相最久。烈祖鑒吴之亡，由權在大臣，意頗忌之，而建勳無引退意。會建議政事，當更張者，且言事大體重，不可自臣下出，請以中旨行之。烈祖雖從之，未有命也，建勳遽命舍人草制。給事中常夢錫劾奏建勳擅造制書，歸怨於上。烈祖得奏，適會本意，乃降制放還私第。廣德公主剛果有智，入謂烈祖曰：「吾父無恙時，兄亦嘗求見，與李郎書，今何見負？」烈祖曰：「此自國事，吾與李郎骨肉之情，固無間也。」召見慰勉焉。未幾復相。陸游《南唐書》九。《十國春秋》二一。

2 元宗初，馮延魯自水部員外郎爲中書舍人。李建勳歎曰：「爵禄所以馭士，今四郊未靖，而延魯以一言稱旨輒驟遷之，若後有立大功者，當以何官賞之？」《江南餘載》上。參見馮延魯1。

3 建州既平，俘虜人口稍多，宰相李建勳請官出錢贖之還本土，東閩賴之。《江南餘載》上。陸游《南唐書》九。《十國春秋》二一。

4 元宗嗣位，李建勳出帥臨川，謂所親曰：「今主上寬大之度，比於先帝遠矣，但性習未定，左右獻替，須得方正之士。若目前所覩，終恐不守舊業。」及馮延魯、陳覺出討閩中，徵督軍糧，急于星火，建勳以詩寄延魯曰：「粟多未必爲全計，師老須防有援兵。」既而福州之軍果爲越人所敗。歸并司空，累表致政，自稱爲鍾山公，詔授司徒，不起。時學士湯悦致狀賀之，建勳以詩答曰：「司空猶不受，那敢作司徒。幸有山公號，如何不見呼？」先是，宋齊邱自京口求退，歸于青陽，號九華先生，未周歲，一徵而起，時論薄之。建勳年德未衰，時望方重，或有以宋公比之，因爲詩曰：「桃花流水須相信，不學劉郎去又來。」捐館之夕，告門人曰：「時事如此。吾得保全，爲幸已甚。吾死，不須封樹立碑，冢土任民耕鑿，無延他日毀斲之弊。」其後甲戌之歲，公卿塋域爲兵發殆徧，獨建勳莫知葬所，訖不及禍。《江表志》中。《南唐近事》(《詩話總龜》前集一八、《類説》二二)。《江南餘載》下。馬令《南唐書》一〇、陸游《南唐書》九。《十國春秋》二一。

5 鍾山相李建勳，少好學，風調閒粹。徐温以女妻之，奩橐之外，復賜田沐邑，歲入巨萬。雖極富盛，不喜華靡，屏斥世務，喜從方外之游。徧覽經史，資稟純儒，故所以常居重地，寡斷不振。其爲詩，少猶浮靡，晚年方造平淡。嘗別墅於蔣山，泉石佳勝。再罷相，逼疾求退，以司徒致仕，賜號鍾山公。或謂曰：「公未老無疾，求此命，無乃復爲九華先生耶？」九華即宋齊丘，常乞骸，屢矯國主。公曰：「余嘗笑宋公輕以出處，敢違素心，吾必非壽考之物，勞生紛擾，耗真蠹魂，求數年閒適爾。」嘗畜一玉磬，尺餘，以沈香節安柄，叩之，聲極清越，客有談及猥俗之語者，則擊玉磬數聲於耳。客或問之，對曰：「聊代洗耳。」一軒牓曰「四友軒」：以琴爲嶧陽友，以磬爲泗濱友，《南華經》爲心友，湘竹簟爲夢友。果遂閒曠，五年而卒，江南之佳士也。《玉壺清話》一〇。《澄懷録》上。

6 李建勳鎮臨川，方與僚屬會飲郡齋，有送九江帥周宗書至者，訴以赴鎮日近，器用儀注或闕，求輟于臨川。李無復報簡，但乘醉大批其書一絶云：「偶罷阿衡來此郡，固無閒物可應官。憑君爲報羣胥道，莫作循州刺史看。」《南唐近事》。又《詩話總龜》前集四一引。

7 李建勳罷相江南，出鎮豫章。一日與賓僚遊東山，各事寬履輕衫，攜酒餚，引步於漁溪樵塢間，遇佳處則飲。忽平田間一茆舍有兒童誦書聲，相君攜策就之，乃一老叟教數村童。叟驚悚離席，改容趨謝，而翔雅有體，氣調瀟洒，丞相愛之，遂觴於其廬，置之客右，叟亦不敢輒談。李以晚渴，連食數梨，賓僚有曰：「此不宜多食，號爲五臟刀斧。」叟竊笑。丞相曰：「先生之哂，必有異聞。」叟謝曰：「小子愚賤，偶失容於鈞重，然實無所聞。」李堅質之，仍脅以巨觥，曰：「無説則沃之。」叟不得已，問説者曰：「敢問刀斧之説有稽乎？」曰：「舉世盡云，必有其稽。」叟曰：「見《鶡冠子》，所謂五臟刀斧者，非所食之梨，乃離別之『離』爾。蓋言人之別離，戕伐胸懷，甚若刀斧。」遂就架取一小策，振拂以呈丞相，乃《鶡冠子》

也。檢之如其説。李特加重。《湘山野録》上。《負暄雜録》(張本《説郛》一八)。

8　李建勳年八十，謁宋齊丘于洪州，題一絶于信果觀壁云：「春來漲水流如活，曉出西山勢似行。玉洞主人經劫在，攜竿步步就長生。」歸高安，無病而卒。《青瑣後集》(《詩話總龜》前集二)。

9　李建勳博覽羣籍，頗善理論，宋齊丘嘗曰：「李相善談，不必潤色，自是一片文章矣。」《南唐近事》(《錦繡萬花谷》前集二三)。陸游《南唐書》九。《十國春秋》二一。

10　鍾山公鎮臨川，賞牡丹。有小吏手捧硯，舉止有士人風。公曰：「學詩乎？」曰：「粗親筆硯。」因令口占一篇，其警句云：「三月莫辭千度醉，一生能得幾回看！」公曰：「他日定成器。」因勉令就學。明年，謁嶺南李國老，大加稱賞，賫數百縑，于金陵酒樓，數日而盡。醉中挂帆數百里，至落星灣，半醒，煙雨中登水心寺，題詩于水軒曰：「分飛南渡春風晚，却返家林事業空。無限離情似楊柳，萬條垂向楚江東。」《郡閣雅談》(《詩話總龜》前集三)。

徐玠

1　見李昪1。

2　徐丞相玠反覆於楊李之際，意以恩澤自固。累臨方鎮，率以貪濁聞。其性本好神仙，頗修服餌之術，然乃以賤價市丹砂之下者，以充其用。《釣磯立談》。《九國志》(《職官分紀》三)。馬令《南唐書》一〇。陸游《南唐書》七。《十國春秋》二一。

刁彦能

1〔徐〕知訓忌烈祖，每欲加害。嘗召烈祖飲，伏劍士於室中，彦能行酒，以手掐烈祖而推之，烈祖悟，起去。又嘗從知訓會烈祖于山光寺。是日知訓大沉酗，决欲害烈祖，徐知諫以謀告烈祖，烈祖乃奔。知訓授彦能劍使追殺之，及於中塗，彦能舉劍揚袖，以示烈祖。還，紿以弗及。既而朱瑾殺知訓，義祖稍知其罪惡，將吏多被譴責。見彦能諫書，善之，復使事知諫於潤州。烈祖受禪，召入禁衛，叙其舊恩，遷天威軍都虞候、左衛使。元宗即位，出爲饒、信二州刺史，建州留後，撫州節度使。彦能喜讀書，委任文吏，郡政修理。亦好篇詠，嘗與李建勳贈答。建勳奏之，元宗笑曰：「吾不知彦能乃西班學士也」。性修嚴，所居雖傳舍，一日必葺。周宗、何敬洙皆故人也，每飲酒，常蓬首裸袒，彦能在座，則皆儼然。卒年六十有八。馬令《南唐書》一一。陸游《南唐書》六。《十國春秋》二一。

游簡言

1 游簡言爲中書侍郎，兼領銓選，差擇清峭。有邵唐者，試判不入等，上疏言簡言父恭嘗爲鄂帥杜洪記室，洪與朱梁結連，恭預其謀，簡言乃逆臣之子，不宜列於清近。上怒其誹謗，詔决杖配流饒州。《江南餘載》上。

2 見徐鍇7。

杜業

1 兵部尚書杜業任樞密，有權變，足機會，兵賦民籍，指之掌中。其妻張氏妒悍尤急，室絶婢妾，業憚之如事嚴親。烈祖嘗命元皇后召張至内庭，誡之曰：「業位望通顯，得置妾媵，何拘忌如此？豈婦道所宜耶？」張雪涕而言曰：「業本狂生，遭逢始運，多壘之初，陛下所藉者駑馬未竭耳，而又早衰多病，縱之必貽其患，將誤于任使耳。」烈祖聞之大加獎嘆，以銀盆綵段賞之。《南唐近事》。《十國春秋》二一。

王崇文

1 王崇文以舊德殊勳，位崇台衮，巨鎮名藩，節制逮之，坐鎮浮競。出入三朝，喜愠莫形，世推名將。臨武昌日，閱兵於蹴踘場，武昌廳有古屋百餘間，久經霖雨，一旦而頹，出乎不意，聲聞數里，左右色動心恐，惟崇文指縱點閱，安詳如故，亦無所顧問。《南唐近事》。陸游《南唐書》八。《十國春秋》二二。　案：王崇文，《南唐近事》原作「位崇文」，誤。

王彦儔

1 王彦儔，上蔡人。五代之際，爲本郡軍校，材質雄偉，剛毅有謀，勇冠羣卒，久欲奮發，而無其端。一旦，同列輩五六人者語彦儔曰：「天下紛紛，能者可立，吾輩何忍端坐，以温飽自墮耶？可相共起事，以圖富貴乎？」彥儔私自計曰：「此六人者，死氣侵面，是爲我啓迹也。」遂許之曰：「吾今夜正當宿直，君輩可持短兵入，吾奉爲內應。富貴之來，不出今夕。」六人者喜，是夜皆至。彥儔伏甲於內，盡殺之，持其首詣閣，泣告刺史曰：「巡警無狀，致姦盜竊發，已伏其罪矣。願公親出以撫衆。」刺史驚喜而出，方慰勞次，彥儔立斬之，遂據上蔡。明日，籍其六家，郡中震恐，無敢動者。後朝廷力討之，勢不能守，奉其母奔金陵郡。李先主特喜其來，至其家親拜其母，以彥儔爲和州刺史。《玉壺清話》六。馬令《南唐書》一二。陸游《南唐書》八。《十國春秋》二二。

何敬洙

1　何敬洙善彈射，性勇決。微時爲鄂帥李簡家僮。李性嚴毅，果於殺戮。左右給使之人，小有過僁，鮮獲全宥。何嘗因薄暮與同輩戲於小廳下，有蒼頭取李公所愛硯擎于手中，謂諸僮曰：「誰敢破此？」何時餘酣乘興，厲色而應曰：「死生有命，吾敢碎之。」乃擲硯于石階之上，鏗然毀裂。羣豎迸散，無敢觀者。翊日，李衙退視事，責碎硯之由，主者具以實對。李極怒，即命擒何以至，死不旋踵矣。李之夫人素賢明，知何有奇相，每曰：「異日當極貴。」至是，匿何後堂中。旬浹之間，李怒未解，夫人亦不敢救。一日李獨坐小廳，有一鳥申喙向李而噪，其聲甚厲。李惡之，遂拂衣往後園池亭中，鳥亦隨其所之，叫噪不已。命家人多方驅逐，略無去意。李性既褊急，怪怒愈甚，顧左右曰：「何敬洙善彈，亟召來，能斃此畜，當釋爾罪。」何應召而至，注丸挾彈，精誠中激，應弦斃之。李佳賞至再，遂捨其罪。洎成立，擢爲小校，以軍功累建旌鉞。建隆初，自江西移鎮鄂渚。下車之日，小亭中復見一鳥，顧何而鳴。何曰：「昔日全吾之命，得非爾乎？」乃取食物，自置諸掌，鳥翻然而下，食何掌中。其後何位至中書令，守太師致仕。功算崇極，時莫與比。靈禽之應，豈徒然哉？《南唐近事》。馬令《南唐書》一一。陸游《南唐書》六。《十國春秋》二二。

2 何敬洙帥武昌時，司倉彭湘傑習知膳味，就中脯腊尤殊。敬洙檄掌公廚，郡中號爲「脯掾」。《清異録》上。

邊鎬

1 江南邊鎬初生，其父忽夢謝靈運持刺來謁，自稱前永嘉守，脩髯秀彩，骨法神竦，所被衣巾，輕若烟霧。……夢訖，鎬生，眉貌高古，類夢中者，父愛之，小字康樂。成童，聰敏，攻文字，盡若夙誦。堅求出家，其親不肯，以葷迫之。初不能食，後亦稍稍。及冠，翹秀，變姻者衆，雙親强而娶焉。後嗣主愛其博雅，累用之。然而柔懦寡斷，惟好釋氏。初從軍平建州，凡所克捷，惟務全活，建人德之，號爲「邊羅漢」。及克湘潭，鎬爲統軍，諸將欲縱掠，獨鎬不允。軍入其城，巷不改市，潭人益喜之，謂之「邊菩薩」。及帥於潭，政出多門，絶無威斷，惟事僧佛，楚人失望，謂之「邊和尚」。《玉壺清話》二。《江南野録》（《類説》一八）。《續世説》六。馬令《南唐書》一一。

2 邊南院之始爲將也，愛惜士卒，分甘絶苦。其所過之地，秋毫不犯，出入城邑，整齊而有容，時人從而目之曰「邊菩薩」。望其旌纛之所指舉，欣欣然相告曰：「是庶幾其撩理我也。」及其既耄，則威不克愛，綱紀紊亂，玩侮饕瀆，禁約不勝，時人又從而目之曰「邊和尚」。望其旌纛之所指舉，疾視而相告曰：

「是憒憒者，無寧其俛我也！」《釣磯立談》。

3 先是，吴加兵而來，以鎬多藝，且使詐爲僧，以遊長沙。既至，且弄鈸行乞；未幾，詐亡去。故吴竟以爲將，而鎬非將才，每出師，皆載佛事而行，時自祝以請福，由是三軍解體。及武陵酋豪王逵擁兵至，竟宵遁焉。《三楚新録》一。

4 見馬希萼、馬希崇2。

王建封

1 王建封事李氏，爲天威軍都虞候，驍勇剛直。平建州，功冠諸將，擢刺史。後圍福州，與諸將争功，城垂克，建封勒兵退，致壞成績。主銜其恨，方理擅退兵者，將誅之。建封大怖，納官以自劾。李主佯示寬厚，召還，付以精兵，稔其愍也。後果怙權，漸侵朝政。時鍾謨、魏岑、李德明二三小人，以姦佞獲倖，傾害忠良，建封上書歷詆數子之惡，庭諍喧詬，請盡誅竄，進用公直。璟大怒，曰：「武臣既握重兵，復干預國政，如何可事主君耶！」流池州，道殺之。《玉壺清話》一〇。馬令《南唐書》一九。陸游《南唐書》八。《十國春秋》二二。

2 五代南唐王建封爲信州節度使、同平章事，建封不識大體，求中書政事，嗣主曰：「卿乃使相，安可亂常僭於台輔，汝無惹鬧。」自是人皆號爲「王惹鬧」。《實賓録》七。

3 南唐王建封不識文義，族子有《動植疏》，俾吏録之。其載鴿事，以傳寫訛謬，分一字爲三，變而爲「人日鳥」矣。建封信之，每人日開筵，必首進此味。《清異録》上。《十國春秋》二二。

周　業

1 周業爲左街使，信州刺史本之子也。與劉郎素有隙。劉郎長公主壻，時爲禁帥。無何，昇元中，金陵告災，業方潛飲人家，醉不能起。有聞上者，上顧親信施仁望曰：「率衛士十人詣災所，見其馳救則釋，不然就戮於牀。」仁望既往，亟使召業家語之。業大怖，衣女子服奔見仁望，仁望怒之。洎火息復命，至使殿門，會劉郎先至，亦將白災事。仁望揣劉意不能蔽業，又懼與之偕罪，計出倉卒。遽排劉越次見上曰：「火不爲災，業誠如聖旨。」上曰：「戮之乎？」仁望曰：「業父本方臨敵境，臣未敢即時奉詔。」上撫几大悦曰：「幾誤我事。」仁望自此大獲獎用，業乃全恕。《南唐近事》。

朱匡業　劉存忠

1 朱匡業、劉存忠雖無勳略，然以宿舊嚴整，皆處環衛之長。劉彦貞壽陽既敗，我師屢北，京師危之。元宗臨軒旰食，問其守禦之方，匡業對曰：「時來天地皆同力，運去英雄不自由。」遂忤旨，流撫州。存忠在側，贊美匡業之言不已，流饒州。《南唐近事》。

褚仁規

1 僞唐贓臣褚仁規竊禄泰州刺史，惡政不可縷舉。有智民請夙儒爲二詩，皆隱語，凡寫數千幅，詣金陵黏貼。事乃上聞。詩曰「多求囊白味蒼蒼，兼取人間第一黄」云云。「白黄」隱「金銀」字。《清異録》上。

2 冬十月，誅泰州刺史褚仁規。廣陵人，暴遷至廣陵鹽監使。凡爲治厲於威刑，民吏戢懼。所部皆富于魚鹽竹葦之産。國家每有大役，常賦不能給者，仁規視民中所有，舉籍取之，以應國調。事訖償之，略無逋負，民亦無怨，主甚賞之。仁規晚年，掊克無度，率入私門，驅掠婦女，刑法横濫。會陳覺與之有隙，密暴其狀，遣御史劾之，主盡释不問。將東巡，召爲靖江軍使，督舟師爲從。及還，遂留之，以罷其郡使，再下書責其殘暴。仁規豪粗無術，乘恚上書，頗肆抵忤，幾無君臣之分。下其事，委陳覺就泰州按鞫。仁規聞使者往按，大懼，遂自首。收付大理，數日賜死。《玉壺清話》九。馬令《唐唐書》一九。

張宣

1 張宣，字致用。少事吴爲軍校，隸大將柴粜。粜愛人戢下，諸將化之，唯宣頗肆暴戾，部曲苦之。從劉信圍虔州，虔人乞師於楚，信遣宣及高審思分兵禦之，大敗楚師。累遷諸軍都虞候，徙爲左街使，皆以嚴酷爲理。及鎮鄂州，置地室以鞫罪人，罪無問小大，入之則無全活，未幾，境内大治，道不拾遺。會雪中炭肆有鬭者，録問之，言市炭一秤而輕不及數，宣使秤之，信然，乃斬賣炭者，梟首懸炭于市。自是賣炭者率以十五斤爲秤，無敢輕重。馬令《南唐書》一八。《十國春秋》九。

2 見李昪29。

汪台符

1 汪台符者，歙郡人。少好學，博貫經籍，善爲文章，不逐浮末，有王佐權霸之才。見唐末天下苦于兵戰，遂居鄉里，執耒力于田穡。先主輔政，移鎮金陵，遂詣，上書陳民間利害之説，有九患。書上，爲宋齊丘所沮，每論議，私詆訾台符，謂：「雖有其言，必無其行。」先主猶豫，未之果信。齊丘始字超回，台符貽書訐之曰：「聞足下齊先聖以立名，超亞聖而稽字。」齊丘慚而改爲子嵩。後使人誘與飲酒，夜縛其口，沉石城下，先主聞而吁歎久之，頗憾焉。洎昇元年中，更定民田諸般物産高下各爲三等私額，民獲均輸，令爲定制，及使民糴請鹽，罷其科征別借，薄征商旅貨，鬻則收，不則聽往，舟無力勝，郡縣奚胥降而有限，致民數十年小康者，皆出自台符之言焉。《江南野史》九。馬令《南唐書》一四。陸游《南唐書》一五。《十國春秋》一〇。

嚴續

1 見江文蔚4。

2 見韓熙載28。

3 嚴續相公歌姬，唐鎬給事通犀帶，皆一代之尤物也。唐有慕姬之色，嚴有欲帶之心。因雨夜相第有呼盧之會，唐適預焉，嚴命出妓、解帶較勝於一擲，舉座屏氣觀其得失。六骰數巡，唐彩大勝，唐乃酌酒命美人歌一曲以別相君。宴罷拉而偕去，相君悵然遺之。《南唐近事》。

常夢錫

1 常夢錫，鳳翔人。岐王李茂貞臨鎮，惟喜狗馬博塞，馳逐聲伎。夢錫抱學有才，雖爲鄉里所重，以茂貞不禮儒術，故束書渡淮至廣陵，謁先主，辟置門下。洎受禪，遷侍御史。詞氣方毅，深識典故，擢爲給事中，悉委機事。歷言宋、陳、馮、魏輩姦佞險詐，不宜置左右。主深然之。事垂舉而主殂，遂爲羣黨排擊，黜池州判官。起爲禮部尚書，不復言事。自割地之後，公卿在坐，有言及大朝者，夢錫大笑曰：「君輩嘗言致君如堯、舜，何忽一旦自以大國爲小朝，得無媿乎？」衆皆默散。夢錫文章詩筆精贍合體，然懶於編收，故無文集。方與客坐，奄然而卒。前數日，謂所知曰：「齊丘、陳覺輩敗在朝夕，但恨不能延數日之命，俾吾目見。然先在泉下，俟數子之誅。」果卒不久，齊丘雉經於青陽，陳覺、李徵古殺於鄱陽道中。《玉壺清話》一〇。《續世説》六。馬令《南唐書》一〇。

2 常夢錫爲翰林學士，剛直不附，貴近側目。或謂曰：「公罷直私門，何以爲樂？」常曰：「垂幃痛飲，面壁而已。」蓋馮、魏擅權之際也。《南唐近事》。

3 常夢錫性獷直。初陞朝，見黨人互相推挽，日以謬悠嘗試之説，聾瞽朝聽，夢錫大驚，因發狂，歸杜門，匄外補。又數年，復還朝列。會上巳日，朝貴出秦淮遊讌，坐中有詆大朝事者，夢錫瞪目戟手曰：「諸君平時每言致君如堯舜，今返自爲小朝耶？」衆莫之對。夢錫歸，遂上表歷指權要朋私賣國，及發宰執狼籍數事。朝廷不能加察，以其語大忤，奪官流徙。夢錫因忽忽不得志以卒。待後主時，方追加甄贈。

《釣磯立談》。

馮延巳

1 馮延巳字正中，廣陵人也。父令頵，事本郡爲軍吏，烈祖署爲歙州鹽鐵院判官。裨將樊思蘊作亂燒營，而火及令頵第，叛卒皆釋兵救火，其得人心如此。時刺史骨言病甚，中外不知存否，人心恟恟。延巳年十四，徒步入見言，復傳言教出謝將吏，人情乃安。及長，有辭學，多伎藝。烈祖以爲秘書郎，使與元宗遊處，累遷駕部郎中、元帥府掌書記。與陳覺友善，自結於宋齊丘，以固恩寵。同府在己上者，稍以計遷出之。元宗愛其多能，而嫌其輕脱貪求，特以舊人，不能離也。孫晟面數之曰：「君常鄙晟，晟知之矣。晟文筆不如君也，技藝不如君也，談諧不如君也，諛佞不如君也，然上置君於親賢門下者，期以道藝相輔，不可悮邦國大計也。」聞者韙其言。烈祖季年亦惡之。復爲常夢錫彈劾，必欲斥去，未果而烈祖殂。元宗即位，延巳喜形於色，未聽政，屢入白事，一日數見。元宗不悦曰：「書記自有常職，此各有所司，何其繁也。」由是少止。遂與宋齊丘更相推唱，拜諫議大夫、翰林學士。復與其弟延魯交結魏岑、陳覺、查文徽，侵損時政，時人謂之「五鬼」。保大四年，自中書侍郎拜平章事，時論不平，出鎮撫州，亦無善政。延巳無才而好大言，及再入相，乃言己之智略足以經營天下，而人主躬親庶務，宰相備位，何以致理？於是元宗悉以庶政委之，奏可而已。延巳遲疑顧望，責成胥吏之手。又常笑烈祖戢兵，以爲「齷齪無大略。安陸之後，喪兵數千，而輟食咨嗟者旬日，此田舍翁，安能成大事？如今上暴師數萬於外，而宴樂擊鞠不輟，此則真英雄主也。」故蠹國殃民，實此之由。爲相之後，動多徇私，而故人親戚，殆於謝絶。與弟延魯如仇讐。延魯所生，乃延巳之繼母也，亦至疏隔。馬令《南唐書》二一。《釣磯立談》。陸游《南唐書》一一。《十國春秋》二六。參見李昪28。

2 見馮延魯2。

3 馮延巳鎮臨川，聞朝議已有除替。一夕夢通舌生毛，翊日有僧解之曰：「毛生舌間，不可剃也。相公其未替乎？」旬日之間，果已寢命。《南唐近事》。《續湘山野録》。

4 南唐元宗優待藩邸舊僚。馮延巳自元帥府書記至中書侍郎，遂相。時論以爲非才。江文蔚因其弟延魯福州亡敗，請從退削，乃出撫州。秩滿還朝，因赴内宴，進詩曰：「青樓阿監應相笑，書記登壇又却回。」《詩史》（《詩話總龜》前集四四）。參見李璟18。

5 見李景達1。

6 元宗樂府辭云：「小樓吹徹玉笙寒。」延巳有「風乍起，吹皺一池春水」之句，皆爲警册。元宗嘗戲延巳曰：「吹皺一池春水，干卿何事？」延巳曰：「未如陛下『小樓吹徹玉笙寒』。」元宗悦。馬令《南唐書》二一。陸游《南唐書》一一。《十國春秋》二六。參見李璟31。

7 延巳晚稍自厲爲平恕。蕭儼嘗廷斥其罪，及爲大理卿，斷軍使李甲妻獄失入，坐死，議者皆以爲當死。延巳獨揚言曰：「儼爲正卿，誤殺一婦人，即當以死，君等今議殺正卿，他日孰任其責？」乃建議儼素有直聲，今所坐已更赦宥，宜加弘貸，儼遂免。人士尤稱之。陸游《南唐書》一一。馬令《南唐書》二一。《十國春秋》一六。

8 見宋齊丘35。

馮延魯

1 延魯字叔文，一名謐。少負才名，烈祖時與兄延巳俱事元帥府。元宗立，自禮部員外郎爲中書舍人、勤政殿學士。有江州觀察使杜昌業者，聞之歎曰：「封疆多難，駕御賢傑，必以爵禄。延魯一言合指，遽寘高位，後有立大功者，當以何官賞之？」然元宗愛其才，不以爲躐進。嘗内宴，出寶器，貯龍腦數斛賜羣臣，延魯曰：「臣請効陳平均分之。」比遍賜，猶餘其半，輒曰：「敕賜録事馮延魯。」拜舞懷之，元宗爲驩笑而罷。陸游《南唐書》一一。《香譜》（《類説》五九）。《古今事文類聚》續集一二。《十國春秋》二六。參見李建勳2。

2 延魯，延巳異母弟也。初爲江都判官，累遷水部員外郎、中書舍人。延魯鋭於進趨，常欲用事四方，以要功名。延巳詰曰：「士以文行飾身，勤恪居職，則寵光至矣。何用行險以圖禄利？」延魯曰：「兄自能如此，弟不能愔愔待循資爲宰相也。」建州之役，雖查文徽尸其事，而延魯實贊之。……元宗大怒，命鎖延魯、陳覺至建康。韓熙載劾奏，請置之死，宋齊丘固争，乃流延魯于舒州。未幾，復用爲東都留守。延魯初至自晉安，身被五木，鎖鑰甚固。延巳歎曰：「弟不肯爲循資宰相，一至於此。」兄弟由是有隙。馬令《南唐書》二一。《江南别録》。《十國春秋》二六。

3 宋興，揚州節度使李重進叛，伏誅。元宗遣延魯朝于行在，太祖將乘兵鋒南渡，旌旗戈甲皆列江津，厲色詰延魯曰：「爾國何爲敢通吾叛臣？」延魯色不變，徐曰：「陛下徒知其通謀，未知其事之詳也。重進之使館于臣家，國主令臣語之曰：『大丈夫失意而反，世亦有之，但時不可耳。方宋受禪之初，人心未定，上黨作亂，大兵北征，君不以此時反。今内外無事，乃欲以數千烏合之衆，抗天下精兵，吾寧能相助乎？』」太祖初意延魯必恐懼失次，及聞其言，乃大喜，因復問曰：「諸將力請渡江，卿以爲何如？」延魯曰：「重進自謂雄傑，無與敵者，神武一臨，敗不旋踵。況小國，其能抗天威乎？然亦有可慮者。本國侍衛數萬，皆先主親兵，誓同死生，固無降理，大國亦捐數萬人乃可。況大江天塹，風濤無常，若攻城未下，饟道不繼，事亦可虞。」太祖因大笑曰：「朕本與卿戲耳，豈聽卿游説哉。」會捕重進叛卒，日戮數十人，延魯因奏事言曰：「叛者獨一重進乎？亦衆人乎？謂衆人，則陛下應天順人，烏有此理？獨一重進，則脅從者何罪？」太祖感悟，後獲者皆貸不誅。厚賜遣延魯歸，南渡之師由是亦輟。後主嗣位，延魯頗自伐奉使之功。嘗宴内殿，後主親酌酒賜之飲，固不盡，誦詩及索琴自鼓以侑之，延魯猶自若，後主優容不責也。楚國公從善入朝，太祖授旄節，留之闕下，後主復遣延魯入謝，疾作，不能朝。太祖待之素厚，至是尤憐之，遣使挾太醫護視，詔放朝還金陵，卒于家。子僎，韓熙載知貢舉，放及第，覆試被黜。後與其弟侃、儀、价、伉入宋，繼取名第，南唐公卿家莫能及者。陸游《南唐書》九。《江南别録》。馬令《南唐書》二一。《十國春秋》二六。案：馮延魯出使事，《釣磯立談》記作馮延巳，誤。馮延巳是時已死。

4 金陵城北有湖，周迴十數里，幕府、雞籠二山環其西，鍾阜、蔣山諸峯聳其左。名園勝境，掩映如畫；六朝舊迹，多出其間。每歲菱藕罟網之利，不下數十千。《建康實録》所謂「玄武湖」是也。一日諸閣老待漏朝堂，語及林泉之事，坐間馮謐因舉玄宗賜賀(鑒)〔監〕三百里鏡湖，信爲盛事。又曰：「予非敢望此，但賜後湖，亦暢予平生也。」吏部徐鉉怡聲而對曰：「主上尊賢待士，常若不及，豈惜一後湖？所乏者知章爾。」馮有大慚色。《南唐近事》。《江表志》中。《續湘山野録》。陸游《南唐書》九。《善謔集》（張本《説郛》六五）。《十國春秋》二六。

5 馮謐總戎廣陵，爲周師所陷，乃削髮披緇以紿周人。將圖間道南歸，爲識者所擒，送至行在。時鍾謨亦使周，人或譏之曰：「昔日旌旗，擁出坐籌之將；今朝毛髮，化爲行脚之僧。」世宗甚悦，因釋罪歸之，終中書侍郎。《南唐近事》。馬令《南唐書》二一。《十國春秋》二六。

馮　僎

1 馮僎，即刑部尚書謐之子也，舉進士。初，年少，衆譽藉藉，以爲平折丹桂。秋賦之間，僎一夕夢登崇孝寺幡刹極高處打方響。先是徐幼文能圓夢，遂詣徐請圓之。徐曰：「雖有聲價至下地。」洎來春，僎俄成名於侍郎韓熙載榜下。或有責徐之言謬者，徐曰：「誠如吾語，後當知之。」放榜數日，中書奏主司取士不當，遂追榜御試，馮果覆落。《南唐近事》。

陳　覺

1 陳覺微時，爲宋齊丘之客。及爲兵部侍郎也，其妻李氏妬悍，親執尼爨，不置妾媵。齊丘選姿首之婢三人與之，李亦無難色，奉侍三婢若舅姑禮。問其故，李曰：「此令公寵倖之人，見之若面令公，何敢倨慢？」三婢既不自安，求還宋第，宋笑而許之。《南唐近事》。馬令《南唐書》二一。《十國春秋》三六。

李徵古

1 李徵古，宜春人也。少時賤遊，嘗宿同郡潘長史家。是夜，潘妻夢門前有儀注按馬，擁劍鞘鍒衙隊約二百人，或坐或立，且云：「太守在此。」洎見，乃寓宿秀才。覺後，言于潘曰：「此客非常人也。妾來晨略見。」餞酒一鍾，贈之金梔腕，曰：「郎君他日富貴，慎勿相忘。」李不可知也。來年至京，一舉成名。不二十年，自樞密副使除本州刺史。離闕日，元宗賜内庫酒二百瓶。《南唐近事》。

2 元宗嘗言及家國，感慨泣下，徵古輒曰：「陛下當以兵力拒敵，涕泣何爲？飲酒過量耶，乳保不至耶？」帝色變，左右股栗，而徵古驁然自若。司天言天文變異，人主宜避位祈禳。元宗曰：「此固吾意，第不知孰可付耳？」覺、徵古遽以爲誠言，輒曰：「天命如此，宜使宋公攝政，陛下深居禁中。俟國事定，歸政未晚。」元宗亟召中書舍人陳喬草詔，實出于憤怒。喬固陳不可，元宗嘻笑而止。陸游《南唐書》九。馬令《南唐書》二一。《十國春秋》二六。

魏　岑

1 魏岑字景山，鄆州人也。篤學强識，而拙於屬文。常遊覽四方，凡天下山川勝勢，風土美惡，無所不知。避亂淮南，署郡從事，久不得志，數以計策干宋齊丘，薦授校書郎。尤好諛佞，善揣人意。元宗即位，鋭意天下，有尅復中原之志。岑請親祀南郊，元宗曰：「俟天下爲一，然後告謝天地。」及下南閩，意以爲諸國可指麾而定。岑因侍宴自言：「臣少遊元城，好其風物，陛下平中原日，臣獨乞任魏州。」元宗許之。岑趨墀下拜謝，人皆以爲佞。馬令《南唐書》二一。陸游《南唐書》一五。《續世説》一二。《容齋五筆》五。《十國春秋》二六。

查文徽

1　查文徽，歙州休寧人。幼好學，能自刻苦，手寫經史數百卷。稍長，任氣好俠，聞人困乏，雖不識必濟之。家本富，坐是窮空，不悔也。或遺以金帛，一夕，盜入其家，盡取去，文徽不言，雖鄰里莫知者。久之，盜敗于旁邑，移文訊驗，人始知之，咸推其量。烈祖輔政初，入謁烈祖，召與語，偉其論，宋齊丘亦稱薦之。徐知諤鎮浙西，以文徽爲其判官。或獻玉杯，知諤喜，酬以錢百萬，趣開宴，出杯，行酒至文徽，偶墮地碎，一坐皆驚，而文徽自若。陸游《南唐書》五。《實賓録》一〇。《十國春秋》二六。

2　見李璟17。

查元方

1　開寶中，鄂國公從謙使梁，以水部員外郎查元方副之。既至，而盧多遜爲館伴使，與元方對弈，忽謂元方曰：「江南畢竟如何？」元方襝袵對曰：「江南事天朝二十餘年，君臣禮分極矣，復以如何爲問耶？」多遜爲之愧謝，因曰：「勿謂江南無人。」《江南餘載》上。《十國春秋》二六。

李德明

1　鍾謨，字仲益，會稽人，徙建安。李德明，失其家世鄉里。保大中，俱爲尚書郎，敏于占對，元宗愛之。而天資皆浮躁，沾沾自衒，反覆嶮巇，朝士側目，號爲鍾李。時魏岑已斥，復用奸諛彌甚。謨、德明雖與岑若不同，至爲惡則合若符券。户部員外郎范沖敏擿使軍帥王建封上書歷詆之，請選用正人。元宗大怒，謂建封武人握兵，不當輒議國政，流建封池州，未至，殺之，沖敏棄市。謨、德明自謂君寵可沽，愈縱肆，旁若無人。德明嘗奏事别殿，取元宗所御筆記事，元宗不能堪，曰：「卿他日自可持筆來。」德明亦自若。陸游《南唐書》七。《十國春秋》二六。

鍾謨

1　見李德明1。

2　鍾謨，建安人，爲李璟奉表稱臣於周。孫晟遇害，獨赦謨爲耀州司馬。有詩與州將云：「翩翩歸盡塞垣鴻，隱隱寒聞蟄户蟲。渭北離愁春色裏，江南家事戰塵中。還同逐客紉蘭佩，誰聽縲囚奏土風。多謝賢侯振古道，免令搔首泣途窮。」後晝江爲界，世宗詔謨爲衞尉卿，放還。因作詩獻，其略云：「三年耀武羣雄伏，一日回鑾萬國春。南北通歡永無事，謝恩歸去老陪臣。」世宗覽而悦之。《談苑》（《詩話總龜》前集二四）。

3　鍾謨性聰敏多記問，奏疏理論，穎脱時輩。自禮部侍郎聘周，忤旨，左授耀州典午。盛夏之月，自周徂秦，每見道旁古碑，必駐馬歷覽，皆默識，或止郵亭，命筆繕寫，一日之行，不過數里而已。又見一圭首豐碑，制度甚廣，約其詞旨，不下數千餘字，卧諸荒塹之中，半爲水潦所淹，無由披讀。謨欣然解衣游泳塹中，以手捫揣，默記其文，志諸紙墨。他日徵還，重經是路，天久不雨，無復沈碑之泉，乃發笥得舊録本，就塹較之，無一字差誤。《南唐近事》。馬令《南唐書》一九。《十國春秋》二六。

4　鍾謨嗜菠薐菜，文其名曰「雨花菜」。又以蔞蒿、萊菔、菠薐爲「三無比」。《清異録》上。

陸昭符

1　初，煜建隆二年七月二十九日襲僞位於金陵，因登樓建金雞以肆赦。太祖聞之大怒，因問其進奏使陸昭符，符素辯給，上頗憐之，是日對曰：「此非金雞，乃怪鳥耳。」上大笑，因而不問。昭符之對，雖涉滑稽，而能取悦上情，免其君僭上之責，亦其忠也。《五國故事》上。陸游《南唐書》八。《十國春秋》三〇。

李德柔

1　李德柔，字子懷，鄱陽人也。始爲小吏，善伺人之私。捕獲亡命，所至必得，時目爲「李猫兒」。累遷大理卿。持法苛峻，獄有未成，則以蘆蓆卷囚而倒置之，死者甚衆。德柔本無學術，妄稱博學，每呼馬爲「韓盧」，染工爲「伶倫」。雖然，不附姦佞，善守職分，故終其天年。初，元宗欲置北寺獄，德柔諫曰：「世豈乏士，而俾閹豎得以弄其文墨耶！」其議遂寢。論者韙之。馬令《南唐書》一八。《南唐近事》。《十國春秋》三

○。案：李德柔，《南唐近事》作「李德來」。

姚景

1 壽州節度使姚景，鍾離人。少賤，善事馬，郡刺史劉金收爲廄奴。馬瘦瘠骨立者，景用唐刺史南卓養馬法飼秣，爪翦針烙，啗熁不數月，盡良馬。金暇日因至廄中，值景熟寢，二赤蛇長不及尺，戲景面上。金以杖叩脛驚之，遽入其鼻。金因奇之，引爲親事，小心厚重，以女妻之。積勞爲裨將。李先主昪重其爲人，使鎮壽州。景無他技能，但廉畏有守。先是，屬郡苦於供億，刺史廳廡間置一巨匱，俾吏投銀於中，滿則易之，謂之「鎮廳匱」，習以爲常。景至，則首命去之，取與有度，諸郡頗樂。後至使相，八十三卒於位。何必讀書乎？《玉壺清話》一〇。《稽神録》二。又《廣記》四五九引。馬令《南唐書》一八。

2 壽春望鎮，供億滋厚，而主將斂率浮於他郡，民尤苦之。景至，一切供億悉罷去。常俸不給，刓衣弊冠，漠然古風。初，吏請家諱。景大署于紙尾曰：「諱『贓吏』。」於是屬吏拱手，稍知廉隅。諸子爲牙將。景登城，見其長子導從甚盛，過市，市人皆廢業辟路。景召其子杖之。馬令《南唐書》一八。《十國春秋》二三。

蔣廷翊

1 昪元初，許文武百僚觀内藏，隨意取金帛，盡重載而去。惟蔣廷翊獨持一縑還家，餘無所取，士君子以是而多之。終尚書郎。《南唐近事》。《十國春秋》二三。

張易

1 張易，字簡能，魏州元城人。高祖萬福，故唐金吾將軍，後徙萊州掖縣。易性豪舉尚氣。少讀書於長白山，又徙王屋及嵩山，苦學自勵，食無鹽酪者五歲。齊有高士王達靈，居海上，博學精識，少許可，易從之遊。數年，入洛，舉進士，不中。以昇元二年南歸，授校書郎、大理評事。時方重赤縣，拜上元令。元宗立，以水部員外郎通判歙州。刺史朱匡業平居甚謹，然醉則使酒陵人，果於誅殺，無敢犯者。易至，赴其宴，先已飲醉，就席，酒甫一再行，擲杯推案，攘袂大呼，詬責鋒起。匡業尚醒，愕然不敢對，惟曰：「通判醉甚，不可當也！」易嵬峨喑嗚自若，俄引去。匡業使吏掖就馬。自是見易加敬，不敢復使酒，郡事亦賴以濟。陸游《南唐書》一三。《十國春秋》二五。

2 晉王景遂性好寶玉，嘗以玉杯行酒，坐客傳玩，以爲希世之奇。贊善張易佯醉，抵之地，曰：「貴寶賤士，大王不當如是！」坐上客皆愕眙失色，王斂容謝之，自是每慰薦易。及易當使海東，王驚促入白上，以爲「朝臣如張易不可多得，奈何遠使，使之冒犯風濤也？」上曰：「無憂也，如易之爲人，海神豈敢侮之耶！」《釣磯立談》。《南唐近事》。陸游《南唐書》一三。《十國春秋》二五。參見李景遂1。

蕭儼

1 元宗於宫中作大樓，召近臣入觀。皆歎其宏麗，儼獨曰：「比景陽但少一井耳。」元宗怒，貶舒州副使。孫忌爲觀察使，遣州兵給儼，實防衛之。儼謂忌曰：「僕以言獲罪耳。顧命之日，君持異議，幾危社稷。君之罪豈不重於僕乎？反見防，何也？」忌慚，即徹去。俄召還。陸游《南唐書》一五。《續世説》(《類説》三二)。《十國春秋》二五。

2 後主初嗣位，屢與嬖倖對弈。儼入白事，舉奩投于地。後主大怒曰：「汝與魏徵孰愈？」儼從容曰：「臣若非魏徵，陛下亦非太宗矣。」後主默然，罷弈。儼秉身方直，彈奏不阿，百官貴戚斂衽避之。歸皇朝，以老病居鄉里。因訟至郡，言辭舛錯，郡倅不知其疾，以爲愚謬，乃詰之曰：「江南用汝輩爲正卿，不亡何待！」卒年七十，至無一金。馬令《南唐書》二二。《十國春秋》二五。

3 見馮延巳7。

張義方

1 馮延巳、李建勳拜相，張義方獻詩曰：「兩處沙堤同日築，其如啓沃藉良謀。民間有病誰開口，府下無人只點頭。」《江南餘載》下。

2 諫議大夫張義方命道士陳友□合還丹於牛頭山，頻年未就。會義方遘疾將卒，恨不成九轉之功，一旦命子弟發丹竈，竈下有巨虺，火吻錦鱗，蜿蜒其間，若爲神物護持。乃取丹，自餌一粒，瘖瘂而終。當時識者以爲氣未盡，服之陰者不壽也。《南唐近事》。

江文蔚

1 江文蔚字君章，許人也。長興中，舉進士，爲河南府巡官，〔不〕避權勢。有高才，與韓熙載名相上下，而熙載不持檢操。文蔚既擅價一時，又勵行義。自爲郎時，南唐禮儀草創，文蔚撰述朝覲、會同、祭祀、宴饗禮儀上之，遂正朝廷紀綱。烈祖殂，元宗以文蔚知禮，宜董治山陵事，除文蔚工部員外郎，判太常寺以議葬禮。於是烈祖山陵制度，皆文蔚等裁定。既葬，以文蔚遷居諫職，以熙載遷知制誥，論者美之，以爲各當其任。文蔚之居諫職，秉心貞亮，不容阿順，每將言事，必多左遷。時宋齊丘、陳覺、馮延巳、魏岑皆以容悦得用，人情不平。及宋齊丘拜爲諫議大夫，而延巳爲相，魏岑亦居近密，文蔚上表，其言曰：「白麻甚嘉，猶不出鎮臨川；岑猶在職。未幾，延巳自臨川再入相，宣内制畢，拜恩闕下，百寮皆言曰：「二公移去，未稱民情；四罪盡除，方明國典。」表既上，而元宗惡其大言，黜爲江州司士。延巳亦罷相，稱文蔚表爾。」其直言見重於時者如此。馬令《南唐書》一三。《十國春秋》二五。

2 翰林學士江文蔚侍宴，醉而無禮。明日，拜表謝罪，上命賜衣一襲以慰之。《江南餘載》上。

3 江文蔚，建陽人，長於詞賦。仕南唐，拜御史中丞，坐劾宰相，貶江州治。柴車奉母，欣然就道。嘗作詩曰：「屈原若幸高堂在，終不懷沙葬汨羅。」《尚友録》（《五代詩話》一二）。

4 見韓熙載28。

李夷鄴

1　〔烈祖殂〕，中書侍郎孫晟草遺詔，以宋后監國。翰林學士李夷鄴曰：「此非先旨，必姦人所爲。大行常云：『婦人預政，亂之本也』，安肯自作禍階？且嗣君明德聞於天下，汝曹何遽爲亡國之計？若遂宣行，吾對百寮裂之必矣！」遂寢。元宗即位，謂夷鄴曰：「疾風勁草，卿之謂也。」《江南别録》。馬令《南唐書》一〇。陸游《南唐書》一五。《十國春秋》二五。

2　李夷鄴者，前唐諸孫，嗜酒不羈。保大初，以宗室賢才拜正卿，累經左降，逾年輒復舊官。元宗上巳開宴，夷鄴不在召中，乃獻詩曰：「偶憶昔年逢上巳，輕舟柳岸宴羣臣。人閒蹇薄時時歎，天上風光日日新。玉帛已來諸國瑞，瑶池固有萬年春。賦詩飲酒平生事，腸斷金門願再親。」上賜御札曰：「我家有此狂宗正，快哉！」《江南餘載》下。

3　夷鄴性率易，好飲酒，不拘小節。常遺親友書曰：「今宵好月，能相過乎？」赴召者甚衆。夷鄴已醉，指酒壺曰：「本用相待，酒興輒來，自倒之矣。」其疏豁多類此。馬令《南唐書》一〇。陸游《南唐書》一五。《十國春秋》二五。

案：李夷鄴，陸游《南唐書》、《十國春秋》作「李貽業」。

廖居素

1　廖居素，將樂人，仕烈祖、元宗之間。爲人堅正，不爲當國者所喜，由校書郎二十年始得大理司直。

後主嗣位，稍遷至瓊林光慶使，檢校太保，判三司。後主孱昏，而羣臣方充位保富貴，國益削。居素獨慷慨驟諫，冀後主一悟，終不見聽，乃閉門却食，服朝衣冠，立死井中。已而得手書大字于篋笥，曰：「吾之死，不忍見國破也。」徐鍇爲文弔之，以比屈原、伍員。後幾百年，將樂父老猶叩頭稱之，盱江李遘爲之傳云。陸游《南唐書》九。《十國春秋》二七。

潘佑

1 潘佑事江南，既獲用，恃恩亂政，譖不附己者，頗爲時患。以後主好古重農，因請稍復井田之法，深抑兼并，民間舊買之産，使即還之，奪田者紛紛於州縣。又按《周禮》造民籍，曠土皆使樹桑，民間舟車、碓磑、箱篋、鐶釧之物悉籍之。符命旁午，急於星火，吏胥爲姦，百姓大擾，幾聚而爲亂。後主寤，急命罷之。佑有文而容陋，其妻右僕射嚴續之女，有絶態，一日晨妝，佑潛窺於鑑臺，其面落鑑中，妻怖，遽倒。佑怒其惡己，因棄之。佑方丱，未入學已能文，命筆題於壁曰：「朝遊蒼海東，暮歸何太速。秖因騎折玉龍腰，謫向人間三十六。」果當其歲誅之。《湘山野録》中。

2 時江南衰削，國步多艱，佑所上諫疏有「家國陰陰，如日將暮」之辭，後主惡之。又其所薦黜與時輩不協，因誣以他事劾佑，佑自剄，母及妻子徙饒州。佑自言：其母方娠，夢古衣冠人告曰：「我顔延之也，與夫人爲子。」及生七歲，始能語，曰：「兒悞傷白龍，爲上帝所罰也。」因吟詩曰：「只因騎折玉龍腰，謫在人間三十六。」至是，果以三十六歲卒。馬令《南唐書》一九。《十國春秋》二七。

3 潘祐，南唐人，事後主，與徐鉉、湯悦、張泌俱有文名。而祐好直諫，嘗應後主令作小辭，有「樓上春寒山四面，桃李不須誇爛熳，已失了東風一半。」蓋諷其地漸侵削也，可謂得諷諭之旨。《詞品》二。

4 太祖嘗諭旨江南，令遣使説嶺南歸順。後主令近臣數人作書，惟潘佑所作千餘言詞理精當，雄富典麗，遂用之。江南莫不傳寫諷誦，中朝士人，多藏其本，甚重之，真一時之名筆也。《楊文公談苑》（《宋朝事實類苑》四〇）。

5 徐鉉與其弟鍇久被眷顧，家素富貴，多收奇書。弟兄皆力學，以儒術名一時，是以後進晚生莫不宗尚。唯張洎、潘佑每每訕譏，蓋二人負其才藻，不肯少自低下故也。及鍇早卒，鉉後遂當國，洎因詭與之合，遂出力共擠佑，佑以故多不調。世指徐爲少容，而恨潘以不讓，交以爲失焉。及潘以直諫死士大夫仰高其德名，爲争作詩誄以哀之。是時鉉方從容持禄，與國俱亡，故主公論者少貶其所爲。《釣磯立談》。

李平

1 〔李〕平本好神僊修養之事，而動多怪妄，自言仙人神鬼常與通接。潘佑亦好仙，平因與親善之，言佑父處常今已爲仙官，而已與佑亦仙官也。家置静室，人莫能窺。馬令《南唐書》一九。《十國春秋》二四。

孫晟

1 孫晟初事秦王從榮，從榮敗，晟漁服亡命。至貞陽，未及渡，追騎奄至。晟不顧，坐淮岸捫敝衣齧蝨，追者捨去，乃渡淮。至壽春，節度使劉金延與語，晟陽瘖不對。授館累日，忽謁漢淮南王廟，金先使入伏神座下伺之，悉聞其所禱，乃送詣金陵。時烈祖輔吳，喜其文辭，遂與禪代祕計。《江南餘載》上。陸游《南唐書》一一。《十國春秋》二七。

2 烈祖使馮延巳爲齊王賓佐，孫晟面數延巳曰：「君常輕我，我知之矣：文章不如君也，技藝不如君也，談諧不如君也。然上置君于親賢門下，期以道義相輔，不可以誤國朝大計也。」延巳失色，不對而起。《釣磯立談》。參見馮延巳1。

3 孫晟爲尚書郎，上賜一宅，在鳳凰山西岡壠之間。徙居之日，羣公萃止。韓熙載見其門卑巷陋，謂孫曰：「湫隘若此，豈稱爲相第耶？」舉座莫喻其旨。明年，孫拜御史大夫，旬日之間，果正台席。《南唐近事》。

4 丞相孫侯忌之在重位也，介獨自守，不接見賓客，生平所不喜者，惡之不能忘。其與宋齊邱、馮延巳輩，幾如不同天之讎。及將命周朝，自知不免，私謂副使王崇質曰：「吾思之熟矣，終不忍負永陵一抔土，餘非所知也。」《釣磯立談》。馬令《南唐書》一六。陸游《南唐書》一一。《十國春秋》二七。

5 與馮延巳俱相。……忌鄙延巳，謂人曰：「玉巵象甌，盛内狗穢；鷄樹鳳池，棲集梟翟。」遂求罷相，嗣主許之。《江南野史》五。

6 周世宗以樓車載忌於壽州城下，使招〔劉〕仁贍，仁贍望見忌，戎服拜城上，忌遥語之曰：「君受國恩，不可開門納寇！」世宗詰之，忌謝曰：「臣爲唐大臣，豈可教節度使外叛！」陸游《南唐書》一一。《十國春秋》

二七。

7 江南孫晟、鍾謨使於周，世宗待之甚厚，時召見，飲以醇酒，問以唐事。晟但言：「唐主畏陛下神武，事陛下無二心。」及得唐主蠟書，誘邊將李重進，皆謗毀反間之詞。帝大怒，召晟，責以所對不實。晟正色抗辭，請死而已，問唐虛實，默然不對。送軍巡院，更使曹翰與之飲酒，從容問之，終不言。翰乃曰：「有敕賜相公死。」晟神色怡然，索袍笏，整衣冠，南向拜曰：「臣謹以死報。」乃就刑，并從者百餘人皆殺之。貶鍾謨耀州司馬。既而帝憐晟忠節，悔殺之，召謨，拜少卿。《續世説》七。陸游《南唐書》一一。《十國春秋》二七。

8 孫忌，高密人。孤貧好學，喜縱横奇詭。時李先主輔政，忌謁之。口吃，與人初接，不能道寒温，坐頃之際，詞辨鋒起，不拘名理。主憐其才，辟置門下，後過江與徐玠同贊禪代之事，擢拜學士，爲中書舍人，宋齊丘排出舒州觀察使。州多黥隸凶人，曰「歸化軍」。忌因撫視不均，忽二卒白晝持刃求害於忌。賊由西門而入，忌坐東門，先見之，屏左右，厲聲揚袂招之曰：「爾輩殺吾未晚，大丈夫視死若歸，無名而死，然亦可惜。吾死，汝輩必不免，豈不少念所親負爾何罪，例殃其族乎？」因諭之禍福，賊漸留聽，又與之約曰：「吾解金帶助汝急奔，有追汝者，指天地神明爲殛。」賊感其言，還帶而遁。其辨畫率類此。忌後擢拜，與馮延巳俱相。延巳醜其正，謂人曰：「可惜金醆玉盃盛狗屎。」後使北，周世宗不道甘言取悦於忌，問以江南虛實，兵甲糧廩。忌正色抗辭曰：「臣爲陪臣，代主以覲天王，反以此鉤臣，臣肯背心賣國以苟富貴乎？惟死以謝陛下爾！」世宗命斬之。將誅，南望再拜，遥辭其主，顧左右曰：「吾此一死，可羞千古佞臣賊子之顔，復何恨哉？」引頸迎刃。璟聞之，北面素服招魂，舉哀至慟，其痛幾絶。《玉壺清話》一〇。

劉仁贍

1 江南故國，每至暮冬，淮水淺涸，則分兵屯守，謂之把淺。時監軍吴延詔以爲時平境安，當無事之際，虚費糧廪，亟令撤警。惟淮將劉仁贍熟練防淮之事，具啓以爲不可。未幾，報周師以間者所誤，半夜猥至，郡人大恐。仁贍神氣閒暇，部分守禦，其堅如壁。周師斬間者於岸，卷兵遂退。《玉壺清話》一〇。馬令《南唐書》一六。《十國春秋》二七。

2 劉仁贍鎮壽春，周師堅壘三載，蹙而不降。一夕，愛子泛舟於敵境，艾夜爲小校所擒，疑有叛志，請于贍，贍將行軍法。監軍使懇救不迴，復使馳告其夫人，夫人曰：「某郎，妾最小子，攜提愛育，情若不及。奈軍法至重，不可私也；名義至大，不可虧也。苟屈公議，使劉氏之門有不忠之名，妾與令公何顔以見三軍？」遂促令斬之，然後成其喪禮。戰士無不墮淚。《南唐近事》。陸游《南唐書》一三。

林仁肇

1 林仁肇，建陽人也。剛毅有膂力，姿質偉岸，文身爲虎兒，因謂之「林虎兒」。馬令《南唐書》一一。陸游《南唐書》一四。《十國春秋》二四。

2 開寶中，以仁肇爲南都留守、南昌尹。太祖欲平江南，患仁肇勇略，私於仁肇左右，竊取其傳神。

俟江南朝貢至，以示其使曰：「汝以斯圖何如？」對曰：「此似臣本國林仁肇。」因曰：「仁肇且將至矣。」又使微指其空館曰：「斯仁肇之第也。」後主聞之，不知其權，遽使鴆殺之。不二年，王師渡江。仁肇少有風疾，其息氣頗穢，時謂之肺掩不正。及遇鴆，而家人疑其不穢，尋病而卒。《江南野史》九。馬令《南唐書》二一。陸游《南唐書》一四。《十國春秋》二四。

3 周世宗已得淮南，李後主令侍中林仁肇出鎮武昌，倚爲長城可知矣。未幾而太祖受命。太祖欲先取上游，兵帥多憚仁肇，未即遣之。于時，後主弟齊王達質于闕下。太祖嘗密令親信行班武昌僧院，竊取仁肇全身真容。既至，掛于便殿，召齊王觀之，曰：「卿識此人不？」對曰：「臣不識，然有類臣江南林仁肇。」上曰：「正是耳。近有表，并進此像，言相次歸朝，朕將遣使迎之。」齊不省其謀，亟使人間行歸白其事。由是君臣猜惑，仁肇不明而卒。《野說》（張本《說郛》四〇）。《雁門野說》（陶本《說郛》二四）。案：齊王景達，《十國春秋》二四作李從善。

陳喬

1 見宋齊丘23。

2 僞唐陳喬食蒸肫，曰：「此糟糠氏面目殊乖，而風味不淺也。」《清異録》上。

3 臨川上饒之民，以新智創作醒骨紗，用純絲蕉骨相兼撚織。夏月衣之，輕涼適體。陳鳳閣喬始以爲外衫，號太清氅。又爲四褛肉衫子，呼小太清。《清異録》下。

胡　則

1　胡則守江州，堅壁不下。曹翰攻之，危急，忽有旋風吹文字一紙，墜於城中。其詞曰：「由來秉節世無雙，獨守孤城死不降。何似知機早回顧，免教流血滿長江。」翰攻陷江州，殺戮殆盡，謂之洗城焉。《江表志》下。《南唐拾遺記》。

2　李景使大將胡則守江州，江南國下，曹翰以兵圍之，三年，城堅不可破。一日，則怒一饔人鱠魚不精，欲殺之，其妻遽止之曰：「士卒守城累年矣，暴骨滿地，奈何以一食殺士卒邪？」則乃捨之。此卒夜縋城，走投曹翰，具言城中虛實。先是，城西南依嶮，素不設守，卒乃引王師自西南攻之，是夜城陷，胡則一門無遺類。《夢溪筆談》九。

劉茂忠

1　開寶中〔申屠〕令堅爲吉州刺史，〔劉〕茂忠爲袁州刺史。金陵破，後主歸京師，兩人者相約，不以主在亡易節，誓死報國。前二年，令堅寐則夢與人鬭，大呼而寤，乃聚侍婢歌舞喧笑達旦，始能寐。至是，若與人搏擊于帳中者踰時而卒。茂忠度不能獨舊，遂降。將行，悉燔州縣軍興科斂文籍，所留田稅簿而已，袁人德之。陸游《南唐書》八。《十國春秋》二七。

2　〔劉茂忠〕行舟次淮口，修謁稱袁州刺史，諸主口岸者朱供奉見，乃擲鍮刺於地，大罵曰：「亡國之俘，仍刺史爲？」令具牓帖，乃□□□□，將陞其廳署，復叱之。令闋衣執杖庭參。既至京師，太祖曰：「朕平江南，何掠朕邊邑而殘賊士卒？」茂忠對曰：「臣事李煜，唯忠勇是奮，雖陛下親征，臣亦當殞身不顧。」上嘉其誠慤，待之頗厚，乃授登州刺史，之任。既至未幾，會前主岸供奉抵罪貶爲郡將，公見其來，亦不之憾，令就職日兩衙俾立墀下，供奉逾月慚死。《江南野史》一〇。馬令《南唐書》二二。陸游《南唐書》八。《十國春秋》二七。

3 刺袁日，郡君生一女，處金陵，城陷，爲兵人所掠在師。茂忠使女僕入諸營部，託鬻衣而竊求之，遂表聞取還。既至，皆喜。因暑夕，與庭下月坐，茂忠方據案，忽見一人自外躍劍刺之，茂忠以案自捍，連舉數四，而案迫絶，刃不能中。會左右執之，送軍巡司按訊，斬之，乃昔掠女兵也。《江南野史》一〇。馬令《南唐書》二二。《十國春秋》二七。

盧絳

1 盧絳，字晉卿，世爲南昌人。其父唐末仕南平王鍾傳，署館驛巡官，有子七人，絳乃其仲也。少好學，無不研精，頗通大義。不能治產業，每縱俠，與博徒遊。初，西京作坊副使尹承諤少於後主世獻利，便歸吉州，興運迴務，以資國用。路過南昌，絳能書計，辟爲本務吏。數年，暇則從屠弈角抵輩飲食。無何，貧困，乃欺竊官緡，罪當棄市。承諤且發，絳懼，易儒服逃於塗陽土豪陳氏家，尋會赦獲免。旦夕與陳氏諸子學，乃雜録六韜之屬。陳知其識度狀貌非儒家流，乃謂絳曰：「吾竊知子頗有謀略，今國家方急賢豪，非子窮委之時也。願厚貲賫而遣之。」絳不獲已而行，至豐城，爲曩昔交游無賴輩相率飲博，數日之間，囊橐皆罄。遂無聊，入南昌，兄及母弟皆嗤鄙不齒録，遂慚。入廬山白鹿洞國學，與諸葛濤、蒯鼇等善。不聽讀，唯以屠販爲事。諸生中有篋笥稍豐而吝者，則强取之，弱者侮之。及山下尋有嗇於賓道者，乃陰持禁物誣之，俾出縉帛。洞中流輩號爲「三害」。及朱弼新除國子助教，疏理其罪，絳遂入金陵。既至，塊然旅邸，素無知舊，裂裳既匱，遂薄遊京口，往來壁潤。寒雪，薪炭若桂，少有膂力，乃踊折簷桷而燒。時有守囷吏，見而壯之，延歸。既久，遭歲飢，吏無以給，因俾絳夜躍囷簷，自氣樓間入，竊官粟，數十往。《江南野史》一〇。馬令《南唐書》二二。陸游《南唐書》一四。《十國春秋》三〇。

2 見龔慎儀1。

3 盧絳從弟純，以蟹肉爲「一品膏」。嘗曰：「四方之味，當許含黃伯爲第一。」後因食二螯，筴傷其舌，血流盈襟，絳自是戲純：「蟹爲筴舌蟲。」《清異録》上。

龔慎儀

1 龔穎，邵武人，先仕江南，歸朝爲侍御史。嘗憤叛臣盧絳殺其叔慎儀，又害其家。後絳來陛見，舞蹈次，穎遽前以笏擊而踣之。太祖驚問其故，穎曰：「臣爲叔父復讎，非有他也。」因俯伏頓首請罪，極言絳狼子野心不可畜。太祖即下令誅絳而赦穎。……慎儀亦任江南，爲尚書禮部侍郎，崇政殿學士。嘗奉使嶺表，劉主囚之，踰年不遣。慎儀憂悸不知所出，乃然頂禱佛，願捨宅建寺，庶遂生還。未幾，劉主女病，譫語曰：「且急遣龔慎儀歸國，不然我即死。」劉主懼遣之，慎儀尋歸，以宅爲寺，即今邵武玉堂里香嚴寺是也。江南平，以慎儀爲歙州刺史，盧絳領叛兵數千入其城，慎儀坐黄堂治事，有絳部曲小校熊進直前刃之，舉族遇害，惟二女弗忍殺，攜以自隨。比入閩中，二女猶記憶鄉里，至玉堂香嚴寺徘徊不前曰：「此是我家，就死足矣。」絳即殺之。里老言：慎儀爲兒時，戲於道傍，有胡僧過，目之曰：「此兒骨法亦貴，但恨有凶相，恐不得令終。」竟如其言。《青箱雜記》二。

劉承勳

1　劉承勳者，江南人，爲德昌宫使。李氏承吴王基緒，保有江左，籠山澤之利，國帑甚富。德昌宫，其外府也，金帛多在焉。簿籍淆亂，鈎考不明，承勳專掌宫事，盜用之無算，家畜妓樂數十百人，朱門甲第，窮極富貴。嘗指妓樂中一青衣云：「此女妓教其優劇，止學師巫持刀勑水一藝，凡費二千緡，他可知也。」後主母喪，衛士嘗給服無布，賦以錢。後德昌宫中屋壞，得布四十間，皆義祖時所貯也，殆數千萬端。太祖平荆湖，畫計以困江左，詔假舟運湖中米百萬石，承勳求董其事，亦有姦心，便自結納，既而運米二百萬石至迎鑾。金陵平，承勳見太祖，首述其事，太祖曰：「此李煜平昔契分，非汝之功也。」止以爲鎮將。後貧困，街中求乞，帷薄不整，凍餓死。《湘山野録》(《宋朝事實類苑》七四)。《楊文公談苑》(《樂善録》一)。馬令《南唐書》二二。陸游《南唐書》一五。《十國春秋》三〇。

2　僞德昌宫使劉承勳嗜蟹，但取圓殼而已。親友中有言古重二螯，承勳曰：「十萬白八，敵一箇黄大不得。」謂蟹有八足，故云。《清異録》上。

唐人軼事彙編卷三十六

韓熙載

1 韓熙載舉進士，投書李鼎，曰：「釣大鰲者，不投取魚之餌；斷長鯨者，焉用割鷄之刀。」又云：「腰有劍而袖有鎚，口有舌而手有筆。」（《南唐野史》）（《類説》二七）。

2 李丞相穀與韓熙載少同硯席，分攜結約於河梁曰：「各以才命選其主。」廣順中，穀仕周爲中書侍郎、平章事；熙載事江南李先主爲光政殿學士承旨。二公書問不絶，熙載戲貽穀書曰：「江南果相我，長驅以定中原。」穀答熙載云：「中原苟相我，下江南如探囊中物爾。」後果作相，親征江南，賴熙載卒已數歲。先是，朝廷遣陶穀使江南，以假書爲名，實使覘之。李相密遺熙載書曰：「吾之名從五柳公，驕而喜奉，宜善待之。」至，果爾容色凛然，崖岸高峻，燕席談笑，未嘗啓齒。熙載謂所親曰：「吾輩緜歷久矣，豈煩至是耶？觀秀實公，字也。非端介正人，其守可隳，諸君請觀。」因令留宿，俟寫六朝書畢，館泊半年。熙載遣歌人秦弱蘭者，詐爲驛卒之女以中之。弊衣竹釵，旦暮擁帚灑掃驛庭，蘭之容止，宫掖殆無。五柳乘隙因詢其迹，蘭曰：「妾不幸夫亡無歸，託身父母，即守驛翁媪是也。」情既瀆，失「慎獨」之戒，將行翌日，又以一闋贈之。後數日，醼于澄心堂，李中主命玻璃巨鍾滿酌之，穀毅然不顧，威不少霽。出蘭於席，歌前闋以侑之，穀慚笑捧腹，簪珥幾委，不敢不釂，釂罷復灌，幾類漏卮，倒載吐茵，尚未許罷。後大爲主禮所薄，還朝日，止遣數小吏攜壺漿薄餞於郊。迨歸京，鸞膠之曲已喧，陶因是竟不大用。其詞《春光好》云：「好因緣，惡因緣，奈何天，只得郵亭一夜眠？別神仙。琵琶撥盡相思調，知音少，待得鸞膠續斷弦，是何年？」《玉壺清話》四。馬令《南唐書》一三。《十國春秋》二八。

3　初，熙載自以羈旅被遇，思展布支體，以報人主。内念報國之意，莫急於人材，於是大開門館，延納雋彦。凡占一伎一能之士，無不加意收采，唯恐不及。雖久病疲苶，亦不廢接對。至誠獎進後輩，乃其天性。每得一文筆，手自繕寫，展轉愛玩，至其紙生毛，猶不忍遽捨。後房蓄聲妓，皆天下妙絶，彈絲吹竹，清歌艷舞之觀，所以娱侑賓客者，皆曲臻其極。是以一時豪傑，如蕭儼、江文蔚、常夢錫、馮延巳、馮延魯、徐鉉、徐鍇、潘佑、舒雅、張洎之徒，舉集其門。熙載又長於劇談，與相反覆論難，多深切當世之務。故熙載每有表疏論列，聞聽翕然以爲當愜。《釣磯立談》。馬令《南唐書》一三。《十國春秋》二八。

4　韓熙載字叔言，事江南三主，時謂之神仙中人。風彩照物，每縱轡春城秋苑，人皆隨觀，談笑則聽者忘倦。審音能舞，善八分及畫，筆皆冠絶。簡介不屈，舉朝未嘗拜一人。每獻替，多嘉納。吉凶儀制不如式者，隨事稽正。制誥典雅，有元和之風。屢欲相之，爲宋齊丘深忌，終不進用。陳覺以福州之敗，齊丘庇之，特赦不誅。熙載上疏廷爭必請寘法，齊丘益怒，誣以縱酒少檢，貶和州司馬，其實平生不飲。璟覺其譖，非久召還。《湘山野録》下。《釣磯立談》。《十國春秋》二八。《南唐拾遺記》。

5 見李煜3。

6 後主即位，頗疑北人，往往賜死。熙載懼禍，肆情坦率，破財貨售樂妓以百數。月俸至，散與妓女，一無所有。既而不能給，遂衣敝縷作瞽者，持獨絃琴，俾門生舒雅執板，隨房歌舞求焉，以足日膳，旦暮不禁。其出入竊與諸生溷雜，熙載過之，笑曰：「不敢阻興而已。」……時謂北齊徐之才無以過之。月入不供，遂表後主曰：「家無盈日之儲，野乏百金之產，仲尼蔬食，平仲肫肩，亦未之如也。今商飈已至，寒色漸加，挾纊授衣，未知何以？」後主批云：「熙載咄咄，意要出錢，支分破除，廣引妓路。如云臨川一使，幣帛輕怯，措大無失也。且日俸五十餘千，謂之不足，則竭國家之產，不過養得百十個措大爾。」乃賜內庫綿絹充時服。自是多不赴朝，爲左右所彈，分司南都。上表乞住，曰：「諸佛慈悲，常容悔過，宣尼聖哲，亦許自新。臣無橫草之功，有滔天之罪，羸形雖在，壯節全消，滿船稚子、嬰兒，盡室行啼坐哭。勁風孤燭，病身那得長存；萬水千山，回首不堪永訣。」後主又批云：「既無遷善之心，遂掇自貽之咎。表陳悔過，覽之愴然，可得許本職在闕下。」《江南野録》（《類説》一八）。《南唐近事》。《邵氏聞見後録》一八。《緗素雜記》（《苕溪漁隱叢話》前集四〇）。《癸辛雜識》前集。

7 韓熙載北人，仕江南，致位通顯。不防閑婢妾，有北齊徐之才風。侍兒往往私客，客賦詩有云「最是五更留不住，向人枕畔著衣裳」之句，熙載亦不介意。《南唐近事》。《江南野録》（《類説》一八）。《誠齋雜記》上。

8 韓熙載家過縱姬侍，第側建橫窗，絡以絲繩，爲觀覘之地。初惟市物，後或調戲贈與，所欲如意。時人目爲「自在窗」。《清異録》下。

9 熙載畜女樂四十餘人，不加檢束，恣其出入，與賓客聚雜。後主累欲相之，而惡其如此，乃左授右庶子，分司于外。入朝辭，復上表，乞住闕下。……表上未報，於是盡出羣婢，使之即散。後主乃喜，遂以爲祕書監。羣婢俄集如初。後主笑曰：「吾於今乃知卿之心矣。」馬令《南唐書》一三。陸游《南唐書》一二。《十國春秋》二八。

10 韓熙載，本青社人。五代之亂，渡江投先主。累官中書侍郎。多置女僕，晝夜歌舞，客至雜坐。熙載謁僧德明曰：「吾爲此行，正欲避國家入相之命。」僧曰：「何故避之？」曰：「中原常虎視於此，一旦真主出，棄甲不暇。吾不能爲千古笑端。」《見聞録》（《類説》一九）。陸游《南唐書》一二。

11 韓熙載仕江南，官至諸行侍郎。晚年不羈，女僕百人。每延請賓客，而先令女僕與之相見。或調戲，或毆擊，或加以争奪靴笏，無不曲盡，然後熙載始緩步而出，習以爲常。復有醫人及燒煉僧數輩，每來無不升堂入室，與女僕等雜處。僞主知之，雖怒，以其大臣，不欲直指其過，因命待詔畫爲圖以賜之，使其自愧。而熙載視之安然。《五代史補》五。

12 見顧閎中1。

13 見陳致雍1。

14 〔韓熙載〕廣納儒生，苟有才藝，必延致門下。以舒雅之徒爲門生高第，幾數十輩。由是所用之資，月入不供。及奉使臨川，借官錢三十萬，所司以月俸預納。熙載上書訴之，云「家無盈日之廚，野乏百金之產」。累數百言。後主批其奏云：「言僞而辯，古人惡之。熙載俸有常秩，錫賚尚優，而謂廚無盈日，無乃過歟？」命有司放免逐月所刻料錢，仍賜内庫絹百疋、綿千兩，以充時服。馬令《南唐書》一三。

15 見舒雅 1。

16 晚年奉貢入梁京，絶知舊，題壁云：「未到故鄉時，將謂故鄉好。及至親得歸，争如身不到。目前相識無一人，出入空傷我懷抱。風雨蕭蕭旅館秋，歸來窗下和衣倒。夢中忽到江南路，尋得京中舊居處。桃臉蛾眉笑出門，争向門前擁將去。」……或問：「江南何不食剥皮羊？」熙載曰：「江南地産羅綺故耳。」時皆不喻，熙載去乃悟，追之不及。《江南野録》(《類説》一八)。又《詩話總龜》前集二四引。馬令《南唐書》一三。

17 見李煜 42。

18 後主即位，適會朱元反叛，頗有疑北客之意，唯待熙載不衰。又熙載曾將命大朝，留不得遣，有詩題館中曰：「我本江北人，去作江南客。還至江北時，舉目無相識。清風吹我寒，明月爲誰白？不如歸去來，江南有人憶。」時宰見而憫之，爲白天子，遣還。以此之故，嫌疑不及，然熙載内亦不自安，因彌事荒讌，殆於廢日。俸禄之數，不得充其用。及身没之日，後主痛惜曰：「天奪吾良臣何速也？遂不爰立。」顧左右曰：「今將贈熙載以平章事，前代嘗有此例否？」或對曰：「劉穆之贈開府儀同三司，即其例也。」後主即日出手書，詔贈以平章事。追謚曰文靖，葬於梅嶺岡謝安墓側。江南人臣恩禮，少有其比。《釣磯立談》。馬令《南唐書》一三。陸游《南唐書》一二。

19 柳宣爲監察御史，居韓熙載門下。韓以帷箔不修，謫授太子右庶子，分司南都。議者疑柳宣上言，宣無以自明，乃上章雪熙載事。後主叱曰：「爾不是魏徵，頻好直言。」宣曰：「臣非魏徵，陛下亦非太宗。」韓熙載上表，其略云：「無横草之功，可裨於國；有滔天之罪，自累其身。」又「老妻伏枕以呻吟，稚子環牀而號泣。三千里外，送孤客以何之？一葉舟中，泛病身而前去」。遂免南行。後卧疾，終于城南戚家山南，後主賜衾被以殮，贈同平章事。所司以爲無贈宰相之故事，後主曰：「當自我始。」徐鉉祭文，所謂「黔妻之衾，賜從御府；季子之印，佩入泉扃」。《江表志》下。《江南餘載》下。

20 後主屢欲相之，但患其疏簡。既卒，愈痛之，謂近臣曰：「吾訖不得相熙載，今將贈以平章事，有此典故否？」或對曰：「昔劉穆之贈開府儀同三司。」乃援此制，謚文靖。主遣人選葬隴，曰：「惟須山峯秀絶，靈仙勝境，或與古賢邱表相近，使爲泉臺雅遊。」果選得梅子崗謝安墓側。命集賢殿學士徐鍇集遺文，藏之書殿。《玉壺清話》一〇。《十國春秋》二八。

21 韓熙載後遷中書侍郎，赴宴，見園子裹紅抹額，引數十宫奴，皆名色，乃嘆曰：「此職也，好以中書侍郎兼之。」熙載少嘗服朮，忌桃李。後主内宴，俱賜侍臣，熙載不得已，遂食數顆。至是夕，瀉出十數朮人，長寸餘而卒。《江南野録》（《類説》一八）。

22 初，熙載嘗使周。及歸，元宗歷問周之將相，熙載曰：「趙點檢顧視非常，殆難測也。」及太祖受禪，人服其識。陸游《南唐書》一二。《十國春秋》二八。

23 韓熙載初知貢舉，人皆以爲巨題。熙載自賦詩五首，旦示諸生，皆有可觀。及著《格言》五十餘篇，時輩罕及。誘掖後進，號韓夫子。性好謔浪，有投贄荒惡者，使妓炷艾燻之。俟來，嗔曰：「子之卷軸，何多艾氣也。」《江南野録》（《類説》一八）。《南唐拾遺記》。

24 中原使至，熙載接伴，紿曰：「老夫竊觀吾子音容氣貌，一若先德，况忝世舊，故不可跪。」使者因拜之。馬令《南唐書》一三。

25 魏明好作詩，詞多而不格。嘗攜近詩詣韓熙載，韓託以病目，請置几案徐覽。明曰：「侍郎目昏，請自爲吟之。」韓曰：「耳聾加劇，切忌不聞。」《南唐近事》（《類説》二一）。《善謔集》（張本《説郛》六五）。

26 熙載才名遠布，四方建碑表者皆載金帛求爲之文。馬令《南唐書》一三。陸游《南唐書》一二。《十國春秋》二八。

27 見宋齊丘34。

28 嚴僕射續以位高寡學，爲時所鄙。又江文蔚嘗作《蟹賦》譏續，略曰：「外視多足，中無寸腸。」又有「口裏雌黃，每失途於相沫」；「胸中戈甲，嘗聚衆以横行」之句。續深赧之，强自激昂。以熙載有才名，固請撰其父神道碑，欲苟稱譽，取信於人。以珍貨幾萬緡，仍輟未勝衣一歌鬟質冠洞房者，爲濡毫之贈，意其獲盼，必可深諷。熙載納贈受姬，遂納其請。文既成，但叙譜裔、品秩及薨葬褒贈之典而已，無點墨道及續之事業者。續嫌之，封還，尚冀其改竄。熙載亟以向所贈及歌姬悉還之，臨登車，止寫一闋於泥金雙帶曰：「風柳摇摇無定枝，陽臺雲雨夢中歸。他年蓬島音塵斷，留取樽前舊舞衣。」《湘山野録》下。《南唐野史》（《類説》二七）。《古今詩話》（《詩話總龜》前集一七）。馬令《南唐書》一三。《十國春秋》二八。

29 韓熙載留心翰墨，四方膠煤，多不合意。延歙匠朱逢於書館傍燒墨供用，命其所曰「化松堂」。墨又曰「玄中子」，又自名「麝香月」，匣而寶之。熙載死，妓妾攜去，了無存者。《清異録》下。《墨史》上。《南唐拾遺記》。

30 韓熙載在江南造輕紗帽，匠帽者謂爲轉君輕格。《清異録》下。《南唐拾遺記》。

31 江南紫微郎熙載酷好鰻鱺，庖人私語曰：「韓中書一命二鰻鱺。」《清異録》上。

32 對花焚香有風味。味相和者，其臭殊妙。木犀宜龍腦，酴醾宜沈水，蘭宜四絶，含笑宜麝，薝蔔宜檀。韓熙載著《五宜説》。《南唐拾遺記》。

33 見韓愈39、40。

徐鍇

1 鍇四歲而孤，母方教鉉就學，未暇及鍇。鍇自能知書。稍長，文詞與鉉齊名。陸游《南唐書》五。《十國春秋》二八。

2 徐鍇字楚金，年十餘歲，羣從宴集，分題賦詩，令爲《秋詞》，援筆立成。其略曰：「井梧分墮砌，塞雁遠横空。雨久莓苔紫，霜濃薜荔紅。」《詩史》（《詩話總龜》前集二）。

3 徐鍇爲虞部員外郎，專掌集賢院，由此鋭意羣籍，不復問家事。嘗言：「集賢院即是吾家。」指所居曰：「此寄宿之所爾。」《九國志》（《職官分紀》一五）。

4 江南二徐，大儒也。後主政王六歲時，戲佛像前，有大琉璃缾爲貓所觸，判然墜地，因驚得疾薨。鍇爲王墓志，兩日矣，鉉曰：「受命撰文，當早爲之。」鍇曰：「文意雖不引貓兒事，此故實兄頗記否？」鉉因取紙筆，數疏之，不過二十事。鍇曰：「都未也。適已憶七十餘事。」鉉曰：「弟今大能記。」明旦，又云：「夜來復得數事。」兄撫掌而已。《野説》（張本《説郛》四〇）。《雁門野説》（陶本《説郛》二四）。《南唐拾遺記》。案：政王，陶本《説郛》作「歧王」。

5 徐鍇仕江左，至中書舍人，尤嗜學該博，領集賢學士，校祕書。時吴淑爲校理，古樂府中有「摻」字者，淑多改爲「操」，蓋章草之變。鍇曰：「非可以一例。若《漁陽摻》者，音七鑒反，三檛鼓也。禰衡作《漁陽三檛鼓》，歌詞云：『邊城晏開漁陽摻，黄塵蕭蕭白日暗。』」淑嘆服之。又嘗召對於清暑閣，閣前地悉布塼，經雨，草生縫中，後主曰：「累遣薙去，雨潤復生。」鍇曰：「《吕氏春秋》云：『桂枝之下無雜木』，蓋桂味辛螫故也。」後主令於醫院取桂屑數斗，匀布縫中，經宿草盡死。其博物多識如此。嘗欲注李商隱《樊南集》，悉知其用事所出。有代王茂元檄劉稹書云：「喪見躋陵，飛走之期既絶；投戈散地，灰釘之望斯窮。」獨恨不知灰釘事。乃後漢杜篤《論都賦》云：「焚康居，灰珍奇，椎鳴鏑，釘鹿蠡。」商隱之雕篆如此。《楊文公談苑》（《宋朝事實類苑》四〇）。又《類説》五三、《詩話總龜》前集二、《苕溪漁隱叢話》後集一四、《能改齋漫録》三引。《南唐拾遺記》。

6 徐鍇撰《義門陳氏書堂記》，有「男女長幼以屬會」之辭。既已授之，又密令寫碑人自於末添一「食」字。或問其故，鍇曰：「非食無以義聚。欲以此一字爲陳氏子孫之誡耳。」《江南餘載》下。

7 徐鍇以屯田郎中知制誥，久次當遷中書舍人，而宰相游簡言每抑之。鍇遂詣簡言，簡言從容曰：「以君之才地，何止舍人。但兄弟竝居清要，物忌太甚。請少緩之，使衆稱淹恤，進固未晚。」鍇頗怏怏。簡言徐出妓佐酒疊唱，歌辭皆鍇所製，鍇乃大喜起謝。歸以告兄鉉，鉉曰：「汝乃爲數闋歌換中書舍人耶？」《江南餘載》上。陸游《南唐書》五。《十國春秋》二八。

8 鍇著《質論》十餘篇，後主札批其首。後主文集，復命鍇爲序。君臣上下，互爲賁飾，儒者榮之。鍇以開寶八年卒于金陵圍城中。卒之踰月，南唐亡。馬令《南唐書》一四。

9 鍇凡四知貢舉，號得人。後主裒所製文，命爲之序，士以爲榮。鍇酷嗜讀書，隆寒烈暑，未嘗少輟。後主嘗得《周載》、《齊職儀》，江東初無此書，人無知者，以訪鍇，一一條對，無所遺忌，其博記如此，既久處集賢，朱黄不去手，非暮不出。少精小學，故所讎書尤審諦。每指其家語人曰：「吾惟寓宿于此耳。」江南藏書之盛，爲天下冠，鍇力居多。後主嘗歎曰：「羣臣勤其官皆如徐鍇在集賢，吾何憂哉。」李穆來使，見鉉及鍇，歎曰：「二陸之流也。」嘗夜直，召對論天下事，因及用人才行孰先，後主曰：「多難當先才。」鍇曰：「有人才如韓、彭而無行，陛下敢以十萬兵付之乎？」後主稱善。時國勢日削，鍇憂憤鬱鬱得疾，謂家人曰：「吾今乃免爲俘虜矣。」開寶七年七月卒，年五十五。贈禮部侍郎，謚曰文。著《説文通釋》、《方輿記》、《古今國典》、《賦苑》、《歲時廣記》及他文章，凡數百卷。鍇卒逾年，江南見討。比國破，其遺文多散逸者。陸游《南唐書》五。《十國春秋》二八。

10 見郭昭慶1。

11 徐常侍鉉自江南歸朝，歷右散騎常侍，貶靖難軍行軍司馬，而卒於邠州。鉉無子，其弟鍇有後，居金陵攝山前開茶肆，號徐十郎，有鉉、鍇誥勅，備存甚多。客嘗過，求觀之，有自江南入宋初授官誥，云：「歸明人僞銀青光禄大夫守太子率更令」云云。《南唐拾遺記》。

高越

1 高越，燕人也。將舉進士，文價藹然，器宇森挺，時人無出其右者。鄂帥李公賢之，待以殊禮，將妻以愛女。越竊諭其意，因題《鷹》一絶，書于屋壁，云：「雪爪星眸衆鳥歸，摩天專待振毛衣。虞人莫謾張羅網，未肯平原淺草飛。」遂不告而去。後爲范陽王盧文納之爲婿，與王南歸烈祖，累居清顯。終禮部侍郎。江文蔚俱以詞賦著名，故江南士人言體物者，以江、高爲稱首焉。《南唐近事》。《江南餘載》。《唐詩紀事》七一。

2 高越，燕人也。少舉進士，清警有才思，文價藹於北土。時威武軍節度使盧文進，有女美而慧，善屬文，時稱女學士。越聞而慕焉，往謁文進，文進以妻之。晉高祖即位，文進南奔，越與之俱來。初投鄂帥張宣，久不見知，越以《鷹》詩誚之曰：「晴空不礙摩天翮，未肯平原淺草飛。」遂至廣陵，烈祖愛其詞學。馬令《南唐書》一三。陸游《南唐書》九。《十國春秋》二八。

高遠

1 江南李氏取湖南，百官皆賀，起居郎高遠曰：「我乘楚亂，取之甚易，觀諸將之才，但恐守之甚難爾。」以邊鎬守之，後果失之。《續世説》四。陸游《南唐書》九。《十國春秋》二八。 案：馬令《南唐書》一三載此爲高越事。

湯悦

1 湯悦仕吴，爲秘校，主受禪，用爲學士。一日，謂悦曰：「近覺卿神彩明焕，精芒中發，得非有異遇乎？」悦不敢隱，曰：「臣數日前，夙興頮面，流星墜盆中，驚異之際，將掬之，星飛入口，餘無他遇。」主曰：「卿之貴異，他日無比者。」果事三朝。後歸朝爲太子詹事。八十餘卒。《玉壺清話》九。

2 湯悦，其先陳州西華人，父殷文圭，唐末有才名。悦本名崇義，仕南唐爲宰相，建隆初避宣祖廟諱，改姓湯。悦嘗撰揚州孝先寺碑，世宗親征淮南，駐驛于寺，讀其文賞歎之。及畫江請平，元宗使悦入貢，世宗待之加禮。自淮上用兵，凡書檄教誥皆出於悦，特爲典贍，切於事情。世宗每覽江左章奏，形於嗟重。後仕皇朝，奉太宗皇帝勑，撰《江南録》十卷，自言有陳壽史體。馬令《南唐書》二三。《楊文公談苑》(《宋朝事實類苑》四〇)。《十國春秋》二八。

郭昭慶

1 郭昭慶，其先爲廬陵禾川人。……昭慶博通經史。擬《元經》作《唐春秋》三十卷，著《治書》五十篇，皆引古以勵今。獻之，爲左右所沮，俾就舉進士。昭慶不平，復上書曰：「臣所述皆先聖之遺旨，以懲勸褒貶爲任。其餘摘裂章句，補綴雕蟲，臣自少耻而不爲。」因得召對，補楊子尉。不受，復歸禾川。邑宰覽之，修謁往候，昭慶不與之見，宰銜之。會閱編户，乃籍昭慶爲新擬軍。昭慶復走金陵，再獻《經國》、

《治民論》各十餘篇，大抵皆指述池州采石堤要害備禦之處，及東海隅可以拓之之略。後主覽而悅之，遂署爲著作郎。常以才名自居，然朝無引援，久之不遷。開寶歲貢方物，牋表及使命廷勞燕餞之辭，一出於昭慶。皇朝諸公亦推其辭藻，徐鉉、徐鍇尤嫉之。鍇前通謁而不署名銜，昭慶怒，乃詬而擲之，由是有隙。昭慶之居與客將李師義爲隣，而師義與鍇爲姻婭。鍇因令師義召昭慶飲，潛置鴆于酒，昭慶飲之不疑。詰旦入朝，及階而仆，扶出遂絶，諸竅皆出血。昭慶前所獻《治書》内有禁絶三篇，多天文孫吴之術，及《經國論》等，皆行于世。唯《唐春秋》爲鉉、鍇所匿。馬令《南唐書》一四。《十國春秋》二八。

盧郢

1 盧郢，金陵人也。好學有才藝，而膂力過人，善吹鐵笛。乾德中，後主以韓德霸爲在城烽火使，常督無賴輩旦暮巡警，諸科士人微犯禁，往往罹鞭朴。會德霸出，郢調笛不輟，使數卒捕郢，郢奮肱搏之，卒不能逼，郢遂去。後與黄夢錫等自國子監出，行遇德霸，不避其呵導，德霸駐騎詬曰：「汝等乞索輩，殊不知憲制，敢無禮耶！」因叱左右收郢等。郢等争投瓦石，擊走其導從，毆德霸傷目。德霸詣後主訴之，後主讓曰：「國子監，先帝教育賢材之地，孤亦賴此輩，與之共治。汝鬭監前，是必越分陵辱士人。既爲戎帥，不能自扞，宜其見毆。」遂罷德霸職。郢由是横肆益甚。明年，春試《王度如金玉賦》，郢唱第爲第一。徐鉉娶郢妹，鉉嘗受後主旨撰文，數日不能就，因語郢，郢曰：「願試爲之。」因弄百鈞石毬以較力，少頃，引酒一巵，復弄如初，若是者數四。鉉視之曰：「非吾徒也，其何能爲？」且試詰之。郢曰：「既就矣。」命筆吏，口授而書之。鉉大驚，遂以郢文進，後主謂鉉曰：「語勢遒健，似非卿作。」鉉以實對。郢由是知名。歸皇朝，累遷南全守，頗著治蹟，病卒。馬令《南唐書》二三。陸游《南唐書》一五。《十國春秋》二八。

喬匡舜

1 南唐給事中喬〔匡〕舜知舉，進士及第者五人，即丘旭、欒史，王則、程渥、陳皋也，皆以舉數升降等甲。無名子以爲喬之榜類陳橘皮，以年多者居上。《侯鯖録》八。《南唐近事》（《類説》二一）。陸游《南唐書》八。

舒雅

1 舒雅世爲宣城人，姿容秀發，以才思自命。因隨計金陵，以所學獻于吏部侍郎韓熙載，熙載一見如疇昔，館給之。雅性巧黠，應答如流，熙載待之爲忘年之交，出入卧内，曾無間然。熙載性懶，不拘禮法，常與雅易服燕戲，猱雜侍婢，入末念酸，以爲笑樂。或云：熙載所著格言，半雅之辭。迨數年，會熙載知貢舉，以雅爲第一，朝野無間者，以雅之才爲當也。歸皇朝，守舒州，出見山水奇秀，田疇沃壤，遂有終焉之志。考滿，以本官掌靈仙觀，卒。馬令《南唐書》二二。《十國春秋》三一。

2 舒雅才韻不在人下，以戲狎得韓熙載之心。一日，得海螺甚奇，宜用滑紙，以簡獻於熙載云：「海中有無心斑道人往詣門下，若書材糙澀逆意，可使道人訓之，即證發光地菩薩。」熙載喜受之。發光地，十地之一也，出《華嚴》書。《清異録》下。

3 舒雅作青紗連二枕，滿貯酴醾、木犀、瑞香、散蕊，甚益鼻根。尚書郎秦南運見之，留詩曰：「陰香裝艷入青紗，還與欹眠好事家。夢裏却成三色雨，沉山不敢鬬清華。」《清異録》下。

陳致雍

1 陳致雍熟於《開元禮》，官太常博士，國之大禮皆折衷焉。與韓熙載最善。家無擔石之儲，然妾妓至數百，暇奏《霓裳羽衣》之聲，頗以帷薄取譏於時。二人左降者數矣。熙載詩：「陳郎不著世儒衫，也好嬉游日笑談。幸有葛巾與藜杖，從呼宮觀老都監。」其廳中置大鈴，大署其旁曰：「無錢僱僕，客至請挽之。」《江南餘載》上。

張泌

1 張泌，江南人，字子澄，仕南唐爲内史舍人。初，與隣女浣衣相善，經年不復覩，精神凝一，夜必夢之。嘗有詩寄云：「別夢依依到謝家，小廊回合曲闌斜。多情只有春庭月，猶爲情人照落花。」浣衣計無所出，流淚而已。《虛樓續本事詩》（《瑯嬛記》下）。

朱鞏

1 朱鞏侍郎童蒙日，在廣陵入學，其師甚嚴，每朝午歸餐，指景爲約，其時不至，當行檟楚。朱雖稟師之命，然常爲里巷中一惡犬當道，過輒嘷吠，鞏乃整衣望犬再拜，祈之曰：「幸無嚙我，早入學中，免爲夫子笞責。」精誠所至，涕泗交流，犬亦狂吠不顧。是夕，犬暴卒于家。《南唐近事》

2 元宗曲宴，命從臣賦詩，學士朱鞏唯進一聯，不能終篇，乃曰：「好物不在多。」左右掩口而笑。自是士庶餉遺不豐好者，皆以朱爲口實。《南唐近事》（《類説》二一）。

陳省躬

1 潁川陳省躬者，南昌人。少負辭學，與徐鉉兄弟友善。先主輔政，射策入仕，累官至廬陵永新令。在任明察體理，吏不敢欺，敏於判部。部民交訟，不下吏議，面訊其由，窮省情素，立分當否，不勞按驗，兩造甘愜，其訟自弭。復恃其才幹，往往判返郡符。時郴、衡之盜，入境暴掠，民有防戍健卒禦扞，多爲所殺。省躬遂給府緡，市棺殯葬。郡下符讓其專輒，俾認愆疑。省躬怒，遂判府後云：「開官庫，使官緡，買棺木，葬官軍，何過之有？」於是緘而遣之。郡守覽而不能屈。郡有教人者，引及知見，郡吏贄符命之，其人竄逐，遂恐迫其婦，婦懼，乃自經。省躬械繫郡吏，仍致辭于上曰：「一夫抱恨，六月降霜；一婦聲冤，三年大旱。本爲教人，却致殺人。請加明罰。」由是抵罪。然有過設陷刑者，理或可憫，嘗哀而出之。其佐乃有蕭某者，執法不回，捐牘不署，蹈禮不迫，而與令爭。令欲毆之，大罵曰：「臭下輩！」蕭對曰：「啞叉手者既是下輩，行拳却是上輩。」令慚謝。時太守，武士也，聞之，怒其佻慢，乃使召之。既至，下吏按驗，省躬乃寫籀文答之。吏稱不辨，省躬叱曰：「何不使倅拭瞎讀之？」吏示倅，亦不辨，於是遣還。

省躬謂人曰：「今朝廷識字，惟僕與徐家兄弟耳，餘奚足算哉！」初，南越王劉隱之子跨據交廣，絶朝貢之禮，李太保使諷後主，俾以書檄諭以禍福。朝議以省躬才辨，遂任爲价。既逾嶺至韶廣後，主使水道而進。既登舟，遂以重幕羃之，舟中之人略可相視。逾數日，又重幕圍之，使登岸，屣步纔十許里，至館中，供帳頗異於常。主使勞慰燕飲累日，忽且舁饋鱛之物並報函。復圍而遣至水濱，登前所羃舟，日夕惟聞牽駕之聲，然不知其沿泝七八日，復至韶而還，死於舟中者數人。省躬在治産一子，逾月將名之，問廳吏蕭德之曰：「汝有幾子？」對曰：「有男五人。」省躬小名之曰「蕭六」。省躬爲人雖醜疾邪惡，然利于貨賂。邑豪龍氏誘殺郴、衡歸順人户迨百口，取其貨並婦女。事露，後主遣尚書郎張佖就按之，私使詢于省躬，驗其謬實。龍竊知之，饋白金迨千，省躬受而僞諾之。乃報佖曰：「彼殺之矣。」故時不多其爲人。入中朝位不顯達者，良此之由也。故參政彭年，乃其子蕭六焉。《江南野史》七。

2 南昌陳省躬好硯成癖，晚得一枚，腹有四眼，徐鉉名之方相石。省躬以近凶不用，自號爲仙翁硯，蓋取道家四目老翁之説。《清異録》下。

王魯

1 王魯爲當塗宰，頗以資産爲務。會部民連狀訴主簿貪賄于縣尹，魯乃判曰：「汝雖打草，吾已虵驚。」爲好事者口實焉。《南唐近事》。

鍾離瑾

1 余爲兒童時，嘗聞祖母集慶郡太守陳夫人言：江南有國日，有縣令鍾離君，與隣縣令許君結姻。鍾離女將出適，買一婢以從嫁。一日，其婢執箕箒治地，至堂前，熟視地之窊處，惻然泣下。鍾離君適見，怪問之，婢泣曰：「幼時我父於此穴地爲毬窩，道我戲劇，歲久矣，而窊處未改也。」鍾離君驚曰：「而父何人？」婢曰：「我父乃兩考前縣令也，身死家破，我遂流落民間，而更賣爲婢。」鍾離君遽呼牙儈問之，復質於老吏，得其實。是時，許令子納采有日，鍾離君遽以書抵許令而止其子，且曰：「吾買婢得前令之女，吾特憐而悲之。義不可久辱，當輟吾女之奩篚，先求婿以嫁前令之女也。更俟一年，別爲女營辦嫁資，以歸君子，可乎？」許君答書曰：「蘧伯玉耻獨爲君子，君何自專仁義？願以前令之女配吾子，然後君別求良婿，以嫁君女。」於是前令之女卒歸許氏。祖母語畢，歎曰：「此等事，前輩之所常行，今則不復見矣。」余時尚幼，恨不記二令之名，姑書其事，亦足以激天下之義也。鍾離名瑾，合肥人也。《東軒筆録》一二。又《厚德録》一引。《南唐拾遺記》。《十國春秋》二九。

江夢孫

1 江夢孫，字聿修，九江湓城人。祖禰不仕，以儒道自高。夢孫少傳先業，頗藴藝學，旁貫諸經，籍茂聲譽，遠近崇仰，諸生弟子不遠數郡而至者百人。春誦夏弦，以時講聞，鼓篋函丈，庠序常盈。先主輔政，欲廣賢良之術，聞其德業，遂以幣帛聘之數四，不得已乃起。既至，爲雲閣郎，甚被親禮，委之薦進，時謂得人。逌數年，忽自陳曰：「僕少長白屋，頗知民間利病，邑宰之政，可以存革深弊。願效一縣，庶竭愚鄙。」先主不許，曰：「令長之職，徒勞之任，與臺閣之資清要不同。」夢孫曰：「苟獲所請，無憚勤匱。」先主見其懇迫，求且不已，遂授近畿天長令。既至，縣吏告不寢大廳，妖怪所憑，前令居之不夕而死，請止便室，以避其凶。夢孫不從，謂曰：「苟如是，我自當之。」既夜半，果有鬼魅，呼嘯而至，掀投牀几，復扣門户，召云令出。夢孫卧聞，答之以喏，乃整朝衣，秉燭出户，爇爐奠爵而祝曰：「不知何人，輒敢召令。吾爲民長，必有正應，以衙郡吏。汝或爲神，必當受民祭祀，合聰明正直，與百姓爲福。何乃非理，與王者之宰争居其地，驚撓正人。况吾以忠事主，以信示人，所爲不二，寧畏于汝，汝若不悛其過，乃更爲厲，則日月星辰，昭晰于天，吾當具奏，請行誅戮。雖汝後悔，不亦晚乎？」由是闃然，至今乃絶。于是召鄉里高年，存問疾苦，蠲其非征，任其便利，有害于政者，必表罷之。見官槽有馬，因問之，左右對曰：「昔部民競之，窮按道理，各有所據。前政未能區别，遂擊于官，且二年矣。」夢孫曰：「今固亦爾。吾聞管仲之馬識道，王恂之馬知其故第。」命逐二馬至于郊外，放而視之，任其所如。其馬久縻棧皁，偶解羈束，遂奔數十里，果入一主之家。其訟遂息。先主聞之，彌加敦獎。未幾，稱疾而罷。先主曰：「夢孫果賤宰字之卑，不能久居。」乃命代還。有老幼遮道泣留，追十數里。至都一恩辭歸鄉里，先主固留不止。既還家，門生弟子復至，乃率身耕稼，躬事繼母。旦則冠帶入門温凊，親饋飲饌，退更常服，力操耒耨耘； 暮而歸，易衣侍膳畢，然後就庠序集門生弟子，説釋經義如故。時有生徒請之曰：「吾聞《詩》者，經聖人所删，致遠而泥。然其間何謂『兄弟鬩于牆』？如是，則聖人使人鬩于內，而後禦止于外耶？」夢孫徐而答曰：「大哉，子之問乎！此疑爲鬩字，似非爲鬩。當時竹簡訛缺，傳之者誤。亦猶《春秋》書閏月之義者也。」又拱而立曰：「夢孫昧學，不敢輕議其旨，諸生宜自取其長焉。」其爲人敦讓謙下，有如是者，時號爲搢紳先生。一門敦睦如一，子孫學業，各授一經，孝禮兼持，江左稱之爲最。卒時八十有五。葬之日，自遠方至者幾千人，而服縗絰徒跣者百許。嗣主聞之，美其才茂德逸，故贈國子司業，優賜葬物。其後，門人弟子仕顯達者大半。《江南野史》八。《釣磯立談》。《玉壺清話》一〇。馬令《南唐書》一五。陸游《南唐書》七。《十國春秋》一〇。

2 江都縣大廳，相傳云：陰有鬼物所據，前政令長升之者，必爲瓦礫所擲。或中夜之後毀去按硯，或家人暴疾，遺火不常。斯邑皆相承居小廳蒞事，始獲小康。江夢孫聞之，嘗憤其說，然夢孫儒行正直，衆所推服。無何，自秘書郎出宰是邑。下車之日，升正廳，受賀訖。向夜具香案端笏，當中而坐，誦《周易》一遍。明日如常理事，篾爾無聞。自始來至終考，莫覩怪異。後之爲政者，皆飲其惠焉。《南唐近事》。

3 初，夢孫解職而歸，有羣盜謂有貲鏹，遂掠其家。夢孫聞其至，巾帶迎候，使烹犬豕，爲設飲食于盆盎中。疑懼其鴆，不食，乃對之先飲七甌，及啗數臠，然後與之。食畢，遂罄室所有，寒襖、衣襦、襴袍、器皿之類，盡置之。既行，見一鼎蓋尚在，夢孫曰：「彼若遺此，乃爲不具之器。」遂遣與之。羣盜皆驚歎曰：「吾輩小人，實輕瀆君子。」是夜，還置其所剽之物于門外而去。夢孫啓户見之，一無所失焉。《江南野史》八。

4 江夢孫夜夢直木生於庭。詰朝，其妻産男，遂名直木。幼聰睿，後官至刑部員外郎。《江南餘載》上。

張翊

1 張翊，其先京兆人，世綿官緒，唐末授任番禺，屬劉隱將據交、廣，棄官北還。至潭、衡間，馬氏已有潭、澧，挈家亡入江南。至廬陵禾川，見廬陵沃壤，乃貨囊琛以易産畂而居焉。及翊兄弟長，力先業，能屬文。入廣陵，先主輔政，以射策中第，授武騎尉。先主移鎮金陵，隨渡江，見知，宋齊邱署府中從事。嗣主代立，例受慶恩，求以寧親，授虔州觀察判官、西昌令，假道還里，人榮之。在任著政績。然性褊躁恃才，靡寬恕，好狎侮同寮，淩暴左右，被鴆而卒。昔往禾山，有大舜二妃廟，邑中紫陽觀、新興佛閣碑誌，皆翊所撰，其文婉麗，今猶存焉。《江南野史》九。《十國春秋》二一。

2 張翊者，世本長安，因亂南來，先主擢置上列，時邦西平昌令，卒。翊好學多思致，嘗戲造《花經》，以九品九命升降次第之，時服其允當。《清異録》上。

胡元龜

1 胡元龜，世爲廬陵人，居永新。少有俊才，常候本邑宰，見其風貌瓌傑，而禮趨生獷，欲窮其藝學，因新畫屏爲戲珠龍，乃曰：「請子詠之。」元龜執簡造次而成，因諷宰受貽云：「翻身騰白浪，探爪攫明珠。」宰爲設飲饌，盡懽而罷。後有人爲宰發之，宰怒，使人追捕，欲害之。元龜亡入金陵，會吏曹徐郎以賓館之，未幾，郎爲子娶親，迎之夕，畢，命僚族設餞管。徐有同舍郎在坐，問曰：「今夕詩相爲誰？」答曰：「有螺江胡造士焉。」郎大咍，以題試之。元龜援毫裂牋，不刻而成。郎覽之，頷而已。元龜以迴文詩嘲之，郎辭以賦題。又連飛數章，譏切皆以迴文體。郎一辭不措，僞醉而去。由是衆慕之。徐薦于宋齊邱；遂射策入官，授文房院副使。迨數年，歸寧省。天威都虞候張巒征桂林班師，與元龜有故，訪其第，親拜其母，留數日，宴飲而去。入授撫州臨川令，頗著政績。時齊王景達出鎮，而元龜朔望起居，頗有慢色。又嘗凌辱王府公僕。嗣主知之，將代之，有訟其婦者，元龜目之，乃曲道兩離之，自娶而與去。訟主詣金陵發之，按窮其事，免官，徙廣陵。數年會赦，求叙理，不報，遂著叛呈怨詞三十首，皆傳俗口。國家聞而鴆之，死年迨强仕矣。《江南野史》九。《詩話總龜》前集三七。《十國春秋》三一。　案：胡元龜，《詩話總龜》作朝元龜。

康仁傑

1　康仁傑，泉州人也。少祝髮爲僧，喜儒學，頗自勵，因遊江淮。會陳德誠出次池陽，仁傑以詩投之，有「紅旆渡江霞蘸水，青蛇出篋雪侵衣」之句。德誠勉令就仕，乃薦仁傑于執政者。仁傑易儒服，至金陵。會羣公旬沐，宴昇元閣，仁傑造席，和《登閣詩》，有「雲散便凝千里望，日斜長占半城陰」之句，座皆大驚。後主聞之，問左右曰：「仁傑如何人？」或對曰：「亦詩中苦吟者也。然其遠人，慕化而至，宜姑息而已。」時陳洪進據漳、泉，遂召問其風土民俗，仁傑對答無滯，仍獻所業。授鄂州文學，補溧陽簿。考滿，出吉州括量屯田。仁傑視肥磽，稽田疇，無不允當。性循素儉，門無私謁，其所進待，乃儒生名士。吟嘯終日，曾不少怠，晚年彌苦其志。嘗以詩召嘉禾峯僧云：「只在此山寧有意，向來求佛本無心。」時皆稱善。

入授汾陽令。及金陵敗，仁傑亦卒。馬令《南唐書》一四。《十國春秋》三一。

孫魴

1 孫魴，世南昌人，家貧好學。長會唐末喪亂，都官郎鄭谷亦避亂歸宜春，魴往師之，頗爲誘掖。後有能詩名，嘗與沈彬及桑門齊己、虛中之徒爲倡和儔侶。屬吴王行密據有江淮，遂歸，射策授□郡從事。與沈彬嘗遊于李建勳，爲詩社。彬爲人口辯，能評較人詩句。時魴有《夜坐》句，美于時輩，建勳因試之，先匿魴齋中，候彬至，乃問魴之爲詩何如，彬答曰：「人言魴非有國風雅頌之體，實得田舍翁火爐頭之作，何足稱哉！」魴聞之怒，突然而出，乃讓彬曰：「公何誹謗之甚而比田舍翁言，無乃太過乎！」彬答曰：「子《夜坐》句云：『劃多灰漸冷，坐久席成痕。』此非田舍翁爐上作而何？」闔座大笑，善彬能近取譬也。及《題金山寺》云：「萬古波心寺，金山名日新。天多剩得月，地少不生塵。過櫓妨僧夢，驚濤濺佛身。誰言張處士，題後更無人？」有集僅百篇，皆此類。先主受禪，累遷正郎而卒。《江南野史》七。馬令《南唐書》一三。《唐詩紀事》七一。《唐才子傳》一〇。《十國春秋》三一。

2 魴，南昌人。唐末，鄭谷避亂歸宜春，魴往依之，頗爲誘掖。後有能詩聲，終於南唐。魴父，畫工也。王徹爲中書舍人，草魴誥詞云：「李陵橋上，不吟取次之詩；顧凱筆頭，豈畫尋常之物。」魴終身恨之。《唐詩紀事》七一。《四六話》下。

伍喬

1 伍喬，廬江人也。性嗜學，以淮人無出己右者，遂渡江，入廬山國學，苦節自勵。一夕，見人掌自牖隙入，中有「讀易」二字，倏爾而却。喬默審其祥，取《易》讀之，探索精微。迨數年，山下有僧夜夢人指大星曰：「此伍喬星也。」僧與喬初不相知，達旦，入國學訪問，得喬，喜甚，勉之進取。喬以匱乏告僧，輒罄橐予之。喬出與郡計。明年春試《畫八卦賦》、《霽後望鍾山》詩。是歲同試數百人，初中有司之選者，必延之陛堂而加慰飲焉。先是，宋貞觀登坐，張洎續至。主司覽程文，遂揖貞觀南坐，而引洎西首。酒數行，喬始上卷，主司讀之驚嘆，乃以貞觀處席北，辟洎居南，登喬爲賓首。覆考牓出，喬果第一，洎第二，貞觀第三，時稱主司精於衡鑑。元宗命勒喬程文于石，以爲永式。署宣州幕府，考滿，遷考功郎。卒于官。馬令《南唐書》一四。陸游《南唐書》一五。《十國春秋》三一。

2 伍喬、張洎少相友善。張爲翰林學士，眷寵優異。伍爲歙州通判，作詩寄張，戒去僕曰：「張遊宴時投之。」一日，張與僚友近郊會燕，歡甚，僕投詩。詩曰：「不知何處好消憂，公退攜壺即上樓。職事久參侯伯幕，夢魂長繞帝王州。黄山向晚盈軒翠，黟水含春繞郡流。遥想玉堂多暇日，花時誰伴出城遊？」得詩動容久之，爲言於上，召還，爲考功員外郎。《詩史》（《詩話總龜》前集五）。

蒯鼇

1 蒯鼇，宣城人也。善屬文，有才思，嘗曰：「夫文章者，所以達道德之本，發才智之蘊，使旨勝於辭，理過於文，爲得之矣。其餘摘裂章句，鉤校屬耦，綺麗悦目，清新沃耳，則吾不知也。」聞者善之。鼇少亦無賴，常與盧絳爲友。後頗改過，以廉直自勵。苟寒燠略備，則一介不干於人。嘗有歙州龍尾硯，友人欲之而口不言，鼇心與之而未及遺。一日友人不告而去，鼇乃悔恨，躡至數舍與之。時有不給而躬謁於人，苟愆其期，後雖固予，亦弗之受。其抱信義如此。歸于皇朝，擢進士第。以殿中丞致仕，隱于廬山，數年卒。馬令《南唐書》二三。《十國春秋》二八。

劉洞

1 劉洞，廬陵人也。少遊廬山，學詩於陳貺，精思不懈，至浹日不盥。貺卒，猶居二十年。詩長於五言，自號「五言金城」。後主即位，詣金陵獻詩百篇，後主覽其首篇《石城懷古》云：「石城古岸頭，一望思悠悠。幾許六朝事，不禁江水流。」後主掩卷，爲之改容，不復讀其餘者。洞羇旅二年俟召，不報，遂還廬陵。與同門夏寶松相善。陳貺嘗謂己詩埒賈島，洞亦自言有浪仙之體，恨不得與之同時言詩也。虔州陳德誠尤重其詞學。及金陵受圍，洞爲詩署于路旁云：「千里長江皆渡馬，十年養士得何人。」又云：「翻憶潘郎章奏内，陰陰日暮好沾巾。」初，潘佑表云：「家國陰陰，如日將暮。」洞以譏之。開寶八年卒，其遺集行于世。馬令《南唐書》一四。《江南野史》九。陸游《南唐書》一五。《十國春秋》三一。

2 金陵受圍，洞猶在城中。國亡，洞過故宫闕，徘徊賦詩，多感慨悲傷，不以不遇故有怨懟語。未幾卒。與洞同時有夏寶松者，亦隱廬山，相與爲詩友。洞有《夜坐》詩，寶松有《宿江城》詩，皆見稱一時，號「劉夜坐」、「夏江城」云。陸游《南唐書》一五。《十國春秋》三一。

夏寶松

1 夏寶松，廬陵吉陽人也。少學詩於建陽江爲。爲羈旅卧病，寶松躬嘗藥餌，夜不解帶，爲德之。與處數年，終就其業。與詩人劉洞俱顯名于當世。百勝軍節度使陳德誠以詩美之曰：「建水舊傳劉夜坐、螺川新有夏江城。」蓋劉洞嘗有《夜坐》詩，最爲警策，而寶松有《宿江城》詩云：「雁飛南浦砧初斷，月滿西樓酒半醒。」又「曉來羸驥依前去，目斷遥山數點青。」故德誠紀之。其爲當時延譽，類如此。晚進儒生，求爲師事者多齎金帛，不遠數百里，輻輳其門。寶松黷貨，每授弟子，未嘗會講，唯貲帛稍厚者背衆與議，而紿曰：「詩之旨訣，我有一葫蘆兒，授之將待價。」由是多私賂焉。馬令《南唐書》一四。《實賓録》五。《詩話總龜》前集一二。《十國春秋》三一。

孟貫

1 見後周世宗17。

孟賓于　孟歸唐

1 五代孟賓于少遊鄉校，力學不怠，父以家貧，且鮮兄弟，題詩壁上云：「他家養兒三四五，我家養兒獨且苦。」賓于歸見之，續曰：「衆星不如孤月明，牛羊滿山獨畏虎。」父奇之。晉天福二年，登進士，歷官水部郎。《小草齋詩話》（《五代詩話》三）。

2 孟賓于，字國儀，連州輔國鄉人。天福中，自湖湘越京洛應舉。遠人無援，遂卜命于華山神珓，有如一年乞一珓，凡六擲，得上上大吉。每年下第有詩，今略舉一聯用表：其第一年云：「蟾宫空手下，澤國更誰來！」二年云：「水國二親應探榜，龍門三月又傷春。」三年云：「仙島却回空說夢，清朝未達自嫌身。」第四年云：「失意從他桃李春，嵩陽經過歇行塵。雲僧不見城中事，問是今年第幾人。」五年云：「因逢日者教重應，忍被雲僧勸却歸。」天福九年禮部侍郎符蒙下及第，果六舉。後往江南，官至水部郎中，致仕，居吉州玉笥山。復知豐城縣，年七十餘卒。《郡閣雅談》（《詩話總龜》前集一八）。

3 孟賓于獻主司詩云：「那堪雨後更聞蟬，溪隔重湖路七千。憶昔故園楊柳岸，全家送上渡頭船。」主司得詩，自謂得賓于之晚，當年中第。興國中致仕，歸連上，過廬陵，吉守贈詩曰：「曾聞洛浦綴神仙，火樹南栖幾十年。白首自忻丹桂在，詩名已得四方傳。行隨秋渚將歸雁，吟傍梅花欲雪天。今日還家莫惆悵，不同初上渡頭船。」《雅言系述》（《詩話總龜》前集五）。

4 孟賓于，湖湘連州人。少修儒學。早失其父，事母以孝聞。長好篇詠，有能詩名。天祐末，工部侍郎李若虛廉察於湘沅，賓于有詩數百篇，自命爲《金鰲集》獻之。大爲稱譽，因採擇集中有可舉者十數聯，記之于書，使賓于馳詣洛陽，獻諸朝廷，皆爲數之，其譽藹然。至明年春，與故李司空昉同年擢進士第。尋屬喪亂，遂歸寧親。數歲，天策府馬氏辟爲零陵從事。及江南攻下湖湘，賓于隨馬氏歸朝，嗣主授以豐城簿，尋遷淦陽令。因黷貨，以贓罪當死。會昉遷翰林學士，聞其縲絏，以詩寄賓于云：「幼攜書劍别湘潭，金榜標名第十三。昔日聲塵喧洛下，近年詩價滿江南。長爲邑吏情終屈，縱處曹郎志未甘。莫學馮唐便休去，明君晚事未爲慚。」後主見詩貸之，復其官。未幾，求致隱于玉笥山，自號羣玉峯叟，與道家流遊處。迨期年，後主以水部員外郎起之。金陵陷，賓于遂歸老連上，時吉守秘閣郎馬致恭送以詩，其斷章云：「今日還家莫惆悵，不同初上渡頭船。」既而未幾卒，八十餘矣。賓于嗜賂，出宰縣邑，未嘗一處無贓汙，徒有詩名，人不多之。初，賓于入江南，生子名曰歸唐，少亦能詩，就廬山國學，遂得《瀑布》詩云：「練色有窮處，寒聲無盡時。」鄰房儒生亦得此聯，遂交誦其句，助教不能理，因送江州，各以全篇意勢定之，而歸唐勝，大爲時賢所仰。遂蔭秘書省正字吉州民掾。歸大化，遷大理丞，因失，降袁州司馬，遂致仕。《江南野史》八。《詩話總龜》前集二六引作《江南野録》。馬令《南唐書》二三。《十國春秋》七五。

5 王禹偁序孟賓于詩曰：古之詩人有三水部，何遜、張籍與孟也。《海録碎事》一九。

鍾輻

1 鍾輻，虔州南康人也。始建山齋爲習業之所，因手植一松於庭際。俄夢朱衣吏白云：「松圍三尺，子常及第。」輻惡之。爾來三十餘年，輻方策名，使人驗之，松圍果三尺矣。《唐摭言》八。

2 江南鍾輻者，金陵之才生，恃少年有文，氣豪體傲。一老僧相之曰：「先輩壽則有矣，若及第則家亡，記之。」生大詩曰：「吾方掇高第以起家，何亡之有？」時樊若水女才質雙盛，愛輻之才而妻之。始燕爾，科詔遂下。時後周都洛，輻入洛應書，果中選於甲科第二。方得意，狂放不還，攜一女僕曰青箱，所在疏縱。過華州之蒲城，其宰仍故人，亦醞藉之士，延留久之。一夕盛暑，追涼於縣樓，痛飲而寢，青箱侍之。是夕，夢其妻出一詩爲示，怨責頗深，詩曰：「楚水平如練，雙雙白鳥飛。金陵幾多地，一去不言歸。」夢中懷愧，亦戲答一詩，曰：「還吴東下過蒲城，樓上清風酒半醒。想得到家春已暮，海棠千樹欲凋零。」既寤，頗厭之，因理裝漸歸。將至采石渡，青箱心疼，數刻暴卒。生感悼無奈，忽忽槀葬於一新墳之側，急圖到家。至則門巷空闃，榛荆封蔀，妻亦亡已數月。訪親鄰，樊亡之夜，乃夢於縣樓之夕也。後數日，親友具舟攜輻致奠於葬所，即青箱槀葬之側新墳，乃是不植他木，惟海棠數枝，方葉凋萼謝，正合詩中之句。因拊膺長慟曰：「信乎浮圖師『及第家亡』之告。」因竟不仕，隱鍾山，著書守道，壽八十餘。江南諸書及小説皆無，惟潘祐集中有樊氏墓志，事與此稍同。《湘山野録》中。《古今詩話》(《詩話總龜》前集三五)。

黄可

1 進士黄可字不可，孤寒樸野，深於雅道。詩句中多用驢字。如獻高侍郎詩云：「天下傳將舞馬賦，門前迎得跨驢賓」之類。又嘗謁舍人潘佑，潘教服槐子，云：「豐肌卻老。」明旦，潘公趨朝，天階未曙，見槐樹煙霧中有人若猿狙之狀，追而視之，即可也。怪問其故，乃擁條而謝曰：「昨蒙明公教服槐子法，故今日齋戒而掇之。」潘大噱而去。《南唐近事》。《詩話總龜》前集三〇。

何昌齡

1 何昌陵宰廬陵，郡有衙將楊克儉能媚州牧而移其權。昌齡以兄事之。嘗游其池館，貽其詩曰：「經旬因雨不重來，門有蛛絲徑有苔。再向白蓮亭上望，不知花木爲誰開。」未幾克儉連延範貸死而刑，其家破焉。議者以爲其詩之讖也。《詩話總龜》前集三三。案：「昌齡」與「昌陵」，未知孰是，今姑從《全唐詩》。

劉　炎

1 劉炎少負詞學，晚爲永新尉，拙於政治，遂有貪名。太守行邑，覬覦之意，而炎不悟。既行，以詩諷炎云：「未到桃源時，長憶出家景。及到桃源了，還似鑑中影。」炎乃和而復之。後因民訴受賄，遂按以法。炎復有詩云：「早知太守如狼虎，獵取膏粱以啗之。」《詩話總龜》前集三七。

趙宣輔

1 趙宣輔者，中原人，仕於江南，官省郎，頗有時名。重陽日，與兩浙諸公登高，於北山誦杜甫詩以勸酒，至「明年此會知誰健，醉把茱萸仔細看」，潸然淚下，坐客異之。未幾，宣輔卒。《江南餘載》上。《南唐近事》(《詩話總龜》前集二四）。

彭利用

1 彭利用，廣陵人也。顯德中，周師下淮南，遂奔建康，僑廬陵。利用性樸鄙，頗拘古禮，雖燕居，常拱手正坐對家人稚子，下逮奴隸。言必據書史，斷章破句，以代常談，俗謂之「掉書袋」，因目爲「彭書袋」。每出遠塗，雖冒雨雪，不徹冠幘。或喻之曰：「跋涉勞頓，當從簡易。」利用對曰：「有禮則安，無禮則危，焉可悖之，以爲先聖之罪人哉？」或問其高姓，對曰：「隴西之遺苗，昌邑之餘胄。」又問其居處，對曰：「生自廣陵，長僑螺渚。」其僕嘗有過，利用責之曰：「始予以爲紀綱之僕，人百其身，賴爾同心同德，左之右之。今乃中道而廢，侮慢自賢，故勞心勞力，日不暇給。若而今而後，過而勿改，予當循公滅私，撻諸市朝，任汝自西自東，以遨以遊而已。」時江南士人每於宴語，必道此以爲戲笑。利用喪父，客弔之曰：「賢尊窀穸，不勝哀悼。」利用對曰：「家君不幸短命，諸子糊口四方。歸見相如之壁，空餘仲堪之棺，實可痛心疾首，不寒而栗。苟泣血三年，不可再見。」遂大慟。客復勉之曰：「自寬哀感，冀閔喪制。」利用又曰：「自古毀不滅性，杖而後起，卜其宅兆而安措之。雖則君子有終，然而孝子不匱，三年不改，何日忘之？」又大歔欷。弔者於是失笑。會隣家火災，利用往救，徐望之，曰：「煌煌然，赫赫然，不可嚮邇。自鑽燧而降，未有若斯之盛，其可撲滅乎？」又嘗與同志遠遊，迨至一舍，俄不告而返，詰旦復至。或問之故，利用曰：「忽思朱亥之椎，猶倚陳平之户，切恐數鈞之重，轉傷六尺之孤。」其言可哂者類如此。利用雖舉進士之才，調鄙俚多類俳優，故凡六上不第。一夕，宴寢而卒，年六十。馬令《南唐書》二五。《十國春秋》三二。

毛　炳

1　毛炳，豐城人也。好學不能自給，因隨里人入廬山，每與諸生曲講，苟獲貲鏹，即市酒盡醉。時彭會好茶，而炳好酒，或嘲之曰：「彭生説賦茶三斤，毛氏傳經酒半升。」炳聞之，小哂而已。自後或遊螺川諸邑，遇酒即飲，不醉不止。嘗宿于酒家，大醉，俁坐爐炭，主人出之。翌日，尻痛，炳疑因酒乖忤，遭其笞撻，訊之乃知。又嘗醉於道旁，有里首張谷掖之而起，炳瞑目曰：「起予者爲誰？」對曰：「張谷也。」炳呵之曰：「毛炳不干於張谷，張谷不學於毛炳，醉者自醉，醒者自醒，醒醉之道，兩者固殊，安用掖爲？」復呵之曰：「汝可速去，無撓予卧。」由是人頗重之，是真全於酒者也。後聚生徒數十，講誦於南臺山迨數年。自署于齋壁云：「先生不在此，千載只空山。」因大醉，一夕卒。有詩集傳于世。馬令《南唐書》一五。陸游《南唐書》七。《十國春秋》二九。《詩話總龜》前集三七。

沈彬　沈廷瑞

1　沈彬長者，有詩名。保大中，以尚書郎致仕，閒居于江西之高安，三吴侯伯多餉粟帛。嘗荷杖郊原，手植一樹於平野之間，召諸子戒曰：「異日葬吾此地，違之者非人子也。」居數年，彬終，諸子將起墳於植樹之所，尋有術士語以吉凶事，近樹北數尺之地卜葬，家人諾之。是夕，諸子咸夢家君訶責：「擅移葬地，復違吾言，禍其至矣！」詰朝，乃依遺命，伐樹，掘土深丈餘。得一石椁，工用精妙，光潔可鑒，蓋上刊八篆字，云「開成二年壽椁一所」。乃舉棺就椁而葬之。廣狹之間，皆中其度。彬第二子道者，亦能爲詩。以色絲繫銅佛像長寸餘，懸于襟上，衣道士服，辟穀。隆冬盛夏惟單褐布裙。跣足日馳數百里，狂率嗜酒，罕接人事。多往來玉笥、浮雲二山，林棲野宿，不常厥居。至今尚在，南中人多識之。《南唐近事》。《續博物志》八。

2 吴興沈彬，少而好道，及致仕，歸高安，恒以焚修服餌爲事。……初，彬恒誡其子云：「吾所居堂中，正是吉地，死即葬之。」及卒，如其言掘地，得自然磚壙，製造甚精，磚上皆作「吴興」字。彬年八十餘卒。《稽神録》五。又《廣記》五四引。

3 沈彬，宜春人。能爲歌詩，格高逸。應進士不第，遂遊長沙。會武穆方霸，彬獻頌德詩云：「金翅動身摩日月，銀河轉浪洗乾坤。」武穆覽而壯之，欲辟之在幕府，以其有足疾，遂止。彬由是往來衡、湘間，自稱進士。邊鎬之下湖南也，後主聞其名，召歸金陵，令爲縣宰，彬辭不就，遂授金部郎中，致仕，年八十九。初，彬既致仕，營別業於鍾山，庭有古柏可百餘尺，一日爲迅雷所擊，仆於地，自成四片，彬視之欣然，謂子庭瑞曰：「此天所以賜吾也，汝宜成之。」庭瑞曰：「雷擊之木，恐非祥，不宜爲棺。」彬怒曰：「吾命汝安得違之耶？」庭瑞懼，遂如教。卒，竟用此棺。及葬，掘地未及丈餘，又得石槨，上有篆文四字，云「沈彬之槨」。其制度大小與棺正相稱，遂葬之。時人異焉。《五代史補》四。

4　沈彬者，筠陽高安人。少好學讀書，有能詩之譽。屬唐末離亂，隨計不捷，南遊湘湖，隱雲陽山十年許。與浮屠輩虚中、齊己以詩名，互相吹噓，爲流輩所慕。尋歸鄉里，訪名山洞府，與學神仙人，慕喬松虚無之道。往來多之玉梁、閣皁二山，入遊息焉。先主移鎮金陵，旁羅隱逸，名儒宿老，命郡縣起之。彬赴辟命，知其欲取楊氏，因獻《觀畫山水圖》詩：「須知手筆安排定，不怕山河整頓難。」先主夙聞其名，覽之而喜，遂授祕書郎，入贊世子。未幾，以老乞骸骨歸，乃授吏曹郎致仕。年將八十，修養不怠。嗣主至南昌，彬乃撑舟往見，嗣主以疇昔師授，令免拜跪。顧或榮問，對曰：「老臣自處山野，不知老之將至，世事不與。因山妻謂臣曰：『汝主人郎君今爲天子，何不往拜，冀免寒飢，以畢殘齡。』臣不覺懽悖忘老耳。」嗣主甚加哀憫，問其子息，對曰：「臣垂老有子，尚幼。」遂署祕書省正字。厚賜粟帛鹽貨放還。尋卒。彬生平虚懷好道，積有年歲，觀其出處，未見功效。然彬近居皁上有一大樹，可數拱，未殂前常指之，謂家人曰：「我死，可葬于是。」既葬，穴其處，乃古塚爾。觀其間儼然，且絶朽腐之物。復見一石燈臺，上有漆一盂。壙頭獲一銅牌，上鐫篆文云：「佳城今已開，雖開不葬埋。漆燈猶未爇，留待沈彬來。」由是墳之。其子廷瑞亦爲道士，惟嗜酒，酷于風雅。常遊守宰之門，皆貴之，呼爲「沈道者」。然坦率，不由刺候，每直造階署而坐者數數矣。會宰治訟繁劇，廷瑞輒醉至，因忌而戲之曰：「沈道者何日道成時？」廷瑞乃應聲奪筆，就几而書曰：「何須問我道成時，紫府清都自有期。手握藥苗人不識，體含仙骨俗争知」云云。宰乃慚謝。常衣褐單被，稍覆其體，雖至窮冬凝冱，風雪凛冽，不加纊帛，而姿顔若故。或人憐，遺之衣服，亦多轉施貧寒，或佯遺忘而已。後卒于玉笥山。死之日，有人見乘舟江上而去，後觀其墳，陷裂尺餘矣。《江南野史》六。馬令《南唐書》一五。陸游《南唐書》七。《十國春秋》二九。

5 沈彬字子美，高安人。爲詩天才狂逸，下筆成章。好神仙之事。少孤，西遊以三舉爲約。嘗夢着錦彩衣貼月而飛，識者言雖名播天下，身不入月，終不及第。洪州解至長安初舉，行納省卷，作《夢仙謠》云：「玉殿大開從客入，金桃爛熟没人偷。鳳驚寶扇頻翻翅，龍誤金鞭忽轉頭。」第二舉《憶仙謠》云：「白榆風占九天秋，王母朝回宴玉樓。日月漸長雙鳳睡，桑田欲變六鰲愁。雲翻簫管相隨去，星觸旌幢各自流。詩酒近來狂不得，騎龍却憶上清遊。」第三舉《贈劉象》一首云：「曾應大中天子舉，四朝風月鬢蕭疏。不隨世祖重攜劍，知爲文皇再讀書。十載戰塵消舊業，滿城風雨壞貧居。一枝何事于君惜，仙桂年年幸有餘。」劉象三舉無成，孤寒，主司覽彬詩，其年放象及第，五老榜即其數也。彬，乾符中值四方多事，遂南遊湖湘及嶺表二十餘年，却回吴中。過江南，受僞命，官至吏部侍郎，致仕，退居高安。《雅言雜載》（《詩話總龜》前集三五）。《唐詩紀事》七一。

6 見孫魴1。

7 廬山康王觀道士李谷神言：沈彬郎中，袁州宜陽人，即谷神鄉里之鄰伍也。趨尚高邈，嘗謂簪組爲梏身具狀。卒年自卜葬地，子孫不敢違。既兆穴，開之下至七尺間，得大石數片；既啓之，下有隧道，漸次闢之，乃造成石墓一所，其中高九尺、前後一丈二尺，闊與高等。靈座前有青石蓮花臺三樹，上有青石蓮花燈碗三枚，皆覆之，後列數樹如前者。其鐫鑱之工妙，絶於世。靈席中又得青石銘記一片，朱字篆，若方填，云：「開成二年間，雖開不葬埋。漆燈猶未點，留待沈彬來。」乃就葬之。《采異記》（張本《説郛》六

五、陶本《説郛》一一八)。

8 沈道士,筠州高安人,故吏部郎中彬第二子也。性孤僻,形貌秀澈,初名有鄰,棄妻入道,居玉笥山,易名廷瑞。每遇深山古洞,累日不返。嚴寒風雪,常單衣危坐,或絶食經月,或縱酒行歌,緣峭壁,升喬木,若猿猱之狀。骨肉相尋,便却走避,忘情混俗,人莫測之,往往爲同道者困。雍熙二年正月内于玉笥山先不食七日,至上元日甲辰辭道侣歸所居院集仙亭,念《人生幾何賦》,無病而終。遺言於弟子將畫者土宿一幀、《度人經》一卷隨葬。《郡閣雅談》(《詩話總龜》前集四六)。

9 沈廷瑞寄食閣皂山,舉作異俗輩,盛夏向火,嚴寒單衣,問其故,終不答。與袁州陳智周相善。與國中,無病卒于玉笥觀。《雅言雜載》(《詩話總龜》前集四六)。

史虚白

1 處士史虚白,北海人也。清泰中客遊江表,卜居于潯陽落星灣,遂有終焉之志。容貌恢廓,高尚不仕。嘗對客弈棋,旁令學徒四五輩各秉紙筆,先定題目,或爲書啓表章,或詩賦碑頌,隨口而書,握管者略不停綴。數食之間,衆製皆就,雖不精絶,然詞彩磊落,旨趣流暢,亦一代不羈之才也。晚節放達,好乘雙犢板轅,挂酒壺於車上,山童總角負瓢以隨,往來廬阜之間,任意所適。當時朝士咸所推仰。保大末,淮甸未寧,割江之際,虚白乃爲《割江賦》以諷曰:「舟車有限,沿汀島以俱閒。魚鼈無知,尚交游而不止。」又賦《隱士詩》云:「風雨揭却屋,渾家醉不知。」其譏刺時政,率皆類此。元宗南幸,道由蠡澤,虚白鶴氅杖藜，謁鑾輅於江左。元宗駐蹕存問，頒之穀帛，又知其嗜酒，別賜御醖數壺，以厚其意也。他日病將終，謂其子曰：「皇上賜吾上樽，飲之略盡，固留一榼，藏之於家，待吾死日，殮以時服，置拄杖一條及此酒於棺中，葬之足矣。四時慎勿享奠，無益勞費，何利死者！吾當不歆矣！」洎卒，家人一遵遺命。而其子頓絶時祀，每因節序，必修奠訖爇紙緡於靈座，紙皆不化，用意焚之，火則自滅。遂不復更祭奠矣。《南唐近事》。

2 史虛白者，山東人。世習儒學，長而富文，與昌黎韓熙載交善。唐、晉之間，中原多事，遂相與渡淮。會先主輔政，偕詣建康。聞宋齊邱總相府事，虛白乃放言謂人曰：「彼可代而相矣！」齊邱聞而恨之，然欲窮其伎，乃命寮屬宴之以倡樂，試之以牋翰，使女奴紊諷弄，多方擾之。虛白談笑獻酬，已貽他和，口手應接，曾未暫滯。衆不能屈，乃延語政治，多引湯、武、伊、吕之説。齊邱之志乃伯術，以虛白爲迂略機務，乃引見先主，説之曰：「今君據有江淮，摘煮山海，人庶豐阜。京洛之地，君家先業，今且亂離，人思舊德，君苟復之，易若屈指。」先主雖喜其説，然以初基，方輯睦鄰境，未暇他顧。與韓熙載並署州郡從事，聊以羈縻，俟更大用。而虛白意頗不平，耻其初言失，因褒衣博帶，縱櫂南遊。至廬山，與佛老之徒躭翫泉石，以詩酒自娛，不干世務。久之，嗣主即位，韓熙載薦之，詔至金陵，命登便殿燕飲，與之計事。虛白曰：「臣草野之人，漁釣而已，邦國大計，不敢預知。」因醉，溺于階側，嗣主曰：「真處士也。」遂賜田五百石還。迨十年，嗣主幸南昌。既至星子渚，復使召至，問曰：「處士隱居，必有所得乎？」對曰：「近得《漁父》一聯。」乃命誦之。虛白曰：「風雨揭却屋，全家醉不知。」嗣主聞之，爲之變色，賜粟帛遣還。未幾而卒。有二子，次舉進士，長早喪。孫溫，咸平中擢進士第。《江南野史》八。《釣磯立談》。馬令《南唐書》一四。陸游《南唐書》七。《十國春秋》二九。

3 元宗南遊豫章，次蠡澤，虛白鶴氅藜杖，迎謁道旁。元宗駐蹕勞問曰：「處士居山，亦嘗有所賦乎？」曰：「近得《谿居》詩一聯。」使誦之，曰：「風雨揭却屋，渾家醉不知。」元宗變色，厚賜粟帛、上樽酒。徐鉉、高越謂之曰：「先生高不可屈，盍使二子仕乎？」虛白曰：「野人有子，賢則立功業，以道事明主；愚則負薪捕麋，以養其母，僕未嘗介意也，不敢以累公。」鉉、越愧歎。陸游《南唐書》七。

朱貞白

1 朱貞白，江南人，不仕，號處士。子銑，舉進士，至知制誥。貞白善嘲詠，曲盡其妙，人多傳誦。《詠刺蝟》云：「行似針氊動，卧似栗裘圓。莫欺如此大，誰敢便行拳。」嘗謁一貴公，不甚加禮，廳事有一格子屏風，貞白題詩其上云：「道格何曾格，言糊又不糊。渾身揔是眼，還解識人無？」又《題棺木》云：「久久終須要，而今未要君。有時閒憶著，大是要知聞。」《題狗蚤》云：「與虱都來不較多，擽挑筋鬬大婁羅。忽然管着一藍子，有甚心情那你何？」《詠月》云：「當塗當塗見，蕪湖蕪湖見，八月十五夜，一似没柄扇。」建師陳晦之子得誠罷管沿江水軍，掌禁衛，頗患拘束，方宴客，貞白在坐，食螃蟹，得誠顧貞白曰：「請處士詠之。」貞白題曰：「蟬眼龜形脚似蛛，未嘗正面向人趨。如今飣在盤筵上，得似江湖亂走無？」衆客皆笑絶。又《詠鶯粟子》，其警句云：「倒排雙陸子，稀插碧牙籌。既似柿牛妳，又如鈴馬兜。鼓搥並擽箭，直是有來由。」《楊文公談苑》（《宋朝事實類苑》六三）。又《詩話總龜》前集二〇引。　案：朱貞白，《詩話總龜》作「李貞白」，誤。

陳陶

1 陳陶者，世爲嶺表劍浦人。幼業儒素，長好遊學。善解天文，頗長於雅頌。自負台鉉之器，不爲干託。既至南昌，謀往建康，聞宋齊邱秉政，凡所進擢才彦，名非顯達，自計與齊邱鑿枘，終不克納，必爲所屈，乃翻然築室居西山，以吟咏自資。會齊邱出鎮南昌，因有蒲安之覬，乃自詠曰：「中原莫道無麟鳳，自是皇家結網疏。」陶少與水曹任畹相善，又寓之詩云：「好向明時薦遺逸，莫教千古弔靈均。」嗣主知而未及辟之。會彗孛日見，陶乃嘆曰：「國家其幾亡乎？」遂失淮甸。嗣主南幸，以冀苟逸，迨至落星，諸將欲往問。然陶所居不與俗接，惟嗜鮓，一啗或至千臠。遂使衣商賈之服，賷鮓往。既至，陶即時出，乃問官家龍舟將抵何處，對曰：「已達落星矣。」因問陶曰：「星可避耶？」答曰：「落星不還，何俟？」嗣主躁撓，不俟返命，已至南都。既數日，詰旦，殿庭忽見殘獐一脚，視之，乃獸食之餘。詢宿衛，莫知所以，遂往詢之，陶曰：「昨暮乃狼星所直，故爾。」嗣主歎曰：「真鴻儒矣。」將召見，會嗣主殂。後主即位，知其運祚衰替，遂絶縉紳之望，以修養燒煉還丹爲事。有詩云：「乾坤見了文章懶，龍虎成來印綬疏。」又云：「磻溪老叟無人用，閒列查黎教六韜。」又曰：「近來世上無徐庶，誰向桑麻識卧龍。」陶所遁西山，先産藥物，僅數十種。開寶中，常見一叟，角髮被褐，與一鍊師舁藥入城鬻之，獲貲則市鮓，就壚二人對飲且啗，旁若無人。既醉，且舞而歌曰：「籃采禾，塵世紛紛事更多，爭如賣藥沽酒飲，歸去深崖拍手歌。」時人見其縱逸，姿貌非常，每飲酒食鮓，疑爲陶之夫婦焉。竟不知所終，或云得仙矣。《江南野史》八。《釣磯立談》。馬令《南唐書》一五。《唐詩紀事》六〇。陸游《南唐書》七。《十國春秋》二九。

2 〔陳陶詩〕又云：「蟠溪老叟無人問，閒列柤梨教六韜。」柤、梨，其二子小字也。或問其優劣，陶答曰：「味雖不同，皆可於口。」《釣磯立談》。《十國春秋》二九。

3 世傳陳陶詩數百篇，間有佳語，如「中原不是無麟鳳，自是皇家結網疏」，「可憐無定河邊骨，猶是春閨夢裏人」之類，人多傳誦之。龍袞《江南野録》爲陶傳，稱其得道不死，開寶間猶無恙。然唐末人曹松、方干之徒，皆有哭陶詩，則陶之死久矣，不知袞何所據乎。陶見於唐末，而集中乃有《贈高閒歌》，若爾，亦自當年百餘歲。唐詩人如劉商，皆傳爲仙去，固不可知，但既有哭之人，則知其死不誣耳。《蔡寬夫詩話》（《苕溪漁隱叢話》前集一八）。

陳貺

1 處士陳貺者，閩中人。少孤貧，好學。出遊廬山，刻苦修進詩書，至數千卷。有詩名聞于四方，慵于取仕，隱于山麓。歲時伏臘，慶弔人事，都未暫往。時輩多師事之。有季父爲桑門，每賴其給。有詩數百首，骨務强梗，出于常態，頗有閬仙之致，膾于人口。其中有《景陽臺懷古》云：「景陽太廟地，運極自依依。一會皆同是，到頭誰論非。酒穠沈遠慮，花好失前機。見此興亡事，正當家國肥。」嗣主聞之，以幣帛徵之，乃幞巾絛帶，布裘鹿鞹。引見宴語，因授以官。貺不受，苦辭。嗣主見其言語朴野，翔集疏逸，不却其志，因錫以粟帛，放還舊居。十餘年卒，時及七十。貺五十方娶，有慶之者曰：「處士新郎，燕爾安乎？」晛答曰：「呵呵，僕少處山谷，莫預世事，不知衣裾之下，有此珍美。」乃更咍。及就徵，或問處士：「細君置之何所？」對曰：「暫寄師叔寺中。」或曰：「婦人年少，爲德不一，何以防閑？」答曰：「鎖之矣。」或曰：「其如水火何？」晛曰：「鑰匙亦付之矣。」淳質如此。名士過其故居，多著詠焉。《江南野史》六。馬令《南唐書》一五。

2 陳晛，閩人。性夷澹，隱于廬山四十年，衣食乏絶，不以動心。苦思于詩，得句未成章，已播遠近。元宗聞其名，召見。時方奇寒，元宗見其衣單薄，降手扎曰：「欲以綾綺衣賜卿，卿必不受。今賜朕自服紬縑衣三十事。」俄授江州士曹掾，固辭歸。卒于山中，年七十餘。陸游《南唐書》七。《十國春秋》二九。

鄭元素

1 鄭元素者，温韜之甥，隱居廬山青牛谷，不交人事。元宗召至都下，館於徐鉉家。及卒，鉉令元素鄉人龍敏瘞其屍於石子崗。臨穴之際，有七鶴盤旋空中，敏輒禱之，一一下拂棺蓋。《江南餘載》下。

2 鄭元素，京兆華原人也。少習詩禮。避亂南遊，隱居于廬山青牛谷，高卧四十餘年。採薇食蕨，絃歌自若，搆椽剪茅於舍後，會集古書殆至千餘卷。元素，温韜之甥也，自言韜發昭陵，從埏道下，見宫室制度閎麗不異人間，中爲正寢，東西廂列石牀，牀上石函中有鐵匣，悉藏前世圖書，鍾、王墨跡，紙墨如新，韜悉取之。韜死，元素得之爲多。馬令《南唐書》一五。《十國春秋》二九。參見唐太宗140。

許　規

1 許規，高陽人。祖儒，義不食梁粟，自雍州襁負東走，隱江南山谷中終身不出。儒生稠，稠生規。規好道家言，故不事事。嘗羇旅宣歙間，聞旁舍呻呼，就訊之。曰：「我某郡人也。察君長者，且死，願以骸骨屬。」因指橐中黄金十斤，曰：「以是交長者。」規許諾，敬負其骨千里，並黄金置死者家。父驚愧之，因獻金如亡兒言，以爲許君壽。規不顧，竟去。聞者以規爲長者。馬令《南唐書》一八。《十國春秋》二九。

顔　詡

1 顔詡，魯郡公真卿之後，唐末徙居禾川。詡少孤，兄弟數人，事繼母以孝聞。雅辭翰，謹禮法，多循先業。迨末年，一門百口，家法嚴肅，男女異序，少長敦睦。子姪二十餘人，皆服儒業，每延賓侶寓門下者常十數，詡晨暮延揖，飲饌燕笑，未嘗不躬自接對。雖遇姻戚沖孺，亦爲之冠帶盡禮。就所居第依泉石築亭榭，開軒四敞，則碧鮮叢遶，翠微環列，蕭爽之趣，杜絶塵囂。水部員外郎孟賓于嘗以詩美之，云：「園林蕭爽聞來久，欲訪因循二十秋。此日開襟吟不盡，碧山重叠水長流。」又司農卿何蒙、殿中丞蒯鼇、史館孫伯純各爲詩序，以述其幽隱。詡聞子弟有與賓客戲者，未嘗面責，手寫韋昭《博弈論》署于屋壁，使之自愧。家人未嘗見其喜愠。初，季父非理據鄉人桑，詣邑求治，令尹下詡評之。詡償以己緡，其訟遂止。卒年七十餘。馬令《南唐書》一五。《十國春秋》二九。

顧閎中

1 顧閎中，江南人也。事僞主李氏，爲待詔。善畫，獨見於人物。是時，中書舍人韓熙載以貴游世冑，多好聲伎，專爲夜飲，雖賓客揉雜，歡呼狂逸，不復拘制。李氏惜其才，置而不問。聲傳中外，頗聞其荒縱，然欲見樽俎燈燭間觥籌交錯之態，度不可得，乃命閎中夜至其第竊窺之，目識心記，圖繪以上之，故世有《韓熙載夜宴圖》。《宣和畫譜》七。《十國春秋》三一。

梅行思

1 梅行思，不知何許人也。能畫人物、牛馬，最工於鷄，以此知名，世號曰「梅家鷄」。爲鬭鷄尤精，其赴敵之狀，昂然而來，竦然而待，磔毛怒癭，莫不如生。至於飲啄閒暇，雌雄相將，衆雛散漫，呼食助叫，態度有餘，曲盡赤幘之妙，宜其得譽焉。……行思，唐末人，接五代，家居江南，爲南唐李氏翰林待詔，品目甚高。今御府所藏四十有一。《宣和畫譜》一五。

曹仲元

1 曹仲元，建康豐城人，江南李氏時爲翰林待詔。畫道釋鬼神，初學吴道玄，不成，棄其法，别作細密，以自名家，尤工傅彩，遂有一種風格。嘗於建業佛寺畫上下座壁，凡八年不就，李氏責其緩，命周文矩較之。文矩曰：「仲元繪上天本樣，非凡工所及，故遲遲如此。」越明年乃成，李氏特加恩撫焉。……當時江左言道釋者，稱仲元爲第一，不爲過焉。今御府所藏四十有一。《宣和畫譜》三。《十國春秋》三一。

顧德謙

1 顧德謙，建康人，工畫人物，風神清劭，舉無與比。李後主愛重之，嘗謂曰：「古有凱之，今有德謙，二顧相望，繼爲畫絶矣。」識者以爲知言。吕文靖家有《蕭翼説蘭亭故事》横卷，青錦褾飾，碾玉軸頭，實江南之舊物，窺其風格，可知非謬也。《圖畫見聞誌》三。《宣和畫譜》四。《圖繪寶鑑》三。《十國春秋》三一。案：顧德謙，《宣和畫譜》誤作「顔德謙」。

董源

1 南唐後主坐碧落宫，召馮延巳論事，至宫門，逡巡不進。後主使使促之。延巳云：「有宫娥着青紅錦袍當門而立，故不敢徑進。」使隨共行，諦視，乃八尺琉璃屏。畫夷光獨立圖也。問之，董源筆也。此與孫權彈蠅何異？《丹青記》（《瑯環記》中）。《十國春秋》三一。

徐熙

1 徐熙，金陵人，世爲江南顯族。所尚高雅，寓興閒放。畫草木蟲魚，妙奪造化，非世之畫工形容所能及也。常徜徉遊於園圃間，每遇景輒留，故能傳寫物態，蔚有生意。至於芽者、甲者、華者、實者，與夫濠梁噞喁之態，連昌森束之狀，曲盡真宰轉鈞之妙，而四時之行，蓋有不言而傳者。江南僞主李煜銜璧之初，悉以熙畫藏之於内帑。且今之畫花者，往往以色暈淡而成，獨熙落墨以寫其枝葉蘂蕚，然後傅色，故骨氣風神爲古今之絶筆。議者或以謂黄筌、趙昌爲熙之後先，殆未知熙者。蓋筌之畫則神而不妙，昌之畫則妙而不神，兼二者一洗而空之，其爲熙歟。梅堯臣有詩名，亦慎許可，至詠熙所畫《夾竹桃花》等圖，其詩曰：「花留蜂蝶竹有禽，三月江南看不足。徐熙下筆能逼真，繭素畫成纔六幅。」又云：「年深粉剥見墨蹤，描寫工夫始驚俗。」至卒章乃曰：「竹真似竹桃似桃，不待生春長在目。」以此知熙畫爲工矣。熙之孫崇嗣、崇勳，亦頗得其所傳焉。今御府所藏二百四十有九。《宣和畫譜》一七。

2 國初，江南布衣徐熙、僞蜀翰林待詔黄筌，皆以善畫著名，尤長於畫花竹。蜀平，黄筌并子居寶、〔居宷〕、居實，弟惟亮，皆隸翰林圖畫院，擅名一時。其後江南平，徐熙至京師，送圖畫院品其畫格。諸黄畫花，妙在賦色，用筆極新細，殆不見墨跡，但以輕色染成，謂之寫生。徐熙以墨筆畫之，殊草草，略施丹粉而已，神氣迥出，别有生動之意。筌惡其軋己，言其畫粗惡不入格，罷之。熙之子乃效諸黄之格，更不用墨筆，直以彩色圖之，謂之「没骨圖」，工與諸黄不相下，筌等不復能瑕疵，遂得齒院品。〔然〕其氣韻皆不及熙遠甚。《夢溪筆談》一七。

董　羽

1　董羽，字仲翔，毗陵人。善畫魚龍海水，不爲汀濘沮洳之陋，濡沫涸轍之游，喜作禹門砥柱、乘長風破萬里浪、驚雷怒濤與之爲出没，盡魚龍超忽覆却之狀。其筆端所得，豈惟壯觀而已耶？事僞主李煜爲待詔，後隨煜歸京師，即命爲圖畫院藝學。今金陵清涼寺有李煜八分題名，蕭遠草書，羽畫海水，爲三絶。羽語吃，時以「董啞子」稱。方太宗嘗令畫端拱樓壁，觀者畏懾，因以杇鏝，羽亦終不偶。頃畫水於玉堂北壁，其洶湧瀾飜，望之若臨煙江絶島間，雖咫尺汗漫莫知其涯涘也。宋白爲時聞人，一見擊節稱賞，因賦以詩，其警句謂「回眸已覺三山近，滿壁潛驚五月寒」。則羽之得名，豈虚矣哉！今御府所藏十有四。《宣和畫譜》九。《圖畫見聞誌》四。案：《十國春秋》三一《董羽傳》謂清涼寺八分題名爲元宗李璟書。

2　董羽，江左人，善畫水。太宗作端拱樓，命羽四壁畫龍水。羽極其精思，凡半年而畢。羽時爲翰林藝學，衣緑，意望恩賞。太宗與宫中嬪御登樓，皇子尚幼，遥見畫壁，驚畏呼哭，不敢視，丞令圬墁之，羽卒不獲賞。《宋朝事實類苑》五一。《圖畫見聞誌》四。

衛　賢

1　衛賢，京兆人。仕南唐，爲内供奉。初師尹繼昭，後刻苦不倦，執學吴生。長於樓觀殿宇、盤車水磨，於時見稱。予嘗於富商高氏家觀賢畫盤車水磨圖，及故大丞相文懿張公第有《春江釣叟圖》，上有南唐李煜金索書《漁父詞》二首。《五代名畫補遺》。《圖畫見聞誌》二。《宣和畫譜》八。

王齊翰

1 王齊翰，金陵人，事江南僞主李煜爲翰林待詔。畫道釋人物，多思致。好作山林丘壑、隱巖幽卜，無一點朝市風埃氣。開寶末，煜銜璧請命，步卒李賡者入佛寺中，得齊翰畫羅漢十六軸，爲商賈劉元嗣高價售之，載入京師，質於僧寺。後元嗣償其所貸，願贖以歸，而僧以過期拒之，元嗣訟于官府。時太宗尹京，督索其畫，一見大加賞嘆，遂留畫，厚賜而釋之。閱十六日，太宗即位。後名《應運羅漢》。今御府所藏一百十有九。《宣和畫譜》四。

丁謙

1 丁謙，晉陵人。初工畫竹，後兼善果實園蔬。傅粉淺深，率有生意，蟲蠹殘蝕之狀，具能模寫，至使人捫之若有跡也。嘗畫葱一本，爲江南李氏賞激，親書「丁謙」二字於其上，蓋欲别其非常畫耳。其後寇準藏之，以爲珍玩焉。今御府所藏三。《宣和畫譜》二〇。

童氏

1 婦人童氏，江南人也，莫詳其世系。所學出王齊翰。畫工道釋人物。童以婦人而能丹青，故當時縉紳家婦女往往求寫照焉。有文士題童氏畫，詩曰：「林下材華雖可尚，筆端人物更清妍。如何不出深閨裏，能以丹青寫外邊。」後不知所終。今御府所藏一。《宣和畫譜》六。

李冠

1　進士李冠子善吹中管，妙絶當代。上饒郡公嘗聞於元宗，上甚欲召對，屬淮甸多故，盤桓朞月，戎務日繁，竟不獲見。出闕日，李建勳贈一絶云：「韻如古澗長流水，怨似秋枝欲斷蟬。可惜人間容易聽，新聲不到御樓前。」《南唐近事》。馬令《南唐書》二四、陸游《南唐書》一七、《十國春秋》三二。案：李冠子，《詩話總龜》前集一七引《南唐近事》、馬、陸《南唐書》及《十國春秋》並作「李冠」。

申漸高

1　金陵建國之初，軍儲未實，關市之利，斂率尤繁，農商苦之，而莫達于上。時屬近甸亢旱日久，祈禱無應。上他日舉觴苑中，宣示宰臣曰：「近京三五十里皆報雨足，獨京師不雨，何邪？得非獄市之間，冤枉未伸乎？」諸相未及對，申漸高歷陛而進曰：「雨懼抽税，不敢入京。」上因是悟之。翊日下詔，停一切額外税，信宿之間，膏澤告足。故知優旃漆城，那律瓦衣，不爲虚矣。《南唐近事》（《靖康緗素雜記》七）。又《類説》二一引。《江表志》上。馬令《南唐書》二五。陸游《南唐書》一七。《十國春秋》一二。參見李家明 1。

2　見李昪 13、14。

楊花飛

1　見李璟6。

李家明

1　李家明，世爲廬州西昌人。嗣主時，爲樂部頭，有學，解滑稽，善諷諫，爲時所推。從嗣主遊後苑，登于臺觀，盛望鍾山雨，曰：「其勢即至矣。」家明對曰：「雨雖來，必不敢入城。」嗣主怪而問之，家明曰：「懼陛下重稅。」嗣主曰：「不因卿言，朕不知之。」遂令搉務降半而征之。及見牛晚卧樹陰，嗣主曰：「牛且熱矣。」家明曰：「臣不調，敢上絶句。」曰：「曾遇甯戚鞭敲角，又被田單火燎身。閒背斜陽嚼枯草，近來問喘更無人。」時左右宰臣皆慚，免冠謝罪。宋齊邱只産一子，輒死，齊邱哭之慟，逾月，自親王宰寮勉之不止。家明謂主曰：「已能止之矣！大王當復厚賜。」王許諾，家明遂作大紙鳶，上書云：「欲興唐祚革强吳，盡是先生設計謨。一箇孩兒拚不得，讓皇百口合何如。」乘風放之，度至齊邱第，遂絶其縷，令墜，齊邱見之，慚感而止。家明遂大獲縉帛。後嗣主于苑中命元寮臨池而釣，諸臣皆屢引其鱗，惟嗣主無所獲。家明見其猶豫，乃曰：「臣昧死敢上芻蕘。」曰：「玉甃金鈎興正濃，碧池春煖水溶溶。凡鱗不敢吞香餌，知道君王合釣龍。」嗣主因大喜，燕極懽而罷。及嗣主加王弟景達等官，而恩澤未及臣下，因賜享醼，家明乃入末，作二翁婦而出列坐，令其新婦，每進一飲一食皆輒拜獻，而禮頗繁劇，翁婦怒而責之曰：「新婦自家官，自家家，何用煩拜耶！」嗣主聞之，曰：「孤爲一方之主，而恩不覃于外，孤之過矣，家明之過亦宜乎！」因厚賜之，而加百官焉。先是，建州王延政與閩州兄延羲有隙，遂各稱帝，嗣主遣將平之，俘延政及百官入建康，尋封王，遂命王公宰寮之屬燕其第。時遣家明率樂部往，延政嗇于賄賂，家明怒其寡，而譏之曰：「賤工無伎，大王優賜，不敢奉命。然告大王乞取一物。」延政曰：「吾家所有，唯汝之命。」家明曰：「大王平天冠今且無用，家明敢請之。」延政默然，慚恨而罷。自是怏怏發疾而卒。時家明母死，欲歸葬，會嗣主聽政之暇，坐于便殿，秉筆于琬琰上，閒書草字，家明因詐曰：「臣每竊學人署字，與之不疑。」嗣主曰：「卿能學孤爲乎？」家明曰：「臣雖愚鹵，願効神蹤。」嗣主乃於麻紙上大押字，命試學焉。家明得之，輒於草字上書云：「宣州於上供庫錢支二百千付家明安厝母親。」嗣主見之大笑，因而賜焉。從嗣主幸南都，時既劃江，舟檝多從南岸，至趙屯，因輟樂停觴，北望皖公山，謂家明曰：「好青峭數峯，不知何名耶？」家明應聲對曰：「龍舟輕颭錦帆風，正值宸遊望遠空。回首皖公山色翠，影斜不到壽杯中。」嗣主因慚，俛首而過。及後主嗣位，家明老而無寵焉。《江南野史》七。《江南野録》（《類説》一八、《詩話總龜》前集四八）。馬令《南唐書》二五。《十國春秋》三二。參見申漸高1。

王感化

1　江南李氏樂人王感化，建州人，隸光山樂籍。建州平，入金陵教坊。少聰敏，未曾執卷而多識，善爲詞，口諧捷急，滑稽無窮。時本卿節帥更代餞别，感化前獻詩曰：「旌旆赴天臺，溪山曉色開。萬家悲更喜，迎佛送如來。」至金陵，宴苑中有白野鵲，李璟令賦詩，應聲曰：「碧巖深洞恣游遨，天與蘆花作羽毛。要識此來棲宿處，上林瓊樹一枝高。」又《題怪石》凡八句皆用故事，但記其一聯云：「草中誤認將軍虎，山上曾爲道士羊。」《談苑》（《詩話總龜》前集四八）。

2 楊文公《談苑》載伶人王感化少聰敏，未嘗執卷，而多識故實，口諧捷急，滑稽無窮。會中主引李建勳、嚴續二相游苑中，適見繫牛於株枿上，令感化賦詩，應聲曰：「曾遭甯戚鞭敲角，幾被田單火燎身。獨向殘陽嚼枯草，近來問喘更何人？」因以譏二相也。又中主徙豫章，潯陽遇大風，中主不悦，命酒獨酌。指北岸山問舟人，云皖公山，愈不懌。感化獨前獻詩曰：「龍舟萬里架長風，漢武潯陽事正同。珍重皖公山色好，影斜不落壽杯中。」中主大悦，賜束帛。余讀《江南野録》，載李家明事：當嗣主時爲樂部頭，能滑稽，善諷諫。亦載二詩，首尾大同小異。《詠牛》詩曰：「曾遭甯戚鞭敲角，又被田單火燎身。閒背斜陽嚼枯草，近來問喘更無人。」《龍舟》詩曰：「龍舟輕颭錦帆風，正值宸遊望遠空，回首皖公山色翠，影斜不到壽杯中。」嗣主因慟，俛首而過。《談苑》以感化爲建州人，《野録》以家明爲廬州人；《談苑》謂中主，《野録》謂嗣主，未詳孰是。《靖康緗素雜記》七。

3 王感化善謳歌，聲韻悠揚，清振林木，繫樂部爲歌板色。元宗嗣位，宴樂擊鞠不輟。嘗乘醉命感化奏《水調》詞，感化唯歌「南朝天子愛風流」一句，如是者數四。元宗輒悟，覆盃歎曰：「使孫、陳二主得此一句，不當有銜璧之辱也。」感化由是有寵。元宗嘗作《浣溪沙》二闋，手寫賜感化，曰：「菡萏香銷翠葉殘，西風愁起碧波間。還與容光共憔悴，不堪看。　細雨夢迴清漏永，小樓吹徹玉笙寒。簌簌淚珠多少恨，倚欄干。」「手捲珠簾上玉鈎，依前春恨鎖重樓。風裏落花誰是主，思悠悠。青鳥不傳雲外信，丁香空結雨中愁。迴首緑波春色暮，接天流。」後主即位，感化以其詞札上之。後主感動，賞賜感化甚優。馬令《南唐書》二五。　案：歌「南朝天子愛風流」句，又作楊花飛事。參見李璟6。

李廷珪

1　莆陽蔡君謨嘗評李廷珪墨能削木，墜溝中，經月不壞。李超，易水人，唐末與其子廷珪亡至歙州，以其地多美松，因留居，以墨名家。本姓奚，江南賜姓李氏。珪或爲邽，珪弟廷寬，男承宴、承安，男乂用，皆有聞易水。《澠水燕談録》八。參見《墨史》上。

2　太祖下南唐，所得李廷珪父子墨，同他俘獲物，付主藏籍收，不以爲貴也。後有司更作相國寺門樓，詔用黑漆，取墨於主藏，車載以給，皆廷珪父子之墨。至宣和年，黄金可得，李氏之墨不可得也。《邵氏聞見後録》二八。

3　吴幵正仲家蓄唐以來墨，諸李所製，皆有之。云無出廷珪之右者，其堅利可以削木。渠書《華嚴經》一部，半用廷珪，才研一寸。其下四秩，用承宴墨，遂至二寸，則膠法可知矣。王彦若《墨説》云：「趙韓王從太祖至洛，行故宫，見架間一篋，取視之，皆李氏父子所製墨也。因盡以賜王。後王之子婦蓐中血運危甚，醫求古墨爲藥，因取一枚，投烈火中，研末酒服即愈。諸子欲各備産乳之用，乃盡取墨煅而分之。自是李氏墨世益少得云。」《鷄肋編》下。

吴廷紹

1 吴廷紹爲太醫令，不甚知名。烈祖喉中痒澀，進藥無驗，廷紹進楮實湯，服之頓愈。宰相馮延巳嘗病腦痛，醫工旁午，累日不痊。及廷紹至，先詰其家人曰：「相公酷嗜何物？」對曰：「每食山鷄、鷓鴣。」廷紹進薑豆湯一服，立差。羣醫默志其方，他日以楮實治喉痒，以薑豆治腦痛，皆無効。或問其故，廷紹曰：「烈祖常服餌金石，吾故以木之陽實勝之，木王則金絶矣。馮公嗜山鷄、鷓鴣，二鳥皆食烏頭、半夏，薑豆乃解其毒爾。」羣醫大服。馬令《南唐書》二四。陸游《南唐書》一七。《十國春秋》三二。

聶氏女

1 太平縣聶氏女，方十三，隨母採薪，母爲暴虎搏去，蹲之將食，女持刃，自後跳虎脊交抱，連割其頸，虎奮擲不脱，遂自困死。女捨之，歸告鄉人，共收母屍。《江表志》中。《十國春秋》二九。

王棲霞

1 烈祖夜坐南薰閣，召見道士王棲霞，問：「何術可致太平？」棲霞對曰：「治身治心，乃治家國之本。今陛下飢嗔飽喜尚不能節，何以福及蒼生？」是時元宗母宋后在簾中聽之，歎爲至語，賜以金帛，棲霞皆不受。所居玄真觀西北陂澤中有高樹，棲霞嘗於其上焚拜奏章。烈祖欲爲之建壇，棲霞曰：「建國之初，經用不足，不宜營此閒務。」《江南餘載》上。《續世説》一。《十國春秋》三四。

耿先生

1 耿先生者，江表將校耿謙之女也。少而明慧，有姿色，頗好書，稍爲詩句，往往有嘉旨，而明於道術，能拘制鬼魅，通於黄白之術。變怪之事，奇偉恍惚，莫知其何從得也。保大中，江淮富盛，上好文雅，悦奇異之事，召之入宫。蓋觀其術，不以貫魚之列待，特處之别院，號曰先生。先生常被碧霞帔，見上多持簡，精彩卓逸，言詞朗暢，手如鳥爪，不便於用，飲食皆仰於人。復不喜行，宫中常使人抱持之。每爲詩句，題於牆壁，自稱北大先生，亦莫知其旨也。先生之術不常，的然發揚於外，遇事則應，闇然而彰，上益以此重之也。《江淮異人録》。

2 先生後有孕，一日謂上曰：「妾此夕當産，神孫聖子誠在此耳。請備生産所用之物。」上悉爲設之，益令宫人宿於室中。夜半烈風震霆，室中人皆震懼，是夜不復産。明旦，先生腹已消如常人。上驚問之，先生曰：「昨夜雷電中生子，已爲神物持去，不復得矣。」先生嗜酒，至於男女大慾，亦略同於常。後亦竟以疾終。《江淮異人録》。《南唐近事》。《續博物志》三。馬令《南唐書》二四。陸游《南唐書》一七。《十國春秋》三四。

3 宫中忽失元敬宋太后所在，耿亦隱去，凡月餘，中外大駭。有告者云：「在都城外二十里方山寶華宫。」元宗亟命齊王景遂往迎太后，見與數道士方酣飲，乃迎還宫。道士皆誅死，耿亦不復得入宫中，然猶往來江淮。後不知所終。金陵好事家至今猶有耿先生寫真云。陸游《南唐書》一七。《十國春秋》三四。

許堅

1 許堅、不知何許人，遇酒筵，不問尊卑，遠近必到，乘興只三五杯便去。性嗜魚，將魚火上旋炙，熟處即吃，生處復炙，殊不去其鱗腸。每和巾帶入溪澗内浴度目浸身，出水即於風日中坐候乾。其衣服多有黵氣，人惡之。或有人與物，忻然而受，將散與貧者。多於夢中吟詩。宿溧陽縣靈泉精舍，僧出白字韻，請留詩。其僧對榻，見熟睡至晚起，出七言詩云：「近枕吴溪與越峯，前朝恩錫雲泉額。竹林晴見雁塔高，石室曾棲幾禪伯。荒碑字没秋苔深，古池香泛荷花白。客有經年别故林，落日猿啼情脈脈。」太平興國九年，自茅山再游廬山，於方先生房内安下。至夜深，常與數人談笑，人疑聽，堅已知之，高聲云：「不得來，不得來。」今在洪州西山或吉州玉笥山。《郡閣雅談》（《詩話總龜》前集四六）。

2 許堅，江左人，爲性藪野，似非今之人。年高，絶不知曉人事，少言，人不問，終日不啓口。多居三茅山，不知年歲，形容不變。好餐魚，能爲詩，多談神僊事。題茅山觀曰：「嘗恨清風千載鬱，洞天今得恣游遨。松楸古色玉壇静，鸞鶴不來青帝高。茅氏井寒丹已化，玄宗碑斷夢仍勞。分明有箇長生路，休向紅塵嘆二毛。」早年，堅以時事干江南李氏，人訝其狂戇，以爲風恙，莫與之禮。以一絶上舍人徐鉉云：「幾宵烟日鎖樓臺，欲寄侯門薦禰才。滿面塵埃人不識，謾隨流水出山來。」因拂衣歸隱。今尚在，隱跡江淮間。《雅言雜載》（《詩話總龜》前集四六）。

3 許堅，不知其家世。或曰晉長史穆之裔。形陋而怪，或寓廬阜白鹿洞桑門道館，行吟自若。幘巾芒屩，短襴至骭。亦無齎裝，唯自負布囊，常括不解。每沐浴，不脱衣，就谿澗，出而暵之。或問其故，則言：「天象昭布，雖白晝，亦常參列，人自昧之爾。其可裸裎乎？」堅癖嗜魚，或得大魚，則全體而烹，不加醯鹽，熟即啗之。遊溧陽下山寺，吟詩曰：……後或居茅山，或入九華，適意往返，人不能測。舊與樊若水相善。若水北度後，因轉輓于江南，遇堅于簡寂觀，勉之以仕，則顰蹙不答。堅嘗至陽羨，人不之識，一日涉西津，凌波闊步，若平地然。衆昉神之，不知其所在云。馬令《南唐書》一五。《十國春秋》三四。

文益

1 宋太祖將問罪江南，李後主用謀臣計，欲拒王師。法眼禪師觀牡丹于大内，因作偈諷之曰：「擁毳對芳叢，由來趣不同。髮從今日白，花似去年紅。艷曳隨朝露，馨香逐晚風。何須待零落，然後始知空！」後主不省。王師旋渡江。《冷齋夜話》一。　案：文益卒後謚大法眼。

謙光

1 僧謙光，金陵人也，素有才辨，江南國主以國師禮之。然無羈檢，飲酒如常，國主無以禁制，而又於諸肉中尤嗜鵝鼈。國主常以從容，語及釋氏果報，且問，曰：「老僧無他願，但得鵝生四隻腿，鼈長兩重裙，足矣！」國主大笑。顯德中，政亂，國主猶晏然，不以介意。一旦，因賞花，命謙光賦詩，因爲所諷。詩云：「擁衲對芳叢，由來事不同。鬢從今日白，花似去年紅。艷冶隨朝露，馨香逐曉風。何須對零落，然後始知空。」《五代史補》五。

謙明

1 僧謙明嗜酒，好爲詩。獨居一室，每日鐺中煮肉數斤，醇酒一壺，不俟爛熟，旋割旋飲，以此爲常。嘗中秋詠月云：「迢迢東海出，漸漸入雲衢。此夜一輪滿，清光何處無。」乘輿，遂子夜鳴鐘。烈祖聞之，不罪也，召問其所求，對曰：「唯願鵝生四腳，鼈著兩裙。」《江南餘載》下。

唐人軼事彙編卷三十七

王　建

1 僞蜀先主建，許州舞陽人也。世爲餅師。……其後爲忠武軍部將，討尚君長於山東，力戰馬斃，剖之得蛇於馬腹，由是自負。建初以唐朝之命，析黎、雅、邛、蜀四州爲永平軍節度，旋領兩川，封蜀王。及梁太祖受禪，乃僭大號，梁祖以其俱爲唐朝勳舊，不敢傲之，又以岐隴不附，欲假建爲腹背之患，乃與之通和，使介交質，情好尤篤。建初復書於梁祖曰：「七十州自可指揮，八千里罕因開拓。」又曰：「俱非恃强逼禪，皆以行道濟時」云。建在位，有漢州人郭迴，耕得古銅牌以獻，有王建、王元膺以下六十餘字。建乃改其長子名元膺，以應其事。識者曰：「膺者，胸也；胸者，凶也；皆非吉兆。」俄而元膺以延巧之夕，將請建宴於東宮，遂謀作亂，事發，元膺伏誅。乃立其少子鄭王衍，是爲後主。建在僞位十有二年，凡五改元，曰武成、曰永平、曰通正、曰天漢、曰光天。仍以其僞號易錢文而鑄之。今惡錢中尚有。建急於督責，雖倉廩充溢，而聚歛不已。蜀中每春三月爲蠶市，至時貨易畢集，闤闠填委，蜀人稱其繁盛。而建嘗登樓望之，見其貨桑栽者不一，乃顧左右曰：「桑栽甚多，儻税之，必獲厚利。」由是言出於外，民懼，盡伐其桑柘焉。建末年苦於痢疾，疼楚尤劇，但坐錦囊，而疾中顧左右曰：「我見百姓無數列於牀前，訴我曰『重賦厚斂，以至我傷害而死，今已得訴於帝矣。』」建曰：「我實不知外間如此，今如之何？」未幾而殂。《五國故事》上。

2 王蜀太祖與晉太師暉共爲惡友，悉生許下，長而貧乏，姓名無聞。潛攻許昌縣民家，事發，太祖與晉俱遁武陽古墓中。《鑒誡録》四。

3 王建在許下時，尤不逞，嘗坐事遭徒，但無杖痕爾。及據蜀，得馬涓爲從事，涓好詆訐，建恐爲所譏，因問曰：「竊聞外議以吾曾遭徒刑，有之乎？」涓對曰：「有之。」建恃無杖痕，且對衆，因袒背以示涓曰：「請足下試看，有遭杖責而肌肉如是耶？」涓知其詐，乃撫背而歎曰：「大奇，當時何處得此好膏藥來？」賓佐皆失色，而涓晏然。《五代史補》一。　案：馬涓，當爲「馮涓」之誤。

4 僧處弘習禪於武當山，王建微時販鹺於均、房間，仍行小竊，號曰「賊王八」。處弘見而勉之曰：「子他日位極人臣，何不從戎別圖功業，而夜遊晝伏，沾賊之號乎？」建感之，投忠武軍。後建在蜀，弘擁門徒入蜀，爲搆精舍以安之，即弘覺禪院也。《北夢瑣言》(《廣記》二二四)。

5 蜀王先主微時，於軍中同火幕有張卒，忘其名，曾與先主賭博，以鏟刀欓打破先主頭，時號張爲「鏟欓子」。他日先主忽思前事，特授戎州刺史。《實賓録》一三。

6 王建初起軍中，隱語代器械之名，以犯者爲不祥，至孟氏時猶有能道其略者。劍曰「奪命龍」，刀曰「小逡巡」，鎗曰「肩二」，斧曰「鐵餻糜」，甲曰「千斤使」，弓曰「潘尚書」，弩曰「百步王」，箭曰「飛郎」，鼓曰

「聖牛兒」，鑼曰「響八」，旗曰「愁眉錦」，鐵蒺藜曰「冷尖」。《清異録》下。

7 唐僖宗皇帝播遷漢中，蜀先主建爲禁軍都頭，與其儕於僧院擲骰子，六隻次第相重，自么至六，人共駭之。他日霸蜀，因幸興元，訪當時僧院，其僧尚在，問以舊事，此僧具以骰子爲對，先主大悅，厚賜之。《北夢瑣言》（《廣記》三七四）。

8 韋昭度招討陳敬瑄時，蜀帥顧彦暉爲副，王先主爲都指揮使。三府各署幞寮，皆是朝達子弟，視王先主蔑如也。先主侍從髡髮行䁱，黥面札腕，如一部鬼神。其輩以先主兢肅，顧公詳緩，一時失笑而散。先主歸營，左右以此爲言，亦自大笑。他日克郫城，輕薄幞寮皆害之。《北夢瑣言》（《廣記》二六六）。

9 見韋昭度4。

10 僞蜀先主王建始攻圍成都，三年未下，其紀綱之僕有無賴輕生勇悍者百輩，人莫敢也。建嘗以美言啗之曰：「西川號爲錦花城，一旦收尅，玉帛子女恣我兒輩快活也。」他日，陳敬瑄、田令孜以城降。翌日赴府，預戒驕暴諸子曰：「我與爾累年戰鬭，出死入生，來日便是我一家也。入城之後，但管富貴，即不得恣横。我適來差張勍作斬斫馬步使，責辦於渠，汝輩不得輒犯。若把到我面前，足可矜恕。或被當下斬却，非我能救。」諸子聞戒，各務戢斂。然張勍胸上打人，堆疊通衢，莫有敢犯。識者以建能戒能惜，不陷人於刑，仁恕之比也。《北夢瑣言》（《廣記》一九〇）。

11 見常重胤1。

12 王蜀普慈公主出降秦州節度使李令中繼崇，即秦王茂貞之猶子也。初，王太祖欲興師取天水，而計未成，因問大夫馮涓，涓對曰：「臣聞興師者殘兵力，虛府庫，弊羣畜，損弓甲，擾桑農，動德義，興詐僞，故損國害人，莫先於用兵也。方今梁王朱全忠霸盛，强據兩京，料其先取河東。河東，梁之敵國也，勢不兩立。儻一虎爲雄，率天下之衆，一舉西來，縱葛亮重生，五丁復出，無以泥封大散，石鏁劍門。今秦庭實蜀之巨屏也，去其屏，窺見庭館焉。莫若與秦王和親，稍稍以麻布茗草給之，不傷於大義，濟之以小利。蜀但訓兵秣馬，固敵料强，足可以保天禄於三川，固子孫於萬葉。潛令公主探其機密，窺彼室家，俟便攻之，一舉而獲可也。」帝曰：「甚善。」是時秦王遣使求親，遂以普慈公主而許之，於是成其姻好。公主出降也，小宫一帑之資以爲妝奩服翫之飾，而導從華麗，已逾千里。秦王以隴右之地貧薄，不産絲麻，請西向稱臣，希六萬衆春冬之賜。太祖又用馮涓之計，許之茶布，請自備人力而迎。秦王大喜，率强丁及驢馬，悉遣入蜀般取。其來也，載青鹽、紫草，蜀得其厚利焉。其去也，載白布、黄茶，秦得麄貨矣。每來，駐泊周歲而還。閣道崎嶇，江溪壅滯，人畜疲乏，踣卧道塗。是時秦卒太半不還，遂止西來之役。李駙馬繼崇久鎮天水，與季父秦王常持兩端。普慈公主密使閹人宋内侍光嗣絹書封事而達太子，備述駙馬常驕矜，每多沈湎，或淫誅嬖妾，或醉害賢良，兵力方微，民心思亂，願歸侍省，免死危邦。事達宸聰，六宫慟哭。太祖遂詐以后薨，遣使暫迎公主。公主既至，不復歸秦。蜀遣大將軍許太師宗播將兵五萬，與秦人戰於金沙，秦人大敗，於是獲其城邑，遂迎駙馬，及降無敵王劉知俊，并戰將郭守遷、郭守存、李彦德、聶璜、孫禮、陳彦詞、毛昌業、邵雲等五十餘員，大蹚馬三千餘匹，兵士九千户六萬，悉歸於蜀。至同光三年，秦賓後唐，蜀遂亡國。蜀咸康元年是唐同光三年。是無巨屏矣。乃知馮君之口信不虛開矣！《鑒誡録》四。

13 見馮涓5。

14 僞蜀王先主未開國前，西域僧至蜀，蜀人瞻敬，如見釋迦。舍於大慈三學院。蜀主復謁坐於廳。傾都士女就院，不令止之。婦女列次禮拜，俳優王舍城飄言曰：「女弟子勤苦禮拜，願後身面孔，一切似和尚。」蜀主大笑。《北夢瑣言》（《廣記》二五二）。《羣居解頤》（張本《説郛》三二、陶本《説郛》二四）。

15 紅樓，先主所建，綵繪華侈。初，潁川人華洪隨先主入蜀，賜姓王，名宗侃，至是造紅樓，城中人相率來觀曰：「看畫紅樓。」先主以爲應華洪之讖，乃誅之。《成都古今記》（張本《説郛》四）。案：宗侃，據《十國春秋》三九，當爲宗滌。

16 周德權，汝南人，建之妻弟。從建入蜀，以戰功累遷眉州刺史。梁祖既簒，德權上表曰：「案讖文：『李祐西王逢吉昌，土德兑興丹莫當。』李祐者，唐主也；西王者，王氏興於西方也；丹莫當者，丹，朱也，言朱梁不敢與殿下抗也。願稽合天命，仰膺寶籙，使天地有主，人神有依。」建大悦，曰：「成我者，叔舅也。」《蜀檮杌》上。《十國春秋》四〇。

17 蜀王建屬兔，于天祐四年丁卯歲僭即帝位，乃以「兔子上金床」之讖，遂以金飾所坐，復謂左右曰：「朕承唐，以金德王，踞此床，天下孰敢不賓者乎！」聞者皆嗤之。《洛中紀異録》（張本《説郛》二〇、陶本《説郛》四九）。

18 王建之僭號也，惟翰林學士最承恩顧，侍臣或諫其禮過，建曰：「蓋汝輩未之見也。且吾在神策軍時，主内門魚鑰，見唐朝諸帝待翰林學士，雖交友不若也。今我恩顧，比當時才有百分之一爾，何謂之過當耶？」論者多之。《五代史補》一。《十國春秋》三六。

19 西川自唐劉闢搆逆後，久無干戈，人不習戰。每歲諸道差兵屯戍大渡河，蠻旗纔舉，望風而潰。咸通中，長驅直抵府城，居人有扃户而拒之，蠻亦不敢扣門也。嘗有一蠻迷路入廣都縣村墅，里人相率數百輩叫譟而逐之，蠻一回顧，卻走如堵牆崩焉，自晝及暝，終不能擒致。其怯懦如此。王蜀先主時，雲南寇蜀，蜀軍勇鋭欲吞之，俘擒啗食，不以爲敵。與向前之兵，百倍其勇也。《北夢瑣言》五。

20 邛黎之間有淺蠻焉，世襲王號，曰劉王、楊王、郝王。歲支西川衣賜三千分，俾其偵雲南動静，雲南亦資其覘成都盈虚，持兩端而求利也。每元戎下車，即率界上酋長詣府庭，號曰參元戎。上聞自謂威惠所致。其未參間，潛稟於都押衙，且俟可否。或元戎慰撫大將間，稍至乖方，即教其紛紜。時帥臣多是文儒，不欲生事，以是都押賴之。亦要姑息。蠻晝憑陵，若無亭障，抑此之由也。王建始鎮蜀，絶其舊賜，斬都押衙山行章以令之。邛峽之南，不立一堠，不戍一卒，十年不敢犯境。末年，命大將許存征蠻，爲三王洩漏軍機，於是召三王而斬之，時號因斷也。昔日之患三王，非不知也，時不利也。故曰：有非常之功，許公之謂也。《北夢瑣言》（《廣記》一九〇）。

21 余聞宗弼親吏曹處琪言：建疑信王暴卒，唐文扆與徐妃、張格陰謀使尚食進雞燒餅因置毒。建疾困，大臣魏弘夫等請誅文扆。建曰：「太子好酒色，苦不克負荷，幸無殺之。徐氏兄弟勿與兵權。」言訖，長吁而逝。《北夢瑣言》（《通鑑考異》二九）。

22 西川衞前軍將李思益者，所著衣服莫非華焕纖麗，蜀先主左右羨而怪之，先主曰：「李思益一副衣裳大有所費，是要爲我光揚軍府，仰與江貨場勾當，俾其作衣裝也。」先主又於作院見匠人裹小朵帽子，前如鷹嘴，後露腦枕，怪而截其嘴也。又登樓見行人戴襤褸席帽，云：「破頭爛額，是何好事？」然自務儉素，愛浄潔，皆此類也。《北夢瑣言》一二。《十國春秋》三六。

23 王太祖自利、閬起兵，以至益州爲帝。唐太師道襲，閬苑人也，美眉目，足機智，自童年親事太祖，及太祖得蜀，遂主樞衡。勳業既高，恩寵彌厚。是時太祖與秦庭李大王茂貞方結姻好，遽因小間交兵，遂選腹心，以安梁漢，唐公於是出鎮焉。帝御大安樓親送，及見，唐公將别，帝頗動容，侍從宫娥，無不彈淚。太祖御製贈别以賜唐公，議者以魚水之歡無出於此。詩曰：「丱歲便將爲肘腋，二紀何曾離一日。更深猶尚立案前，敷奏柔和不傷物。今朝榮貴慰我心，雙旌引向重城出。褒斜舊地委勳賢，從此生靈永泰息。」《鑑誡録》五。

24、25 見貫休5、6。

26 見盧延讓5。

27 王建召山南節度王宗侃責之曰：「汝今又狂率，豈不畏赫雷乎！」赫雷，建刀名也。《外史檮杌》(《海録碎事》一四)。《十國春秋》三九。

徐妃

1 前蜀徐公耕二女，美而奇艶。初，太祖搜求國色，亦不知徐公有女焉。徐寫其女真以惑太祖，太祖遂納之，各有子焉。長曰翊聖太妃，生彭王；次曰順聖太后，生後主。後主性多狂率，不守宗祧，頻歲省方，政歸國母，多行教令，淫戮重臣。頃者，姊妹以巡遊聖境爲名，恣風月煙花之性，駕輜軿於緑野，擁金翠於青山，倍役生靈，頗銷經費。凡經過之所，宴寢之宫，悉有篇章刊于玉石。自秦漢以來，妃后省巡，未有富貴如兹之盛者也。《鑒誡録》五。《豪異秘纂》（張本《説郛》三四）。

王衍

1 衍即僞位，荒淫酒色，出入無度。嘗以繒綵數萬段結爲綵樓山，上立宫殿亭閣，一如居常棟宇之制。衍宴樂其中，或踰旬不下。又别立一綵亭於山前，列以金銀錡釜之屬，取御廚食料烹燀於其間，衍凭綵樓以視之，謂之「當面廚」。綵山之前，復穿一渠以通其宫中。衍乘醉，夜下綵山，即泛小龍舟於渠中，使宫人乘短畫船，倒執炬蠟千餘條，逆照水面，以迎其船，歌樂之聲，沸於渠上，及抵宫中，復酣宴至曉。綵樓山遇風雨霜雪所損，乃重易之，無所愛惜。又好擊鞠，常引二錦障以翼之，往往至於街市，衍爲步障所蔽而亦不知。乃齊東昏高障之類也。好戴大裁帽，蓋欲混己，而人以爲泥首包羞之兆耳。衍好燒香，沈檀蘭麝之類芬馥氤氲，晝夜不息。既而厭之，乃取皁角燒之。其奢縱皆此類也。初，建立衍爲嗣，鑄銅鐘於佛寺虛懸之，其聲洪遠，建乃謂其下曰：「吾立此鐘，爲立太子故也。今聲洪遠，是必東宫將來之慶。」俄而纔及八日，其鐘殞地，龍首摧落，建聞之不懌。衍襲僞號果八年而亡國。衍之末年，率其母后等同幸青城，至成都山上清宫。隨駕宫人皆衣畫雲霞道服，衍自製《甘州曲》辭，親與宫人唱之曰：「畫羅裙，能結束，稱腰身。柳眉桃臉不勝春。薄媚足精神。可惜許，淪落在風塵。」宫人皆應聲而和之。衍之本意，以神仙而在凡塵耳。後衍降中原，宮妓多淪落人間，始驗其語。初，莊宗即位，與通好，命客省使李嚴使於蜀。衍建上清道宮，塑元元及唐朝列帝宮中，僞尊王子晉爲聖祖至道玉宸皇帝，塑其形，仍塑建與衍侍立其側，召嚴以觀之。衍因備法駕，行朝謁獻享之禮，而亦享唐之列聖。蜀人以爲朝唐之列聖，蓋歸中原之兆也。謁享之日，蜀中士女夾道觀之，珠翠簾幕，爲之照耀。及嚴回，乃言可取之狀。《五國故事》上。《續世説》九。《該聞録》（《分門古今類事》一三）。

2 衍北巡，以宰相王鍇判六軍諸衛事，旌旗戈甲百里不絶。衍戎裝，披金甲，珠帽錦袖，執弓挾矢，百姓望之，謂如灌口神。《蜀檮杌》上。《十國春秋》三七。

3 泛舟巡閬中，舟子皆衣錦繡，衍自製《水調銀漢曲》，命樂工歌之。郡民何康女有美色，將嫁，衍取之，賜其夫家百縑，其夫一慟而卒。《蜀檮杌》上。《外史檮杌》（《類説》二七）。《十國春秋》三七。

4 見韓昭2。

5 〔乾德四年三月〕，禁百姓不得帶小帽。衍好私行，往往宿於倡家，飲於酒樓，索筆題曰「王一來」云。恐人識之，故令民間皆帶大帽。四月，流軍使王承綱於茂州。衍嘗私至承綱家，悦其女有美色，欲私之，承綱言已許嫁，將適人，衍不從，遂取入宮。潘昭與承綱有隙，奏其出怨言，故被貶。女聞承綱得罪，剪髮求贖其罪，不從，乃自縊死。《蜀檮杌》上。

6 〔乾德五年〕重陽，宴羣臣於宣華苑，夜分未罷。衍自唱韓琮《柳枝詞》曰：「梁苑隋堤事已空，萬條猶舞舊春風。何須思想千年事，誰見楊花入漢宮。」内侍宋光溥咏胡曾詩曰：「吴王恃霸棄雄才，貪向姑蘇醉緑醅。不覺錢塘江上月，一宵西送越兵來。」衍聞之不樂，於是罷宴。《蜀檮杌》上。《唐詩紀事》七一。《十國春秋》四六。

7〔乾德〕五年三月上巳，宴怡神亭，婦女雜坐，夜分而罷。衍自執板唱《霓裳羽衣》及《後庭花》、《思越人》曲。《蜀檮杌》上。

8〔乾德六年〕九月，唐莊宗遣李稠來通好，市珍玩錦繡，衍不許，以馬落草。莊宗怒曰：「衍豈免落草乎？」《蜀檮杌》上。

9〔咸康元年〕三月，衍朝永陵，自爲尖巾，民庶皆效之。還宴怡神亭，嬪妃妾妓皆衣道服，蓮花冠髽髻爲樂，夾臉連額渥以朱粉，曰「醉妝」，國人皆效之。《蜀檮杌》上。

10有唐「十在」，著自簡編，爲古今之美談，顯君臣之强盛。林員外罕亦著前蜀《十在》，行自閭閻，明其禍亂之胎，示以君臣之醜，雖爲謗訕，深鑑是非。慮墜斯文，輒編於此。其文曰：咸康元年，蜀主臨軒，龍顏不悦，羣臣失色，罔知所安。時有特進、檢校太傅顧在珣越班奏曰：「臣聞主憂臣辱，主辱臣死，今聖慮懷憂，臣等請罪。」帝曰：「北有後唐霸盛，南有蠻蜑强良，朕雖旰食宵衣，納隍軫慮，此不能興師弔伐，彼不能臣子來王，恐社稷不安，爲子孫之患，是以憂爾。」在珣奏曰：「只如興土木於禁中，選驍雄於手下；迴持斧鉞，出鎮藩籬；飾宮殿於遐方，命鑾輿而遠幸；爲釁之兆，爲禍之元，有王承休在。擢挫英雄，吹揚佞媚；全無斟酌，謬處腹心；斷性命於戲翫之間，戮仇讎於樞機之下；有功勞而皆棄，非賄賂而不行，有宋光嗣在。受先皇之付囑，爲大國之棟梁；既不輸忠，又不能退；恣一門之奢侈，任數子之驕矜；　徒爲饕餮之人，實非社稷之器，有王宗弼在。迴徹煙霄，殊非謇諤；　興亂本逞章程之妙，説姦謀事頰舌之能；　立致傾亡尚居左右，有韓昭在。常加慘毒，每恣貪殘；　焚爇軍營，要寬私第；　不道喧騰於衆口，非違信任於愚懷，有歐陽晃在。酷毒害民，加刑聚貨；　叨爲郡守，實負天恩。瘡痍已徧於陽安，蒙蔽由憑於内密，有田魯儔在。爲君王之元舅，受保傅之尊官；　但務奢華，不思輔弼；　第宅迴同於上苑，珠珍未滿於貪心，有徐延瓊在。出爲留守，入掌樞機；　無謇諤以佐君，但唯唯而徇旨，有景潤澄在。搜求女色，悦暢宸襟；　常叨不次之恩，每冒無厭之寵；　敷對唯誇於辯博，佐時不察於經綸；　素非忠賢，實爲忝竊，有嚴凝月在。唱亡國之音，銜趨時之伎；　每爲巫覡，以翫聖明；　致君爲桀紂之年，昧主乏唐虞之化，有臣在。陛下任臣如此，何憂社稷不安！」帝聞所奏，大悦龍顏，於是賜顧在珣絹五百匹，進加右金吾衛將軍、開府儀同三司、檢校太尉，仍令所司編入史記。《鑒誡録》七。《蜀檮杌》上。《十國春秋》四三。

案：　林屖，《蜀檮杌》、《十國春秋》作「林罕」。

11 王衍在蜀，好私行，恐人識之，令民戴大帽，又禁民戴危腦帽，狹小，俛首即墜。又衍朝永陵，自爲尖巾，士民皆效之，皆服妖也。又每宴怡神亭，妓妾皆衣道衣，蓮花冠，酒酣，免冠，髽髻爲樂，因夾臉連額，渥以朱粉，號曰「醉妝」，此與梁冀、孫壽事頗相類。後衍又與母同禱青城山，宮人畢從，皆衣雲霞畫衣，衍自製《甘州詞》，令宮人歌之，聞者悽愴。又衍造上清宮成，塑玄元皇帝及唐諸帝像，衍躬自薦享，城中士女遊觀闐咽，謂之「尋唐魂」，後國亡歸唐，至秦川驛遇害。《青箱雜記》七。

12 王後主咸康年，晝作鬼神，夜爲狼虎，潛入諸宮内，驚動嬪妃，老小奔走，往往致卒。或狂遊玉壘，書「王一」於倡樓，或醉幸青城，溺内家於灌口。數塗脂粉，頻作戎裝。又内臣嚴凝月等競唱《後庭花》、《思越人》，及搜求名公艷麗絶句，隱爲《柳枝詞》。君臣同座，悉去朝衣，以晝連宵，弦管喉舌相應。酒酣，則嬪御執卮，后妃填辭，合手相招，醉眼相盼，以至履舄交錯，狼籍杯盤。是時淫風大行，遂亡其國。《鑒誡録》七。

13 蜀後主自裹小巾，卿士皆同之。宫妓多衣道服，簪蓮花冠，每侍燕酣醉，則容其同輩免冠，髽然其髻，别爲一家之美。因施胭脂，粉頰蓮額，號曰醉妝。國人效之。又作歌詞云：「這邊走，那邊走，只是尋花柳。那邊走，這邊走，莫厭金樽酒。」又嬖佞韓昭、顧珣、潘迎等爲狎客，競扠手摇頭令。唐師入境，遏其報而遊幸，師至利州方知。將士紛然曰：「且打扠手摇頭。」念周宣帝作歌曰：「自知身命促，把燭夜行遊。」令宫女連臂踏脚而歌，亦前歌之類。《北夢瑣言》（《詩話總龜》前集二二）。又《類説》四三引。

14 蜀衍荒於游幸，乃造平底大車，下設四卧軸，每軸安五輪，凡二十輪，牽以駿馬，騎去如飛，謂之「流星輦」。《清異録》下。

15 王衍伶官家樂侍燕，小池水澄天見，家樂應制云：「一段聖琉璃。」《清異録》上。

16 魏王繼岌奉命伐蜀，王衍苑馬數百，皆逸足也，繼岌猶比選之，得二十許疋，格賞不可言。《清異録》上。

17 蜀後主王衍宦官王承休，後主以優笑狎暱見寵，有美色，恒侍少主寢息，久而專房。承休多以邪僻姦穢之事媚其主，主愈寵之。與韓昭爲刎頸之交，所謀皆互相表裏。承休一日請從諸軍揀選官健，得驍勇數千，號龍武軍，承休自爲統帥，並特加衣糧，日有優給。因乞秦州節度使，且云：「願與陛下於秦州採掇美麗。」且説秦州之風土，多出國色，仍請幸天水。少主甚悦，即遣仗節赴鎮，應所選龍武精鋭，並充衙隊從行。到方鎮下車，當日毀拆衙庭，發丁夫採取材石，創立公署使宅，一如宮殿之制。兼以嚴刑峻法，婦女不免土木之役。又密令彊取民間子女，使教歌舞伎樂，被獲者，令畫工圖真及録名氏，急遞中送韓昭，昭又密呈少主。少主覩之，不覺心狂，遂決幸秦之計。因下制曰：「朕聞前王巡狩，觀土地之慘舒；歷代省方，慰黎元之傒望。西秦封域，遠在邊隅，先皇帝畫此山河，歷年征討，雖歸王化，未浹惠風。今耕稼既屬有年，軍民頗聞望幸，用安疆埸，聊議省巡。朕選取今年十月三日幸秦州。布告中外，咸使聞知。」由是中外切諫不從。母后泣而止之，以至絶食。前秦州節度判官蒲禹卿叩馬泣血，上表諫曰：……後主竟不從之。韓昭謂禹卿曰：「我取汝表章，候秦州迴日，下獄逐節勘之，勿悔。」至十月三日，發離成都。四日到漢州。鳳州王承捷飛驛騎到秦云：「東朝差興聖令公，統軍十餘萬，取九月到鳳州。」少主猶謂臣下設計要沮其東行，曰：「朕恰要親看相殺，又何患乎？」不顧而進。……洎至利州，已聞東師下固鎮矣。旬日内，又聞金牛敗卒塞硤而至。其時蜀師十餘萬，自綿漢至于深渡千餘里，首尾相繼，皆無心鬭敵。遣使臣逼促，則迴槍刺之，曰：「請喚取龍武軍相戰，不惟勇敢，況且偏請衣糧。我等揀退不堪，何能相殺！」實無奈何，十月二十九日狼狽而歸，於棧閣懸險溪巖塹之中，連夜繼晝，却入成都。康延孝與魏王繼踵而入，少主於是樹降。東軍未入前，王宗弼殺韓昭、樞密使宋光嗣、景潤澄、宣徽州使李周輅、歐陽晃等。王承休握鋭兵於天水，兵刃不舉，既知東軍入蜀，遂擁麾下之師及婦女孩幼萬餘口，金銀繒帛，於西蕃買路歸蜀。沿路爲左衽擄奪，并經溪山凍餓相踐而死，迨至蜀，存者百餘人，唯與田宗汭等脱身而至。魏王使人詰之曰：「親握鋭兵，何得不戰？」曰：「憚大王神武，不敢當其鋒。」曰：「何不早降？」曰：「蓋緣王師不入封部，無門輸款。」曰：「其初入蕃部，幾許人同行？」曰：「萬餘口。」「今存者幾何？」曰：「纔及百數。」魏王曰：「汝可償此萬人之命。」遂盡斬之。蜀師不戰坐取亡滅者，蓋承休、韓昭之所致也，人多不知之。《王氏聞見録》(《廣記》二四一)。

18 蜀王衍俘繫入秦，至劍閣，閲山水之美，詩云：「不緣朝闕去，好此結茅廬。」時人笑之。至咸陽，又作曲子云：「盡是一場贏得。」與夫無愁入井者，所校無多也。《北夢瑣言》(《詩話總龜》前集二五)。又《類説》四三引。

王元膺

1 梓潼縣張蜑子神，乃五丁拔蛇之所也。或云巂州張生所養之蛇，因而祠。時人謂爲張蜑子。其神甚靈。僞蜀王建世子名元膺，聰明博達，騎射絶倫。牙齒常露，多以袖掩口，左右不敢仰視。蛇眼而黑色，凶惡鄙褻。通夜不寐。竟以作逆伏誅。就誅之夕，梓潼廟祝亟爲蜑子所責，言：「我久在川，今始方歸，何以致廟宇荒穢如是耶？」由是蜀人乃知元膺爲廟蛇之精矣。《北夢瑣言》(《廣記》四五八)。

2 蜀王建之子元膺，嘗射中錢的，翰林學士毛文錫作賦美之。元膺曰：「窮措大，長此神箭否？」《外史檮杌》(《類説》二七)。

3 見王建1。

王宗壽

1 嘉王宗壽者，王氏宗室中最爲賢王。嘗因重陽，衍召宗室及近臣宴於宣華苑，自旦至於繼火，沈湎尤甚。宗壽因以社稷之事言之，涕淚交落，而佞臣潘在迎、顧在珣、韓昭等數輩以爲嘉王酒悲，因爲諧謔笑玩而罷。及蜀亡，宗壽至洛，表請以公禮葬衍，朝廷因追封衍爲順正公。出葬之日，宗壽步從之。尋爲淄州刺史，復爲青州節度使，以壽終。蜀之王公，亡國之後多所淪喪，而宗壽獨保其終，以見上天福善之道。《五國故事》上。

2 宗壽，建宗人之子，幼從征伐。警悟有機辯，好琴碁，篇什、方術，皆臻其妙。建入蜀，奏署懷節軍使，以所部鎮遏江原縣。嘗于許、汝間得一鐵鏡，晦不可鑑，屢令工人瑩之，了無所睹。著巾奩中有日矣，至是，忽覽之，光采焕發，因見市舍中一小兒青衣丱角獨坐，宗壽異而使人召之，小兒曰：「何以知我至此？」宗壽以言怛之，不懼，因曰：「我與鐵鏡來耳。公不見還，神物終當化去。君以還我，他年當有報也。」宗壽出鏡與之，乃長揖謝去。後宗壽得辟穀行氣之術，或謂小兒傳之。《九國志》六。

王宗裕

1 僞蜀王宗裕，建之宗屬，善遁甲。從平東川，諸將争功，宗裕獨立於枯松下，未嘗自伐，人皆服其謙，謂漢有大樹將軍，號宗裕爲「枯松太保」。《實賓録》一。《十國春秋》三八。

2 永平初，建興師取秦鳳州，再至緜谷，宗裕饋輓貢獻，道路相望。建以其盡瘁，明年乃改東川爲武德軍，以宗裕爲節度使。宗裕既秉旄鉞，遂貪冒財貨。以白金百兩作鋌，鐫記年月，每五鋌爲一束，以生牛革裹之。子諫曰：「牛革著物堅靭，後難可開。」宗裕叱之曰：「何更開也！」罷歸，衍慰諭久之。自謂功高，以征伐爲己任。築第蜀城中，頗侵損民舍。有酤者青陽家不徙去，宗裕遣人，以巨肔寘其舍中，復投以污穢，酤者將訴於建，宗裕懼而止。又於郊外開廣林莽，壞掘邱墓，立亭榭，鑿池沼，樹花木，攜妓縱酒爲樂。一日方醉，坐軒檻中，見數人衣冠甚偉，謂宗裕曰：「與君幽顯異路，何相陵太過？」因相顧大笑。宗裕亦笑，遽仆於地，寢疾，不數日卒。《九國志》六。

王宗滌

1 見王建15。

王宗翰

1 通正初，授通義軍節度使同平章事，守興元尹，以杜堯嗣爲之佐，令規正焉，宗翰于泉倉，置寨于捍龍山，與上清寨相接，分鄉兵屯守。建略地秦隴，以宗翰爲第一招討使，拔大散關，取陳倉，耀兵三壘而還。宗翰所爲不法，堯嗣多諫止之。及爲招討使，請堯嗣同行，至大散關，堯嗣復疾，請歸府，乃自木皮店沿流而去。宗翰令以膠船載之，中流而溺。天漢元年，宗翰被病，若見堯嗣。既而堂宇藩溷，隨其大小，皆堯嗣在焉，疾遂亟，數日卒。《九國志》六。

王宗弼

1 〔王〕衍襲位，拜宫城内外都指揮使，判六軍事，封齊王。衍將往秦州，宗弼曰：「唐兵壓境，秦州未可去也。」又上表切諫，衍怒，擲之于地。衍次利州，唐師已入散關，陷鳳州。衍遂遣三招討屯三泉以拒唐師。未戰，三招討俱遁去，因令宗弼守緜谷，而誅三招討。宗弼遂與三招討同送款于魏王。乃還成都，斬宋光嗣等，函首送于魏王，遷衍及母妻于西宫。貴戚納金寶進妓妾救死于宗弼者，不可勝計。微有絓誤者，咸遭戮焉。盡輦内藏之寶貨歸于其家。魏王遣使徵犒軍錢數千萬，宗弼輒靳之，魏王甚怒。及王師至，令其子承班賫衍玩用直百萬獻于魏王，并賂郭宗韜，請以己爲西川節度使。魏王曰：「此我家之物也，焉用獻來？」魏王入城，翌日，數其不忠之罪，并其子斬之于毬場。軍士取其尸，臠而食之。先是，蜀有謡言曰：「我有一帖藥，其名爲阿魏，賣與十八子。」至是，宗弼背國歸唐，果其驗也。《九國志》六。《十國春秋》三九。

王宗黯

1 僞蜀寧江節度使王宗黯生日，部下屬縣皆率醵財貨，以爲賀禮。巫山令裴垣以編户羸貧，獨無慶獻。宗黯大怒，召裴至，誣以他事，生沉灔澦堆水中。《北夢瑣言》(《廣記》一二四)。

許存

1 見王超1。

2 見王建20。

3 遂州巡屬村民姓于號世尊者，與一女皆逆知人之吉凶，數州敬奉，捨財山積。塹鑿崖壁，列爲佛像，所費莫知紀極。節度許公存以其妖妄，召至府衙，俾其射覆。不中，乃械而殺之，一無神變。於其所居得五色文麻絚，以牛載僅百馱，錢帛即可知也。每夜會，自作阿彌陀佛，宫殿池沼，一如西方。男女俱集，念佛而已。斯亦下愚之流，豈術神耶，將有物憑之耶？《北夢瑣言》(《廣記》二八九)。

王承傑

1 蜀朝東川節度許存太師，有功勳臣也。其子承傑，即故黔使君禧實之子，隨母嫁許。然其驕貴僭越，少有倫比。作都頭，軍籍只一百二十有七人，是音聲伎術，出即同節使行李。凡從行之物，一切奢大，騎碧暖座，垂魚紛錯。每修書題，印章微有浸漬，即必改换，書吏苦之。流輩以爲話端，皆推茂刺顧夐爲首。許公他日有會，乃謂顧曰：「閣下何太談謗！」顧乃分疏，因指同席數人爲證。顧無以對，逡巡乃曰：「三哥不用草草，碧暖座爲衆所知，至於魚袋上鑄蓬萊山，非我唱揚。」席上愈笑，方知魚袋更僭也。刺茂州，入蕃落，爲蕃酋害之。《北夢瑣言》一二。

王宗儔

1 王蜀將王宗儔帥南梁日，聚糧屯師，日興工役，鑿山刊木，略不暫停，運粟泛舟，軍人告倦。岷峨之人酷好釋氏，軍中皆右執凶器，左秉佛書，誦習之聲，混于刁斗。時有健卒李延召，繼年役于三泉黑水以來，採斫材木，力竭形枯，不任其事，遂設詐陳狀云：「近者得見諸佛如來，乘輿跨象，出入巖崖之中，飛昇松柏之上，如是之報甚頻。某雖在戎門，早歸釋教，以其課誦至誠，是有如此感應。今乞蠲兵籍，截足事佛，俾將來希證無上之果。」宗儔判曰：「雖居兵籍，心在佛門。修心於行伍之間，達理於幻泡之外。歸心而依佛氏，截足以事空王。壯哉貔貅，何太猛利！大願難阻，真誠可嘉。准狀付本軍，除落名氏。仍差虞候，監截一足訖，送真元寺收管灑掃。」延召比欲矯妄免其役，及臨斷足時，則怖懼益切。於是遷延十餘日，哀號宛轉，避其鋒鈃。宗儔聞之，大笑而不罪焉。《玉堂閒話》（《廣記》二三八）。

王宗瑶

1 昭宗幸石門，詔建赴難，以宗瑶爲北路行營都指揮使，奏授嘉州刺史。天復中，授武信軍節度使。建開國，加太子少傅，後封臨淄郡王。建病，亟以宗瑶爲金吾使，參預顧命。衍襲位，授太傅。嘗自作高冢，遇暇則酣酒高歌于其中。無疾，忽一旦默坐而卒，年六十七。人以爲知死。《九國志》六。

王宗信

1 僞蜀王宗信鎮鳳州，有角觝人蘇鐸者，委之巡警，嘗與宗信左右孫延膺不協。宗信因暇日登樓，望見蘇鐸，錦袍束帶，似遠行人之狀，宗信訝之。鐸本岐人也，延膺因譖曰：「蘇鐸雖受公蓄養，其如苞藏禍心，久欲逃去。」宗信大怒，立命擒至，先斷舌臠肉，然後斬之。及延膺作逆，其被法之狀，一如鐸焉。《儆誡録》（《廣記》一二四）。《十國春秋》三九。

王宗憲

1 見劉隱辭1。

王宗銖

1 蜀王宗銖責授雍州司户參軍，問吏曰：「參軍何官，衣何服？」吏曰：「下州判司緑衫槐笏而已。」宗銖大笑絶倒，曰：「頭便斬去，吾何能作措大官耶！」《九國志》（《職官分紀》四一）。

王宗鉥

1 宗鉥，許昌人，本姓李，名武。父裕，爲忠武軍小校。鉥少無賴，善騎射。建募義兵迎駕，得宗鉥，以隸帳下。至岐山，屢有戰功，署爲隊長，尋遷爲裨將。以勇過人，號爲「武子路」，遂爲軍中所推。建攻成都，一日，城内出數騎直抵七里橋，宗鈢因躍馬奪闗子門，蜀將宋行能策馬援槊而至，將及，宗鈢佯墜馬，奪槊以刺，行能徑走入城，宗鈢逐之，至門而還。建慰勞久之，撫背曰：「吾得成都，當宥汝十死。」洎建開國，授晉州刺史。性輕率，好貨，恃勇不法，未周歲，以訟免官，歸成都。《九國志》六。

2 蜀王宗鈢：有海客鬻龍腦蜀中，貯以水精瓶，殿直李葩示之，海客邀善價，比數倍，葩造宗鈢，曰：「水精瓶，爲爾取之。」翌日，至其所，令持錦衾至，若貨者。宗鈢索衾與海客共觀，嘆其纖織，久之，因目從者挈瓶去。《九國志》（《古今合璧事類備要》外集六三）。案：宗鈢，原作「宗銖」，據《外史檮杌》改。

3 王宗鈢爲晉州刺史，有海客鬻龍腦，邀價倍常，宗鈢令持錦被送與客觀之，因目從者挈其龍腦缾去。又令牙儈市二妓，年各十六，其直三十二緡。宗鈢納之，呼一老婢，謂儈曰：「此年已五十，直五十千，償二妓外，尚餘十八千。」買布被褥一幅，重十斤，令於酒房取舊麻繩十五斤償之，百姓相視而笑，宗鈢曰：「小民得五斤利便喜。」吏民列訴，謫維州司户。《外史檮杌》（《類説》二七）。

王承協

1 僞王蜀有王氏子承協，幼承廕，有文武才，性聰明，通于音律。門下常養一術士，潛授戰陣之法，人莫知之。術士襤褸弊衣，亦不受承協之資鏹。承協後因蜀主講武於星宿山下，忽於主前呈一鐵鎗，重三十餘斤，請試之。由是介馬盤鎗，星飛電轉，萬人觀之，咸服其神異。及入城，又請盤城門下鐵關，五十餘斤，兩人舁致馬上，當街馳之，亦如電閃。大賞之，擢爲龍捷指揮使。其諸家兵法，三令五申，懸之口吻。以其年幼，終不付大兵柄。奇異之術，信而有之。《王氏見聞録》（《廣記》八〇）。

韋莊

1 韋莊幼時，常在華州下邽縣僑居，多與鄰巷諸兒會戲。及廣明亂後，再經舊里，追思往事，但有遺蹤，因賦詩以記之。又途次逢李氏諸昆季，亦嘗賦感舊詩。《下邽》詩曰：「昔爲童稚不知愁，竹馬閒乘遶縣遊。曾爲看花偷出郭，也因逃學暫登樓。招他邑客來還醉，纔得先生去始休。今日故人無處問，夕陽衰草盡荒丘。」《又逢李氏弟兄》詩曰：「御溝西面朱門宅，記得當時好弟兄。曉傍柳陰騎竹馬，夜隈燈影弄先生。巡街趂蝶衣裳破，上屋探雛手脚輕。今日相逢俱老大，憂家憂國盡公卿。」《廣記》一七五。

2 蜀相韋莊應舉時，遇黄寇犯闕，著《秦婦吟》一篇，內一聯云：「內庫燒爲錦繡灰，天街踏盡公卿骨。」爾後公卿亦多垂訝，莊乃諱之。時人號秦婦吟秀才。他日撰家戒，內不許垂秦婦吟障子。以此止謗，亦無及也。《北夢瑣言》六。《唐詩紀事》六八。《唐才子傳》一〇。

3 見韋説2。

4 韋莊爲西川管記，時王建聚兵甚衆，供費尤多。會有一縣宰託茲箕斂，爲部民所訟，建以用兵岐隴，徵督無常，乃復用之。公乃爲建草牒詞云：「正當彫瘵之秋，好安彫瘵；勿使瘡痍之後，復作瘡痍。」由是因之爲口實。《紀異録》（《白孔六帖》二四、《類説》一二）。《唐詩紀事》六八。

5 見周雄1。

6 韋莊以才名寓蜀，王建割據，遂羈留之。莊有寵人，資質艷麗，兼善詞翰。建聞之，託以教内人爲詞，强莊奪去。莊追念悒怏，作《小重山》及《空相憶》云：「空相憶，無計得傳消息。天上嫦娥人不識，寄書何處覓？新睡覺來無力，不忍把伊書迹。滿院落花春寂寂，斷腸芳草碧。」情意悽怨，人相傳播，盛行於時。姬後傳聞之，遂不食而卒。《古今詞話》。《詞統》(《五代詩話》四)。

7 《閒卧》詩云：「誰知閒卧意，非病亦非眠。」又「手從彫扇落，頭任漉巾偏」。識者知其不祥。後誦子美詩：「白沙翠竹江村暮，相送柴門月色新。」吟諷不輟。是歲卒於花林坊，葬於白沙。《唐詩紀事》六八。

8 韋莊字端己，杜陵人也，官至平章事。性疏曠，不以小節自拘。唐乾寧中，舉進士第，有詩云：「大道不將爐冶去，有心重築太平基。」時人以其有宰相器。李詢爲兩川宣諭使，辟爲判官。莊以中原多事，潛依王建，建奏爲掌書記，尋爲起居舍人。及建開國，委任於莊，制度號令，刑政禮樂，皆莊所定。當時以作字名於世，但今所見者少。觀《借書》諸帖，有行書法，非潛心於古而一意文詞翰墨間，未易至此也。今御府所藏行書三。《宣和書譜》一一。

9 韋莊頗讀書，數米而炊，稱薪而爨，炙少一臠而覺之。一子八歲而卒，妻斂以時服，剥取，以故席裹屍，殯訖，擎其席而歸。其憶念也，嗚咽不自勝，惟慳吝耳。《朝野僉載》一。又《廣記》一六五引。《唐才子傳》一〇。案：《朝野僉載》成書時間遠早於韋莊生活時代，疑爲另一人。今附於此。

馮涓

1 大中四年，進士馮涓登第，牓中文譽最高。是歲新羅國起樓，厚齎金帛，奏請撰記，時人榮之。初官京兆府參軍，恩地即杜相審權也。杜有江西之拜，制書未行，先召長樂公密話，垂延辟之命，欲以南昌牋奏任之，戒令勿泄。長樂公拜謝，辭出宅，速鞭而歸。於通衢遇友人鄭賨，見其喜形於色，駐馬懇詰，長樂遽以恩地之辟告之。滎陽尋捧刺詣京兆門謁賀，具言得於馮先輩也。京兆嗟憤，而鄙其淺露。洎制下開幕，馮不預焉，心緒憂疑，莫知所以。廉車發日，自霸橋乘肩輿，門生咸在，長樂拜别，京兆公長揖馮曰：「勉旃！」由是囂浮之譽徧於搢紳，竟不通顯。中間又涉交通中貴，愈招清議。官止祠部郎中、眉州刺史。仕蜀，至御史大夫。《北夢瑣言》三。又《廣記》二六五引。《唐語林》七。《唐詩紀事》六六。陶本《説郛》四九引作《大中遺事》。《十國春秋》四〇。案：《玉芝堂談薈》七「馮涓」作「馮洎」，誤。

2 馮涓，舊唐名士，雄才奥學，登進士第，履歷已高。唐帝幸梁洋，涓扈蹕焉，至漢中，詔除眉州刺史。赴任，至蜀阻兵，王氏强縻於幕中。性耿概不屈，恃才傲物，甚不洽於僞蜀主。知王氏有異圖，輒不相許，或贈繒帛，必鎖櫃中，題云「賊物」。蜀主雖知，憐其文藝，每强容之。時或不可，數揖出院，欲撾殺之，略無懼色。後朱梁遣使致書于蜀，命諸從事韋莊輩具草呈之，皆不愜意。左右曰：「何妨命前察判爲之？」蜀主又有慚色。梁使將復命，不獲已，遂請復職，便亟修回復，涓一筆而成，大稱旨，於是却復前歡。因召諸廳同宴，飲次，涓斂衽曰：「偶記一話，欲對大王説，可乎？」主許之。曰：涓少年多遊謁諸侯，每行，即必廣齋書策，驢亦馱之，馬亦馱之。初戒途，驢咆哮跳躑，與馬争路而先，莫之能制。行半日後，抵一坡，力疲足憊，遍體汗流，迴顧馬曰：「馬兄馬兄，吾去不得也，可爲弟搭取書。」馬兄諾之，遂併在馬上。馬却迴顧謂驢曰：「驢弟，我爲你有多少伎倆，畢竟還搭在老兄身上。」蜀主大笑。同幕皆遭凌虐。及僞蜀開國，終不肯居宰輔。《王氏見聞録》(《廣記》二五七)。

3、4 見前蜀王建3、12。

5 前蜀馮大夫涓恃其學富，所爲輕薄，然於清苦直諫，比諷箴規，章奏悉於教化。所著文章，迥超羣品，諸儒稱之爲大手筆矣。王太祖問擊楡之戲創自誰人，大夫對曰：「丘八所置。」上爲大笑。又與相座王司空鍇等小酌，巡故字令，鍇舉一字三呼，兩物相似。鍇令曰：「樂樂樂，冷淘似餺飥。」涓曰：「己已巳，驢糞似馬屎。」合座大咍，涓獨不笑，但仰視長嘯而已。凡所舉措譏誚，多如此焉。太祖爲蜀王時，方搆大業，莫不賦輿增益，轉運煩苛，百姓困窮，無敢言者。因太祖生辰，大夫獨獻一詞，先紀王功，後陳生聚。太祖曰：「如卿忠讜，寡人王業何憂！」遂賜黄金十斤，以旌禮諫，於是徭役稍減矣。議者以君臣道合，黎庶泰來，苟非明王，何以采納。生日詞略云：「百姓富，軍食足；百姓足，軍民歡。争那生靈饑且寒，吾王有術應不難。但令一㪷徵一㪷。自然百姓富於官。」大夫又著《檄龍文》、《天蟲牓》、《嶮竿歌》，無非比諷，爲世所稱。《鑒誡録》四。

6 前蜀王建不識文字，而好議下節。判官馮涓大夫好戲，時鳳翔請判官結歡好，略同張郎中也。來晨宴接，王慮馮公先語而張子乘之，或致失機，乃令客將傳達，且請緘默。坐既安，而賓主寂然，無敢發其語端者。馮公乃取盤中青梅，鏗然一嚼之，四座流涎，因成大笑。《六帖補》一〇。又《天中記》五二引。

7　見貫休3。

晉暉

1　見前蜀王建2。

2　〔晉暉〕上表請老，日夕與親友宴，談噱爲娱。嘗自言曰：「吾生罹多難，學執干戈者，爲求飽暖耳。今至此矣，復有何望！我嘗拔王宗魯于行陳，今致爲將相，女復爲王妃矣。」分封弘農郡王，卒，年七十九。《九國志》六。

張格

1　孟蜀後主凡命宰相，必徵《感皇恩》二章爲謝。有張格者拜相，其所獻之曲，有「最好是，長街裏，聽喝相公來」之句，人傳爲笑。《楊文公談苑》（《宋朝事實類苑》六六）。案：「孟蜀」，爲「王蜀」之誤。

許寂

1　蜀許寂少年棲四明山，學《易》于晉徵君。一旦，有夫婦偕詣山居，攜一壺酒。寂詰之，云：「今日離剡縣。」寂曰：「道路甚遥，安得一日及此？」頗亦異之。然夫甚少，而婦容色過之，狀貌毅然而寡默。

其夕，以壺觴命許同酌。此丈夫出一拍板，徧以銅釘釘之，乃抗聲高歌，悉是説劒之意。俄自臂間抽出兩物，展而喝之，即兩口劒，躍起，在寂頭上盤旋交擊，寂甚驚駭。尋而收匣之，飲畢就寢。迨曉，乃空榻也。至日中，復有一頭陀僧來尋此夫婦，寂具道之。僧曰：「我亦其人也，道士能學之乎？」寂辭曰：「少尚玄學，不願爲此。」其僧傲然而笑，乃取寂浄水拭脚，徘徊間不見。爾後再於華陰遇之，始知其俠也。《北夢瑣言》(《廣記》一九六)。《九國志》(《白孔六帖》一三)。

2 蜀相許寂，相王衍。衍終秦川。寂至洛，以尚書致政，葺園館，引水爲溪，架巨竹爲橋。號「會龍橋」，謂竹可以化龍耳。《清異録》下。

庾傳素

1 見畢諴6。

潘 炕

1 潘炕與弟峭同掌機衡，號大樞、小樞。炕嬖於美妾解愁，姓趙，母夢海棠花蘂而生，善爲僧聲，及工小詩。蜀王建至第見之，曰：「朕宫中無如此人。」意欲取之。炕曰：「臣下賤人，不敢以薦於君。」其實靳之。弟峭曰：「緑珠之禍，可不戒也！」炕曰：「人生貴於適意，豈能愛死而自不足於心耶！」《外史檮杌》(《類説》二七)。《十國春秋》四一。

潘在迎

1 潘在迎，孟蜀時以財結權要，或戒之，乃曰：「非是求援，不欲其以冷語冰人耳。」《外史檮杌》（《類説》二七）。又《古今合璧事類備要》續集三八引。《九國志》六。案：在迎，一作「在廷」。《類説》誤作「柱迎」。

潘峘 鄭頊

1 梁太祖初兼四鎮，〔蜀〕先主遣押衙潘峘持聘。峘飲酒一石不亂，每攀讌飲，禮容益莊，梁祖愛之。飲酣，梁祖曰：「押衙能飲一盤器物乎？」峘曰：「不敢。」乃簇在席器皿，次第注酌，峘並飲之。峘愈温克。梁祖謂其歸館多應傾瀉困卧，俾人偵之，峘簪笏襎冠子，秤所得酒器，滌而藏之。他日，又遣押衙鄭頊持聘。梁祖問以劍閣道路，頊極言危峻，梁祖曰：「賢主人可以過得？」頊對曰：「若不上聞，恐誤令公軍機。」梁祖大笑。此亦近代使令之美者也。《北夢瑣言》一六。《十國春秋》四一。

宋光嗣

1 王蜀宋開府光嗣僥忝樞衡，紊亂時政，所爲妖媚，下筆縱横，凡斷國章，多爲戲判。用三軍爲兒戲，將萬機爲詭隨，取笑四方，結怨上下，以至一身受戮，後主遭誅，良由君子退身，閹人執政者也。判行營將士申請裹糧云：「纔請冬賜，又給行裝。漢州咫尺，要甚裹糧？綿州物賤，直到益昌。」又判内庭求事人云：「覓事撮巔崰，勾當須教了。儻若有闕遺，禁君直到老。」又判導江縣申狀封皮上著狀「上門府衙」：「敕加開府，不是門府。典押雙眇，令佐單瞽。量事書罰，勝打十五。令佐盤庚，典押歲取。事了速歸，用修廨宇。」又判小朝官郭延鈞進識字女子云：「進來便是宫人，狀内猶言女子。應見容止可觀，遂令始制文字。更遣阿母教招，恨不太真相似。且圖親近官家，直向内廷求事。」又判神奇軍背軍官健李紹妻阿鄧乞判改嫁：「淡紅衫子赤輝輝，不抹燕脂不畫眉。夫婿背軍緣甚事，女人別嫁欲何爲？孤兒攜去君争忍，抵子歸來我不知。若有支持且須守，口中争著兩張匙？」又判簡州刺史安太尉申院狀希酒場云：「係州收搉，安胡安胡，空有髭鬚，所見不遠，智解全愚。酒場是太后教令，問你還有耳孔也無？」又判内門捉得御廚雜使衙官偷肉云：「斤斤肉是官家物，飽祭喉嚨更將出。不能爲食斬君頭，領送右巡枷見骨。」《鑒誡録》六。

2 見顧敻2。

韓昭

1 韓昭仕王氏至禮部尚書、文思殿大學士。粗有文章，至於琴棋書算射法，悉皆涉獵，以此承恩於後主。時有朝士李台瑕曰：「韓八座事藝如拆襪線，無一條長。」時人韙之。《北夢瑣言》五。又《廣記》二五七引。《南部新書》癸。《十國春秋》四六。

2 以韓昭爲吏部侍郎，判三銓。昭受賂徇私，選人詣鼓院訴之，又嘲曰：「嘉眉邛蜀，侍郎骨肉；

導江青城，侍郎親情；果閬二州，侍郎自留；巴蓬集壁，侍郎不惜。」衍召而問之，昭曰：「此皆太后太妃國舅之親，非臣之親。」衍默然。昭字德華，長安人。衍北巡，以爲文思殿學士、京城留守。判官李台瑕云：「韓公凡事，如僧剃髮，無有寸長。」昭以便佞，恩傾一時。出入宫掖。太妃愛其美風姿，而專有辟陽之寵。唐兵入蜀，王宗弼與之有隙，先捕而殺，梟其首金馬坊，百姓皆溺之。《蜀檮杌》上。

3　見王衍17。

王承休

1　見王衍17。

唐　峯

1　唐峯，亦閬州人，有墳塋在茂賢草市。峯因負販，與一術人偕行。經其先塋，術士曰：「此墳塋子孫合至公相。」峯謂曰：「此即家墳隴也。」士曰：「若是君家，恐不勝福也。子孫合爲賊盜，皆不令終。」峯志之。爾後遭遇蜀先主開國，峯亦典郡，其二子道、襲官皆至節將。三人典郡，竟如術士之言。何其驗也。《北夢瑣言》一二。《十國春秋》四六。

唐道襲

1 見王建23。

安重霸

1 蜀簡州刺史安重霸黷貨無厭。部民有油客子者，姓鄧，能棋，其力粗贍。安輒召與對敵，只令立侍，每落一子，俾其退立於西北牖下，俟我算路，然後進之。終日不下十數子而已。鄧生倦立且飢，殆不可堪。次日又召，或有諷鄧生曰：「此侯好賂，本不爲棋。何不獻效而自求退？」鄧生然之，以中金十鋌獲免。良可笑也。《北夢瑣言》一。又《廣記》二四三引。《十國春秋》四六。

安道進

1 有安道進者，即故雲州帥重霸季弟，河東人也。性凶險。莊宗潛龍時，爲小校，常佩劍列於翊衛。忽一日拔而玩之，謂人曰：「此劍也，可以剸鍾切玉，孰敢當吾鋒鋩？」旁有一人曰：「此又是何利器？安此誇譚。假使吾引頸承之，安能快斷乎？」道進曰：「真能引頸乎？」此人以爲戲言，乃引頸而前，遂一揮而斷。旁人皆驚散。道進攜劍，日夜南馳，投于梁主。梁主壯之，俾隸淮之鎮戍。有掌庾吏，進謂曰：「古人謂洞其七札爲能。吾之銛鏃，可徹其十札矣。爾輩安知之？」吏輕之曰：「使我開襟俟之，能徹吾腹乎？」安曰：「試敢開襟否？」吏即開其襟，道進一發而殪之，利鏃逕過，植于墻上。安蓄一犬一婢，遂挈而南奔。晝則從于蘆荻中，夜則望星斗而竄。又時看眼中神光，光多處爲利方，光少處爲不利。既能伏氣，遂絶粒，經時抵江湖間。左挈婢，右攜犬，而輒浮渡，殊無所損。淮帥得之，擢爲裨將，賜與甚豐。時兄重霸事蜀，亦爲列校，聞弟在吴，乃告王。蜀主王嘉其意，發一介以請之。迨至蜀，亦爲主將。後領兵戍于天水營長道縣，重霸爲招討馬步使，駐于秦亭縣。民有愛子，託之于安，命之曰廳子。道進適往户外，廳子偶經行於寢之前，安疑之，大怒，遂腰斬而投于井。其家號訴於霸，傳送招討使王公，至于南梁。王公不忍加害，表救活之。及憾其元昆，又欲害其家族，兄家閒卜户防之。蜀破，道進東歸，明宗補爲諸州馬步軍都指揮使。後有過，鞭背卒。《玉堂閒話》（《廣記》二六九）。案：安道進，或作「安重進」。

蕭懷武

1 僞蜀有尋事團，亦曰中團，小院使蕭懷武主之，蓋軍巡之職也。懷武自所團捕捉賊盜年多，官位甚隆，積金巨萬，第宅亞於王侯。聲色妓樂，爲一時之冠。所管中團百餘人，每人各養私名十餘輩，或聚或散，人莫能別，呼之曰「狗」。至于深坊僻巷，馬醫酒保，乞丐傭作，及販賣童兒輩，並是其狗。民間有偶語者，官中罔不知。又有散在州郡及勳貴家，當庖看廄，御車執樂者，皆是其狗。公私動静，無不立達于懷武。是以人懷恐懼，常疑其肘臂腹心，皆是其狗也。懷武殺人不知其數。蜀破之初，有與己不相協，及積金藏鏹之夫，日夜捕逐入院，盡殺之。冤枉之聲，聞于街巷。後郭崇韜入蜀，人有告懷武欲謀變者，一家百餘口，無少長戮于市。《王氏見聞》（《廣記》一二六）。《折獄龜鑑》一。《十國春秋》四三。

2 見劉巨容 1 。

蒲禹卿

1 王蜀咸康年，後主將幸天水，羣臣列疏懇諫，上意不從。前秦州節度掌書記蒲禹卿獨上一表云：「秦皇之鑾駕不迴，煬帝之龍舟不返。」至今傳爲忠臣。及後主降唐，至雍州受死。亡蜀宰臣王鍇等乞後主骸骨歸葬蜀山，其表云：「生爲萬乘之君，死在匹夫之手。」蒲君隨例赴洛，亦在長安，痛後主遭誅，朝廷失信，於驛門大慟，仍書五十六字而歸。雍守捕之，蒲已還蜀矣。詩曰：「我王銜璧遠稱臣，何事全家併殺身。漢捨子嬰名尚在，魏封劉禪事猶新。非干大國渾無識，都是中原未有人。獨向長安儘惆悵，力微何路報君親。」《鑒誡録》七。

2 見王衍18。

張雲

1 〔乾德五年〕十月，彗星見，長丈餘，在井鬼之次。司天言：恐國家有大災，宜修德以禳之。詔於玉局建置道場，以答天變。右補闕張雲上疏言：「此是百姓怨氣上徹於天，成此彗星。彗者，除舊布新之義。此乃亡國之兆，豈祈禳之可弭！」衍怒，流於黎州。雲，唐安人，立朝蹇諤，自比朱雲，權倖多嫉之。

宣徽使景潤澄嘗謂曰："昔朱雲請斬馬劍，以腰斬張禹；今上方只有殺雞刀，卿欲用乎？"雲曰："雞刀雖小，亦可斬羣狗。"潤澄憾之。至是，奏雲謗國，遂有黎州之貶。雲多病，行至臨邛卒。《蜀檮杌》上。《十國春秋》四三。

2 張雲性多大言，常曰："吾不幸生三子，一學孫吴用兵，一學韓愈爲小文，一學杜甫吟小詩，誠家門不幸所致。"《外史檮杌》(《類説》二七)。

劉 贊

1 五代劉贊，文思遲，乃禱乾象，乞文才，一夕夢吞小金龜，自後大有文思。孟氏朝爲學士，有《玉堂集》。一日吐金龜投水中，不久卒。《牧竪閒談》(《錦繡萬花谷》前集二〇)。《十國春秋》四三。

2 蜀主王衍奢縱，嘉州司馬劉贊獻《後主三閣圖》，并作歌以諷。《續世説》三。《十國春秋》四三。

林 罕

1 見王衍11。

許宗裔

1 王蜀時，其下將帥鮮不好貨，有〔許〕宗裔者，分符仗節，獨守廉隅。嘗典劍州，民有致寇者，燈下識認暴客，迨曉告巡捕吏，掩而獲之，所收贓惟絲鉤紬線。贓主言是本物，其囚不禁拷捶，遂伏其罪，乃送州。宗裔引慮縲囚，訴絲鉤紬線乃是家物，與被盜主遞相辭説。宗裔促命取囚家繰車，又各責紬線卷時心有何物，一云杏核，一云瓦子，因令相對開紬線，見杏核，與囚款同。仍以絲鉤安於軖上，量軖大小，亦是囚家本物。即被劫主伏妄認之罪，巡捕吏伏拷決之辜。指顧之間，乃雪冤枉。《疑獄集》三。《北夢瑣言》（《廣記》一七二）。《折獄龜鑑》二。　案：宗裔，《廣記》、《折獄龜鑑》作「許宗裔」。

周彥章

1 周彥章本姓王，以軍功爲金吾衛使。後主采選宮妓，王有女甚美，因命内人欲選入宮，王乃按劍曰：「某是先皇令與周氏作義男，本姓王，爲衆所聞也，豈有王氏女而事王氏乎？」因召左右小軍將無婦者，以女衣襟結之，便爲夫妻。爾後國變，王乃領兵於大安樓前，脅後主誅君側韓昭等，即其事也。《北夢瑣言》二〇。《十國春秋》四三。

顧敻

1 五代蜀王先主起自利閬，親騎軍皆拳勇之士。四百人分爲十國，皆執紫旗。此徒各有曹號，顧敻者將之，亦嘗典郡，多雜談謔。造武舉牓，曰：大順二年，兵部侍郎李咤咤下進士及第三十三人，狀元張大劍，馬癩子第二，魏憨第三，姜癩子第四，張打胸第五，張少劍第六，青蒿羹第七云。《實賓録》六。　案：此條當本《北夢瑣言》，今本佚去，《廣記》二五二引有殘文。

2 王蜀光天元年，太祖寢疾經旬，文州進白鷹，茂州貢白兔。羣臣議曰：「聖上本命是兔，鷹兔至，甚相刑。貢二禽，非以爲瑞。退鷹留兔，帝疾必痊。」敕命不從，是歲晏駕。又通正年，有大禿鶖鳥颺於摩訶池上，顧太尉夐時爲小臣，直於内庭，遂潛吟二十八字詠之。近臣與顧有隙者上聞，詔顧責之，將行黜辱，顧亦善對，上遂捨之。至光天元年帝崩，乃禿鶖之徵也。詩曰：「昔日曾看瑞應圖，萬般祥異不如無。摩訶池上分明見，子細看來是那胡。」又有楊祕書義方者，執性强良，所爲狂簡，亦西南少俊之士也。曾以筆硯見用於宋樞密光嗣，因題九頭鳥。宋疑楊見詠，遂奏譴沈黎。至咸康元年，後主失位，宋亦遭誅，乃九頭鳥之應也。詩曰：「三百禽中爾最靈，就中惡爾九頭名。數年雲外藏凶影，此夜天邊發差聲。好惜羽毛還鬼窟，莫留災害與蒼生。況當社稷延洪日，不合鳴時莫亂鳴。」《鑒誡録》六。《羣居解頤》（張本《説郛》三三、陶本《説郛》二四）。

宋光浦

1 見王衍6。

庾傳昌

1 蜀中庾傳昌舍人，始爲永和府判官。文才敏贍，傷於冗雜。因候相國張公，有故未及見，庾怒而歸，草一啓事，僅數千字，授於謁者，拂袖而去。他日，張相謂朝士曰：「庚舍人見示長牋，不可多得。雖然，曾聞其草角觝牒詞，動乃數幅。」譏其無簡當體要之用也。《北夢瑣言》七。《十國春秋》四四。

劉隱辭

1 前蜀許太尉宗憲鎮寧江日，劉員外隱辭爲節度掌書記。許公發跡軍戎，所爲吾我，不思爲理，但務誅求，劉數諫，許不存賓客之禮，對將吏咄責之。劉求退職，許又不從。劉遂詠白鹽山、灩澦堆刺之。許聞而憤怒，忽一日於江干飲酣，仰視白鹽，斜睨灩澦，曰：「剛有破措大，欲於此死。」遂令壯士拽劉離席，囚縛於砂石上，烈日曬之，護軍賓幕將校懇救，悉遭凌罵，顧謂左右曰：「候吾飲散，投入水中。」劉厲聲曰：「昔鸚鵡洲致溺禰處士，今灩澦堆欲害劉隱辭，某雖不及禰衡，足下争同黄祖？豈有不存夫子，塗炭賢良？但得留名，死亦宜矣！」元戎聞之，怒意漸解，及同幕再諫，良久捨之。來日軍府彌縫，請許召劉慚謝，劉慮遭毒手，託疾而歸。議者以劉不擇主而事，因多言而失，强捋虎鬚，幾不脱虎口耳。詠白鹽山詩曰：「占斷瞿唐一峽煙，危峯迥出衆峯前。都緣頑硬揎浮世，著莫峥嶸倚半天。有樹只知栖鳥雀，無雲不易駐神仙。假饒嶮屼高千丈，争及平平數畝田。」詠灩澦堆云：「灩澦崔嵬百萬秋，年年出没幾時休。未容寸土生纖艸，能向當江覆巨舟。無事便騰千尺浪，與人長作一堆愁。都緣不似磻溪石，難使漁翁下釣鉤。」《鑒誡録》五。《十國春秋》四二。

楊義方

1 見顧夐2。

李仁表

1 王蜀刑部侍郎李仁表寓居許州，將入貢於春官。時薛能尚書爲鎮，先繕所業詩五十篇以爲贄。濡翰成軸，於小亭凭几閲之。未三五首，有戴勝自簷飛入，立於案几之上，馴狎良久，伸頸𦐇翼而舞，向人若將語。久之，又轉又舞。如是者三，超然飛去。心異之，不以告人。翌日投詩，薛大加禮待。居數日，以其子妻之。《録異記》(《廣記》四六三)。《南部新書》庚。《十國春秋》四二。

仲庭預

1 舊蜀嘉王召一經業孝廉仲庭預，令教授諸子。庭預雖通墳典，常厄飢寒，至門下，亦未甚禮。時方凝寒，正以舊火爐送學院，庭預方獨坐太息，以筯撥灰，俄灰中得一雙金火筯，遽求謁見王。王曰：「貧窮之士見吾，必有所求。」命告庭預曰：「見爲製衣。」庭預白曰：「非斯意。」嘉王素樂神僊，多採方術，恐其别有所長，勉强而見。庭預遽出金火筯，陳其本末。王曰：「吾家失此物已十年，吾子得之，還以相示，真有古人之風。」贈錢十萬，衣一襲，米麥三十石，竟以賓介相遇，禮待甚厚，薦授榮州録事參軍。《玉溪編事》(《廣記》一六五)。《十國春秋》四二。

牛希濟

1 蜀御史中丞牛希濟，文學繁贍，超於時輩。自云：「早年未出學院，以詞科可以俯拾，或夢一人介金，曰：『郎君分無科名，四十五已上，方有官祿。』覺而異之。旋遇喪亂，流寓於蜀，依季父也。大阮即給事中嶠也。仍以氣直嗜酒，爲季父所責，旅寄巴南。旋聆開國，不預勸進，又以時輩所排，十年不調。爲先主所知，召對，除起居郎，累加至憲長。是知向者之夢，何其神也！」《北夢瑣言》(《廣記》一五八)。

2 天成初，明宗臨朝，宣亡蜀舊宰臣王鍇、張格、庾傳素、許寂、御史中丞牛希濟等，各賜一韻，試《蜀主降臣唐》詩，限五十六字。成，王鍇等皆諷蜀主僭號，荒婬失國，獨牛希濟得川字，所賦詩意但述數盡，不謗君親。明宗覽詩曰：「如牛希濟才思敏捷，不傷兩國，迥存忠孝者罕矣！」當日有雍州亞事之拜。至今京洛無不稱之。詩曰：「滿城文物欲朝天，不覺隣師犯塞煙。唐主再懸新日月，蜀王還却舊山川。非干將相扶持拙，自是吾君數盡年。古往今來亦如此，幾曾歡笑幾潸然。」《鑒誡録》七。《詩話總龜》前集一四。《苕溪詩話》二一。《十國春秋》四四。

李珣　尹鶚

1 賓貢李珣，字德潤，本蜀中土生波斯也。少小苦心，屢稱賓貢，所吟詩句，往往動人。尹校書鶚者，錦城煙月之士，與李生常爲善友，遽因戲遇嘲之，李生文章掃地而盡。詩曰：「異域從來不亂常，李波斯强學文章。假饒折得東堂桂，胡臭薰來也不香。」《鑒誡録》四。

楊 玢

1 楊玢，靖恭虞卿之曾孫也。仕僞蜀王建至顯官，隨王衍歸後唐。以老，得工部尚書致仕，歸長安。舊居多爲鄰里侵占，子弟欲詣府訴其事，以狀白玢，玢批紙尾云：「四鄰侵我我從伊，畢竟須思未有時。試上含元殿基望，秋風禾黍正離離。」子弟不敢復言。《談苑》（《詩話總龜》前集一）。又《類説》五三、《厚德録》二引。《宋朝事實類苑》三六。 案：楊玢，《類説》誤作楊玠。

2 楊玢，靖恭諸楊也。還政天子，婆娑田里，自以多言數窮，不如守中，著《守中論》。《清異録》下。

常重胤

1 常重胤者，粲之子也。僖宗皇帝幸蜀，回鑾之日，蜀民奏請留寫御容於大聖慈寺。其時隨駕寫貌待詔，盡皆操筆，不體天顔，府主陳太師敬瑄遂表進重胤，御容一寫而成，内外官屬，無不歎駭，謂爲僧繇之後身矣。宣令中和院上壁，及寫隨駕文武臣僚真。……尋授駕前翰林待詔，賜緋魚袋。自駕歸京，韋相國昭度授西川節制，陳太師與監護田軍容令孜拒命據城，王蜀先主時爲行軍司馬，重圍三年，陳太師、田軍容以城降。既克下，王蜀先主拜僖宗御容，于時繪壁百僚咸在，唯不見陳太師、田軍容真，因問二公何無寫貌，寺僧對云：「拒扞王師，近方塗抹。」先主曰：「某豈與丹青爲參商？」遽命重寫。常待詔曰：「不必援毫。」乃援皂莢水洗之，而風姿宛然，先主嘉賞，賜以金帛。常公自言：「我畫屋爛梁摧之外，雨淋水洗，終無剥落者矣。」衆嘆所謂前無去者，後無繼者。僞通王宗裕性多猜忌，或於滕壁意欲寫貌，惡人久見，謂常待詔曰：「頗不孰視審觀可乎？」常公但諾之。王曰：「夫人至矣。」立斯須而退。翌日想貌，姿容短長，無遺毫髮。其敏妙皆此類也。玉局寺寫王蜀先主爲使相日真容，後移在龍興觀天寶院籌昌殿上；大聖慈寺興善院泗州和尚真、華亭張居士真、寶曆寺托塔天王、寧蜀寺都官土地，並重胤筆，現存。《益州名畫録》上。《圖畫見聞誌》五。

滕昌祐

1 滕昌祐，字勝華，先本吴人。隨僖宗入蜀，以文學從事。唯昌祐不婚不仕，書畫是好，情性高潔，不肯趨時。常於所居樹竹石杞菊，種名花異草木，以資其畫，殁時年齒八十有五。初攻畫無師，唯寫生物，以似爲功而已。有《蟲魚圖》、《蟬蝶圖》、《生菜圖》、《折枝花圖》、《折枝果子圖》、《雜竹樣》、《造夾紵果子》，隨類傅色，並擬諸生。攻書，時呼「滕書」。今大聖慈寺、文殊閣、普賢閣、蕭相院、方丈院、多利心院、藥師院天花瑞像數額，並昌祐筆也。其畫蟬蝶草蟲，謂之點畫，蓋唐時陸杲、劉褒之類也；其畫折枝花，下筆輕利，用色鮮妍，蓋唐時邊鸞之類也。《益州名畫録》下。《宣和畫譜》一六。

杜子瓌

1 杜子瓌，華陰人也。精意道釋，因畫圓光，自謂得意，非丹青家所及。每詫於流輩曰：「我作圓光時，心游海上，遐想日出扶桑，滄滄涼涼，其狀若此。故脱略筆墨，使妍淡無迹，宜他人所不能到也。」論者以爲信然。子瓌研吮丹粉，尤得其術，故綵繪特異。今御府所藏十有六。《宣和畫譜》三。《益州名畫録》中。

房從真

1 房從真，成都人。工畫人物蕃馬。事王蜀先主，爲翰林待詔。嘗於蜀宫版障上畫諸葛武侯引兵渡瀘水，人馬執戴，生動如神。蜀主每行至彼，駐而不進，怡然歎曰：「壯哉甲馬！」兼善撥筆鬼神，亦多寺壁。有《寧王射獵》、《陳登斫鱠》、《常建冒雪入京》等圖傳於世。《圖畫見聞誌》二。《十國春秋》四四。

高道興

1 高道興者，成都人也。攻雜畫，觸類皆長，尤善佛像高僧。光化中，昭宗勑許王蜀先主置生祠，命道興與趙德齊同手畫西平王儀仗，車輅旌旗、禮服法物，朝真殿上，皇姑帝戚、后妃女樂百堵以來，授翰林待詔，賜紫金魚袋。及先主殂逝，再命道興與德齊畫陵廟鬼神、人馬兵甲、公王儀仗、宫寢嬪御一百餘堵。今大慈寺中兩廊下高僧六十餘軀，華嚴閣東畔丈六天花瑞像，並現存。《益州名畫録》上。

2 高道興，成都人。事王蜀，爲内圖畫庫使。工佛道雜畫，用筆神速，觸類皆精。蜀之寺觀，尤多牆壁。時諺云：「高君墜筆亦成畫。」《圖畫見聞誌》二。《十國春秋》四四。

李夫人

1 李夫人，西蜀名家，未詳世胄。善屬文，尤工書畫。郭崇韜伐蜀得之。夫人以崇韜武弁，常鬱悒不樂，月夕獨坐南軒，竹影婆娑可喜，即起揮毫濡墨，模寫窗紙上。明日視之，生意具足。或云：自是人間往往效之，遂有墨竹。《圖繪寶鑑》二。《十國春秋》四五。

黄崇嘏

1 王蜀有僞相周庠者，初在邛南幕中，留司府事。時臨邛縣送失火人黄崇嘏，纔下獄，便貢詩一章曰：「偶離幽隱住臨邛，行止堅貞比澗松。何事政清如水鏡，絆他野鶴向深籠。」周覽詩，遂召見，稱鄉貢進士，年三十許，祇對詳敏，即命釋放。後數日，獻詞，周極奇之，召於學院與諸生姪相伴，善棋琴，妙書畫。翌日。薦攝府司户參軍，頗有三語之稱，胥吏畏伏，案牘麗明。周既重其英聰，又美其風彩，在任將逾一載，遂欲以女妻之。崇嘏又袖封狀謝，仍貢詩一篇曰：「一辭拾翠碧江涯，貧守蓬茅但賦詩。自服藍衫居扳椽，永抛鸞鏡畫蛾眉。立身卓爾青松操，挺志鏗然白璧姿。幕府若容爲坦腹，願天速變作男兒。」周覽詩，驚駭不已，遂召見詰問，乃黄使君之女，幼失覆蔭，唯與老嬭同居，元未從人。周益仰貞潔，郡内咸皆歎異。旋乞罷，歸臨邛之舊隱，竟莫知存亡焉。《玉溪编事》（《廣記》三六七）。《十國春秋》四五。

海　印

1 見薛濤2。

杜光庭

1 道士杜光庭，字賓聖，道號東瀛子，括蒼人也。授傳真大師、特進、檢校太傅、太子賓客、兼崇文館大學士、行尚書户部侍郎、廣成先生、上柱國、蔡國公。光庭初意喜讀經史，工詞章翰墨之學。懿宗設萬言科選士，光庭試其藝，不中，乃棄儒衣冠入道，游意澹漠。著道家書，頗研極至理，至條列科教，自漢張道陵暨陸脩靖撰集已來，始末備盡于今，羽流咸宗之。僖宗臨御，光庭始充麟德殿文章應制。一時流輩，爲之斂袵，皆曰：學海千尋，辭林萬葉，扶宗立教，海内一人而已。嘗撰《混元圖》、《紀聖賦》、《廣聖義》、《歷帝紀》暨歌詩雜文僅百餘卷，喜自録所爲詩文，而字皆楷書，人争得之。故其書因詩文而有傳，要是得煙霞氣味。雖不可以擬倫羲、獻，而邁往絶人，亦非世俗所能到也。光庭嘗一日忽謂門人曰：「青城方創真宫，工未畢。上帝命余作岷峨主司，恐不久於人間世。」他日因復謂：「真宫成矣。」遂披法服，與門弟子别而卒。異哉，信人材不特人間少，天上亦少。昔李賀以天上玉樓成，賀作記而去，其類是矣。今御府所藏正書一。《宣和書譜》五。

2 杜光庭，長安人，應九經舉不第。時長安有潘尊師者，道術甚高，僖宗所重。光庭素所希慕，數遊其門。當僖宗之幸蜀也，觀蜀中道門牢落，思得名士以主張之。駕回，詔潘尊師使於兩街，求其可者。尊師奏曰：「臣觀兩街之衆，道聽塗説、一時之俊即有之，至於掌教之士，恐未合應聖旨。臣於科場中識九經杜光庭，其人性簡而氣清，量寬而識遠，且困於風塵，思欲脱屣名利久矣。以臣愚思之，非光庭不可。」僖宗召而問之，一見大悦，遂令披戴，仍賜紫衣，號曰「廣成先生」。即日馳驛遣之。及王建據蜀，待之愈厚，又號爲「天師」。光庭嘗以《道》、《德》二經注者雖多，皆未能演暢其旨，因著《廣成義》八十卷，他術稱是，識者多之。《五代史補》一。

3 蜀先主開建初，賜道士杜光庭爲廣德先生、户部侍郎、蔡國公。時蜀難方平，猶惡盜賊，犯者贓無多少，皆斬。是歲蜀饑，有三盜糠者，止得數斗，引至庭覆讞。會光庭方論道於廣殿，視三囚，殆亦惻隱，謂杜曰：「兹事如何？」亦冀其一言見救，而杜卒無一語，但唯唯而已。勢不得已，遂斬之。杜歸舊宫道院，三無首者立於旁，哭訴曰：「公殺我也。蜀主問公，意欲見救，忍不以一言活我。今冥路無歸，將其奈何？」杜悔責慚痛，辟穀一年，修九幽脱厄科儀以拔之。其魂歲餘方去。光庭，越州人，博學有文章。在唐爲麟德殿供奉，有經綸才，唐室欲相之。《湘山野録》下。

4 〔王〕衍受道籙於苑中，以杜光庭爲傳真天師、崇真館大學士。光庭字賓聖，京兆杜陵人，寓居處州。方干見之，謂曰：「此宗廟中寶玉大圭也。」與鄭雲叟應百篇舉，不中，入天台爲道士。僖宗召見，賜紫衣，出入禁中。上表乞游成都，隱青城山白雲溪。卒於蜀，年八十五，顔貌如生，衆以爲尸解。《蜀檮杌》上。

5 王蜀廣德杜先生光庭，學海千潯，詞林萬葉，凡所著述，與樂天齊肩。僖宗朝，與華山鄭徵君雲叟同應百篇，兩戰不勝，遂各挂羽服。鄭則後唐三詔不起，杜則王蜀九命不從，可謂高尚隱逸之士也。《鑒誡録》五。

6 見貫休7。

7 天師杜光庭驕龍杖，紅如猩血，重若玉石，似非藤竹所爲，相傳是仙人留賜。《清異録》下。《十國春秋》四七。

趙温圭

1 僞蜀有趙温圭，善袁許術，占人災祥，無不神中，蜀謂之趙聖人。武將王暉事蜀先主，累有軍功，爲性凶猂。至後主時，爲一二貴人擠抑，久沈下位，王深銜之。嘗一日於朝門逢趙公，見之驚愕，乃屏人告之曰：「今日見君面有殺氣，懷兵刃，欲行陰謀。但君將來當爲三任郡守，一任節制，自是晚達，不宜害人，以取殃禍。」王大駭，乃於懷中探一匕首擲於地，泣而言曰：「今日比欲刺殺此子，便自引決，不期逢君爲開釋，請從此而止。」勤勤拜謝而退。王尋爲郡，遷秦州節度。蜀亡，老於咸陽。宰相范質親見王，話其事。《玉堂閒話》（《廣記》八〇）。《十國春秋》四五。

杜何

1 杜何博士，相國駙馬悰之子。仕蜀至五轉，無它才俊，止以貴公子享俸禄而已。耻其官卑，詣執政陳啓，自述門閥，其末云：「昔年入貢，仕在花樹韋吏部先德之前；即韋莊相也。今日通班，在新津馮長官小男之後。」即少常鋭也。執政愍而慰之。《北夢瑣言》二〇。《十國春秋》四二。

韋巽 周仁矩

1 韋巽，太尉昭度之子也。尫懦蒙鈍，率由婢嫗。仕蜀，先主以其事舊，優容之，以至卿監。或爲同列所譏云：「三公門前出死狗。」巽曰：「死狗門前出三公。」又能酬酢也。周仁矩者，即蜀相庠之子，爲駙馬都尉，有才藻而庸劣。國亡後，與貧丐者爲伍，俾一人先道爵里於市肆酒坊之間，人有哀者。日獲三二百錢，與其徒飲噉而已。成都人皆嗟歎之。《北夢瑣言》二〇。又《廣記》二六二引。《十國春秋》四〇、四二。

韋承臯

1 韋承臯者，僞蜀時將校也。有待詔僧名行真，居蜀州長平山，嘗於本州龍興寺搆木塔，凡十三級，費錢銀萬計。尋爲天火所焚，第三次營搆，方能就，人謂其有黄白之術也。及承臯典眉州，召行真至郡。郡有盧敬芝司馬者，以殖貨爲業，承臯嘗謂之曰：「某頃軍中，與行真同火幕，遇一韋處士，授以作金術。適來鄙夫老矣，故召行真，同修舊藥。藥成，當得分惠。謂吾子罷商賈之業可乎？」盧敬諾。藥垂成，韋牧坐罪貶茂州參軍。臨行，盧送至蟇頤津，韋牧沈藥鼎於江中，謂盧生曰：「吾罪矣。先是授術韋處士者，吾害之而滅口，今日之事，藥成而禍及，其有神理乎！」蜀國更變，以拒魏王之師，誅死。《北夢瑣言》（《廣記》一二四)。

趙雄武

1 王蜀時,有趙雄武者,衆號「趙大餅」,累典名郡,爲一時之富豪。嚴潔奉身,精于飲饌,居常不使膳夫。六局之中,各有二婢執役,當廚者十五餘輩,皆着窄袖鮮潔衣裝。事一餐,邀一客,必水陸俱備,雖王侯之家不得相倣焉。有能造大餅,每三斗麵擀一枚,大於數間屋。或大內宴聚,或豪家有廣筵,多于衆賓內獻一枚,裁剖用之,皆有餘矣。雖親密懿分,莫知擀造之法。以此得「大餅」之號。《北夢瑣言》(《廣記》二三四)。《十國春秋》四二。

楊會

1 見畢諴5。

周雄

1 唐大順、景福已後,蜀路劍、利之間,白衞嶺石筒溪虎暴尤甚,號税人場。商旅結伴而行,軍人帶甲列隊而過,亦遭攫搏。時遞鋪卒有周雄者,膂力心膽有異于常,日夜行役,不肯規避,仍持托杈利劍,前後于税人場連斃數虎,行旅賴之。西川書記韋莊作長語以賞之,蜀帥補軍職以壯之。《北夢瑣言》(《廣記》四三二)。

姜誌

1 姜誌，許昌人，自小亂離，失其父母。爾後仕蜀，至武信軍節度使。先是廄中圉人姜春者，事之多年，頻罹鞭扑。一旦，告老于國夫人，請免馬廄之役，而丐食於道路。夫人愍之，詰其鄉貫姻親，兼云有一子，隨軍入川，莫知存亡。其小字身上記驗，一一述之，果誌之父也。洎父子相認，悲號殞絶。誌乃授父杖，俾笞其背，以償昔日所誤之事，舉國嗟歎之。此事川蜀皆知。《北夢瑣言》二〇。《十國春秋》四二。

朱顯

1 射洪簿朱顯，頃欲婚郫縣令杜集女，甄定後，值前蜀選入宫中。後咸康歸命，顯作掾彭州，散求婚媾，得王氏之孫，亦宫中舊人。朱因與話：「昔欲婚杜氏，嘗記得有通婚回書云：『但慚南阮之貧，曷稱東牀之美。』」王氏孫乃長歎曰：「某即杜氏，王氏冒稱。自宫中出後，無所託，遂得王氏收某。」朱顯悲喜，夫妻情義轉重也。《玉溪編事》（《廣記》一六〇）。

段義宗

1 南蠻所都之地號曰長和國，呼宰相爲布燮。王蜀後主乾德中，南蠻選布燮段義宗、判官贊衛姚岑等爲使入蜀。義宗不欲朝拜，遂禿削爲僧，號曰大長和國左街崇聖寺賜紫沙門銀鉢。既而屆蜀，羣臣議奏，僧有胡法，宜令禮拜，義宗於是失節焉。至于談論，敷奏道理，一歌一詠，捷應如流。有題大慈寺芍藥云：「浮花不與衆花同，爲感高僧護法功。繁影夜鋪方丈月，異香朝散講筵風。尋真自得心源静，觀色非貪眼界空。好是芳馨堪供養，天教生在釋門中。」又題三學院經樓云：「鷲嶺鷄園不可儔，叨倍龍象喜登遊。玉排複道珊瑚殿，金錯危欄翡翠樓。尚欲歸心求四諦，敢辭旋繞滿三周。羲和鞭撻金烏疾，俗綱無由肯駐留。」又題曰：「當今積善競修崇，七寶莊嚴作梵宫。佛日明時齊舜日，皇風清處接慈風。一乘妙理應難測，萬劫良緣豈易窮。共恨塵勞非法侶，掉鞭歸去夕陽中。」又題判官贊衛，有《聽歌妓洞雲詞》，略云：「嵇叔夜，嵇叔夜，鼓琴飲酒無閒暇。若使當時聞此歌，拋擲廣陵渾不藉。劉伯倫，劉伯倫，虚生浪死過青春。一飲一碩獨自醉，無人爲爾下粱塵。」又《思鄉》云：「虜北行人絶，雲南信未還。庭前花不掃，門外柳誰攀？坐久消銀燭，愁多減玉顔。懸心秋夜月，萬里照關山。」似此製作，實爲高手。義宗生居蠻貊，蔑有漢朝，前蜀號大漢國。章表□□，頗生輕易。國師常瑩、辯廣、光業等酬酢偈句皆失機宜。□□□還遇鴆而卒。議者以南康王韋臯於沈黎大興黌序，□□□□遂至夷亂華風，交流異域。自有唐，蠻子朝覲罕有。□□□□□俗之間無不繕寫《洞雲詞》行者也。《鑒誡録》六。

唐人軼事彙編卷三十八

孟知祥

1 初，知祥將據蜀也，且上表乞般家屬，時樞密使安重誨用事，拒其請。知祥曰：「吾知之矣。」因使密以金百兩爲賂，重誨喜而爲敷奏，詔許之。及家屬至，知祥對僚吏笑曰：「天下聞知樞密，將謂天地間未有此，誰知衹銷此百金耶？亦不足畏也！」遂守險拒命。《五代史補》二。

2 孟知祥與董璋有隙，舉兵討之。璋素勇悍，聞知祥之來也，以爲送死。諸將兩端。季鎬爲知祥判官，深憂之。及將戰，知祥欲示閒暇，自書一字以遺董璋，無何，舉筆輒誤書「董」爲「重」字，不悦久之。鎬在側大喜，且引諸將賀於馬前，知祥不喻，曰：「事未可測，何賀耶？」鎬曰：「其董字，艸下施重，今大王去艸書重，是董已無頭，此必勝之兆也。」於是三軍欣然，一戰而董璋敗。《五代史補》二。

3 孟知祥之入蜀，視其險固，陰有割據之志。洎抵成都，值晚，且憩於郊外，有推小車子過者，其物皆以袋盛，知祥見問曰：「汝車所勝幾袋？」答曰：「盡力不過兩袋。」知祥惡之。其後果兩世而國滅。《五代史補》二。《十國春秋》四八。

4　孟蜀高祖頃者未臨西川，守北京，蜀人競以擊拂之門，妙絶之戲，呼「頭入」爲「孟入」，或云此毬子從太原將來。又有工人孟德，預起宫闈，上淩霄漢，雖般輸之妙，無以加焉。雖「德」與「得」之字體不同，音亦爲祥矣。又王蜀後主元舅徐太師延瓊，於錦水應聖橋西創置大第，狀若宫室，横亘數坊。是時内外皇親宣下悉令暖宅，後主亦親幸宴樂，移時，忽於徐公堂中命筆大書「孟」字，徐雖不測其義，尋以御札謝恩。至咸康，後主降唐，孟祖自北京除蜀，莊宗憂大軍之後制禦事多，立宣鑄印離京，奔騎赴鎮。既而旌幢届蜀，以統軍聖興太子未歸，旋令將校改换宫闈，孟祖乃權於徐公之第安下，覩紅綃所籠姓字，怪問前蜀臣寮，對曰：「此王後主御札。」高祖歎曰：「疏狂天子，亦預知與吾交代乎！」是知必有先應者也。《鑒誡録》一。《王氏見聞録》（《廣記》一三六）。《蜀檮杌》下。《洛中紀異録》（張本《説郛》二〇、陶本《説郛》四九）。《青箱雜記》七。《十國春秋》四八。

5　見李嚴1。

6　見盧文紀3。

7　後唐福慶公主下降孟知祥。長興四年，明宗晏駕，唐裔避亂，莊宗諸兒削髮爲苾蒭，間道走蜀，時知祥新稱帝，爲公主厚待猶子，賜予千計。勅器用局以沈香降真爲鉢，木香爲匙筯，錫之常食。堂展鉢，衆僧私相謂曰：「我輩謂渠頂相衣服均是金輪王孫，但面前四奇家具有無不等耳。」《清異録》下。《十國春秋》五〇。

8　峫宫，孟蜀高祖晚年作，以畫屏七十張，關百紐而闔之，用爲寢所。《清異録》下。《十國春秋》四九。

9 皇明帳，自知祥傳至昶，但稱皇明帳，不知所自。色淺紅，恐是鮫綃之類。於皺紋中有十洲三島象，施之大小床皆稱可，此爲怪耳。夜則燦錯如金箔狀。昶敗，失所在。《清異録》下。《十國春秋》四九。

10 見趙忠義1。

11 見蒲師訓2。

李妃

1 李氏，長公主之媵，嘗夢大星自天墜落其懷，以告公主，公主曰：「此婢有福相，當生貴子。」乃令知祥幸之，遂生昶。《蜀檮杌》下。《十國春秋》五〇。

2 昶幼聰悟才辨，自襲位，頗勤於政，邊境不聳，國内阜安。其後用王昭遠、韓保正掌軍國事，其母謂曰：「如昭遠者，始以微賤事汝左右，保正世禄，素不知兵，一旦邊境有急，此輩制敵，必先敗衂。惟高彦儔是汝父故人，可以委任。」昶不能用。及卒，其母不哭，以酒酹地曰：「汝不用吾言，不死社稷，貪生以至今日，吾所以不死者，以汝在，汝既死，吾何用生爲！」因不食，亦卒。《蜀檮杌》下。《十國春秋》五〇。

3 王師伐蜀，孟昶出兵拒之，其勢既蹙，始肯齎表，詣王全斌請降，即奉其母逮官屬沿峽江而下。至江陵，上遣使厚勞之，別賜茶藥慰其母，手詔止曰「國母」。李氏有賢識，昶在國，或縱侈過度，往往詬撻於庭。有司候昶至闕，令銜璧俘獻於太廟一切罷之。車駕親勞於近郊，止令素服待罪於兩觀之下，御含元殿備禮見之。預詔有司，直右掖門東葺大第五百楹，什用器皿悉賜焉。封昶爲中書令、秦國公，給巨鎮節倖。拜命六日而卒，年四十七。發哀，奠贈視三公之秩。初，其母纔至闕，上以禁輦肩至宮廷，嬪御扶掖，親酌酒飲之曰：「母但寬中，勿念鄉土，異日必送母歸蜀。」母奏曰：「妾家本太原，若許送妾還并門，死亦心足。」時晉壘未平，太祖聞吉讖，大喜曰：「俟平劉鈞，立送母歸，必如所願。」因厚賜之。後昶卒，母亦不哭，以酒酹地曰：「爾貪生失理，不能納疆於真主，又不能死社稷，實誰咎乎！吾以汝在，所以忍死至今。汝既死，吾安藉其生耶！」遂不食，數日而卒。《玉壺清話》四。《太平治蹟統類》一。《十國春秋》五〇。

孟昶

1 知祥僭號纔七月而終，其子昶嗣僞位。昶尚年少，乃與其母后同宮。數年餘，遂遷新宮而居。以其宮宇稍廣，乃選民間女子有殊色者充之，及有司引至後苑，昶親選擇，佳者亦賜諸王，餘則縱去。而民間懼其搜選，皆立求媒伐而嫁之，謂之「驚婚」焉。昶之幼年，有日者周玄豹視之，謂知祥曰：「此兒骨法非常，宜愛之。」知祥不聽，後又遣玄豹同昶於戲劇之處熟視之，既而告曰：「此四十年偏霸之主，非等閒也。」知祥始喜，由是特加愛念。昶之母后，即後唐積慶公主之從車也，嘗在并門，累從征伐，備歷艱難，由是頗務慈儉，常戒昶以固福壽爲懷。而昶亦能稟之，寢處惟紫羅帳，紫碧綾帷褥而已，無加錦繡之飾，至於盥漱之具，亦但用銀兼以黑漆木器耳。每決死刑，多所矜減。而儉止一身，仁唯容惡，乃匹夫之小節耳。然仁道至大，元鑒孔昭，及歸皇朝，終吉天命，遠視李氏，近觀王衍，禍福之道蓋相方焉。蜀之末年，百官競執長鞭，自馬至地，婦人競戴高冠子，皆謂之朝天。又製新曲，名之曰《萬里朝天》，意謂萬里皆朝於己。及歸降之後，崎嶇川陸，至於京師，乃萬里朝天之驗矣。昶性畏懦，在位唯每年春一拜知祥之陵，及十一月誕日僞號明慶節。幸佛寺燒香而已，他無所適。每出，則乘步輦，垂以重簾，環結珠香囊，至於四角，香聞數里，人亦不能見其面。昶出外，則以其輿輦崇飾奢麗。居常在内，惟銅裝朱漆小輦而已。故三十年不南郊，不放燈，率由懼非常也。昶後體重，遂不乘馬，内廄惟飼一打毬馬，而久不按習，亦不堪乘跨。其餘名馬多屬之親王近臣耳。《五國故事》上。《十國春秋》四九。

2 〔廣政〕三年正月上元，觀燈露臺，舞娼李艷娘有姿色，召入宫，賜其家錢十萬。《蜀檮杌》下。《十國春秋》四九。

3 蜀主能文章，好博覽，知興亡，有詩才。嘗爲箴誡頒諸字人，各令刊刻於坐隅，謂之《頒令箴》，曰：「朕念赤子，旰食宵衣。託之令長，撫養惠綏。政在三異，道在七絲。驅鷄爲理，留犢爲規。寬猛得所，風俗可移。無令侵削，無使瘡痍。下民易虐，上天難欺。賦與是切，軍國是資。朕之賞爵，固不踰時。爾俸爾禄，民膏民脂。爲民父母，莫不仁慈。勉爾爲誡，體朕深私。」《野人閒話》（《揮麈後録》餘話一）。《蜀檮杌》下。《十國春秋》四九。參見《容齋續筆》一。

4 〔廣政〕十二年八月，昶遊浣花。是時蜀中百姓富庶，夾江皆創亭榭游賞之處，都人士女傾城遊玩，珠翠綺羅，名花異香，馥郁森列。昶御龍舟觀水嬉，上下十里，人望之如神仙之境。昶曰：「『曲江金殿鎖千門』，殆未及此。」兵部尚書王廷珪賦曰：「十里水中分島嶼，數重花外見樓臺。」昶稱善久之。《蜀檮杌》下。《野人閒話》（張本《説郛》一七、陶本《説郛》二八）。又《五代詩話》一引。《十國春秋》四九。

5 〔廣政十三年〕九月，令城上植芙蓉，盡以幄幙遮護。是時蜀中久安，賦役俱省，斗米三錢，城中之人子弟不識稻麥之苗，以笱芋俱生于林木之上，蓋未嘗出至郊外也。邨落閭巷之間，絃管歌誦合筵，社會晝夜相接。府庫之積，無一絲一粒入於中原，所以財幣充實。城上盡種芙蓉，九月間盛開，望之皆如錦繡，昶謂左右曰：「自古以蜀爲錦城，今日觀之，真錦城也。」《蜀檮杌》下。《十國春秋》四九。

6 〔廣政〕二十年六月，周世宗歸我秦鳳之俘，昶遣使致書謝，稱大蜀皇帝，世宗不答，昶曰：「朕郊祀天地稱天子時，爾方鼠竊作賊，何得相薄耶！」《蜀檮杌》下。《十國春秋》四九。

7 五代後蜀後主嘗臨軒，謂侍臣曰：「漢高帝以三傑定海内。朕今得趙季良、趙廷隱、張業、李昊、張虔劉、孫漢韶，是六傑也。虞舜舉八元而天下治，朕有王處回、毋昭裔、張公鐸、范仁恕，是四元也。宜令御容院圖形，宣付史館。」左右皆稱萬歲。《實賓録》五。

8 昶好學，凡爲文皆本於理，常謂李昊、徐光溥曰：「王衍浮薄而好輕艷之辭，朕不爲也。」《蜀檮杌》下。《十國春秋》四九。

9 孟昶嘗立石經於成都，又恐石經流傳不廣，易以木版。宋世書稱刻本始於蜀，今人求宋版，尚以蜀本爲佳。昶好文，有功後學，誠未可以成敗論。嘗言不效王衍作輕薄小詞，而其詞自工。《邊州聞見録》（《五代詩話》二）。

10 蜀孟昶月旦必素飡，性喜薯藥，左右因呼薯藥爲「月一盤」。《清異録》上。

11 孟昶夏月，水調龍腦末，塗白扇上，用以揮風。一夜與花蘂夫人登樓望月，誤墮其扇，爲人所得，外有效者，名「雪香扇」。《清異録》下。《十國春秋》五〇。

12 孟昶時，每臘日，内官各獻羅體圈金花樹子，梁守珍獻忘憂花，縷金於花上，曰「獨立仙」。《清異録》上。

13 太祖平蜀，得孟昶七寶裝溺器，擲之於地，令杵碎之，曰：「汝以何器貯食？似此，不亡何待？」《楊文公談苑》(《宋朝事實類苑》二)。《三朝聖政録》(《類説》一九)。《涑水記聞》一。

14 聖朝乾德二年，歲在甲子，興師伐蜀。明年春，蜀主出降。二月，除兵部侍郎、參知政事吕公餘慶知軍府事，以僞皇太子策勳府爲理所。先是，蜀主每歲除日，諸宫門各給桃符一對，俾題元亨利貞四字。時僞太子善書札，選本宫策勳府桃符親自題曰：「天垂餘慶，地接長春」八字，以爲詞翰之美也。至是，吕公名餘慶，太祖皇帝誕聖節號長春，天垂地接，先兆皎然，國之興替，固前定矣。《茅亭客話》一。《分門古今類事》一四。參見《洛中紀異録》(張本《説郛》二〇、陶本《説郛》四九)。

15 幸夤遜仕僞蜀孟昶爲學士。王師將致討之前，歲除，昶令學士作詩兩句，寫桃符上。夤遜題曰：「新年納餘慶，嘉節號長春。」明年蜀亡，吕餘慶以參知政事知益州。長春乃太祖誕聖節名也。《談苑》(《詩話總龜》前集三二)。《蜀檮杌》下。《十國春秋》四九以爲孟昶自題詞。

16 王師下蜀時，護送孟昶血屬輜重之衆，百里不絶，至京師猶然。詩人李度作平蜀詩，略曰：「全家離錦水，五月下瞿塘。繡服青蛾女，雕鞍白面郎。纍纍輜重遠，杳杳路歧長。」《能改齋漫録》一三。

17 昶之行，萬民擁道，哭聲動地，昶以袂掩面而哭，自二江至眉州，沿路百姓慟絶者數百人，蓋與王衍不同耳。《蜀檮杌》下。《十國春秋》四九。

18 僞蜀孟昶以降王入朝，舟過眉州湖瀼渡，一宫嬪有孕，昶出之，祝曰「若生子，孟氏尚存也。」後生子，今爲孟氏不絶。昶治蜀有恩，國人哭送之。至犍爲縣别去，其地因號曰哭王灘。蜀初平，吕餘慶出守，太祖諭曰：「蜀人思孟昶不忘，卿官成都，凡昶所㩁税食飲之物，皆宜罷。」餘慶奉詔除之，蜀人始欣然不復思故主矣。《邵氏聞見録》一。

19、20 見李妃2、3。

21 廣政初，蜀後主與妃張太華同輦遊青城山九天丈人觀，月餘不返，李廷珪諫不聽。又數日，雷雨大作，太華震殞，以紅錦龍褥裹瘞觀前白楊樹下。翌日趣回鑾，悲痛無已。《全蜀藝文志》(《五代詩話》八)。《十國春秋》五〇。

花蘂夫人

1 花蘂夫人，蜀王建妾也，後號「小徐妃」者。大徐妃生王衍，而小徐妃其女弟。在王衍時，二徐坐游燕淫亂亡其國。莊宗平蜀後，二徐隨王衍歸中國，半途遭害焉。及孟氏再有蜀，傳至其子昶，則又有一花蘂夫人，作宫詞者是也。國朝降下西蜀，而花蘂夫人又隨昶歸中國。昶至且十日，則召花蘂夫人入宫中，而昶遂死。昌陵後亦惑之。嘗進毒，屢爲患，不能禁。太宗在晉邸時，數數諫昌陵，而未果去。一日兄弟相與獵苑中，花蘂夫人在側，晉邸方調弓矢引滿，政擬射走獸，忽回射花蘂夫人，一箭而死。始所傳多僞，不知蜀有兩花蘂夫人，皆亡國，且殺其身。《鐵圍山叢談》六。參見《十國春秋》五〇。

2 費氏，蜀之青城人，以才色入蜀宮，後主嬖之，號花蕊夫人，效王建作宮詞百首。國亡，入備後宮。太祖聞之，召使陳詩。誦其《國亡》詩云：「君王城上豎降旗，妾在深宮那得知。十四萬人齊解甲，更無一個是男兒。」太祖悦。蓋蜀兵十四萬，而王師數萬爾。《後山詩話》。

3 前蜀王衍降後唐，王承旨作詩云：「蜀朝昏主出降時，銜璧牽羊倒繫旗。二十萬人齊拱手，更無一箇是男兒。」其後花蘂夫人記孟昶之亡，作詩云：「君王城上竪降旗，妾在深宮那得知。二十萬人齊解甲，寧無一箇是男兒。」陳無已詩話載之，乃知沿襲前作。《能改齋漫録》八。《優古堂詩話》。

4 僞蜀主孟昶，徐匡璋納女于昶，拜貴妃，別號花蘂夫人。意花不足擬其色，似花蘂翾輕也。又升號慧妃，以號如其性也。王師下蜀，太祖聞其名，命別護送。途中作詞自解曰：「初離蜀道心將碎，離恨綿綿。春日如年，馬上時時聞杜鵑。　三千宮女皆花貌，妾最嬋娟。此去朝天，只恐君王寵愛偏。」陳無已以夫人姓費，誤也。《能改齋漫録》一六。

5 花蘂夫人宮詞之外，尤工樂府，蜀亡入汴，道經葭萌，題驛壁云：「初離蜀道心將碎，離恨綿綿。春日如年，馬上時時聞杜鵑。」書未畢，爲軍騎催行。後人續之云：「三千宮女皆花貌，妾最嬋娟。此去朝天，只恐君王寵愛偏。」花蘂見宋祖時，猶作「四十萬人齊解甲，更無一箇是男兒」之詩，焉有隨昶行而書此敗節語乎？續之者不惟虛空架橋，而詞之鄙，亦狗尾續貂矣。《蜀中詩話》（《五代詩話》八）。

6 蜀王昶好衣紫挾彈，所幸花蘂夫人善詩，即世傳《宮詞》也。蜀既破，其《亡國》詩云：「君王城上竪降旗，妾在深宮那得知。十四萬人齊解甲，更無一箇是男兒。」亦憤而悲矣。夫人業入宋宮中，藝祖一日臨之，見壁上畫像，不知是神，問何神也，夫人乃謬言：「此張仙耳，婦人奉之者宜子。」至今有張仙祠云。夫人下比緑珠則不足，上擬息嬀則有餘。《稗史彙編》（《五代詩話》八）。

趙廷隱

1　僞蜀主當僭位，諸勳貴功臣競起甲第。獨僞中令趙廷隱起南宅北宅，千梁萬拱，其諸奢麗，莫之與儔。後枕江瀆，池中有二島嶼，遂甃石循池，四岸皆種垂楊，或間雜木芙蓉，池中種藕。每至秋夏，花開魚躍。柳陰之下，有士子執卷者，垂綸者，執如意者，執麈尾者，譚詩論道者。一旦，岸之隈有蓮一莖，上分兩歧，開二朵，其時謂之太平無事之秋，士女拖香肆艷，看者甚衆。趙廷隱畫圖以進，蜀主歎賞。其時歌者詠者不少。無何，禁苑中有蓮一莖，歧分三朵，蜀主開筵醼，召羣臣賞之，是時詞臣已下皆貢詩。當時有好事者，圖以繪事，至今傳之。《北夢瑣言》（《廣記》四〇九）。

趙崇韜

1　崇韜少驍勇，有父風，累從征討有功，署副兵馬使。及庭隱卒，袒以崇韜領衛聖諸軍使，以襲父任。廣政二年，周師復至境上，昶以崇韜與控鶴指揮使袁可鈞，同爲北面招討。崇韜率勵將士，行陣整肅。士卒有黥其額爲斧形者，號曰破柴都。周師前鋒屢爲崇韜所敗，至歸安而退。《九國志》七。《實賓録》一四。

王處回

1 王處回積鉅萬計，蜀中富家罕與比。在太原，家甚貧，善相者周玄豹每指謂知詳曰：「此子寶精也，它日當大富。」果如所言。《九國志》（《白孔六帖》二一）。《十國春秋》五二。

毋昭裔

1 毋公者，蒲津人也，仕蜀爲相。先是，公在布衣日，嘗從人借《文選》及《初學記》，人多難色。公浩歎曰：「余恨家貧，不能力致。他日稍達，願刻板印之，庶及天下習學之者。」後公果於蜀顯達，乃曰：「今日可以酬宿願矣。」因命工匠日夜雕板，印成二部之書。公覽之，欣然曰：「適我願兮。」復雕九經諸書。兩蜀文字，由是大興。洎蜀歸國，豪貴之族以財賄禍其家者十八九。上好書，命使盡取蜀文籍及諸印板歸闕，忽見板後有毋氏姓名，乃問歐陽炯，炯曰：「此是毋氏家錢自造。」上甚悦，即命以板還毋氏，至今印書者徧於海内。《紀異録》（《分門古今類事》一九）。

2 毋昭裔貧賤時，嘗借《文選》於交遊間，其人有難色，發憤異日若貴，當板以鏤之遺學者。後仕王蜀爲宰相，遂踐其言刊之。印行書籍，創見於此。事載陶岳《五代史補》。後唐平蜀，明宗命太學博士李鍔書五經，倣其製作，刊板於國子監，監中印書之始。《揮麈後録》餘話一。

李昊

1 昊事前後蜀五十年，資貨巨萬，奢侈逾度，妓妾數百。嘗讀王愷、石崇傳，笑曰：「窮儉乞兒，以此爲富，可笑，可笑！」王衍及昶降表，皆昊爲之。蜀人鄙其所爲，夜書其門曰：「世修降表李家。」《蜀檮杌》上。《太平治蹟統類》一。《賓退録》三。《十國春秋》五二。

2 見李堯夫1。

3 見李起1。

4 孟蜀時，兵部尚書李昊每春時將牡丹花數枝分遺朋友，以興平酥同贈，且曰：「俟花凋卸，即以酥煎食之，無棄穠艷也。」《客退紀談》（陶本《説郛》三二）。《十國春秋》五二。

徐光溥

1 何光遠作《廣政録》，記孟氏有蜀時，翰林學士徐光溥、劉侍郎羲叟分直，忽覩庭中笋迸出。徐因題之，劉詩多譏誚徐託土本是蜀人。詩成，二學士從此不睦。徐詩曰：「迸出班犀數十株，更添幽景向蓬壺。出來似有凌雲勢，用作丹梯得也無。」劉詩曰：「徐徐出土非人種，枝葉難投日月壺。爲是因緣生此地，從他長養譬如無。」《古今事文類聚》後集二四。

2 僞蜀徐光溥，事孟昶至中書侍郎平章事。昶好度僧，而光溥以爲無益，遇事便發。毋昭裔、李昊嫉之。後有議論，但熟睡而已，時號「睡相」。《實賓録》七。《外史檮杌》（《類説》二七）。

王昭遠

1　蜀人王昭遠，戊午歲爲巡邊制置使。及文州，遇軍人喧聚，問之，言「舊冢内有尸不壞，或以磚石投之，其聲鏗然。」昭遠往，見其形質儼然，如新逝者。冢中得石版云：「有唐故文州馬步都虞候和文，年五十八，大中五年辛未五月五日卒，葬於此。」昭遠致祭，復令掩閉之，於墓側刻石以銘之。《野人閒話》（《廣記》三九〇）。

2　孟蜀通奏使王昭遠，居常好大言，有雜耕渭上之志。聞王師入討，對賓客援手言：「此送死來爾！乘此逐北，遂定中原，不煩再舉也。」不兩月蜀亡，昭遠爲俘。《容齋五筆》五。

3　及王師來伐，昶令昭遠與韓保貞、趙崇韜等領兵以抗王師。昭遠好讀兵書，頗以將略自任。始發成都，昶遣宰相李昊等餞於郊外。昭遠酒酣，攘臂而言曰：「是行也，非止克敵，當以此數萬彫面惡少，取中原如反掌爾。」及行，執鐵如意指揮軍事，自方諸葛亮。時王師已破劍門，昭遠大懼。俄與王師遇於漢源，趙崇韜布陣將戰，昭遠據胡牀不能起。崇韜敗，乃免胄棄甲走投東川，爲追騎所獲，送闕下，授左領軍大將軍。開寶中卒。《九國志》七。《太平治蹟統類》一。《十國春秋》五七。

4　昭遠投東川，匿民倉舍下，悲嗟流涕，目盡腫，惟誦羅隱詩曰：「運去英雄不自由。」俄亦爲追騎所獲。《太平治蹟統類》一。《十國春秋》五七。

歐陽炯

1 見可朋2。

幸夤遜

1 孟蜀翰林學士幸夤遜，頃年在青城山居。其居則古道院，在一峯之頂，内塑像皇姑，則唐玄宗之子也。一夕，夢見皇姑召之，謂曰：「汝可食杏仁，令汝聰利，老而彌壯，心力不倦，亦資於年壽矣。汝有道性，不久住此，須出佐理當代。」夤遜夢中拜請法制，則與申天師《怡神論》中者同。夤遜遂日日食之，令老而輕健，年逾從心，猶多著述。又夢掌中草不絶，後來内制草數年，復掌選，心力不倦。因知申天師《怡神論》中仙方，盡可驗矣。《野人閒話》（《廣記》二七八）。又張本《説郛》一七、陶本《説郛》二八引。《十國春秋》五四。案：幸夤遜，原作「辛夤遜」，據《十國春秋》改。

2 僞蜀幸夤遜夢掌中抽草，占者曰：「君必遷翰林學士。」未幾，出召爲學士。《海録碎事》一一上。《誠齋雜記》下。

3 幸夤遜仕僞蜀孟昶爲學士，王師將致討之前歲除，昶令學士作詩兩句，寫桃符上，夤遜題曰「新年納餘慶，嘉節號長春。」明年蜀亡，吕餘慶以參知政事知益州。長春乃太祖誕聖節名也。《談苑》（《詩話總龜》前集三一）。又《宋朝事實類苑》四七引。

韋䍰

1 僞蜀韋䍰，唐相貽範之子，仕孟昶時，歷御史中丞。性多依違，時號爲「軟餅中丞」。《賓實録》一。《十國春秋》五三。

范禹偁

1 偁，九隴人，父虔，爲衙吏。禹偁少落拓，鬥雞走狗，隨母改適張氏，因冒姓張。有道士謂曰：「子骨法異常，若讀書，他日必大貴。」遂入丹景山從師苦學。天成中登第，始復姓。上郡守啓曰：「昔年上第，誤標張禄之名；今日故園，復作范雎之裔。」知祥以爲蒙陽令，召入侍太子。昶嗣立，累遷翰林學士。性吝嗇，好聚財，求守外郡，昶不欲其出，令兼簡州刺史，乃召陽安白直至成都，歲令輸錢數千緡。三掌貢舉，賄厚者登高科。面評其直，無有愧色。馮贊堯爲布衣交，家貧無資，終不放登第。後從昶歸朝爲鴻臚卿。有門生自陽城至，相見甚懽，延話終日，乃曰：「吾近鑿一井水，甚甘。」乃各飲一杯，竟不設席。其鄙嗇如此。《蜀檮杌》下。《十國春秋》五三。

2 孟蜀禮部侍郎范禹偁，彭門人。少不檢，以飛走爲事。忽有一道士訪之，曰：「子，國家名器也，何不讀書以取禄位？須是改易姓名，必及第焉。候至戌年，後歸本姓，善自保愛。」問其名，曰：「我安法尚也。」既出門，失所在。范感其異，因入丹景山讀書，乃改姓張，舊名鍔，改禹偁。是時蜀無科場，遂吏書入洛。長興二年，於考功盧華下及第。歸蜀授監察御史，果於戌年復歸舊姓。上蜀丞相狀云：「昔遇至人，令易本姓。往年金牓，誤題張禄之名；今日玉除，元是范增之裔。」禹偁後終於翰林學士。《該聞録》（《分門古今類事》一〇）。

歐陽彬

1 歐陽彬，衡山人。世爲縣吏，至彬特好學，工於詞賦。馬氏之有湖南也，彬將希其用，乃攜所著詣府。求見之禮，必先通名紙，有掌客吏，衆謂樊知客，好賄，陰使人謂彬曰：「足下之來，非徒然也，實欲顯族致身，而不以一物爲貺，其可乎？」彬耻以賄進，竟不與。既而樊氏怒，擲名紙於地曰：「豈吏人之子欲干謁王侯耶？」彬深恨之，因退而爲詩曰：「無錢將乞樊知客，名紙生毛不爲通。」因而落魄街市，歌姬酒徒，無所不狎。有歌人瑞卿者慕其才，遂延於家。瑞卿能歌，每歲武穆王生辰必歌於筵上。時湖南自舊管七郡外，又加武陵、岳陽，是九州，彬作《九州歌》以授瑞卿，至時使歌之，實欲感動武穆，既而竟不問。彬歎曰：「天下分裂之際，厮徒負養皆能自奮，我貧而至此耶？」計無所出，思欲竄入鄰道，但未有所向。居無何，聞西蜀圖綱將發，彬遂謀入蜀，且私謂瑞卿曰：「吾以干謁不遂，居於汝家，未嘗有倦色，其可輕棄乎？然士以功名爲不朽，不於此時圖之，恐貽後悔。今吾他適，庶幾有成，勿以爲念。」瑞卿曰：「君於妾，不可謂之無情。然一旦不以妾自滯，割愛而去，得非功名之將至耶？妾誠異之。家財約數緡，雖不豐，願分爲半，以資路途。」彬亦不讓，因以瑞卿所贈盡賂綱吏，求爲駕船僕夫，綱吏許之。既至蜀，遂獻《獨鯉朝天賦》，蜀主大悦，擢居清要。其後官至尚書左丞相，出爲夔州節度使。既領夔州，武穆王已薨，其子希範繼立，因致書於希範，叙疇昔入蜀之由，仍以衡山宗族爲託。希範得書大慚，彬之親友悉免其賦役，下令搜訪草澤。由是士無賢不肖參謁，皆延客之，因彬所致也。彬雅有風儀，其爲文辭近而理真，聞之者雖不知書亦釋然曉之，竟以此遇。《五代史補》三。《十國春秋》五三。

2 歐陽彬，王蜀時爲翰林學士。唐明宗時入洛，責令歸蜀。孟氏開國，復爲翰林，作詩云：「昔年追感淚横流，今日尋思是漫愁。容易得來容易失，等閒成了等閒休。皇圖本謂兒孫置，白刃番成骨肉讐。梁漢後唐三世主，九泉相見大悠悠。」《該聞録》（《類説》一九）。

3 彬字齊美，衡上人，博學能文。昶以爲嘉州刺史，喜曰：「青山緑水中爲二千石，作詩飲酒，爲風月主人，豈不嘉哉！」《蜀檮杌》下。《十國春秋》五三。

劉保義

1 劉保義遷户部郎中，充諸王侍讀，賜金紫。孟昶問以經義，稱旨，轉給事中。保義魯質，性復嚴急，每捶昶諸子，必極楚痛，號泣而後止。諸乳母密遣人語保義曰：「王侯家子弟何過，撻辱之！」保義怒曰：「膏粱之不訓，則豚犬爾。汝婦人何知耶！」俄罷侍讀而卒。《九國志》（《職官分紀》三二）。《蜀檮杌》下。《十國春秋》五三。　案：劉保義，《蜀檮杌》、《十國春秋》作「劉保乂」。

張九齡

1　蜀右補闕張九齡見蜀主，言：「政不治，由奸佞在朝。」蜀主問：「奸佞爲誰？」九齡指李昊、王昭遠以對。蜀主以詆毀大臣，貶九齡維州録事參軍。《續世説》一二。《十國春秋》五四。　案：張九齡，《十國春秋》作「章九齡」。

李起

1　蜀主以李昊領武信節度使，右補闕李起上言，故事宰相無領方鎮者，蜀主曰：「昊家多冗費，厚禄優之爾。」起性悻直，李昊嘗語之曰：「以子之才，苟能謹默，當爲翰林學士。」起曰：「俟無舌，乃不言爾。」《續世説》三。《十國春秋》五四。

賈鶚

1　彭州僧號曰醋頭，長髭垂髮，以功德幢像納爲三衣，狀若佯狂，妖言惑衆，蜀之聾俗，莫不皈依。明德中，故田特進敬全典九隴日，辟賈侍御鶚倅職彭門，乃權郡事，賈本青社人也，爲理公清，僻憎佞媚，郡縣僚屬，視若冰霜。是時醋頭不敢入境，後郡人思其瞻禮，詣賈判狀請歸。賈亦多才，判其狀曰：「出家長頭，未除煩惱；爲衣挂像，豈敬慈尊。向禪室以邪淫，發妖言而惑衆。安裁曆數，上侮朝廷；謾述災殃，下迷聾俗。況今有漏未證無生，將修功德以爲名，積聚私財而作賈，但以正人惜事，君子含宏，未議翦除，致兹猖熾。所嗟鄙俚，競信妖稱，列狀詣衙，欲希迎請。須行嚴令以絶風情，付司散帖所由，如入界把捉申送，候到決脊奏聞。」醋頭知之，便越隣境而去矣。《鑒誡録》三。《十國春秋》五三。

李匡遠

1 李匡遠性苛急，一日不斷刑，則慘然不樂。嘗聞捶楚之聲曰：「此吾一部肉鼓吹。」臨死曰：「吾平生殺盡僧道，以此享壽八十二。」及葬，盜發其墓，斷其四支，乃殘刑之報也。《外史檮杌》（《類説》二七）。《十國春秋》五三。

鮮于操

1 僞蜀鮮于操知華陽縣，有婦人姓唐，夫亡，詣縣自陳，乞爲夫守墳。操判狀曰：「夫婦雖親，男女貴别。生而執禮，晝無居寢之文，死則避嫌，夜禁出聲之哭。倚廬獨處，寧虞强暴之流；同穴偕歸，方表始終之操。實宜禁止，用息澆浮。」孟主轉操一官，賞其知禮。《該聞録》（《類説》一九）。

蔣貽恭

1 蔣貽恭，本江淮人。無媚世之諂，有詠人之才，全蜀士流莫不畏憚。初見則言詞清楚，不稱是非；

後來則脣吻張皇，便分醜美。干仵時相，數遭流遣，亦一慷慨之士也。自孟祖霸蜀，搜訪遺材，蔣亦遇時，數蒙見用。故言無罪，聞者自防，録之數篇，用知鼎味。《詠蠶》詩曰：「辛勤得蠒不盈筐，燈下繰絲怨恨長。著處不知來處苦，但貪衣上繡鴛鴦。」又《詠金剛》：「揚眉斗目惡精神，捏合將來恰似真。剛被時流借拳勢，不知身自是泥人。」《詠傴背子》曰：「出得門來背拄天，同行難可與差肩。若教倚向閒窗下，恰似箜篌不著弦。」又《詠安仁宰搗蒜》：「安仁縣令好誅求，百姓脂膏滿面流。半破磁缸成醋酒，死牛腸肚作饅頭。長生歲取飡三頓，鄉老盤庚犯五甌。半醉半醒齊出縣，共傷塗炭不勝愁。」又《五門街望有題》曰：「我皇開國十餘年，一輩超昇炙手歡。閒向五門樓下望，衙官騎馬使衙官。」又《謝郎中惠茶》曰：「三斤緑茗賜貽恭，一種頒霑事不同。想料肺懷無答處，披毛戴角謝郎中。」《鑒誡録》四。

2　有蔣貽恭者，好嘲詠，頻以此痛遭檟楚，竟不能改。蜀中士子好著襪頭袴，蔣謂之曰：「仁賢既裹將仕郎頭；　爲何作散子將脚？」他皆類此。蔣生雖嗜嘲詠，然談笑儒雅。凡遭譏刺，皆輕薄之徒，以此縉紳中少惡之。近聞官至令佐而卒，斯亦幸矣。《北夢瑣言》一〇。又《廣記》二六六引。

3　僞蜀給事中王允光性嚴刻，吏民有犯，無貸者。及判刑院，本院杖直官張進因與宅内小奴子誦火井縣令蔣貽恭《詠王給事》絶句云：「厥父元非道郡奴，允光何事太侏儒。可中與箇皮裩著，擎得天王左脚無？」奴子記得兩句，時念誦之。允光問：「誰人教汝？」對云：「杖直官張進。」允光大怒，尋奏進受罪人錢物，遂寘極法。後允光病寒熱，但見張進執火炬燒四體，高聲唱索命。允光連叱不去，痛楚備極，數日而終。《儆誡録》（《廣記》一二四）。

李堯夫

1 《古今詩話》云：「太祖采聽明遠，每邊事，纖息必知。有間者自蜀還，上問劍外有何事，間者曰：『但聞成都滿城誦朱山長《苦熱詩》曰：「煩暑鬱蒸無處避，涼風清冷幾時來？」』上曰：『此蜀民思吾來伐也。』」然予嘗考睦臺符《岷山異事》云：「梓潼山人李堯夫，吟詠尤尚譏刺。謁蜀相李昊，昊戲曰：『何名之背時耶？』堯夫厲色對曰：『甘作堯時夫，不樂蜀中相。』因是堯夫爲昊所擯。知蜀主國柄隳紊，生民肆擾，吟苦熱詩云：『炎暑鬱蒸無處避，涼風消息幾時來？』」以是知此兩句乃李堯夫詩，非朱山長也。清冷兩字，不逮消息遠甚。《能改齋漫録》五。

楊鼎夫

1 進士楊鼎夫富於詞學，爲時所稱。頃歲，會遊青城山，過皂江，同舟者約五十餘人，至於中流，遇暴風漂蕩，其船抵巨石，傾覆於洪濤間。同濟之流，盡沉没底。獨鼎夫似有物扶助；既達岸，亦困頓矣。遽有老人以杖接引，且笑云：「元是鹽裏人，本非水中物。」鼎夫未及致謝，旋失老人所之，因作詩以記。後歸成都，話與知己，終莫究「鹽裏人」之義。後爲權臣安思謙幕吏，判摧鹽院事，遇疾暴亡。男文則，以屬分料鹽百餘斤裹束，將上蜀郊營葬，至是鹽裏之詞方驗。鼎夫舊記詩曰：「青城山峭皂江寒，欲度當時作等閒。棹逆狂風趨近岸，舟逢怪石碎前灣。手攜弱杖倉皇處，命出洪濤頃刻間。今日深恩無以報，令人羞記雀銜環。」《北夢瑣言》（《廣記》一五八）。《野人閒話》（《詩話總龜》四九）。《分門古今類事》三。

景　焕

1　蜀人景焕，博雅士也。志尚静隱，卜築玉壘山，茅堂花榭，足以自娱。嘗得墨材，甚精，止造五十團，曰：「以此終身。」墨印文曰「香璧」，陰篆曰「副墨子」。《清異録》下。

2　見孫位2。

可　朋

1　可朋，丹稜人。少與（盧）延讓爲風雅之友，有詩千餘篇，號《玉壘集》。曾題洞庭詩云：「水涵天影闊，山拔地形高。」贈友人曰：「來多不似客，坐久却垂簾。」歐陽炯以此比孟郊、賈島。言其好飲酒，貧無以償酒債，以詩賙之。可朋自號醉髡。《唐詩紀事》七四。《外史檮杌》（《類説》二七）。《十國春秋》五七。

2　孟昶廣政十九年，賜詩僧可朋錢十萬，帛五十疋。孟蜀歐陽炯與可朋爲友，是歲酷暑中，歐陽命同僚納涼於浄衆寺，依林亭列樽俎，衆方懽適。寺之外皆耕者，曝背烈日中耘田，擊腰鼓以適倦。可朋遂作《耘田鼓》詩以贄歐陽，衆賓閲已，遽命撤飲。詩曰：「農舍田頭鼓，王孫筵上鼓。擊鼓兮皆爲鼓，一何樂兮一何苦！上有烈日，下有焦土。願我天翁，降之以雨，令桑麻熟，倉箱富。不飢不寒，上下一般。」言雖淺近，而極於理。君子謂可朋諫而歐陽善聽焉。《唐詩紀事》七四。《十國春秋》五七。

黃筌

1 黃筌者，成都人也。幼有畫性，長負奇能。刁處士入蜀，授而教之竹石花雀。又學孫位畫龍水松石墨竹，學李昇畫山水竹樹，皆曲盡其妙。筌早與孔嵩同師，嵩但守師法，别無新意；筌既兼宗孫、李，學力因是博贍，損益刁格，遂超師之藝。後唐莊宗同光年，孟令公知祥到府，厚見禮重。建元之後，授翰林待詔，權院事，賜紫金魚袋。至少主廣政甲辰歲，淮南通聘，信幣中有生鶴數隻，蜀主命筌寫鶴於偏殿之壁，警露者、啄苔者、理毛者、整羽者、唳天者，翹足者，精彩體態，更愈於生，往往生鶴立於畫側。蜀主歎賞，遂目爲六鶴殿焉。尋加至内供奉朝議大夫、檢校少府少監上柱國。先是蜀人未曾得見生鶴，皆傳薛少保畫鶴爲奇，筌寫此鶴之後，貴族豪家，競將厚禮，請畫鶴圖，少保自此聲漸減矣。廣政癸丑歲，新構八卦殿，又命筌於四壁畫四時花竹兔雉鳥雀。其年冬，五坊使於此殿前呈雄武軍進者白鷹，誤認殿上畫雉爲生，掣臂數四，蜀主歎異久之，遂命翰林學士歐陽炯撰《壁畫奇異記》以旌之。《益州名畫録》上。《宣和畫譜》一六。

2 昔吴道子所畫一鍾馗，衣藍衫，鞹一足，眇一目，腰一笏，巾裹而蓬髮垂鬢，左手捉一鬼，以右手第二指挖鬼眼睛。筆跡遒勁，實有唐之神妙。收得者將獻僞蜀主，甚愛重之，常懸於内寢。一日，召黃筌令看之，筌一見，稱其絶妙。謝恩訖，昶謂曰：「此鍾馗若母指掐鬼眼睛，則更校有力。試爲我改之。」筌請歸私第，數日看之不足，别絣絹素，畫一鍾馗，以母指掐鬼眼睛，並吴本一時進納。昶問曰：「比令卿改之，何爲別畫？」筌曰：「吴道子所畫鍾馗，一身之力，氣色眼貌，俱在第二指，不在母指，所以不敢輒改。筌今所畫，雖不及古人，一身之力，意思併在母指。」昶甚悦，賞筌之能，遂以綵段銀器，旌其別識。《野人閒話》（《廣記》二一四）。《圖畫見聞誌》六。《宣和畫譜》一六。

3 黄筌、黄居寀，蜀之名畫手也，尤善爲翎毛。其家多養鷹鶻，觀其神俊以模寫之，故得其妙。《東齋記事》四。

4 黄筌畫飛雁，頭足皆展。或曰：「飛鳥縮頭則展足，縮足則展頭，無兩展者。」驗之信然。《仇池筆記》上。

5 館中有蜀人黄筌畫白兔，甚佳。蓋孟昶卯生，每誕辰即畫獻也。《東原録》。

6 見徐熙2。

黄居寀

1 居寀，字伯鸞，筌少子也。畫藝敏贍，不讓於父。蜀之四主，崇奢宫殿，苑囿池亭，世罕其比。居寀父子入内供奉迨四十年，殿庭牆壁，門幃屏幛，圖畫之數，不可紀録。授翰林待詔、將仕郎、試太子議郎，賜金魚袋。淮南通好之日，居寀與父同手畫《四時花雀圖》、《青城山圖》、《峨嵋山圖》、《春山圖》、《秋山圖》用答國信。使命將發，《秋山》全未及畫，蜀王令取在庫《秋山圖》入用，居寀與父奉命別畫，經月方畢工，更愈於前者，翰林學士徐光溥進《秋山圖歌》以紀之。廣政甲子歲，蜀王令居寀往葛仙山修蓋仙寺，回至彭州，棲真南軒，畫《水石》一堵，自未至酉而畢，敏而復妙者也，今現存。居寀有《四時野景圖》、《湖灘水石圖》、《春田放牧圖》。當時卿相及好事者，得居寀父子圖障卷簇，家藏户寶，爲稀世之珍。今衙廳餘《理毛》、《啄苔鶴》兩堵，《水石》兩堵，《龍門圖》一堵，武侯廟《龍水》一堵，並居寀筆。現存。聖朝克蜀之後，居寀赴京，頗爲翰長陶尚書穀殊禮相見，因收得名畫數年，請居寀驗之。其中《秋山》一圖，是故主答淮南國信者，畫絹縫之内，自有銜名。陶公云：「此是淮王所遺。」看之果符其説。聖朝授翰林待詔、朝請大夫、寺丞、上柱國，賜紫金魚袋，淳化四年充成都府一路送衣襖使。時齒六十一，於聖興寺新禪院畫《龍水》一堵，《天台山圖》一堵，《水石》兩堵，工夫雖少，大體宛存。《益州名畫録》中。

李壽儀

1 道士李壽儀者，邛州依政人也。壯年慕道，於本縣有德觀爲道士，齋醮之外，專精畫業，人呼爲李水墨。多畫道門尊像，往來青城山丈人觀，宗師張素卿筆法，每點簇五嶽四瀆部屬，歸家習學之，如此數年。簡州開元觀有張素卿畫《十二仙君》一堂，乾德四年遭火所焚。廣政中壽儀往彼焚香齋潔模寫，將歸邛州天師觀西院上壁。其畫但窮精粹，筆力因於素卿，神彩氣韻，有過時流。一堂六堵，現存。《益州名畫録》下。《圖繪寶鑑》二。

蒲師訓

1 蒲師訓，蜀人。事孟蜀，爲翰林待詔。師房從真，嘗攜畫詣從真，從真高蹈拊膺曰：「子之所得，非吾所授也。」《圖畫見聞誌》二。《十國春秋》五六。

2 蒲師訓者，蜀人也。幼師房從真，畫人物、鬼神、蕃馬。後唐明宗長興年，值孟令公改元，興修諸廟，師訓畫江瀆廟、諸葛廟、龍女廟。及先主殂，畫陵廟鬼神、蕃漢人物、旗幟兵仗、公王車馬、禮服儀式，縱横浩瀚，莫不周至。授翰林待詔，賜紫金魚袋。甲寅歲春末，蜀王或夜夢一人，破帽故襴，龐眉大目，方頤廣顙，立于殿堦，跂一足曰：「請修理之。」言訖寤覺。翌日因檢他籍見此古畫，是前夕所夢者神，故絹穿損畫之左足，遂命師訓令驗此畫，是誰之筆。師訓對云：「唐吴道玄之筆，曾應明皇夢，云痁者神也。」因令重修此足呈進。後蜀王復夢前神謝曰：「吾足履矣。」上慮爲祟，即命焚之。青城山丈人觀真君殿内五嶽四瀆部屬諸神，張素卿筆，廣政中山水泛溢，衝損數堵，蜀王命師訓曰：「素卿之筆，公往繼之可矣。」四堵師訓筆也。今丈人觀，聖朝廣其殿宇，重新興創别畫，無舊蹤矣。王蜀先主祠堂東畔正門東畔鬼神一堵，寶曆寺天王閣下天王部屬，房從真筆，後人妝損，師訓再修，兼自畫兩堵。大聖慈寺南廊下觀音院門兩金剛，鄰壁托塔天王，並師訓筆，現存。《益州名畫録》中。

趙忠義

1 趙忠義者，德玄子也。德玄自雍襁負入蜀，及長，習父之藝，宛若生知。孟氏明德年，與父同手畫福慶禪院東流傳變相一十三堵，位置鋪舒，樓殿臺閣、山水竹樹、蕃漢服飾、佛像僧道、車馬鬼神、王公冠冕、旌旗法物，皆盡其妙，冠絶當時。蜀王知忠義妙於鬼神屋木，遂令畫《關將軍起玉泉寺》圖，於是忠義畫自運材斵基，以至丹楹刻桷，皆役鬼神，疊栱下梠地樑一座，佛殿將欲起立。蜀王令内作都料看此畫圖，枋栱有準的否，都料對曰：「此畫復較一座，分明無欠。」其妙如此。授翰林待詔，賜紫金魚袋。先是每年杪冬末旬，翰林攻畫鬼神者，例進《鍾馗》焉，丙辰歲，忠義進《鍾馗》，以第二指挑鬼眼睛；蒲師訓進《鍾馗》，以拇指剜鬼睛，二人鍾馗相似，唯一指不同。蜀王問此畫孰爲優劣，〔黄〕筌以師訓爲優，蜀王曰：「師訓力在拇指，忠義力在第二指，二人筆力相敵，難議昇降。」並厚賜金帛，時人謂蜀王深鑒其畫矣。今衙北門大安樓下天王院，自濮陽吴公行魯鎮蜀之日創興，其中有唐時名畫數堵及高道興、杜齯龜、房從真、趙德齊畫佛像羅漢、經驗變相。廣政初，忠義與黄筌、蒲師訓合手畫《天王變相》十堵以來，各盡所能，愈於前輩。淳化五年甲午，兵火焚盡，今餘王蜀先主祠堂正門西畔鬼神，大聖慈寺正門北牆上《西域記》，石經院後殿《天王變相》，中寺六祖院傍《藥師經變相》，並忠義筆，現存。《益州名畫録》中。《圖畫見聞誌》二。

姜道隱

1 姜道隱者，蜀州綿竹人也。年纔齠齔，盡日不歸，父母尋之，多於神佛廟中畫處纔見。及長，爲人木訥，不務農桑，唯畫是好。不畜妻孥，孑然一身，常戴一竹笠，布衣草履筆墨而已，雖父母兄弟，亦罕測其行止。人皆呼爲木柔頭。一作猱頭。○蜀語，謂其鬢髮蓬鬆。僞相趙國公昊知其性迹，請畫屏風。相公問何姓名，蜀語對云：「姜姓無名。」相國曰：「既無名，何不以道隱名之？」自此始名焉。宋王趙公廷隱於淨衆寺創一禪院，請道隱於長老方丈畫山水松石數堵，宋王與諸侍從觀其運筆，道隱未嘗回顧，旁若無人。

畫畢，王贈之十縑，置僧堂前，拂衣而去。他皆放此。今緜竹縣山觀寺多有畫壁，現存。《益州名畫録》下。《圖畫見聞誌》二。《圖繪寶鑑》二。

2 野人姜道隱本張藻松石。道隱不事談論，其與人交往，不冠帶，不跪，人謂之操頭。相國李昊爲著名道隱，常住綿竹山中。《野人閒話》（張本《説郛》一七、陶本《説郛》二八）。又《詩話總龜》前集二一引。《十國春秋》五六。　案：《詩話總龜》引作張道隱，誤。「操頭」，《總龜》作「猱頭」。

石恪

1 石恪，西蜀人，善畫，尤長于山水禽魚。亦攻歌詩，言論粗暴，多誚人短。開寶中，王師下西蜀，遣名畫入京，恪在其數，宣于相國畫壁。工畢，上狀乞歸，奉敕任便。出京，卒于道中。《雅言雜載》（《詩話總龜》前集四六）。《圖畫見聞誌》三。

劉龔

1 見韋宙3。

2 僞漢先主名巖，後名龔，後又名龑。龑之字曰儼，本無此字，龑欲自大，乃以龍天合成其字。以其不典，故不書。其先上蔡人，徙閩之仙游，復遷番禺，因家焉。父謙，爲賀水鎮將，既卒，以其子隱嗣，隱即巖之兄也。先時，唐末天下藩鎮不受代，而薛王知柔以石門扈蹕功授唐廣帥，丞相齊公徐彥若復代知柔，隱皆迎納，朝論嘉之，尋自爲廣帥。隱卒，巖代其任。初，巖之正母韋氏頗妒，聞其生，乃仗劍於中門，使取其兒至，將殺之，家人不敢匿，乃持去，既見之後，劍輒墜地，乃跪而抱之曰：「此我家之寶。」遂取爲己子。梁朝命册南平王，以中原多事，乃僭號，改元乾亨，封其子十有八人爲王。九年八月，白虹入其僞三清殿中，頗憂畏，中外震懼。會有詞臣王宏欲説巖，乃以白虹爲白龍見，上賦以賀之。巖大悦，乃改元白龍，更名龔，又改爲龑。謙初爲封州刺史，而其母段氏生巖，有日者視之，謂謙曰：「公之諸子唯少者貴耳。」又巖性嚴酷，果於殺戮。每視事則垂簾於便殿，使有司引罪人於殿下，設其非法之具而屠膾之，故有湯鑊、鐵牀之獄。又有投湯鑊之後，更加日曝，沃以鹽醋，肌體腐爛，尚能行立，久之乃死。其餘則鎚鋸互作，血肉交飛，腥穢之氣，冤痛之聲，充沸庭廡。而巖之唇吻必垂涎及頤頷，若噏膏血之氣者，久之方復常態。有司俟其復常，乃引罪人而退。蓋妖蜃毒龍之類，非可待以人倫也。巖暴政之外，惟以治宫殿爲務，故作昭陽諸殿、秀華諸宫，皆極瓌麗。昭陽殿以金爲仰陽，銀爲地面，簷楹榱桷亦皆飾之以銀。殿下設水渠，浸以真珠。又琢水晶、琥珀爲日月，列於東西二樓之上。巖親書其牓。已上見進士王宏《昭陽殿賦》。詢之越人，皆非虚也。其餘宫室殿宇悉同之。每引嶺外行商以示奢侈。亦由之而稱强盛，涼臺之寶，不亦疏乎！巖末年乃天福壬寅歲，是歲夏四月，避暑於甘泉宫，時長星見，乃宋孝武萬歲之説，未幾而殂焉。《五國故事》下。

3 高祖巖皇考葬段氏，得石版，有篆文曰「隱台巖」，因名其三子。《劉氏興亡録》(《通鑑考異》二八)。

4 廣府劉龑僭大號，晚年亦事奢靡。作南薰殿，柱皆通透刻鏤，礎石各置爐燃香，故有氣無形。嘗謂左右：「隋帝論車燒沉水，却成麄疏，爭似我二十四箇藏用仙人，縱不及堯舜禹湯，不失作風流天子！」

5 南漢僭創小國，乃作平頂帽自冠之，由是風俗一變，皆以安豐頂爲尚。《清異録》下。《十國春秋》五八。

《清異録》下。《十國春秋》五八。

劉玢

1 見陳道庠1。

劉晟

1 見陳道庠1。

2 巖既卒，子玢嗣位，是爲殤帝。昏暴益甚，爲長夜之飲。二年春三月，其弟晟因人之情，乃使壯士夜以角觝進，因而弑之於長春宮。玢卒，晟乃襲僞位，改元應乾。晟本二名，上一字犯宣祖諱，去之。江南李氏因湖湘之勢，遂以兵侵其境，爲晟所敗，獲其敗卒，盡減去一臂以歸之，江南由是絶南顧之意。晟僻在一隅，自爲强大，以中國帝王爲洛州刺史。每宴會，則獨處殿庭之間，侍宴臣僚皆結綵亭列坐於殿之兩隅。宴酣，則有司以檻獸而進，兩傍翼以戈戟，晟親持弓矢下殿，有司引獸檻而前，逡巡，獸出，移庭而上，晟引弓射之，兩旁戈戟競進，獸乃斃。其爲樂皆類此耳。晟晚年猜忌功臣、宗室，誅戮相繼。陳道庠者，嘗爲角觝以弑殤玢者，晟既忌之，欲其自退，乃賜之《漢紀》一部，庠受賜，莫知其由，因以問内侍鄧申，申曰：「殺韓信、醢彭越之謂也。」庠因稱疾。晟聞之，反怒申以漏洩，乃兼誅之。晟每誅親族，其子皆鴆死，女有色，遂置嬪御之列。晟之所爲，雖蠻夷不足以論理，而人倫之内實所忍聞焉。《五國故事》下。

3　南漢劉晟殿側置宫人望明窗以候曉，宫人謂之「候窗監」。《清異録》上。

4　南海城中，蘇氏園幽勝第一。廣主嘗與幸姬李蟾妃微至此，憩酌緑蕉林，廣主命筆，大書蕉葉曰：「扇子仙。」蘇氏於廣主草宴之所起扇子亭。《清異録》上。《十國春秋》六一。

劉鋹

1　鋹，晟之長子也。年十七襲僞位，改元大寶。委政内官龔澄樞及才人盧瓊仙。又引巫樊胡子，自言玉皇大帝附其身，服遠游冠，妖言以陳禍福。鋹於内殿設帷幄陳物玩以奉之。胡子爲大帝言謂鋹曰：「盧瓊仙等，皆我命之以爲爾輔爾，當盡心委之，無得妄有疑慮。」鋹再拜而聽，由是内外淫亂。鋹踵父之奢縱，立萬政殿，飾一柱凡用銀三千兩，又以銀爲殿衣，間以雲母。無名之費，日有萬千。末年，野蕈生於宫殿，御井石自行百餘步，狐鳴鬼哭，妖怪日作，至於亡國焉。鋹既爲天兵所敗，其下乃燔爇府庫，寶貨之外，其真珠至美者凡四十有六甕焉。及至京師，鋹乃自結真珠龍鳳鞍靶以獻，太祖謂羣臣曰：「聞鋹所貢悉皆手製，其所善止如此，不亡何待邪！」鋹在南越僞封衛王，及歸朝，封恩赦侯，旋改彭城郡公，又進封衛國公，及薨，追封南越王焉。《五國故事》下。《清異録》下。

2　劉鋹僭立，奢麗自恣，在宫中自稱「蕭閒大夫」。《清異録》上。

3　南海地狹力貧，不自揣度，有欺四方傲中國之志。每見北人，盛誇嶺海之强。世宗遣使入嶺館，接者遺茉莉，文其名曰「小南强」。及本朝，鋹主面縛，僞臣到闕見洛陽牡丹，大駭歎，有縉紳謂曰：「此名『大北勝』。」《清異録》上。

4 劉鋹據嶺南，置兵八千人，專以採珠爲事，目曰「媚川都」。每以石硾其足，入海至五七百尺，溺而死者相屬也。久之，珠璣充積内庫，所居殿宇，梁棟簾箔率以珠爲飾，窮極華麗。及王師入城，一火而盡。藝祖廢媚川都，黥其壯者爲軍，老者放歸田里，仍詔百姓不得以採珠爲業，於是俗知務農矣。《澠水燕談録》九。《太平治蹟統類》一。

5 劉鋹好治宫室，欲購怪石，乃令國中以石贖罪。富人犯法者航海於二浙，買石輸之。今城西故苑藥洲有九石，皆高數丈，號九曜石。《萍洲可談》二。

6 劉鋹昏縱角出，得波斯女，年破瓜，黑腯而慧艷，善淫，曲盡其妙，鋹嬖之，賜號「媚猪」。延方士求健陽法，久乃得，多多益辦。好觀人交，選惡少年，配以雛宫人，皆妖俊美健者，就後園褫衣，使露而偶，鋹扶媚猪延行覽玩，號曰「大體雙」。又擇新採異，與媚猪對，鳥獸見之熟，亦作合。《清異録》上。《十國春秋》六一。

7 劉鋹在國，春深令宫人鬭花。凌晨開後苑，各任採擇，少頃，勑還宫，鎖苑門，膳訖，普集，角勝負於殿中。宦士抱關，宫人出入皆搜懷袖，置樓羅歷以驗姓名，法制甚嚴，時號花禁。負者獻耍金耍銀買燕。《清異録》上。《十國春秋》六〇。

8 嶺南荔枝固不逮閩、蜀，劉鋹每年設紅雲宴，正紅荔枝熟時。《清異録》上。

9 鋹體質豐碩，眉目俱竦，有口辯，性絶巧。在國時，多置酖以毒臣下。一日，上乘肩輿，從十數騎幸講武池，從官未集，鋹先至，詔賜卮酒，鋹疑之，奉杯泣曰：「臣承祖父基業，拒違朝廷，勞王師致討，罪固當死。陛下不殺臣，今見太平，爲大梁布衣矣，願延旦夕之命，以全陛下生成之恩。臣未敢飲此酒。」上笑曰：「朕推心置人腹，安有此事！」命取鋹酒自飲之，别酌以賜鋹。鋹大慚，頓首謝。《太平治蹟統類》一。《十國春秋》六〇。《楊文公談苑》(《宋朝事實類苑》二)。又《類説》五三引。

10 太平興國初，陳洪進與漳、泉歸，錢俶由吴越來朝，江南後主與劉鋹同列。因侍宴，鋹自言：「朝廷威靈，僭竊之主，皆不能保其社稷，今日盡在坐中。陛下明年平太原，劉繼元又至，臣於數人中，率先歸朝，願得持梃爲諸國降王之長。」太祖大笑，賞賜甚厚。其談多此類。《楊文公談苑》(《宋朝事實類苑》六四)。又《類説》五三引。《太平治蹟統類》一。《十國春秋》六〇。

劉弘杲

1 弘杲字日宣，龔第十子。母尚儀謝氏，名宜清，有寵。弘杲十歲封循王。好步鬬，復便弓馬，以膽勇聞。諸兄皆尚儒學，或勸令讀書，弘杲曰：「我家立功立事皆起馬上，獨使我老一經乎！」龔以兵書教之，遂略通其義。《九國志》九。

王定保

1 王定保，唐光化三年李渥侍郎下及第。吴子華侍郎鑾爲婿。子華即世，定保南游湖湘，無北歸意。

吴假緇服，自長安來，明日訪其良人，白於馬武穆王，令引見定保於定林寺。吴隔簾誚之曰：「先侍郎重先輩以名行，俾妾侍箕帚。侍郎殁，慮先輩以妾改適，是以不遠千里來明侍郎之志。」定保不勝慚赧，致書武穆，乞爲婿。吴確乎不拔，定保爲盟，畢世不婚矣。吴歸吴中外家。沈彬有詩贈定保云：「仙桂曾攀第一枝，薄游湘水阻佳期。皋橋已失齊眉願，蕭寺行逢落髮師。廢苑露寒蘭寂寞，丹山雲斷鳳參差。聞公已有平生約，謝絶女蘿依兔絲。」定保後爲馬不禮，奔五羊依劉氏，官至卿。《郡閣雅談》(《詩話總龜》前集二六)。

2 予次匡廬，其夕遥祝九天使者。俄夢朱衣道人，長丈餘，特以青灰落衣襟間霏霏然，常自謂魚透龍門，凡三經復透矣。私心常慮舉事中輟。既三舉矣，欲罷不能；於是四舉有司，遂僥忝矣。《唐摭言》八。

陳道庠

1 〔劉〕玢既立，所爲不法，疑羣弟圖己。每宴集，則令宦官守閤，供奉將吏悉露索而後入。及晟將爲亂，謀于道庠。玢好角觝，道庠因引多力者劉思潮等數人，習角觝于晉王府中，玢聞而悦焉。翌日，大置酒長春宫，召角觝與諸王觀之，至夕，玢大醉。既罷，晟遣道庠等掖之，因拉殺玢，血濺寢門，左右皆散走。晟立，以道庠爲功臣，領英州刺史，出入宫中，賞賜優厚。既得志，頗誅殺勳舊，功臣劉思潮等，皆相次被誅，道庠不自安。特進鄧伸與瑫有舊，嘗遺道庠《漢紀》。問其意，伸叱曰：「憨獠！此書有韓信、彭越事，審讀之。」道庠人懼，遂謀亂。事未及發而晟覺之，乃收道庠、伸下獄。翌日，同斬於市，夷其族。《九國志》九。《實賓録》一四。

黄　損

1　黄損，連州人，少有大志。其爲學務於該通，嘗上（書）三書，號曰「三要」，大約類《陰符》、《鬼谷》。同光初應進士，以此書投於公卿，間議者以爲有王佐才。洎登第歸，會王潮南稱霸，損因獻十策，求入幕府。其言多指斥切權要，由是衆疾之。然以其掇朝廷名第，不可坐廢，踰年始授永州團練判官。未幾，又得足疾，遂退居於永州北滄塘湖上，以詩酒自娱。先是損嘗學於廬山，與桑維翰、宋齊丘相遇，每論天下之務，皆出損下，損亦自負。居無何，同遊五老峯，路遇磐石，因憩歇。頃之，有叟長嘯而至，亦憩於側，損等皆不悦。既而，叟指桑維翰、宋齊丘曰：「公等皆至將相，各不得其死。」次指損曰：「此子有道氣，可以隱居。若求名宦，不過一方州從事爾，宜思之。」損甚怒，叟曰：「休戚之數定矣，吾先知者，何怒耶？」三人始異之，將再問其事，此叟不顧而去。其後皆然。《五代史補》二。《續前定録》（張本《説郛》一〇〇、陶本《説郛》七二）。《十國春秋》六二。

2　虔州布衣賴仙芝言，連州有黄損僕射者，五代時人。僕射蓋仕南漢官也，未老退歸。一日忽遁去，莫知其存亡，子孫畫像事之。凡三十二年，復歸，坐阼階上，呼家人。其子適不在，孫出見之，索筆書壁云：「一别人間歲月多，歸來人事已消磨；惟有門前鑑池水，春風不改舊時波。」投筆竟去，不可留。子歸，問其狀貌，孫云：「甚似影堂老人也。」連人相傳如此。其後頗有禄仕者。《東坡志林》二。《百斛明珠》（《詩話總龜》前集四九）。

鍾允章

1 南漢考功員外郎鍾允章，邕州人。乾祐初至廣，燕射中的，伶人進詩有曰「金箭離弦三尺電，星髆破的一聲雷」之句，大喜賞。《古今詩話》（《詩話總龜》前集四八）。

2 〔劉晟〕授〔鍾〕允章中書舍人。性吝嗇，歲獲賜賚甚厚，然未嘗分遺故人。其妻牢氏有賢行，常語允章曰：「妾昔事君子，家無釜鬵，烹茶作糜，止用一銚，尚且接待朋友，今寶貨盈室，而義路榛塞，雖富貴，何足尚也！」乃出銚以示允章，允章大慚，自是稍揮散矣。《九國志》（《職官分紀》七）。又《天中記》二八引。

王翃

1 王翃，乾亨初拜中書舍人，賜紫金魚。四年，文德殿成，著作郎陳光又獻賦，陳賜珠數升，翃見之色動。後南詔獻朱鬉馬，南宫白龍見，昭陽殿成，翃皆獻賦頌。每賜予稍緩，必於同列中揚言曰：「吾賦字字作金聲，何受賜之晚也？」陳聞之大笑。《職官分紀》七。又《古今合璧事類備要》前集四三引。《十國春秋》六三。案：王翃《古今合璧事類備要》作「王翊」，《十國春秋》作「王翮」。

張瀛

1 張瀛，碧之子也，事廣南劉氏，官至曹郎。嘗爲歌贈琴棋僧，同列見之，曰：「非其父不生其子。」

《雅言系述》(《詩話總龜》前集一一)。《十國春秋》六三。

林楚材

1 林楚材窮窘,益陽戍將李著謂林曰:「大凡秀才必能道言語,何不向我身上道一兩句?」楚材觀其額上耳後皆雕火珠雲雁,即致詞曰:「伏以太保氣貌雲横,身材筆直。兩行秋雁,於耳畔以斜飛;一顆明珠,當額頭而突起。」著大喜,厚贈之。《荆湖近事》(《類説》二二)。

趙純節

1 南漢貴璫趙純節,性惟喜芭蕉,凡軒窗館宇咸種之,時稱純節爲蕉迷。《清異録》上。

馬殷

1 馬氏諱殷,上蔡人也,自云伏波之後。唐末濁亂,所在豪俠競起,時殷方處卒伍之列,隨渠帥何氏南侵長沙,據之。殷戰頻有功,何乃擢爲裨將,且命爲邵州刺史。殷寛厚大度,能得士之死力。何氏卒,諸將在外者皆擁兵歸,以争其佐,唯殷領士卒如故,且素服爲何氏發喪,識者謂之知禮。未幾,衆軍各殺其帥,使人共迎殷爲主。初,衆軍之迎殷也,值夜,殷甚疑懼,欲拒而不行,將曉,忽覩一人黑色而貌甚雄偉,手執大棒,鞠躬趨進,報曰:「軍國内外平安。」俄而不見。由是殷以爲嘉兆,其心始安,乃謂所親曰：「吾之此行，未必不爲福。」及至，衆果欣躍而奉之。殷立，且使人間道上表，僖宗在蜀聞之甚悦，據其表，遣使朱書御札，許自開國立臺置卿相，分天子之半仗焉。楊行密據有淮南，聞其建國，且遣舟師數萬伐之，比至城下，殷登樓指麾，一鼓而破其兵，伏屍流血，湘水爲之丹焉。自是四方懾伏，無敢侵之。嶺外廖光圖自韶陽叛，舉族來奔，其部曲隨而至者數千人，殷以其豪而衆多，將拒而不納。或有諫者曰：「廖者料也，馬得必肥，是家國强霸之兆，何爲而拒之？」遂待之以禮，因命光圖爲永州刺史。光圖具陳南越可取之狀，言甚激切。殷亦將開拓疆土，聞其所陳甚善，使其部將李勳將數萬衆擊南越，未數月，拔桂管十八城。劉龑懼而乞盟。《三楚新録》一。參見《十國春秋》六七。

2 先是，馬氏之强聞海内，諸院公子長幼各八百餘人，皆以侈靡放蕩爲務，識者多非之。公子之徒聞而且恐。時有國師張氏紿之曰：「彼所以見非者，恐祚之不永也。如君昆仲之衆，使更而王，亦有八百年之家國，何憂何懼乎？」於是時郊外有鄧翁者，聞而歎曰：「文武之道未嘗介意，而更納虚誕之説以自安，此輩吾見其死於溝壑有日矣。」及邊鎬師至，果驗。然星散寒餒而卒者過半焉。《三楚新録》一。

3 見周行逢4。

馬希聲

1 湖南帥馬希聲在位多縱率。有賈客沈申者，常來往番禺間，廣主優待之，令如北中求寶帶。申於洛汴間市得玉帶一，乃奇貨也，回由湘潭，希聲竊知之，召申詣衙，賜以酒食，抵夜送還店。預戒軍巡，以犯夜戮之。湘人俱聞，莫不嗟憫。爾後常見此客爲祟，或在屋脊，或據欄檻，不常厥處。未久，希聲暴卒。其弟希範嗣立，以玉帶還廣人。《北夢瑣言》（《廣記》一二四）。《九國志》（《白孔六帖》一二）。

2 湖南馬希聲嗣父位，連年亢旱，祈禱不應，乃封閉南嶽司天王廟及境内神祠，竟亦不雨。其兄希振入諫之，飲酒至中夜而退。聞堂前諠譟，連召希振復入，見希聲倒立於階下，衣裳不披，其首已碎。令親信輿上，以帛蒙首。翌日發喪。以弟希範嗣位。《北夢瑣言》（《廣記》三一三）。

馬希範

1 莊宗反正，下詔徵諸侯入覲，馬殷以年老不行，命長子希範入朝。希範多辨，善於應對，及至，莊宗謂曰：「朕聞卿部内有洞庭湖，其波無際，有之乎？」對曰：「有之。陛下一旦南巡狩，則此湖不足以飲馬耳。」莊宗大悦，既而曰：「比聞馬氏之國必爲高郁所圖，今有子如此，高郁何能可得邪！」高郁，殷之謀臣也，莊宗將去其爪牙，故以是言離間。而希範不察，及歸，果使人搆其罪，郁竟至棄市。自是識者知其不克霸焉。初，希範之入覲，途經淮上，時桑維翰旅游楚、泗間，知其來，遽謁之，且曰：「僕聞楚之爲國，挾天子而令諸侯，其勢不可謂之卑也。加以利盡南海而公室大富，足下之來，非傾府庫之半，則不足以供芻粟之費。今僕貧者，敢以萬金爲請，惟足下濟之！」希範輕薄公子，覩維翰形短而腰長，語魯而且醜，不覺絶倒而笑之，既而贈與數百縑，維翰大怒，拂衣不顧而去。及殷薨，希範立，時維翰已爲宰相，奏削去半仗，止稱天策上將軍、楚王而已，其卿相臺閣皆罷之。然希範性剛愎，好以誇大爲事，雖去半仗，而軍國制度皆擬乘輿。乃大興土功，建天策府，中搆九龍殿，仍以沉香爲龍，其數八，各長百尺，皆抱柱而相向，作趨捧之勢。而希範坐於其間，自謂一龍也。每凌晨將坐，先使人焚香於龍腹中，烟氣鬱然而出，若口吐焉。自近古以來，諸侯王之奢僭，未有如此之盛者也。時處士戴偃賢而有才，嫉其過度，自稱玄黄子，作《漁父詩》百篇諷之。《三楚新録》一。參見高郁1。

2 見戴偃1。

3 馬希範，武穆之嫡子。性奢侈。嗣位未幾，乞依故事置天策府僚屬，於是擢從事有才行者，有若都統判官李鐸、静江府節度判官潘玘、武安軍節度判官拓拔恒、都統掌書記李皋、鎮南節度判官李莊、昭順軍節度判官徐收、澧州觀察判官彭繼英、江南觀察判官廖圖、昭順軍觀察判官徐仲雅、静江府掌書記鄧懿文、武平軍節度掌書記李松年、鎮南軍節度掌書記衛曮、昭順軍觀察支使彭繼勳、武平軍節度推官蕭銖、桂管觀察推官何仲舉、武安軍節度巡官孟玄暉、容管節度推官劉昭禹等十八人，並爲學士。其餘列校自袁友恭、張少敵等，各以次授任。莫不大興土木，以建興府庭。其最爲壯麗者即有九龍、金華等殿。迨殿之成也，用丹砂塗其壁，凡用數十萬斤石。每僚吏謁見，將升殿，但覺丹砂之氣藹然襲人。其費用也皆此類。初，教令既下，主者以丹砂非卒致之物，相顧憂色，居無何，東境山崩，湧出丹砂，委積如丘陵，於是收而用之。契丹南侵，聞其事，以爲希範非常人，遽使册爲尚父。希範得册，以爲戎虜推奉，欣然當之矣。《五代史補》三。

4 湖南馬希範奢欲無厭，宫室園囿服用之物務窮侈靡。作九龍殿，刻沉香爲八龍，飾以金寶，長十餘丈，抱柱相向。希範居其中，自爲一龍，其幞頭脚長丈餘，以象龍角。《續世説》九。《十國春秋》六八。

5 湖南馬希範用孔目官周陟議，常税之外，別令人輸米。天策學士拓拔恒上書諫曰：「殿下居深宮之中，籍已成之業，身不知稼穡之勞，耳不聞鼓鼙之音；馳騁遨遊，彫牆玉食。府庫盡矣，而浮費益甚；百姓困矣，而厚斂不息。今淮南爲仇讎之國，番禺懷吞噬之心，荆渚日圖窺伺，待我姑息。諺曰：『足寒傷心，民怨傷國。』願罷輸米之令，誅周陟以謝郡縣，去不急之務，減興作之役。無令一旦禍敗，爲四方所笑。」希範覽之大怒，以先王舊臣，爲隱忍之。《續世説》一〇。《十國春秋》七三。

6 希範淫而無禮，至於先王妾媵，無不烝通。又使尼潛搜士庶家女，有容色者皆强取之，前後約及數百。然猶有不足之色，乃曰：「吾聞軒轅賦五百女以昇天，吾其庶幾乎？」未幾死，大爲識者所笑。《三楚新録》一。《十國春秋》六八。

7 五代楚馬希範少愛娼妓徐降真，及嗣立，號西堂夫人。《十國紀年》(《天中記》二〇)。

8 馬希範常重一僧，號報慈長老，能入定觀人休咎，希範因問之曰：「吾於富貴固無遺恨，但不知者壽耳，吾師以爲如何？」報慈曰：「大王無憂，當與佛齊年。」希範喜，以爲享壽無窮，及薨也，止於四十九。先是，希範常嫉高郁之爲人，因莊宗言而殺之。至是，方臨江觀競渡，置酒未及飲，而希範忽驚起，顧其弟曰：「高郁來！」希廣亦驚曰：「高郁死久矣，大王勿妄言。」而希範血自鼻出，是夜遂卒。《五代史補》四。

9 馬希範二脚左右長尺餘，謂之「龍脚」，人或誤觸，則終日頭痛。《幙府燕閒録》(《天中記》二二)。

10 見彭夫人1。

彭夫人

1 文昭王夫人彭氏，封秦國夫人，常往城北報恩寺燒香，時僧魁謂之長老，問曰：「夫人誰家婦女？」彭氏大怒，索檐子疾驅而歸。文昭驚曰：「何歸之速也？」夫人曰：「今日好沒興，被箇老秃兵問妾是誰家婦女。日大凡『婦女』皆不善之辭，安得對妾而發？」文昭笑曰：「此所謂禪機也。夫人可答：『弟子是彭家女、馬家婦。』然則通其理矣，何怒之有乎？」夫人素負才智，耻不能對，乃曰：「如此，則妾所謂無見性也。」於是慚赧數日。《五代史補》三。《十國春秋》七一。

馬希廣

1 見張少敵1。

2 〔希萼襲長沙〕希廣計無所出，然素好釋氏，乃披緇服，召衆僧念佛以爲禳厭，比及城陷，念誦之聲不輟。《三楚新録》一。

馬希萼　馬希崇

1 見張少敵1。

2 馬希萼既立，不治國事，數與僚吏縱酒爲樂。有小吏謝廷擇者，本帳下厮養，有容貌，希範素寵嬖之，每筵會皆命廷擇預坐，諸官甚有在下者。於是衆怒，往往偶語曰：「此輩，舊制有燕會唯用兵守門，以防他虞，今與我等齊列，何辱之甚也！」其弟希崇因衆怒咄咄，與其黨竊發，擒希萼囚之於衡陽，又自立。未數日，江南遣袁州刺史邊鎬乘其亂領兵來伐，希崇度不能敵，遂降。先是，長沙童謡云：「鞭打馬，走不暇。」未幾，果爲邊鎬所滅。初，鎬嘗爲僧以覘湖南，尤能弄鈸，每侵晨必弄鈸行乞，遇城往往擲起鈸，以度門之高下。及來湖南，士庶頗有識之者。《五代史補》四。

3 〔希萼〕大爲衆心所惡，其弟希崇乘其釁而作亂，擒希萼而囚於衡陽。既而悔焉，遽命舟檝而追之，約於長沙南五十里地號昭澤沈之。路經衡山縣，豪族廖光圖子仁勇聞其來，與叔凝議曰：「希萼長而被廢，今又見追，此必不免。吾屬受先王重恩而不能爲之除禍亂、安社稷，豈所謂居水土乎？」乃率數百人劫而立之，號衡山王，以衡山縣爲府。且使人募兵，數日之間，衆及一萬，郡縣多起兵應之。希崇懼，求救於吴。時吴命邊鎬將兵來救，其實伐也。初，童謡云：「鞭打馬，馬急走。」鎬至，希崇知其謀，又將拒焉。或以童謡爲言，希崇不得已，遂降。及希萼見鎬，且請入吴，於是鎬以禮遣希萼及希崇舉族而行。《三楚新録》一。

馬爾

1 亂離以來，官爵過濫，封王作輔，狗尾續貂。天成初，桂州節度觀察使馬爾，即湖南馬殷之弟，本無功德，品秩已高。制詞云：「爾名尊四輔，位冠三師。既非品秩升遷，難以井田增益。」此要語也。議者以名器假人至此，賈誼所以長歎息也。《北夢瑣言》一八。《十國春秋》七一。案：馬爾，《十國春秋》作「馬賓」。

馬希振

1 楚馬希振，天祐初，殷爲娶洪州鍾傳女，資從甚厚，有玉椀、照夜珠，希振以非人臣所玩，皆納之於殷。《九國志》（《白孔六帖》七）。

2 馬希振爲鼎州節度使，馬氏諸子中白眉也。與門下客何致雍、僧貫徽聯句。希振曰：「青蛇每用腰爲力。」貫徽曰：「紅莧時將葉作花。」又見蟻子沿砌，希振曰：「蟻子子銜蟲子子。」致雍曰：「貓兒兒捉雀兒兒。」《續歸田録》（《詩話總龜》前集二）。《南唐野史》（《類説》二七）。

周行逢　周保權

1 周氏諱行逢，武陵人也。世耕鋤爲業，嘗犯法。顯德中，馬氏荒亂，吴命邊鎬將兵伐之，浹旬盡有湘中之地。時鎬雖剋勝，然安撫無策，故民多怨叛。武陵酋豪王逵、劉咬牙等十數人乘衆心之怨，謀舉兵襲之，未數日而有八千之衆，行逢始預焉。倍道兼行，遇夜奄至城下，於是鼓譟斬門而入。時鎬軍驟勝，士卒解甲，不復防禦，又當昏黑之際，忽聞兵入，倉卒驚駭，計無所出，皆束手就戮。遲明，死者十有八九，鎬以單騎遁走。於是逵據其地，上表於朝廷，天子嘉之，就除湖南節度兼中書令。逵素雄豪，得志之後不拘小禮，其車服制度擬於王者。先是，吴有術士言：「南楚之分，氣色甚盛，以目觀之，將有王氏起焉。」僞主聞而憂之，且問曰：「今之諸將處於南楚者，誰爲王姓？」或對曰：「有永州刺史王温耳。」僞主疑其當之，謀殺温，且遣使拜温爲征南將軍，賜以印綬巾帶，仍密於巾中置毒。及使至，温拜命著巾，俄頃腦裂而死。未幾，逵舉兵襲長沙而據之，即其應也。逵好功名，嘗秣馬厲兵以俟征戰。時行逢已爲麾下將，衆頗服其才略，逵因命爲副貳。行逢雖受命，然終以逵非君長之才，自是密結心腹以圖之。未幾，逵自領兵侵南越，留行逢知留後事，而行逢因忽謂所親曰：「王公逵必不返。然以後事付吾者，所謂以雲雨資蛟龍也，吾何憂乎！」及逵方至桂陽，果爲越兵所破，逵僅以身免，既而死於路，行逢竟代其位。時軍吏多武陵人，咸有戀土之心。或説行逢曰：「夫富貴不還鄉，如衣錦夜行。公起於徒步，自署爲列侯，可謂富且貴矣，然而無西還意，使鄉人父老、平生親知將何以瞻望風采邪？」行逢感悟，即日命駕歸武陵，以武陵爲西府，且使人迎其妻潘氏。潘貌素陋，然爲性剛烈，雖行逢已爲侯王，而待之蔑如也。先是，所侍皆勸之使詣行逢，笑而對曰：「夫人爲心，自非聖賢，必多變動，以吾既老且醜，雖欲往，而公豈以曩時之心相向哉？唯有死而已。」時聞者未以爲然。及使至，果不從命，唯躬率婢僕，以耕織自給，至於賦税，亦及時輸納，未嘗逋欠。行逢止之而不從，曰：「賦税者，官物也，豈以己爲主而自免之哉！」行逢聞而有慚色。時兵革之後，郡邑官吏以聚斂爲務，行逢患之，乃潛使人察其姓名，一旦卒然除去，自是管内稍稍清肅。至於建官設職，亦皆慎其選擇。嘗有女婿乞補吏，行逢度其非才，乃曰：「吏所以理民也，今觀汝不堪其事，吾當爲汝置鍬犂數具，汝能用之鋤種，以養老幼，亦是美事，何禄之求？」於是竟不補焉。時一方翕然，號爲英主。然多猜忌，好發人陰事，故麾下將帥恐其不免，多有謀叛，而行逢亦能預爲備，往往事有未發而誅。於是公府凛然，入見之者，若覆冰雪。先是，前進士何景山爲王逵記室，每輕忽行逢，行逢得志，命景山爲益陽令。未幾，因事縛景山投之於江，謂曰：「汝嘗佐王逵，今王逵已死，且爲吾告龍王。」其殘忍皆此類也。《三楚新録》二。

2 王逵奉詔伐吴，有蜜蜂無萬數集逵傘蓋。周行逢内喜，潛與潘叔嗣、張文表等謀曰：「我覩王公妖怪入傘，他時忽落别人之手，我輩處身何地！我等若三人同心，共保馬氏舊基，同取富貴，豈不是男兒哉！」叔嗣、文表聞行逢之言，已會深意，遂乃拜受此語，各散歸營。《湖湘故事》（《通鑑考異》三〇）。

3 行逢性殘忍，然爲治嚴整，不狥私黨，躬履儉約，以率羣下。辟署官吏，必取廉介之士。條教簡約，民甚便之。有女婿求補吏，不許，給以耒耜，而語之曰：「吏所以治民也，汝才不能任職，豈敢私汝以禄，姑歸墾田以自活也。」其妻嚴氏不入府署，躬率奴僕畊織以給賦調。人民化之，率務稼穡，四五年間，倉廪充實。尤崇信釋氏，常設大會齋，緇車畢集，行逢徧拜之，捧揓執帨，親侍湔洗。因謂左右曰：「吾殺人多矣，不假佛力，何以解其冤報乎！」《九國志》一一。

4 五代武陵周行逢雖處藩鎮，躬守儉素，僚吏每以自奉太簡爲言。行逢曰：「吾常恨馬氏恣縱奢僭，車服器用擬於乘輿，後宫姬妾不勝珠翠者迨千餘人。諸院王子出入，鞍馬僕從前後烜赫有及五七里者，文武之道未嘗留意。時人皆謂之酒囊飯袋。及家國傾喪，死溝壑者十有八九，得非天道致罰而然歟！若又効之，非所以爲子孫計也。」《實賓録》一四。《荆湖近事》（《類説》二二）。

5 周行逢兼總湖湘，留心民事，悉除馬氏橫賦。自王逵、劉言以來，屢舉兵，將吏積功及所羈縻蠻夷檢校官三公者以千數。行逢生日，諸道各遣使致賀。行逢有矜色，謂徐仲雅曰：「四鄰亦畏我乎？」仲雅曰：「侍中境内彌天太保，徧地司空，四鄰那得不畏！」《續世説》六。《太平治蹟統類》一。

6 見徐仲雅4。

7 周行逢命何景山爲益陽令，强取人家婦人。景山曰：「卑吏無它，蓋存恤孤寡。」行逢曰：「何不寬其賦税，免其徭役，乃置之於家，於理安乎？」戲謂僚吏曰：「不如令佐海龍王去。」遂投於江中。《荆湖近事》（《類説》二二）。

8 先是，行逢頗以淫祀爲患，管内祠廟，自非前代有功及民者，皆令毁拆之，約省祭祀之費三分之一。時有識之士忻然以爲明斷。及末年，酷信釋氏，每一歲之間，設大會齋者四，無非破耗國用。仍度僧建寺，所在不輟。因暇復召羣僧於府中，講唱而已，自執爐焚香而聽，凡披緇之士，雖三尺童子，皆搶地伏拜之。雖梁武篤好，未之加也。故君子知其不克永世矣。《三楚新録》二。案：《十國春秋》七〇以酷信釋氏爲周保權事。

9 五代周行逢少無賴，坐法黥。後據有潭州，或謂行逢曰：「朝廷使者來，必笑公黥，以藥可去之。」行逢笑曰：「吾雖不讀書，不聞英布去黥而王。布，英雄也，吾何耻哉？」《實賓録》一三。《十國春秋》七〇。

10 及行逢病，〔張文表〕又托疾，復命子保權師尊之，且謂保權曰：「麾下將校有凶狠難制者，除之已盡，惟衡州張文表耳。吾死之後，此人必叛，萬一不可敵，當舉族北歸，無使骨肉落虎狼之口。」言訖，奄然而逝。未數月，張文表果叛於衡州，舉舟師順流而下，以襲長沙。時行軍司馬廖簡知留後事，方與軍吏聚會，有報文表至，簡素輕文表，殊不介意，且謂軍吏曰：「黃口小兒，到而擒之，何憂乎！」乃伐鼓飲酒如初。於是晚，文表已入城，麾軍直至會所，時簡已醉，不能發弓矢，唯按膝作氣而已，文表親以戈戮之，在坐間遇害者數十人。時保權年方十三，而英爽有膽氣，聞叛，歎曰：「先君可謂知人矣，僕雖無能，安可使軍國落此賊手乎！」遽命部將楊師璠率萬餘衆討之。及師璠將行，又親出餞送，仍泣對三軍曰：「先君薨背，墳土未乾，而凶賊悖逆，實保權不孝所致也，安敢勞於諸君。幸先君之故，無忘戮力，苟滅此賊，安先君於地下，足矣。各希勉之！」其吐氣發言，義形於色，三軍無不感激。然保權猶慮其敗，且馳表而乞師。未逾旬，而師璠已大破文表於平亭津，仍梟文表之首，於是餘黨皆戮。初，文表將叛，猶豫未定，有從者夜夢文表頷上出一龍。及明，以告文表，而文表大悦，曰：「此天命我也。」於是舉兵。及敗，論者以龍神物也，而出於頷，是禍將作，神出焉。保權以文表已滅，且命使止師，不意王師已破江陵而逼境矣。保權懼，召李觀象議之。觀象曰：「夫請王師者，以討賊張文表故也。今文表已破，而王師不還，豈非朝廷將有事於南地乎？然我國之所恃者，江陵之在北境耳，今江陵已束手不能自救其急，且欲與王師相拒，此所謂魚入沸鼎而更鼓腮掉尾，其可免乎！惟公善自圖之，無失子孫萬世之利也。」保權不得已，乃出郊迎王師，且請入覲。天子聞而悦之，命以禮遣。既至，宗族封拜有差。《三楚新録》二。《十國春秋》七五、七六。

許德勳

1 天成中，淮將王彦章、苗璘等寇岳州。……德勳選輕艦三百，令裨將詹信先襲淮人，且行且戰。德動擁艨艟自後而至，大戰荆江中。淮人大敗，斬首千餘級，溺死者甚衆，擒彦章及璘以歸。而行密遣使來行成，且請二將。殷以禮歸之，遣德勳餞彦章等。德勳謂之曰：「楚國雖小，舊臣宿將尚在，願公此歸，勿以湖南爲念。若須得志，當待衆駒争皁棧，然後可圖也。」彦章等媿謝而去。自後馬氏諸子果争立，爲江南所滅。人以德勳爲知言。天成二年，殷建國，拜右相。卒年七十餘。子可瓊。《九國志》一一。《十國春秋》七二。

李瓊

1 〔馬〕殷以〔李〕瓊爲桂州刺史，令經略嶺南，遂襲容州，降龐巨曦。明年，又與吕師周克韶、賀、梧三州。瓊魁岸多力，每食肉十餘斤，踞案大嚼，耽耽然，軍中號曰李大蟲。先是，桂林兒童聚戲衢路中，忽相驚走曰：「大蟲來，大蟲來！」至是果應。《九國志》一。《三楚新録》一。《十國春秋》七二。　案：李瓊《三楚新録》作「李勳」。

高郁

1 高郁爲武穆王謀臣，莊宗素聞其名，及有天下，且欲離間之。會武穆王使其子希範入覲，莊宗以希範年少易激發，因其敷奏敏速，乃撫其背曰：「國人皆言馬家社稷必爲高郁所取，今有子如此，高郁安得取之耶！」希範居常嫉郁，忽聞莊宗言，深以爲然。及歸，告武穆，請誅之。武穆笑曰：「主上戰争得天下，能用機數，以郁資吾霸業，故欲間之耳，若梁朝罷王彦章兵權也。蓋遭此計，必至破滅。今汝誅郁，正落其轂中，慎勿言也。」希範以武穆不決，禍在朝夕，因使誣告郁謀反而族滅之。自是軍中之政往往失序，識者痛之。初，郁與武穆俱起行陣，郁貪且僭，常以所居之井不甚清澈，思所以澄汰之，乃用銀葉護其四方，自内至外皆然，謂之拓裹。其奉養過差，皆此類也，故莊宗得以媒蘖。自後陰晦中見郁，後竟爲患爾。《五代史補》三。《十國春秋》七二。

彭玕

1　彭玕者，籍爲廬陵人。少好學，通經傳。唐、梁之際，天下阻兵，遂以門籍率羣胥。有大志，常怏怏不樂于吏事，每自肆坦，不從職務，時曹皆鄙之。一旦，吏酋李氏因私命儕屬燕飲，而玕不之召，自往赴之，見十數輩已會。久之，李不具饌，玕知其忌己，遂去，僞遺其席帽。行數里，乃復往，見其宴笑飲啗，玕乃含笑取帽而去，歎曰：「大丈夫當取富貴，食列鼎俎，何至狎此鼠輩而聚飲啜乎？」其婦聞之，曰：「請以箱奩之資易酒饌，以致報，何歎恨之有？」玕從之，乃召李氏主客皆至，酒醉，謂衆客曰：「玕不慧，不能從事於諸君，請自此決，退耕于農。」《江南野史》六。《十國春秋》七三。　案：彭玕，原作「彭玗」。此從《新五代史》六一、《通鑑》二六七、《十國春秋》。

2　玕，吉州廬陵人，世居赤石洞爲酋豪。黄巢之後，江表寇盜蜂起，玕于鄉里保聚徒衆，得數千人，自爲首領，捕逐羣盜有功，本州補玕永新制置使。玕雅好儒學，精《左氏春秋》。當兵荒之歲，所在饑饉，玕延接文士，曾無虚日，治具勤厚，人多歸之。廣陵筆工李鬱者，善爲詩什，玕嘗貽書與鬱，以白金十兩市一筆，又令鬱訪石本五經，卷以白金百兩爲直，廣陵人相謂曰：「玕以十金易一筆、百金酧一卷，況得士乎？」于是蕭謨等數人咸往依之。《九國志》一一。

3 里中有峻嶺，號曰「王嶺」。相傳彭玕反于吉州，僭號稱王，南唐遣兵征之，彭玕數敗，遂退保於此以死守。余嘗登嶺上，可置數萬人，倉廩府庫皆有遺址。至有一所曰「相公平」，足見玕之僭也。旁有山，視王嶺爲卑小，曰「張欽寨」，以爲南唐遣欽來討之，駐兵其上。玕有謀士曰劉守真，挾邪術，能呼風喚雨，故欽與戰輒不利。距嶺三十里，有山曰「雲火峽」，玕之先壠在焉。後守真死，欽復遣人發其先壠，棺上有小赤蛇，蛇兩旁有蟻運土爲弓劍形，已而玕敗。今循驛道而上，有「劉仙堠」，其旁有劉仙師壇，皆劉之遺跡。土人遇旱，禱于壇下，間亦雨應。《獨醒雜志》四。

龐巨曦

1 龐巨曦本唐末邕、容等州防禦使，聞馬氏令公以征南步軍指揮使李瓊知桂州軍事，領兵士收服嶺外昭、梧、象、柳、宜、蒙、賀、桂等州，巨曦聞此雄勢，謂諸首領曰：「李瓊有破竹之勢，若長驅兵馬，此來侵吞吾境，其將奈何？」時容南指揮使莫彦昭對曰：「李瓊兵馬，其勢已雄，必然輕敵。今欲燒毀城内軍儲，且各入山峒，抛州城與李瓊。候纔入州，卻依前出諸山峒兵士復攻之，堅守旬月之間，城内必無軍糧，外無救應，方可制造攻具再攻擊之，必取勝也。」龐巨曦曰：「吾每至中宵，獨占氣象，馬氏合當五十餘年興霸湖外。苟五十餘年對壘，安知孰非，是以憂疑不暇。」遂至深夜斬莫彦昭於其私第，明日以其故密走事宣於湖南。《湖湘故事》(《通鑑考異》二八)。

2　巨曦在嶺南，嘗占翼軫間有善星，因謂所親曰：「劉隱兄弟不道，殘害良善，吾終當逃難于長沙。」至是果歸附。人或問湖南與淮南國祚長短，巨曦曰：「吾入境來聞童謡曰：『三羊五馬，馬子離羣，羊子無舍。』自今以往，馬氏當五主，楊氏當三主。」後皆如其言。貞明中卒，年七十六。《九國志》一一。《青箱雜記》七。《十國春秋》七三。　案：龐巨曦，《青箱雜記》、《十國春秋》作「龐巨昭」。

廖匡圖　廖匡齊　廖凝

1　廖氏，虔州贛縣人，有子三人：伯曰圖，仲曰偃，季曰凝。圖、凝皆有詩名，偃蹻勇絶倫，由是豪横，遂爲鄉里所憚。江南命功臣鍾章爲虔州刺史，深嫉之，於是圖與凝等議曰：「觀章所爲，但欲滅吾族耳，若戀土不去，禍且及矣。」於是領其族暨部衆等三千餘人，具鎧仗，號令而後行，章不敢逐，遂奔湖南。時武穆王在位，見其衆盛，恐難制，欲盡誅之。或者曰：「大王姓馬，而廖來歸，廖者，料也，馬得料，其勢必肥，實國家大興之兆，其可殺之乎！」穆王喜，遂善待，仍制下，以凝爲永州刺史，圖爲行軍司馬，偃以天策府列校，仍賜莊宅於衡山，自稱逸人。偃能於馬上挺身而立，取溼衣振奮而服之，以示輕捷。荆南高季興次子，忘其名，管親軍雲猛都，謂之「雲猛郎君」。聞偃名，因兩境交兵，請與偃鬬，偃欣然而往。雲猛能用鎗，見偃瘦小，心輕之，馳騎而刺偃，垂及之，偃佯落馬，雲猛勢未及止，偃自後奮戈一擊，墮地，因生擒之。自是其名愈振，故武穆王終世不爲鄰境所輕者，偃之力焉。至其子希範嗣位，九溪蠻叛命，偃率兵討之，爲流矢所傷，死於鑾中。凶訃至，希範使人報其母張氏，張氏不哭，謂其使曰：「爲妾謝大王，舉家三百餘口受王分食解衣之賜，雖盡死未足以上報，況一子乎！望大王勿以爲念。」希範聞而歎曰：「廖氏有此母，欲不興，其可得乎！」於是厚加存恤，仍遣使召凝，任爲從事。至希範薨，國亂，爲江南所滅，遂遷金陵。唐主授以水部員外郎，爲洪州連昌縣令，未幾又遷江州團練使。凝爲人不羈，好詼諧。嘗覽裴説《經杜工部墓》詩曰：「擬鑿孤墳破，重教大雅生。」因曰：「如此，裴説乃劫墳賊耳。」聞者大笑。及在江州，盛暑嘗患體燥，乃以一大桶盛冷水，坐於其間，或至終日，雖賓友謁見，出露其首，與之談笑。其簡率如此。先是，凝嘗夢人以印授之，拜捧之際，其印缺其一角，凝不能測。及授江州之命，始悟曰：「印缺一角，蓋偏裨之象也，團練副使不亦宜乎！」時人異之。《五代史補》四。《九國志》一一。《續世説》八。《十國春秋》七三。

案：廖圖本名匡圖，此避宋諱。又，據《九國志》一一、陸游《南唐書》一一、《十國春秋》七三、七四，此處廖偃爲廖匡齊之誤，偃爲匡圖之子。

2 廖圖字贊禹，虔州人。文學博贍，爲時輩人所服。湖南馬氏辟幕下，奏天策府學士，與劉昭禹、李宏皋、徐仲雅、蔡昆、韋鼎、釋虛中、齊己俱以文藻知名，更唱迭和。今有集行於世。……僧齊己寓渚宮，與圖相去千里，而每有書往來。臨終有絶句寄圖兄弟云：「僧外閒吟樂最清，年登八十喪南荆。風騷作者爲商榷，道去碧雲争幾程？」《雅言雜録》（《詩話總龜》前集四）。

3 廖齊父爽直，嘗爲永州刺史。齊後遊零陵，於民舍見父題壁，感而成詩曰：「下馬連聲叩竹門，主人何事感遺恩。回頭泣向兒童道，重見甘棠舊子孫。」《青瑣後集》（《詩話總龜》前集二五）。

4 廖凝字熙績，十歲《詠棋》詩云：「滿汀鷗不散，一局黑全輸。」識者見之曰：「必垂名於後。」《郡閣雅談》(《詩話總龜》前集一二)。《南唐野史》(《類説》二七)。

廖偃

1 廖偃、彭師暠皆楚馬殷之臣。偃,虔州虔化人,祖爽、父匡圖仕皆至刺史。偃少倜儻,喜奇節,通《左氏春秋》、班固《漢書》。馬殷有國,自秘書郎爲裨將,戍衡山縣。殷子希萼與弟希崇争國,希萼敗,見執。師暠,不知其世家,自殷時爲將,與希萼有舊怨。希崇避殺兄名,於是命師暠幽希萼於衡山,使甘心焉。師暠歎曰:「留後欲使我弑君耶,吾豈爲是哉!」至衡山,偃在焉,相與護視希萼甚謹,未嘗失人臣禮。希崇意不快,復遣召希萼歸長沙,終欲加害。偃擇勇士百人,執兵衛希萼,晝夜擊柝,以警非常。遂築行府,與師暠奉希萼爲衡山王,請命于金陵元宗,爲出師定楚亂。希萼遂入朝,偃、師暠俱從行,而偃爲部署輜重指揮使,尤勤瘁。希萼流涕曰:「吾逐于逆竪,非偃盡忠,豈能免禍?」至金陵,元宗召見兩人,歎獎之,授偃左殿直軍使、萊州刺史,師暠殿直都虞候,而使偃守道州以備南漢。會朗州叛,潭州亦潰,偃所部多潭人,中夜作亂。偃率親卒力戰,不能支,極罵而死。元宗下制哀悼,贈右領衛大將軍、寧州刺史,謚曰節。而師暠不見用,卒于金陵。陸游《南唐書》一一。《十國春秋》七四。

彭師暠

1 見廖偃1。

丁思僅

1 丁思僅素有才略，爲馬氏騎將。以希範受契丹册命，深耻之，因謂希範曰：「今朝廷失守，正忠臣義士奮發之時。使馳檄四方，引軍直趨京師誅犬戎，天子反正，然後凱旋，如此則齊桓晉文不足數矣。時不可失，願大王急圖之。」希範本無遠略，加以興作府署未畢，不忍棄去，遂寢思僅之謀。思僅不勝其憤，謂所親曰：「古人疾没世而名不稱，今遭逢擾攘，不能立功於天下，反顧戀數間屋子乎？誠可痛也！」自是思僅常怏怏。《五代史補》三。

戴偃

1 戴偃金陵人，能爲詩，尤好規諷。唐末罹亂，遊湘中。值馬氏有國，至文昭王以公子得位，尤好奢侈，起天策府，搆九龍金華等殿。土木之工，斤斧之聲，晝夜不絶。偃非之，自稱元黄子，著《漁父》詩百篇以獻，欲譏諷之，故其句有「緫把咽喉吞世界，蓋因奢侈致危亡」；又曰「若須抛卻便抛卻，莫待風高更水深」。文昭覽之怒，一旦謂賓佐曰：「戴偃何如人？」時賓佐不測，以偃爲文昭所重，或對曰：「偃，詩人，章句深爲流輩所推許，方今在貧悴，大王哀之，置之髯參短簿之間足矣。」文昭曰：「數日前獻吾詩，想其爲人大抵務以魚釣自娱爾，宜賜碧湘湖，便以遂其性，亦優賢之道也。」即日便遷居湖上。乃潛戒公私不得與之往還。自是偃窮餓日至，無以爲計，乃謂妻曰：「與汝結髮已生一男一女，今度不惟擠於溝鑿，亦恐首領不得完全，宜分兒遁去，庶幾可免，不然旦夕死矣。」於是舉骰子與妻子胡約曰：彩多得兒，彩少得女。既擲，偃彩少，乃攜女相與慟哭而别。偃將奔嶺南，至永州，會文昭薨，乃止。其後不知所終。

《五代史補》三。《十國春秋》七三。

張少敵

1 馬希範卒，判官李皋以希範同母弟希廣爲天策府都尉，撫御尤非所長。大校張少敵憂之，建議請立希廣庶兄武陵帥希萼，且曰：「希萼處長負氣，觀其所爲，必不爲都尉之下；加之在武陵，九溪蠻通好，往來甚歡，若不得立，必引蠻軍爲亂，幸爲思之。」李皋忽怒曰：「汝輩何知！且先大王與都尉俱爲嫡嗣，不立之，卻用老婢兒可乎！」少敵曰：「國家之事，不可拘以一途，變而能通，所以國長久也，何嫡庶之云乎！若明公必立都尉，當妙設方略，以制武陵，使帖然不動乃可。不然，則社稷去矣！」皋愈怒，竟不從少敵之謀。少敵度無所奈何，遂辭不出。未幾，希萼果以武陵反，引九洞溪蠻，數路齊進，遂之長沙，縊希廣於郊外，而支解李皋。自是湖南大亂，未逾年而國滅，一如少敵之言。初，希萼之來也，希廣以全軍付親校許可瓊，使遂擊之，可瓊覘希萼衆盛，恐懼，夜送旗鼓乞降，希萼大喜，於是兼可瓊之衆，長驅而至。希廣素奉佛，聞之，計無所出，乃被緇衣，引羣僧念寶勝如來，謂之禳災。頃之，府廨火起，人忽紛擾，猶念誦之聲未輟。其戇如此，少敵憂之，良有以也。《五代史補》四。《十國春秋》七三。案：李皋，即李宏皋。

拓拔恒

1 見馬希範5。

李宏皋

1 李宏皋，唐末八座善夷之子。善夷左邊武陵宰，卒于官。宏皋舁櫬歸故園，途中值兵革，爲馬氏擁入湖湘。文昭王，有功授學士，至刑部侍郎。每箋奏至京。詞臣降歎，李嵩相國器之。後馬氏兄弟結隙，與弟宏節俱棄市。宏皋少攻詩，《題桃源》云：「山翠參差水渺茫，秦人昔在楚封疆。當時避世乾坤窄，此地安家日月長。草色幾經壇杏老，岩花猶帶澗桃香。他年倘遂平生志，來着霞衣侍玉皇。」（《雅言雜載》）（《詩話總龜》前集一五）。

2 見張少敵1。

3 見何仲舉1。

李宏節

1 李皋與弟節，俱在湖南幕下。節亦有文學。同光初，馬氏武穆王授江南諸道都統，詔賜戰馬數百匹，皋爲謝表百餘字。後思意艱澀，時節在側，皋顧謂之曰：「嘗聞馬有旋風之隊，如何得一事爲對？」

節曰：「馬既有旋風隊，軍亦有偃月營，何患耶？」皋欣然下筆云：「尋當偃月之營，擺作旋風之隊。」表遂成。論者以此對最爲親切。《五代史補》四。　案：李節，即李宏節。李皋，即李宏皋。

徐仲雅

1 見齊己1。

2 徐仲雅，長沙人，因馬希範夜宴迎四儀夫人，賦詩云：「雲路半開千里月，洞門斜掩一天春。」又作《宮詞》云：「内人曉起怯春寒，輕揭珠簾看牡丹。一把柳絲收不得，和風搭在玉欄干。」曾獻《家宴堂》十首，時稱冠絶。《郡閣雅談》（《詩話總龜》前集一〇）《南唐野史》（《類説》二七）。　案：《詩話總龜》原作「徐休雅」，誤。

3 徐仲雅、李九皋俱善詩。徐詩富艷，李多用事。李謂徐公曰：「公詩如美女，善調脂粉。」徐曰：「公乃鬻冥器者，但垛疊死人耳。」《古今詩話》（《類説》五六引）。

4 故天策學士徐仲雅有清才，然其性好以滑稽輕薄爲事。國破之後，傷於凍餒，行逢素聞其名，且以窮困，謂必能改節，因使召之，命爲節度判官。初，王逵之起兵也，知設官有輕重權，欲其得衆，苟能應募，皆置司空、太保以誘之。自是武陵村落鄽市，豪横之輩，稱司空、太保者無算。及仲雅至，行逢問曰：「自吾遷鎮西土，控雄盛之地，四境懼之乎？」仲雅對曰：「公管内滿天太保，滿地司空，何不懼之？」行逢不悦。未幾，大宴僚吏。而仲雅在座。行逢又與之論事，然行逢夷音，每呼字音多誤。仲雅因戲之曰：「不於五月五日翦却舌頭，使語音乖錯如此。」行逢大怒。然仲雅嘗歷事馬氏，諸士民信之久矣，故不敢加誅。後仲雅竟以忤旨去職，因退居山寺。暇日視羣僧争剥椶枝，乃咏其樹曰：「葉似新蒲緑，身如亂錦纏。任君千度剥，意氣自衝天。」蓋怨行逢之斥而謗之也。《三楚新録》二。《十國春秋》七三。參看周行逢5。

何仲舉

1 何仲舉，營道人。美姿容，年十三，俊邁絶倫。時家貧，輸税不及限，李皐爲營道令，怒之，乃荷項繫獄，將檟楚焉。或有言於皐曰：「此子雖丱，能爲詩，往往閒立成，希明府一察之。」皐聞，遽召而問曰：「知汝有文，且速敏。今日之事，若能文不加點，爲一篇以自述，吾當貸汝。」仲舉援筆而成，曰：「似玉來投獄，抛家去就枷。可憐兩片木，夾卻一枝花。」皐大驚，自爲脱枷，延上廳，與之抗禮。自是仲舉始鋭意就學。天成中入洛，時秦王爲河南尹，尤重士。仲舉與張杭、江文蔚俱遊其門。及其東薦也，公舉數百人，獨以仲舉爲擅場。仲舉因獻詩曰：「碧雲章句纔離手，紫府神仙盡點頭。」秦王大悦，稱賞不已，故一舉上第。及歸，遇文昭馬氏承制，依唐太宗故事於天策府置十八學士，以皐爲學士之首，且執政柄。而仲舉自以出於皐之門下，雖策名中朝，事皐未嘗暫懈。皐感悦，遂加引用，未幾與之同列。及出，又爲全、衡二州刺史。先是，湖南尤多詩人，其最顯者，有沈彬、廖凝、劉昭禹、尚顔、齊己、虚中之徒，而仲舉在諸公閒尤爲輕淺，惟李皐獨推許之。往往對衆吟《秋日晚望》詩，曰：「樹迎高鳥歸深野，雲傍斜陽過遠山。」以足扣地歎曰：「何仲舉乃詩家之高逸者也。」諸官見取舍，其餘奴岳，乃間氣爾。」故仲舉感皐之見知，卒能自奮，至於名節，亦終始無玷。論者以皐有知人之鑒。《五代史補》二。《十國春秋》七三。案：李皐，即李宏皋，避宋諱。

劉昭禹

1　劉昭禹，字休明，婺州人。少師林寬，爲詩刻苦，不憚風雪。詩云：「句向夜深得，心從天外歸。」言不虛耳。《懷蕭山隱者》云：「先生入太華，杳杳絶良音。秋夢有時見，孤雲無處尋。神清峯頂立，衣冷瀑邊吟。應笑干名者，六街塵土深。」嘗與人論詩曰：「五言如四十箇賢人，亂着一字，屠沽輩也。覓句者若掘得玉匣，有底有蓋，但精求，必得其寶。」在湖南，累爲宰，卒于桂府幕。有詩行于世。《郡閣雅談》（《詩話總龜》前集一〇）。

石文德

1　石文德，連州人。形質矬陋，好學，尤攻詩。霸國時屢獻詩求用，文昭以其寢陋，未嘗禮待，文德由是窮悴。有南宅王子者素重士，延於門下。其後文昭知之，亦兼怒王宅，欲庭辱文德而逐之。居無何，秦國夫人彭氏薨，文昭傷悼，乃命有文學者各撰挽詞，文德乃獻十餘篇，其一聯云：「月沈湘浦冷，花謝漢宮秋。」文昭覽之大驚，曰：「文德有此作用，吾但以寢陋而輕之，乃不如南宮小兒卻能知賢耶！」於是始召文德而愧謝之。未幾，承制授水部員外郎，充融州刺史。文德晚尤好著述，乃撰《大唐新纂》十三卷，多名人遺事，詞雖不工，事或可采，時以多聞許之。《五代史補》三。《十國春秋》七三。

張文表

1 見周行逢10。

李觀象

1 李觀象爲節度副使，以行逢嚴酷，恐其及禍，乃寢紙帳，卧紙被。行逢信而用之，凡軍府事無輕重皆決於觀象。而觀象性多嫉忌，好蔽人之善。零陵儒士蔣密能吟咏，頗得風騷之旨，嘗題桑云：「綺羅因片葉，桃李謾同時。」大爲作者所許。觀象聞之，佯驚曰：「此僕詩，何蔣密之能爲？」士林以此鄙之。《三楚新録》二。《十國春秋》七五。

2 見周行逢10。

朱遵度

1 朱遵度避耶律德光之召，挈妻孥，攜書，雜商賈奔楚。王待之甚薄，杜門却掃。諸學士每爲文章，先問古今首末於遵度，時人號爲「幕府書廚」。《十國紀年》（《海録碎事》一八）。《十國春秋》七五。

2 朱尊度本青州書生，好藏書，高尚不事，閒居金陵。著《鴻漸學記》一千卷、《羣書麗藻》一千卷、《漆書》數卷，皆行於世。《江表志》中。《十國春秋》七五。

鄧洵美

1　有鄧洵美者，連郡人也。登進士第，將歸連，上箋〔周〕行逢，署館驛巡官。洵美背傴，時謂之鄧馱。爲性迂僻，皆類其形，衆咸不悦之，故雖處幕府僚，而食貧不暇給。同年王溥爲相，聞洵美不得志，乃爲詩曰：「綵衣我已登黄閣，白社君猶困故廬。」自是行逢稍優給之。未幾，給事中李昉至，昉亦洵美同年也，相見話舊，不覺號慟。古人布衣交不及此也。久而忤行逢無鑒，乃貶爲易俗場官，須臾，又使人詐爲山賊，突入公署殺之。聞者無不痛惜。後李昉再奉命祠南岳，知洵美墳在近，乃爲詩弔之曰：「今日向君墳畔過，不勝懷抱暗酸辛。」《三楚新録》二。《雅言系述》（《詩話總龜》前集一四）亦叙此事，文異。《十國春秋》七五。

2　鄧洵美，世爲湖郴郡人。少有敏才，工詩，長于賦頌。天祐中，與連人孟賓于並爲廉使李侍郎所薦，入洛陽，與故李司〔空〕昉同年擢進士第。以天下喪亂，諸道割據，遂還鄉里，爲潭州節度使馬氏所辟，署職郡縣，常怏怏不愜心。僅十年間，昉奉使湖南，求訪洵美，既見，懽情好洽，不替曩昔，且惜其才富位卑，滯于侯國。昉既行，因請賫致京師，馬氏餞之，爲鴆而卒。洵美晚娶，無子，有三女，貧瘁流落風塵。澧陵人盧氏聞洵美名，憐而購之歸，以其女妻于儒家。先是太常丞陳度有《薛孤延鬬雷賦》，頗爲時彦所推尚。而洵美集中亦有此作，復語句皆同，而首末小異，未知誰氏之述也。《江南野史》七。

3　五代湖南進士鄧洵美，少嗜學，爲文典麗，而貌陋背傴。時人謂之鄧馳子，言其狀如馳子負物也。《實賓録》八。

王　鼎

1　王鼎善歌詩，好神仙事，遊心物外，時人或謂有所得，問之終不洩露。詩百餘篇傳於人間。《雅言雜載》(《詩話總龜》前集四六)。

吴含靈

1　吴含靈，江西人也。爲道士，居南嶽六七年，俗呼爲吴猱。好睡，經旬不飲食。常言曰：「人若要閒即須懶，如勤，即不閒也。」素不攻文，偶作《上昇歌》，甚奇絶，云：「玉皇有詔登仙職，龍吐雲兮鳳着力。眼前驀地見樓臺，異草奇花不可識。我向大羅觀世界，世界衹如指掌大。當時不爲上昇忙，一時提向瀛洲賣。」清泰年羽化。《郡閣雅談》(《詩話總龜》前集四六)。《南唐野史》(《類説》二七)。

洪　道

1　僧洪道，不知何許人。通内外學，道行尤高，大爲時人所重。天福中，居於衡州石羊鎮山谷中。馬氏文昭王之嗣位也，聞其名，召於府，使於報慈寺住持。洪道不應命。文昭堅欲致之，督責州縣，憂懼，計無所出，率五七十人拱擁入州。洪道知之，乃引徒弟數輩轉徙入深山中，得一岩，遂且止息。然離舊居抵於山岩下，則衆鳥千萬和鳴而隨之。州縣雖失其蹤，或有相謂曰：「且深山之中，衆鳥何故而鳴？又聲韻優逸，得非和尚在彼耶？」試尋，果得之於岩所。父老再拜曰：「和尚，佛之徒也，佛不遺衆生願，今大王崇重要與和尚相見，輒不應召，竄入山林。於是和尚即得計矣，而州縣與鄉村得無勞擾，而和尚忍不爲之開慈憫耶？」洪道於是始點頭曰：「如此則吾爲汝行矣。」及至府，文昭以國師待之。未幾，堅乞歸山，文昭知不可留，乃許焉。其後竟不知所終。初，洪道之入岩也，見一虎在穴乳二子，徒弟大駭，洪道叱曰：「無懼，彼當移去。」言訖，虎銜二子趨出穴。至行之所感也如此。《五代史補》三。《十國春秋》七六。

乾　康

1 僧乾康，零陵人。齊己在長沙，居湘西道林寺，乾康往謁之。齊己知其爲人，使謂曰：「我師門仞，非詩人不遊。大德來，非詩人耶？請爲一絶，以代門刺。」乾康詩曰：「隔岸紅塵忙似火，當軒青嶂冷如冰。烹茶童子休相問，報道門前是衲僧。」齊己大喜，日與款接，及别，以詩送之。乾康有《經方干舊居》詩云：「鏡湖中有月，處士後無人。荻笋抽高節，鱸魚躍老鱗。」爲齊己所稱。乾德中，左補闕王伸知永州，康捧詩見，伸睹其老醜，曰：「豈有狀貌如此，能爲詩乎？宜試之。」時積雪方消，命爲詩。康曰：「六出奇花已住開，郡城相次見樓臺。時人莫把和泥看，一片飛從天上來。」伸驚曰：「其旨不淺，吾豈可以貌相人也？」待以殊禮。《零陵總記》(《詩話總龜》前集一一)。

至聰

1 五代時，有一僧號至聰禪師，祝融峯修行十年，自以爲戒行具足，無所誘掖也。夫何一日下山，於道傍見一美人，號紅蓮，一瞬而動，遂與合歡。至明，僧起沐浴，與婦人俱化。有頌曰：「有道山僧號至聰，十年不下祝融峯。腰間所積菩提水，瀉向紅蓮一葉中。」《古今詩話》（《侍兒小名録》拾遺）《五代詩話》八。《十國春秋》七六。

侯元亮

1 侯元亮，馬氏時湖湘宰。退居長沙，門常有客，宴會無虚日。人目爲「鬧侯」。《清異録》上。《十國春秋》七五。

唐人軼事彙編卷三十九

錢鏐

1〔武肅王〕始誕之夕，皇考方他適，鄰人急走告曰：「適過君家後舍，聞甲馬之聲甚衆，非有盜乎？」皇考乃急馳歸，王已誕矣。復有紅光滿室，皇考頗怪之，將棄于井，祖妣知非常人，固不許，因小字曰「婆留」，而井亦以名焉。王自幼常與羣兒聚戲于樹陰石上，或伐薪，必使羣兒聚以供己，隨多少而賞罰焉。王嘗憩後山，忽一石屹然自立，王因志之。及貴，建功臣精舍於其地。遂以石爲「佛坐」，樹號「衣錦將軍」。《吳越備史》一。《十國春秋》七七。

2 王常遊徑山書院，有道人洪湮者每迎於門，王頗惡之。一日，自後山避徑而往，湮亦迎焉。王問其故，湮曰：「君非常人，故預知耳。」《吳越備史》一。

3 初，〔僧洪〕諲有先見之明。武肅王家居石鑑山，及就戍應募爲軍，諲一見握手，屏左右而謂之曰：「好自愛。他日貴極，當與佛法爲主。」後累立戰功，爲杭牧，故奏署諲師號，見必拜跪，檀施豐厚，異於常數。終時執喪禮，念微時之言矣。《宋高僧傳》一二。

4 王始在軍中，未嘗自安。每欲暫憩，必先整衣甲盥漱而後寢焉。又以圓木小枕綴鈴，睡熟則歌，由是而寤，名曰「警枕」。又置粉盤于卧内，有所記則書之。及撫鎮二國，殆及四紀，勤勞恭儉，始終如一致。每夕，必列侍女各主一更，戒之曰：「外有報事，當振鈴聲以爲警省。」凡有聞報，即時而遣。又嘗以彈丸擲墻樓之外，以警宿直者，使其不寐以應其事。又嘗微行，夜扣北城門，吏不肯啓關，曰：「大王來，我亦不啓。」王乃自便門而入。明日，召吏厚賜之。稍暇，則命諸子孫諷誦詩賦，或以所製詩什賜于丞相、將吏以下，由是往往達旦。天福中，近侍李詠因監契丹，驛中有判官謂李詠曰：「武肅王嘗夜不睡。」詠詰其所知，答曰：「嘗聞五臺王子太師言，浙中『不睡龍』今已歸矣。」訪其所聞，乃壬辰之後也。王少時倜儻有大度，志氣雄傑，機謀沉遠，善用長稍大弩，又能書寫，甚得體要，有知人之鑒，及通圖緯之學。每處衆中，而神形有餘。純孝之道禀于天性，每春秋薦享，必嗚咽流涕。嘗曰：「今日貴盛，皆由積善所致，但恨祖母不能見耳。」嘗于後□建層樓，皇妣春秋高，不能上，王親負而登焉。天祐已後，中原多事，西川王氏稱蜀，邗溝楊氏稱吴，南海〔劉〕彭城氏稱漢，長溪王氏稱閩，皆竊大號，或通姻戚，或達聘好，皆以龍衣、玉册洎書疏等勸王自大，王嘗笑曰：「此兒輩自坐爐炭之上，而又踞〔吾〕于上邪！吾以去僞平賊，承天子疇庸之命，至于封建車服之制，悉有所由，豈圖一時之事，乃隨波于爾輩也！」皆却之而不納，而諸國之主無不咸以父兄事之。王加以自奉節儉，衣服衾被皆用紬布，非公宴唯甆尊漆器而已。恭穆夫人嘗以王寢帳蹝裂，乃上青絹帳請易之，王曰：「作法于儉，猶恐其奢，但慮後代皆施錦繡耳。此帳雖故，猶可蔽風。」竟不易。後庭有鄭氏，其父嘗以罪當死，(上)〔左〕右冀其或宥，且言斯人有息女與侍，王命出其女而後斬之，顧（上）〔左〕右刑者曰：「公柄豈可以一婦人而亂我法邪！」又嘗夕宴諸王子及諸孫，命鼓胡琴，未數曲，遽止之，曰：「外聞，當謂我不恤政事爲長夜之飲。」宴遂罷。王自開創以來，至于底定，而撫字將帥洎行伍，莫不盡得其歡心。有勳將何逢歿于賊中，一日，王見其所乘馬，悲泣不能止，（上）〔左〕右莫不感激。《吴越備史》一。《九國志》（《白孔六帖》六二、九五）。《演繁露》續集五。《十國春秋》七七、七八。

5 〔乾符〕六年秋七月，黄巢擁衆二十萬人大掠州縣，淮南節度使高駢羽檄徵兵討之。時巢三百餘衆將及石鏡鎮，王謂董氏曰：「黄巢以數萬之衆踰越山谷，旗鼓相遠，首尾不應，宜以伏兵襲之。賊或少却，則可逐矣。」巢前軍二千餘衆果崎嶇而至。王率二十騎伏于草莽，巢小將單騎先進，王親注弩射之，應弦而斃。伏兵遂起，巢兵大潰。王謂衆曰：「此術止可一舉耳，大軍必至，則衆寡莫敵矣。宜乘勝張虚聲以懾之。」乃進屯八百里，古地名也。途次逆旅，遇一老嫗而誡之曰：「後有兵至，當言臨安兵屯八百里。」未幾，巢兵果至，具如所對。賊衆相顧曰：「向止數騎，尚不可當，況八百里乎！」遂不犯境。王又伺其後軍，殺獲人馬而還，歸功董氏。淮南高駢聞而偉之。《吴越備史》一。《十國春秋》七七。

6 見馬綽1。

7 見唐昭宗28。

8 開平元年，梁太祖即位，封錢武肅鏐爲吴越王。時有諷錢拒其命者，錢笑曰：「吾豈失爲一孫仲謀耶！」拜受之。改其鄉臨安縣爲臨安衣錦軍。是年省塋壟，延故老，旌鉞鼓吹，振耀山谷。自昔游釣之所，盡蒙以錦繡，或樹石至有封官爵者。舊貿鹽肩擔，亦裁錦韜之。一鄰媪九十餘，攜壺漿角黍迎於道，鏐下車亟拜，媪撫其背，猶以小字呼之，曰：「錢婆留，喜汝長成！」蓋初生時光怪滿室，父懼，將沉於丫溪，此媪酷留之，遂字焉。爲牛酒大陳鄉飲，別張蜀錦爲廣幄，以飲鄉婦。凡男女八十已上金樽，百歲已上玉樽。時黄髮飲玉者尚不減十餘人。鏐起，執爵於席，自唱《還鄉歌》以娱賓曰：「三節還鄉兮挂錦衣，吴越一王駟馬歸。臨安道上列旌旗，碧天明明兮愛日輝。父老遠近來相隨，家山鄉眷兮會時稀。斗牛光起兮天無欺。」止。時父老雖聞歌進酒，都不之曉。武肅覺其歡意不甚浹洽，再酌酒，高揭吴喉唱山歌以見意，詞曰：「你輩見儂底歡喜，吴人儂謂爲我。別是一般滋味子，呼味爲寐。永在我儂心子裏。」止。歌闋，合聲賡贊，叫笑振席，歡感閭里。今山民尚有能歌者。《湘山野録》中。《吴越備史》一。《十國春秋》七八。

9 唐末錢尚父鏐始兼有吴越，將廣牙城以大公府，有術者告曰：「王若改舊爲新，有國止及百年。如填築西湖以爲之，當十倍此。王其圖之！」鏐謂術者曰：「豈有千年而天下無真主乎！有國百年，吾所願也。」即于所治增廣之。及忠懿歸朝，錢氏霸吴越凡九十八年矣。《幕府燕閒録》（張本《説郛》一四、陶本《説郛》四二）。又《分門古今類事》二引。《十國春秋》八二。

10 〔開平四年〕八月，始築捍海塘，王因江濤衝激，命强弩以射濤頭，遂定其基。復建候潮、通江等城門。初定其基，而江濤晝夜衝激沙岸，板築不能就。王命强弩五百以射濤頭，又親築胥山祠，仍爲題詩一章，亟鑰置于海門，其略曰「爲報龍神并水府，錢唐借取築錢城」，既而潮頭遂趨西陵。王乃命運巨石，盛以竹籠，植巨材捍之，城基始定。其重濠累塹、通衢廣陌亦由是而成焉。《吴越備史》一。《傳載》（張本《説郛》五）。《十國春秋》七八。

11 錢鏐封吳越國王後，大興府署，版築斤斧之聲晝夜不絕。士卒怨嗟，或有中夜潛用白土大書於門曰：「没了期，侵早起，抵暮歸。」鏐一見欣然，遽命書吏亦以白土書數字於其側曰：「没了期，春衣纔罷又冬衣。」時人以爲神輔。自是怨嗟頓息矣。《五代史補》一。又《雲仙雜記》九引。《十國春秋》七八。

12 錢塘武肅王不識文字，然凡所言皆可律下。忽一日，雜役兵士於公署壁題之曰：「無了期，無了期，營基纔了又倉基。」由是部轄者皆怒。王見而謂曰：「不必怒。」命羅隱從事續書之，曰：「無了期，無了期，春衣纔了又冬衣。」卒伍見之，於是怡然力役，不復怨咨。《丁晉公談録》。

13 〔高〕彦，海鹽人也。初與沈夏同受王密旨殺徐及，及死，以首歸于王。彦等前後從征，悉有功効。及湖州李彦徽棄郡奔淮南，王親巡吳興，其將沈攸等皆以己功，有牧守之望。王遂題詩一章于嬰蘭堂，在湖州東南溪次。末云：「須將一片地，付與有心人。」衆亦不測。王將登舟，始言曰：「我以此郡付汝，宜善撫之。」《吳越備史》一。《十國春秋》八五。

14 錢鏐鎮吳越，尊賢渴士，使名畫工二三十人在沿江，號鸞手校尉，伺北方士子流移來者，咸寫貌以聞，擇清俊福厚者用之。胡岳方渡江，畫工以貌奏，鏐見之歎曰：「面有銀光，奇士也。」即時召見。《方鎮編年》（《雲仙雜記》六）。《十國春秋》七八。

15 見章魯封1。

16～18 見羅隱15、18、19。

19 錢鏐與羅隱唱和，隱好譏諷，言鏐微時騎牛操梃之事，錢怡然不怒，其通恕如此。然又有人獻詩於鏐者，云「一條江水檻前流」，鏐以爲讖己，殺之。《續世説》三。

20 見貫休1。

21 錢鏐末年患雙目，有醫人不知所從來，自云累世醫内外障眼，其術在於用鍼，無不效者。鏐聞，召而使觀之，醫人曰：「可治。然大王非常人，患殆天與之，若醫是違天理也，恐無益於壽，幸思之。」鏐曰：「吾起自行伍，跨有方面，富貴足矣。但得兩眼見物，爲鬼不亦快乎！」既而下手，莫不應手豁然。鏐喜，所賜動以萬計，醫人皆辭不受。明年，鏐卒。《五代史補》一。《談苑》(《類説》五三)。《宋朝事實類苑》四八。

22 見錢元瓘2。

23 鏐雖外勤貢奉，而陰爲僭竊，私改年號於其國。其後子孫奉中朝正朔，漸諱改元事。及錢俶納土，凡其境内有石刻僞號者，悉使人交午鑿滅之。惟今杭州西湖落星山塔院中有鏐封此山爲壽星寶石山僞詔，刻之於石，雖經鑱毀，其文尚可讀，後題云「寶正六年，歲在辛卯」。明宗長興二年也；其元年即天成元年也。好事者或傳曰「保正」，非也。《紀年通譜》(《通鑑考異》二九)。

24 梁沙門寶誌銅牌記，多識未來事，云：「有一真人在冀川，開口張弓左右邊。子子孫孫萬萬年。」江南中主名其子曰弘冀，吴越錢鏐諸子皆連弘字，期以應之。而宣祖諱正當之也。《楊文公談苑》(張本《説郛》二二)。《宋朝事實類苑》四七。案：「左右邊」，《宋朝事實類苑》作「在左邊」。

25 見楊行密6。

26 方其與羣英争逐，横槊馬上，何暇議文墨耶！然而喜作正書，好吟咏，通圖緯學。晚歲復降己下士，幕客羅隱雅好譏評，雖及鏐微時事，怡然不怒，人以大度稱之。狀貌凜凜，亦人間一英物也。所書復剛勁結密，似非出用武手，殆未易以學者規矩一律擬議耳。《宣和書譜》五。

27 吴越王錢鏐畫墨竹。《圖繪寶鑑》二。

28 或有述李頻詩於錢尚父曰：「只將五字句，用破一生心。」尚父曰：「可惜此心，何所不用，而破於詩句，苦哉？」《北夢瑣言》七。

29 錢武肅王諱鏐，至今吴越間謂石榴爲金櫻，劉家、留家爲金家、田家，留住爲駐住。《青箱雜記》二。《齊東野語》四。《負暄雜録》（張本《説郛》一八）。

30 錢鏐之據錢塘也，子跛，鏐鍾愛之。諺謂跛爲瘸，杭人爲諱，乃稱茄爲落蘇。《澠水燕談録》九。

錢元瓘

1 王志量恢廓，識度宏遠，雖少嬰軍旅，尤尚儒學。事武肅孝敬小心，未嘗有懈。武肅性既嚴急，每一召，即時須至，或巾帶于步驟間，乃致闊袴大襪以便之。晚年政事一委參決，簿書填委，皆躬親批署，手爲胼胝。復致粉盤于卧榻之間，夜有所記，必書其上，詰旦以備顧問。時屬盜賊及詐僞誹謗之法，犯者輒死，王皆力救之，所獲宥者甚衆。嘗北征，師次平望，蚊蚋尤甚，左右請施帷帳，王曰：「三軍皆在此，我獨何避！」竟不許。及纘嗣之後，示以明恕，人情翕然。內衙指揮使陸仁章、婁仁杞等，早備武肅王爪牙，以性剛愎爲衆所惡，而亦嘗以事侵王。一日，同列者皆率諸軍于國門請王戮之。王命姪仁俊諭之曰：

「仁章等事先王有年矣，今求舊念功，方當旌賞，汝等遂以私憾使我戮之，我安爲爾報怨也！苟不聽命，我當歸臨安以避賢路。」衆皆退懼，遂授仁章福州刺史、仁杞湖州刺史。中外有以封章相構者，皆居中不下，積而毁之。王舅陳氏，列職不過一戍遏，每加厚賜，而未嘗遷授。恭穆夫人之弟馬充，嘗以使役求免，王庭責之，遂下獄，黜于剡溪。其餘遵守治命，保慎名器，烈祖之風爲不泯矣。一日，武肅王寢疾，召將吏曰：「吾疾必不起，諸兒皆愚劣，誰可爲帥者？」諸將泣曰：「兩鎮令公仁孝有功，孰不愛戴！」武肅乃出印鑰授王，曰：「將吏推爾，宜善守之。」又曰：「子孫善事中國，勿以易姓廢事大之禮。」王與兄弟同幄行喪，内衙指揮使陸仁章曰：「令公嗣先王霸業，將吏旦暮趨謁，當與諸公子異處。」乃命主者更設一幄，扶王居之，禁諸公子從者無得妄入。武肅未薨時，仁章嘗以事犯王，至是，王勞之。仁章曰：「先王在位，仁章不知事令公，今日盡節令公，猶事先王也。」王嘉之。王以遺命去□儀，用藩鎮法，除民田荒絶者租税。王于兄弟甚衆，兄元璙自蘇州入見，王以家人禮事之，奉觴爲壽曰：「此兄之位也，而小弟居之，是兄賜之也。」元璙曰：「先王擇賢而立之，君臣位定，當恭守霸業，自爲珍重。」王因相與泣。《吴越備史》二。《十國春秋》七九。

2 初，武肅王將屬王以冢嗣，乃命諸子有功者數人，謂曰：「爾無隱情，各言爾功，以定厥後。」王兄中吴軍節度使元璙、王弟清海軍節度使元璹、寧國軍節度使傳璟洎諸公子等皆上言王功德高茂，是宜委副，故以兩鎮屬焉。及武肅寢疾，一日命出玉帶五，賜王兄弟，命王先擇之，王乃取其狹小者，武肅王大悦，謂王曰：「吾有汝，瞑目無恨矣！」《吴越備史》二。《十國春秋》七九。

錢弘佐

1 忠獻王諱弘佐，字玄祐，文穆王第六子也。母吳越國仁惠夫人許氏。王以天成三年七月二十六日己巳生于功臣堂。初，孝獻世子之居監撫也，文穆王治其府于城北，將俾居之。一日，孝獻會王，以采戲于青史樓，遽謂王曰：「君王方爲我營府署，今與爾賭之。」比及四擲，而王遂得六赤，孝獻失色，王從容曰：「五哥入府，〔弘佐〕當將符印之命。」因再拜。孝獻竟怒，擲骰盆于樓下。俄而孝獻薨。《吳越備史》三。《十國春秋》八〇。

錢弘倧

1 見胡進思1。

2 見錢俶1。

錢俶

1 王任太師尚書令兼中書令，在位凡四十年，窮極富貴，福履之盛，近代無比。王性儉素，自奉尤薄，常服大帛之衣，帷帳裀褥皆用紫絁，食不多味。禀性謙和，未嘗忤物。在藩日，每有朝廷使至，接奉勤厚，進貢之物製作精妙。將遣使，必列陳于庭，北向焚香再拜而遣之。其廢王之廢也，國人既立王，時大將胡進思因請殺廢王以絶患，王泣曰：「若殺兄而代有其位，吾不忍也。汝若欲行其志，吾當避賢路。」進思惶懼而退。王憲進思終欲害廢王，乃密遣親將薛温守衛。不旬餘，進思果遣二卒持刃踰垣而入，廢王闔户拒之，叫呼達于外，温率卒入，而斃賊于庭。進思聞之，憂懼發疽而死。屢有獻此謀者，王皆拒之。尋奉廢王于越之西寢，供給飲食皆與王同。廢王嘗於山亭擊鼓，聲聞于外，守衛者遽以聞王，王曰：「吾兄以閒適爲懷，非鼓不樂。」乃命裝金魚水鼓四面奉之。國人聞之，感王孝友如此，有出涕者。由是廢王無幽廢之恨，終以疾卒。太平興國中，趙普再入相，盧多遜罷爲兵部尚書。一日，普召王世子惟濬至，謂曰：「朝廷知盧多遜求取元帥財物極多，今未鞫劾者，恐累元帥耳。請具所遺之物列狀上之。」惟濬歸而白王，王曰：「主上英明，大臣有過，即自行，何用狀上？」惟濬懼普，因請賓僚將吏再三堅請曰：「若不疾言，事恐不測。」王曰：「汝姑休矣。我當取案籍考視之。」於時盡取當時文帳，命火焚之，即召惟濬等至，謂曰：「我入朝之初，荷蒙主上殊常之遇，故上右大臣咸有饋物，非獨盧相也。豈可見人將溺而加石焉！汝等少年，慎勿爲此。禍福我自當之。」惟濬等惕懼而退。普聞之，召惟濬至，深自嘆稱，曰王寬宏大度。事遂寢。王崇奉釋氏，在國中飯僧億萬，建造寺院凡三百所。博覽經史，在風疾中手不釋卷。平生好吟咏，在國中編三百餘篇，目曰《正本集》，國相元德昭、翰林學士陶穀皆撰集序。《吴越備史》四。《家王故事》（張本《説郛》二九、陶本《説郛》四五）。《十國春秋》八二。

2　錢氏科斂苛慘，民欠升斗，必至徒刑。湯悦、徐鉉嘗使焉，云：夜半聞聲若麞麂號叫，及曉問之，乃縣司催科耳。其民多躶行，或以篾竹繫腰。《南唐餘載》上。

3 忠懿王在錢塘，顯德中，有民沈超者，負罪逃匿。禁其母，凡百日不出；及追妻鞫之，當日來。首判之曰：「母禁十旬，屢追不到；妻縶半日，不召自來。倚門之義稍輕，結髮之情太重。領於市心，軍令處分。」《南部新書》癸。

4 先臣鎮東南日，嘗大會賓客，食鱉臛，而庖人因刃傷手，以紙濡血，紙墮食器中，先臣得之，遂藏于袖，且顧左右曰：「無令掌膳者知。」《家王故事》（張本《說郛》二九、陶本《說郛》四五）。《十國春秋》八二。

5 先臣開寶九年二月入朝，一日，太祖召宴後苑，時惟太宗及秦王侍坐。酒酣，詔先臣與太宗叙兄弟之禮，命中人翼起之，先臣叩頭辭讓，繼之以泣，方得免。先臣太平興國三年入朝，太宗詔赴苑中宴先臣，時獨臣兄安僖王惟濬侍焉，因泛舟于宫池。太宗手奉御巵賜先臣，跪而飲之。明日奉表謝，其略曰：「御苑深沉，想人臣之不到；天顔咫尺，惟父子以同親。」《家王故事》（張本《說郛》二九、陶本《說郛》四五）。

6 吴越後王來朝，太祖爲置宴，出内妓彈琵琶。王獻詞曰：「金鳳欲飛遭掣搦，情脈脈，看取玉樓雲雨隔。」太祖起，拊其背曰：「誓不殺錢王。」《後山詩話》。《十國春秋》八二。

7 乾德初，浙西錢俶來朝，上待之甚厚。俶方到闕，自晉王、丞相及中外臣僚有表章五十餘封，請留俶，上曰：「錢俶在本國，歲修職貢無闕，今又委質來朝，若利其土宇而留之，殆非人主之用心，何以示信於天下也。」奏俱不納。俶辭歸國，賜與金幣名馬之外，别以黄絹封署文書一角付俶曰：「候至本國開之。」仍諭俶曰：「朕知卿忠勤，若朕常安健，公則常有東南，他人即不可也。」俶感泣拜謝而去。俶至錢塘，開軸中文字，乃是晉王、丞相已下請留牋章五十餘封。俶大驚，以表稱謝。上存心仁信類如此。《邵氏聞見録》七。《東軒筆録》一。《石林燕語》四。

8 尚父錢忠懿王，自太祖開基，貢獻不絶。帝以其恭順，待之甚厚。及討江南，命爲昇州東南面行營招撫制置使，屢獻戎捷。及拔常州，拜守太師，依前尚書令兼中書令、吴越國王。又親赴行營，帝益嘉之，詔令歸國。江南平，亟請入覲，許之。既至，會太祖幸洛陽郊禋，西駕有日矣，詔趣其還。忠懿臨别，面叙感戀，願子孫世世奉藩。太祖謂曰：「盡吾一生，盡汝一生，令汝享有二浙也。」忠懿以帝賜重約，既得歸，喜甚，以爲永保其國矣。是歲永昌鼎成，後二年來朝，遂舉版籍納王府焉。《春明退朝録》上。

9 忠懿錢尚父，自國初至歸朝，其貢奉之物，著録行於時，今大宴所施塗金銀花鳳狻猊、壓舞茵鑾人及銀裝龍鳳鼓，皆其所進也。凡獻銀、絹、綾、錦、乳香、金器、玳瑁、寶器、通天帶之外，其銀香、龍香、象、獅子、鶴、鹿、孔雀，每隻皆千餘兩，又有香囊、酒甕諸什器，莫能悉數。祥符、天聖經火，多爇去，今太常有銀飾鼓十枚尚存。《春明退朝録》下。

10 先子言，錢俶所以子孫貴盛蕃衍者，不特納土之功，使一方無兵火之厄，蓋有社稷大勳，雖其子孫莫知之也。從太宗平太原，既擒劉繼元以歸，又旁取幽燕，幽燕震恐。既迎大駕至幽州城下，四面攻城，而我師以平晉不賞，又使之平幽，遂軍變。太宗與所親厚夜遁。時俶掌後軍，有來報御寨已起者，凡斬六人。度大駕已出燕京境上，乃按後軍徐行，故鑾輅得脱。不然，後軍與前軍合，又虜覺之，則殆矣。蓋一夜達旦，大駕行三百里乃脱，皆俶之功也。《默記》上。

11 開寶九年，錢忠懿俶來朝，上遣皇子德昭迓於南京。車駕爲幸禮賢宅撫視，館餼什物，充滿庭墀。

俶至，詔處之。賜劍履上殿，書詔不名，妻子俱受封，妻爲吴越國王妃。召父子宴於射苑中，諸王預坐。一日，賜俶獨宴，惟太宗、秦王侍坐。上愛俶姿度凝厚，笑曰：「真王公材。」俶拜謝，中人掖起。上遣太宗與俶叙齒爲昆仲，俶循走，叩頭泣謝曰：「臣鷰雀微物，與鸞鳳序翼，是驅臣於速死之地也。」獲止。時上將幸西京，乞扈從，不允，曰：「天氣向熱，卿宜歸國。」宴別於廣武殿。後三年來朝，宴於長春殿，劉鋹、李煜二降王預焉。未幾，會陳洪進納土，俶情頗危蹙，乞罷吴越王詔書，願呼名，不允。從征太原，每晨趨，雞初鳴曉，與羣臣候於行在。嘗假寐於寢廬，上知之，諭曰：「知卿入朝太早，中年宜避霜露。」每日遣二巨燭先領引，於前頓候謁而已。駕至并門，繼元降，上御崇臺，戮其拒王師者，流血滿川。上顧俶曰：「朕固不欲爾，蓋跋扈之惡，勢不可已。卿能自惜一方，以圖籍歸朝，不血於刃，乃爲嘉也。」俶但叩頭怖謝。非久，身留於朝，願納圖貢土，昆蟲草木亦無所傷。朝廷遣范旻考功郎知杭州，至則悉以山川土籍管鑰庾廪數敬授於旻，遂起遣兵民投闕。俶最後入覲，知必不還，離杭之日，遍別先王陵廟，泣拜以辭，詞曰：「嗣孫俶不孝，不能守祭祀，又不能死社稷，今去國修覲，還邦未期，萬一不能再掃松櫝，願王英德各遂所安，無恤墜緒。」拜訖，慟絶幾不能起，山川爲之慘然。《玉壺清話》七。

12 錢思公謫居漢東日，撰一曲曰：「城上風光鶯語亂，城下烟波春拍岸。緑楊芳草幾時休，淚眼愁腸先已斷。情懷漸變成衰晚，鸞鑒朱顔驚暗换。昔年多病厭芳樽，今日芳樽惟恐淺。」每歌之，酒闌則垂涕。時後閣尚有故國一白髮姬，乃鄧王俶歌鬟驚鴻者也，曰：「吾憶先王將薨，預戒挽鐸中歌《木蘭花》引紼爲送，今相公其將亡乎？」果薨於隋。鄧王舊曲亦有「帝鄉煙雨鎖春愁，故國山川空淚眼」之句，頗相類。《湘山野録》上。

13 見李煜29。

14 方浙右富庶登豐之久，上下無事，惟以文藝相高。故俶尤喜翰墨，而作字善顛草，其斡旋盤結，不減古人。太宗遣使取其草書以進，俶乃以舊習絹圖上之，詔賜以玉硯、金匣、象管、蜀牋等，且示寵焉。《宣和書譜》一九。《吴越備史》四。

15 錢忠懿王能琴，遣使物色良琴。使者至天台，宿山寺，聞瀑布聲止在簷外，晨起視之，瀑布下淙石處正對一屋柱，而且向日，私念曰：「若是桐木，即良琴在是矣。」削之，果桐也。即賂寺僧易之，取陽面二琴材以聞，乞俟一年。斲之、既成，獻忠懿，一曰「洗凡」，二曰「清絶」，遂爲曠代之寶。《琴書》(《天中記》四二)。

16 陶穀以翰林學士奉使吴越，忠懿王宴之。因食蝤蛑，詢其名類，忠懿命自蝤蛑至蟚蜞凡羅列十餘種以進，穀視之，笑謂忠懿曰：「此謂一代不如一代也。」《國老談苑》二。

17 世以浙人孱懦，每指錢氏爲戲。云：俶時有宰相姓沈者，倚爲謀臣，號沈念二相公。方中朝加兵江湖，俶大恐，盡集羣臣問計，云：「若移兵此來，誰可爲禦？」三問無敢應者。久之，沈相出班奏事。皆傾耳以爲必有奇謀。乃云：「臣是第一個不敢去底！」《鷄肋編》下。

18 吴越王妃每歲歸臨安，王以書遺妃云：「陌上花開，可緩緩歸矣。」吴人用其語爲歌，含思宛轉，聽之凄然。蘇子瞻爲之易其詞，蓋《清平調》也。調云：「陌上花開蝴蝶飛，江山猶是昔人非。遺民幾度垂垂老，遊女長歌緩緩歸。」「陌上山花無數開，路人争看翠軿來。若爲留得堂堂去，且更從教緩緩回。」「生前富貴草頭露，身後風流陌上花。已作遲遲君去魯，猶歌緩緩妾回家。」《委巷叢談》（《説郛續》一九）。又《五代詩話》一引。

錢元懿

1 元懿字秉徽，武肅王第五子，母李氏。懿有燕頷之相，起家鎮海軍右直都知兵馬使，尋授安國衣錦軍防遏指揮使，累授檢校兵部尚書。懿性至孝而純直，其母常侍武肅王，指令不稱旨，被捶，自是成疾。每疾發，侍婢多厭倦，惟懿不離（上）〔左〕右，雖糞溷亦親侍之。嘗在衣錦城出遊諸野，遇菖蒲花，尋收之。新定一日閭里間輒數處火起，民頗憂恐，有巫楊韞因之遂興妖言曰：某日某處復當火災。皆如其言。民由是競禱之。懿謂（上）〔左〕右曰：「火如巫言，巫爲火也，宜殺之以息其奸。」于是命斬韞于市，火遂絶。……頗喜遊宴彫飾之事，文穆王襄國，禮敬尤篤。懿每飲酒及其半而傾于地，文穆王國宴，乃致鈔鑼于懿前，意成其事，懿自是遂改。《吴越備史》四。《十國春秋》八三。

錢元璙

1 天福二年，徐綰叛，顧全武請奉王子之邗溝，武肅以淮帥常請結姻好，乃遣元璙微服爲全武僕而去。比及望亭，有逆旅媪輒識之。至潤州，安仁義亦知其非常，將其下十人易之，全武懼，因賂閽吏中宵而去。及抵邗溝，指陳順逆之理，淮帥爲之動容，歎曰：「生子當如錢郎，吾之子豘犬耳！」即日遣使命

〔田〕頵還軍廣陵。尋迎婦而歸。後累征縉雲、新定，皆有功，授邵州刺史。尋征吴興高灃，及攻東州，復授睦州刺史，尋遷蘇州。累勅授中吴、建武等軍節度使，蘇、常、潤等州團練使，太傅、同中書門下平章事、侍中、中書令。在郡三十年，性儉約而恭靖，便弓馬。文穆王即位，以王兄亢加禮遇。因元璙來覲，爲酒授璙曰：「今日之事，宜兄當之，俾予小子至是，實兄推戴之力。」璙俯伏曰：「大王功德高茂，先王擇賢立能，君臣之分，敢忘忠順！」因相顧感泣久而益歡。尋奏勅封廣陵郡王，封不及授，宣命于柩前。終年五十六歲。葬之以王禮。《吴越備史》三。《吴郡志》一一。《十國春秋》八三。

錢文奉

1 東莊與南園，皆廣陵王元璙帥吴時其子文奉爲衙内指揮使時所創，營之。三十年間，極園池之賞。奇卉異木，及其身見，皆成合抱。又累土爲山，亦成巖谷。晚年經度不已，每燕集其間，任客所適。文奉跨白騾，披鶴氅，緩步花逕，或汎舟池中，容與往來，聞客笑語，就之而飲。蓋好事如此。《九國志》及《吴越備史》（《吴郡志》一四）。《十國春秋》八三。

錢弘偡

1 偡字惠達，文穆王第八子也，母陳氏。起家内衙諸軍都知兵馬使、檢校司空。年十八，出爲湖州刺史。有妖巫登衙門大樹，恣爲鬼神語，州人皆驚畏。偡曰：「妖由人興。」乃命注弩而射之，巫果請命，因鞭之，州人咸服。偡明吏術，能爲詩，頗有奇句。《吴越備史》四。《十國春秋》八三。

錢仁傑

1 五代吴越錢仁傑，忠懿王之從兄也，酷好種花，人號「花精」云。《實賓録》九。

錢昱

1 錢昱，忠獻王弘佐長子也。讀書强記，在故國與贊寧僧録迭舉竹數束，得一事抽一條，昱得百餘條，寧倍之。昱著《竹譜》三卷，寧著《筍譜》十卷。昱輕便美秀。太祖受禪，伯父俶遣持貢入闕，賜後苑宴射。時江南使者已先中的，令昱解之，應弦而中，賜玉帶旌賞之。歸朝，願以刺史求試，乞换臺閣，送學士院，試制誥三篇，格在優等，改秘書監。尤善翰牘，太宗取閱，深愛之，謂左右曰：「諸錢筆劄多學浙僧亞栖書，體格浮軟，其失仍俗，獨此兒不類。」以御書金花扇及行草寫《急就章》賜之。後南郊，當增秩，上曰：「丞郎德應星象，昱王孫也，檢操無守，不宜膺之。」授郢團。蓋慎惜名器也。《玉壺清話》一。《十國春秋》八三。

顧全武

1 全武，杭州餘姚人。少時嘗爲僧，博通外學，機警有才略。鏐每延接與語，甚器之。及入都建國，因辟令從戎，以爲裨將，軍中號曰顧和尚。討賊有功，累遷武勇都知兵馬使。《九國志》五。《十國春秋》八四。

2 全武寛裕有謀，善撫士卒，喜怒未嘗形也。每大敵在前，鼙鼓動地，分布行陣，頤指口授，怡怡如也。嘗圍淮將秦裴于崑山，裴援絶不降，頗殺傷士卒。全武自爲長檄以諭裴，裴乃封函納款，全武喜召諸將觀之。既發函，乃佛書一卷，蓋以全武爲僧也。諸將失色，全武大笑曰：「爾不即死，何暇相謔也。」及裴降，乃爲言于鏐，卒全活之。時人稱其長者。《九國志》五。《續世説》六。

3 天復初，淮南李神福攻衣錦城，鏐遣全武率兵禦之。全武素輕神福，領衆夜掩其軍，爲神福所敗，執全武送于淮南。鏐方食，聞之大驚，以匕擊案曰：「喪我良將。」二年，楊行密遣使來求秦裴，因歸全武，鏐大喜，以秦裴報之。《九國志》五。《十國春秋》八四。

4 顧全武於越中廣搜楩楠建宅，甚宏壯。畢工之際，梁棟皆出水，户牖漬濕，竟不得入斯屋而卒。人謂之宅泣。《葆光録》二。又《天中記》一四引。《十國春秋》八四。

成及

1 乾寧三年，淮人攻姑蘇，常熟鎮將陸郢等以兵應之，及不能守，遂降於楊行密。行密入城閲府庫，多圖書藥物，由是重之，與歸淮南，署行軍司馬。及拜泣曰：「及以百口託於錢塘，姑蘇城陷，不能忍決，豈忍更圖富貴？願以一介之軀，贖百口之命。」乃引佩刀將自刺，行密遽起執其手，因厚禮而歸之。鏐迎勞郊外，把袂以泣。署鎮海軍節度副使。《九國志》五。《吴郡志》一一。《十國春秋》八四。

馬綽

1 馬綽，餘杭縣人也。性氣淳直，與王同事董昌。昌嘗使王閱部伍，亡其名籍，王因歷唱之，存亡健悴者，無所遺失。綽密謂王曰：「老氏忌前，駭此强記，必相惡。」乃以白籍紙數幅授王，若代軍籍者。由是頗德之。王因以從妹歸綽。綽尋隨董氏于越，及董僭號，綽棄家先奔于王，乃舉奏授諸城都指揮使。徐綰之亂，綽有發懸門之功。王尋命文穆王納綽女，是爲恭穆夫人。綽累職鎮東軍節度副使、兩浙行軍司馬、睦州刺史。王奏授秦州雄武軍節度使、同平章事。卒年七十一。《吴越備史》一。《十國春秋》八四。

杜建徽

1 徽兄建思嘗譖徽于武肅，言其第中蓄兵仗，將爲異圖。王使人閱之，徽方食，使者强抵徽卧内，徽但食不顧。使者還言于武肅王，王感悟，益加殊待。及構第于城南，王親與規畫。徽性儉樸，出入導從，不過數人。凡財物，多散鄉里親屬。武肅王每會人，必指之曰：「此杜丞相。今日座忝多其力也。」忠獻王時，其孫昭達爲内衙都監使，盛治第宅，强徽觀之，曰：「乳臭兒不諳事乃爾！」後昭達果以罪誅。徽及春秋高，尚能騎射。嘗從擊球于廣場，興酣，有宿中箭鏃自臂中飛出，人皆壯之。徽爲詩自叙曰：「中箭斫耳缺，被箭射牌過，爲將須有膽，有膽即無價。」初，稜將亡，散家財與諸子，惟徽但受一笏。稜曰：「此吾歷任所秉者，惟汝能傳之。」徽歷官自武安都將、國子祭酒，至涇源、昭化等軍節度使，累官吴越國丞相兼中書令，封鄖國公，皆自國初至忠獻王已來奏授也。凡子弟孫姪多連姻公室，朱紫車馬充益門庭，有國已來，莫比其盛。卒年八十八歲。《吳越備史》四。《九國志》五。《十國春秋》八四。

鮑君福

1 君福，字慶成，餘姚人也。祖興，父璨，俱不仕。少羈貧，性淳厚，有膽氣。餘姚有井，面廣丈餘，君福每恣卧其上，而無畏色；又能爲馬上舞雙劍，鄉黨異之。及從軍，以驍果稱。初事彭城漢宏，及武肅王東討，乃與其黨歸降，號曰向盟都。累從征伐，有功。能馬上輪雙劍入陣，望之若飛電；沉默少語，軍中謂之鮑鬧。《吳越備史》一一。《十國春秋》八四。

曹圭

1 後梁曹圭，少有膽氣，事錢鏐。梁開平中任蘇州刺史，淮人圍之急，正月望夜，圭張宴族人師魯宅，盛陳燈火，令賊俘縱觀，淮人讋焉。卒於官。子仲達爲吳越國相。《吳郡志》一一。

曹師魯

1 師魯形短而足跛，武肅嘗稱之曰：「今之晏平仲也。」人遂號爲曹晏嬰。竟卒于鎮東軍都押衙。《吳越備史》三。

司馬福

1 司馬福，郡人，始隸吴越王水軍。淮人圍姑蘇，置栅環城，内外阻絶。王遣救兵至，莫知城中音問，福能水中行，總帥因遣入城。淮人設網，縣銅鈴鐵鱗，過之必覺。福以巨竹觸網，淮人聞鈴聲亟舉網，網舉而得度。或浮水上，則戴萍荇而行，因得入城，既而復出。凡在水中三日。及救兵與城中弓矢相應，淮人以爲神，軍中皆服福奇才。進官都指揮使。吴越王城吴江，置軍鎮，命福主之，許老於職。至國初不絶。《吴郡志》二五。《十國春秋》八五。

高澧

1 澧，越州人。祖實，唐武寧軍節度使；父彦，湖州刺史。澧爲錢鏐之將，累功遷特進、湖州刺史、武義軍使。天祐七年，以受疑挈家屬二百餘口，甲卒五千來奔，授淮南節度副使。澧嗜酒好俠，殺人而飲其血，日暮必于宅前後掠行人而食之。一旦，醉在樓上，王寬經其下，澧召之登，而命左右去其梯，操鋌于旁，而以酒虐寬。寬爲所圖，乃以大觴酢之，澧皆推觴。寬躍而取其鋌，横之于膝，乃慢駡澧，連以觴罰之。澧辭不欲，寬乃引鋌逐之，澧環席而走，叩頭乞哀，併飲十觴，卧不能起，寬乃下樓徐去。洎上馬，命以鋌還之。十五年，徐知訓爲朱瑾所殺，徐温遷怒誅之。《九國志》二。《十國春秋》八八。

2 澧年十三四，性即暴虐。及嗣父位，恣行殺戮，將吏侵晨入衙，必與妻子訣别而入。每登清暑樓眺望，則州城東西水陸行人，亦皆絶迹。……又召鄉丁爲衙軍，號儕要都，皆文其面，衣青衫白袴，緋抹額。凡所指令，必躬身仰首，如夜叉之狀。刀鎗弓矢常居上右。又全州人皆黥面，約三日當畢，過限則誅。澧則以畫面而傳以乾粉，州人既黥，澧乃洗去。晚年將敗，召郡吏議曰：「我欲盡殺百姓，可乎？」吏對曰：「百姓租賦所出，殺之無可取供給。願求他可殺者。」時親紀二丁軍三千餘人，會有言其怨嗟者，集于開元寺，紿曰：「將饗汝。」因閉三門之半而納之，入者旋殺。逮半，在外者方覺，因奔逸縱火爲亂。澧聞盛怒，閉城大索，戮之無遺。王以其凶虐滋甚，將伐之，由是而叛。先是，道場山僧如訥以高彦將死，與其訣別，退而謂其衆曰：「高公將殂，我亦當逝。何者？蓋有白面夜叉治此政矣。爾輩亦宜避之。」俄而澧代其父。白面者，蓋澧未黥面耳。澧至淮南，屢取娼姬入其私室，殺而食之。時王將戮之，至是叛，遂爲淮人所害。《吴越備史》一。《十國春秋》八八。

3　湖州自李師悦薨後，高彦爲牧。天祐丙寅卒，武肅王以其子澧嗣之。澧性麤暴，括諸縣民户，三丁抽一，立都額爲三丁軍。因人言三丁軍思鄉圖反，澧召聚，一時斬戮。《傳載》（張本《説郛》五）。《十國春秋》八八。

皮光業

1　余嘗愛《西清詩話》載吴越王時，宰相皮光業每以詩爲己任，嘗得一聯云：「行人折柳和輕絮，飛燕銜泥帶落花。」自負警策，以示同僚，衆争嘆譽。裴光約曰：「二句偏枯不爲工，蓋柳當有絮，泥或無花。」此論乃得詩之膏肓矣。《苕溪漁隱叢話》前集二〇。

2 皮光業最耽茗事。一日，中表請嘗新柑，筵具殊豐，簪紱叢集。纔至，未顧尊罍而呼茶甚急，徑進一巨甌，題詩曰：「未見甘心氏，先迎苦口師。」衆噱曰：「此師固清高，而難以療饑也。」《清異録》下。

3 見皮日休10。

沈嵩

1 沈嵩與羅隱從事浙西幕下，公主出見，衆稱姝麗，便是姮娥。嵩曰：「嫦娥甚陋，安可及！」公主驚曰：「書記識姮娥否？」曰：「嵩兩度到月宮折桂，何爲不識！」嵩欲驚隱，故有是言。《紀異録》（《類説》一二）。　案：沈嵩，《十國春秋》八六作「沈崧」。

胡進思

1 吴越王錢弘倧，民有殺牛者，吏按之，引人所市肉近千斤。弘倧問内牙統軍使胡進思：「牛大者肉幾何？」對曰：「不過三百斤。」弘倧曰：「然則吏妄也。」命按其罪，進思拜賀其明。弘倧曰：「公何以知其詳？」進思踧踖對曰：「臣昔未從軍，亦嘗從事于此。」進思以弘倧知其素業，故辱之，益恨怨。《續世説》一一。《十國春秋》八八。

2 見錢俶1。

孫承祐

1 吴越孫總監承祐富傾霸朝，用千金市得石録一塊，天質嵯峨如山，命匠治爲博山香爐，峯尖上作一暗竅出煙，煙則聚，而且直穗凌空，實美觀視。親朋傚之，呼「小三山」。《清異録》下。

2 吴越外戚孫承祐奢僭異常，用龍腦煎酥，製小樣驪山，山水、屋室、人畜、林木、橋道，纖悉備具。近者畢工，承祐大喜，贈蠟裝龍腦山子一座。其小驪山，中朝士君子見之，云圍方丈許。《清異録》下。

3 孫承祐在浙右，嘗饌客，指其盤筵曰：「今日坐中，南之蝤蛑，北之紅羊，東之鰕魚，西之粟，無不畢備，可謂富有小四海矣！」《清異録》下。

4 孫承祐，吴越王妃之兄，貴近用事。每一小飲，殺命數萬。取鯉魚腮肉爲臛，坐客數十，皆足。圈鹿數百，庖人不暇斷喉，旋割取鮮腴以供饌。一飡，羹凡二十品，設十銀鑊搆火，以次薦之。王常以大片生龍腦十斤賜承祐，承祐對使者索大銀爐，作一聚焚之，曰：「聊以祝王壽。」及歸朝爲節度使，俸入有節，無復向之豪侈。然卧内每夕焚燭二炬，然龍腦二兩。征范陽，頓城下，鱠魚召諸帥食，水陸咸備。性嗜魚，作一黑漆大木斛，貯水養魚，令役夫擔負以從，但取恣口腹，不計其費。死不數年，子孫皆乞丐，多餓死者。楊文公手記其事，因録出以爲豪侈者戒。《樂善録》二。

章魯封

1 屯難之世，君子遭遇不幸，往往有之。唐進士章魯封與羅隱齊名，皆浙中人，頻舉不第，聲采甚著。錢尚父士豪倔起，號錢塘八都，洎破董昌，奄有杭越，於是章、羅二士罹其籠罩。然其出於草萊，未諳事體，重縣宰而輕郎官。嘗曰：「某人非才，只可作郎官，不堪作縣令。」即可知也。以章魯封爲表奏孔目官，章拒而見笞；差羅隱宰錢塘，皆畏死稟命也。章、羅以之爲耻，錢公用之爲榮。玉石俱焚，吁可惜也。或云章魯封後典蘇州，著《章子》三卷行於世。羅隱爲中朝所重，錢公尋倍加敬，官至給事中，享壽考，温飽而卒。《北夢瑣言》五。

沈韜文

1 吴越司賓使沈韜文，湖州人。有《遊西湖》詩云：「菰米蘋花似故鄉。不是不歸歸未得，好風明月一思量。」武肅憫其思鄉，授以湖州刺史。遺一句。《古今詩話》(《詩話總龜》前集四)。

2 見李昇25。

羅塞翁

1 羅塞翁乃錢塘令隱之子，爲吴中從事。喜丹青，善畫羊，精妙卓絶，世罕見其筆。隱以詩名于時，而塞翁獨寓意於丹青，亦詞人墨客之所致思。今御府所藏二。《宣和畫譜》一四。

吴仁璧

1 吴仁璧，關右人，舉進士。遊羅浮洞，學老莊於張先生，得其大旨，辭歸謀入京取應。先生曰：「觀子氣法可住此，吾授子長生之道。」仁璧辭以老母缺甘旨，俟名遂身退，學亦未晚。先生曰：「此去必遂其志，亦須早來。」是年中第。入浙謁錢武肅，殊禮之，累辟入幕，堅辭不就，以詩謝云：「東門上相好知音，數盡臺前郭隗金。累重雖然容食椹，力微無計報焚林。弊貂不稱芙蓉幕，衰朽仍慚玳瑁簪。十里溪光一山月，可堪從此負歸心！」武肅復遣人請撰《羅城記》，仁璧堅不從。武肅怒，沉於江，吴人惜之。《雅言雜載》（《詩話總龜》前集四七）。

2 吴仁璧，大順中及第。喜屬文，精星學及黄白術。初學於廬山道士，數年，其師曰：「能罷卷學仙乎？」仁璧固陳求名之志，道士曰：「一第取之拾芥耳。但它年從宦，勿干英雄。」仁璧既成名，錢武肅王待以客禮。訪以天文，固辭非所知；欲辟幕職，又以詩辭。及秦國夫人薨，武肅具禮幣請爲志，又不從，遂爲錢氏所害。其女亦善星學，仁璧被縶，女仰瞻而泣曰：「文星失位，大人其不免乎！」《吴郡志》二五。《十國春秋》八八。

閭丘方遠

1 見羅隱32。

僧昭

1 僧昭者通於術數，居兩浙，大爲錢塘錢鏐所禮，謂之國師。一旦謁鏐，有宫中小兒嬉於側，墜下錢數十文。鏐見，謂之曰：「速收，慮人恐踏破汝錢。」昭師笑曰：「汝錢欲踏破，須是牛即可。」鏐喜，以爲社稷堅牢之義。後至曾孫俶舉族入朝，因而國除。俶年是丑，爲牛，可謂牛踏錢而破矣。《五代史補》二。《十國春秋》八九。

契盈

1 僧契盈，閩中人。通内外學，性尤敏速。廣順初，遊戲錢塘。一旦，陪吴越王遊碧波亭，時潮水初滿，舟楫輻輳，望之不見其首尾。王喜曰：「吴國地去京師三千餘里，而誰知一水之利有如此耶！」「可謂『三千里外一條水，十二時中兩度潮』。」時人謂之佳對。時江南未通，兩浙貢賦自海路而至青州，故云三千里也。《五代史補》五。《十國春秋》八九。

王潮

1 初，王潮嘗假道於洪州，時鍾傳爲洪州節度使，以王潮若得福建，境土相接，必爲己患，陰欲誅之。有僧上藍者通於術數，動皆先知，大爲鍾所重。因入謁，察傳詞氣，驚曰：「令公何故起惡意，是欲殺王潮否？」傳不敢隱，盡以告之。上藍曰：「老僧觀王潮與福建有緣，必變，彼時作一好世界。今公宜加禮厚待，若必殺之，令公之福去矣。」於是傳加以援送。及審知之嗣位也，楊行密方盛，常有吞東南之志氣，審知居常憂之。因其先人嘗與上藍相知，乃使人賫金帛往遺，號曰「送供」，且問國之休咎。使回，上藍以十字爲報，其詞曰：「不怕羊入屋，只怕錢入腹。」審知得之，歎曰：「羊者，楊也；腹者，福也；得非福州之患不在楊行密而在錢氏乎？今將吏内無姓錢者，必爲子孫後世之憂矣！」至延羲爲連重遇所殺，諸將争立，江南乘其時，命查文徽領兵伐之，經年不能下。會兩浙救兵至，文徽腹背受敵，遂大敗。自是福州果爲錢氏所有，入腹之讖始應矣。《五代史補》二。

2 初，審知之起事，其兄潮首倡。及審知據閩中，爲潮立廟於水西，故俗謂之水西大王云。《廣記》一二六。《南部新書》癸。

王審知

1 閩忠懿王諱審知，光州固始人也。長兄潮，次兄圭及審知，軍中號爲「三龍」，皆以唐末起兵爲黄巢部伍，巢敗，乃領其衆入泉州。旋自泉州復入福州。初，碎石僧爲讖辭曰：「巖高潮水没，潮退矢口出。」蓋言潮破福州陳巖，而審知終嗣其地也。潮嘗使日者視己兄弟，曰：「一個勝一個。」審知方侍其側，沾汗而退。審知性儉約，嘗衣紬，一日袴敗，乃取酒庫醡袋而補之。又嘗使南方回者以玻瓈瓶獻之，審知看玩久之，因擲於地，謂左右曰：「好奇尚異，乃奢侈之本。今沮之，貴後代無爲漸也。」或云延鈞僭立，以御服被於審知之廟，審知寓夢於延鈞，責之，不肯服。《五國故事》下。《十國春秋》九〇。

2 閩忠懿王及夫人任氏初葬於閩縣靈岫鄉鳳池上，後唐長興三年，改葬永福山，今蓮花峯是也。宣德四年，有屯軍三十人盜發王冢，壙門甚堅，鑿上角一孔，以巨繩腰一人先下，忽中絶，呼之不應。衆愕然，乃以松脂燃火照壙中，用長梯魚貫而入，見先入者死矣。壙制廣如屋，前祀王像，凡列五供，鑪瓶燭臺皆以金玉爲之。後寢紅棺二，王與夫人也。隨將器物珍寶盜出。死者之妻夢其夫泣告，發冢時先入，被大蛇咬死，欲分盜物一半。其妻以夢告羣盜，不肯。控於管屯百户王傑，傑受賂不問。又控於懷安縣，典史朱王得其金鐲、玉帶，又不問。復控於憲司副使李素、僉事鄒穆，窮治其事，捕盜繫獄。典史大怖，以爲匿帝王物，欲自縊，或教以自首，乃以金鐲、玉帶呈官。郡諸生王琨者，稱王後裔，當領所盜物，有司未之信，閱其家譜，壙中物悉載焉。按譜追物，物畢出。堂上懸王畫像，方面大耳，巨目弓鼻，紫面修髯，儼然可畏。有水碗瑩如金色，不識爲何寶，召回回人辨之，曰：「此玻瓈鏡也。」壙中盜物藏庫，以十之一併畫像與王琨領回。王墓官爲修治。時庫役鄭浩督工，爲予言：親見壙中懸棺，推之即動。棺蓋爲盜所開，隨即封固。墳前石人石獸製極工巧。嗟嘆久之。《如齋類稿》（《五代詩話》一）。

3 見崔夫人1。

崔夫人

1 延翰，審知子也，襲父位，踰年而終。翰妻博陵氏之女，性悍妒而殘忍。嘗以練縛姬侍而鞭之，練染血赤乃止。又置木掌摑人。一旦，盛暑，天無纖雲，而霆電擊博陵，斃於中庭。或曰：忠懿暴終，博陵之鴆故也。《五國故事》下。《十國春秋》九四。

王延鈞

1 延鈞，審知次子。延翰殂，遂襲其位，無奇能政。其初數年，頗亦善守。比及季運，乃僭稱大號，號國曰大閩，改元龍啓。即位日，既被袞冕，遂恍惚不能自知，久之方蘇，乃心許飯僧三百萬，繕經三百藏，尋而稍安。乃託其禮，復於諸寺賽所許願文疏中明述其事，聞者哂之曰：「大閩之應天順人有如此者！」延鈞既僭位，改名鏻。鏻將死，有赤虹入其室，飲以金盆水，吸之俄盡。又芝生殿門，俄而遇弑。鏻死，金陵以閩人語訛戲之，因送綾，遂以爲「花絹」，意以鏻爲綾，避其諱也。鈞初議僭號，不欲盡兼尊，欲爲閩國皇，僞翰林學士周維岳進曰：「陛下欲稱國皇，臣亦止稱翰林學。」又爲赦書，有日行五十里之説，聞者哂之。延稟者，審知之養子，眇一目，人亦謂之「獨眼龍」，延鈞之兄也。翰既死，稟自泉州率兵而至，因延鈞爲主，自還泉州，將行，謂鈞曰：「善守之，無煩老兄再至。」鈞憾其言。後因詐疾，以死訃於稟，稟復來，遂以兵迎於南臺江，斃之舟中，取其首至，而責之曰：「果煩老兄再至矣。」因梟之無諸市。稟之子繼昇、繼倫皆奔浙中。初，延稟自光山赴建州，入一山寺劫掠，爲僧但誦《法華經》，見稟不起，稟怒，殺之。後常見僧現其形，細視之，乃延鈞耳，稟由是心疑，至是果驗其冤。《五國故事》下。《十國春秋》九八。

2、3 見陳金鳳2、3。

陳金鳳

1 陳金鳳，閩主王延鈞之后也。端陽日，造綵舫數十於西湖，延鈞御龍舟觀之。金鳳作《樂遊曲》，使宮女同聲歌之。曲曰：「龍舟摇曳東復東，采蓮湖上紅更紅。波澹澹，水溶溶，奴隔荷花路不通。」又曰：「西湖南湖鬭綵舟，青蒲紫蓼滿中洲。波渺渺，水悠悠，長奉君王萬歲遊。」《金鳳外傳》(《五代詩話》八)。

2 延鈞張長枕大牀，擁金鳳與諸宫女裸卧。又遣使於日南造水晶屏風，周圍四丈二尺，與金鳳淫狎於内，令宮女隔屏覘之。《金鳳外傳》(《十國春秋》九四)。

3 小吏歸守明弱冠，白皙如玉，延鈞嬖之，日侍禁中，夤緣與金鳳通。百工院使李可殷因歸郎以通於金鳳，造縷金九龍帳於長春宮，極其靡麗。延鈞歡甚，益昵歸郎，日留宿於内不出。國人歌之曰：「誰謂九龍帳，惟貯一歸郎。」後李倣盛飾其妹春燕以進，册爲賢妃，不復御九龍帳矣。元夕，御大酺殿觀燈，賜宴，各賦《大酺樂》。前翰林學士承旨韓偓感長春宮失寵，賦詩曰：「淚滴珠難盡，容殘玉易消。倘隨明月去，莫道夢魂遥。」《金鳳外傳》(《五代詩話》八)。

王昶

1 昶，本名繼鵬，僞封福王，即鈞之長子也。鈞既爲皇城使李倣所弒，而立昶，昶遂改元通文。性狂狷，嘗欲練兵襲金陵，乃於殿庭設大砂羅於射堋，示衆曰：「一發中之，當平定江南。」射堋去庭堦纔五六十步，砂羅復甚大，果一發中之。其下皆賀曰：「此一箭定天下矣！」遂發兵至於境上，金陵聞之，無所詬責，但曰：「愍其有此大志耳。」昶立，而忠懿王之勳舊悉屏去之。衙兵先號威武軍者，亦棄不用。威武軍，忠懿王之親兵也，以軍額而名之。因召市井屠沽輩，别立宸衛軍名，衣以羅襦、銀帶，飲食之器悉皆中金，所給俸賜復數倍於威武。威武頗怒，一日潛匣劍，遂取延羲於私第而立之。《五國故事》下。《十國春秋》九一。

2　閩主王昶以師傅之禮待葉翹，翹多所裨益，宫中謂之國翁。《續世説》五。

3　道士譚紫霄有異術，閩王昶奉之爲師，月給山水香焚之。香用精沈上，火半熾，則沃以蘇合油。《清異録》下。

4　繼鵬元妃梁國夫人李氏，同平章事敏之女。繼鵬寵春燕，欲廢夫人，内宣徽使、參政事葉翹諫曰「夫人先帝之甥，聘之以禮，奈何以新愛易乎！」繼鵬不聽。翹復上書極争，繼鵬批其疏後曰：「春色曾看紫陌頭，亂紅飛盡不禁秋。人情自厭芳華歇，一葉隨風落御溝。」放翹歸永泰。梁國竟廢。《金鳳外傳》（《五代詩話》一）。

5　閩國王昶起三清臺三層，以黄金鑄像，日焚龍腦、重陸諸香數斤。《香譜》（《類説》五九）。

6　王昶傾金錢市名馬，凡得五疋，各有位號，曰：金鞍使者、千里將軍、致遠侯、渥洼郎、驥國公。《清異録》上。

7　閩昶春餘宴後苑，飛紅滿空，昶曰：「《彌陀經》云：雨天曼陀羅華。此景近似。今日觀化工之雨天三昧，宜召六宫設三昧燕。」《清異録》上。

王延羲

1 延羲，審知第二十八子也。先時得罪於昶，昶因之私第，有庭石一根。一日有白煙一穗起於石上，久之方散。延羲懼，乃密召道士陳守元，即僞號陳天師者也，使禳剋之。守元曰：「未必不爲嘉兆也。」是夕，兵至其門而迎之，延羲謂昶使人收之，乃逃於厠中，久方出。延羲即位，改元永隆，移書於鄰國曰「六軍踊躍於門前，羣臣懽呼於日下」是也。延羲在位，爲長夜之飲，鍊銀葉爲酒杯以賜飲羣下。銀葉即柔弱，因目之爲冬瓜片，又名之曰醉如泥，酒既盈，即不許復置他所，惟飲盡乃可舍。自宗室洎宰臣而下，多以拒命見誅。嘗一夕醉甚，命其僞宰相李準棄市，而準方大醉卧於市中，唯呼其婢春鶯而已。行刑者不敢殺，因致之非所。明日延羲視朝，使召準，左右以夜來之命對之，延羲都不能知，乃急召，仍復其位。是日，又宴翰林學士周維岳，復被怒下獄，獄吏拂榻而迎之曰：「尚書無苦憂，昨夕相公方宿此，今亦無恙。」既醒果然。又嘗會飲極酣，其時侍者皆退，惟羲與維岳在坐，因顧左右曰：「維岳身軀甚小，而能飲如許酒。」左右對曰：「臣聞酒有別腸，非可以肌體而論之。」延羲欣然曰：「果有別腸？」即使拽維岳下殿，將取別腸視之。左右善對曰：「今侍奉飲樂，唯維岳最有殊量，取其別腸，是無可陪奉者。」延羲然之，遂獲免。其荒淫暴虐，率皆此類。延羲末年爲僞客省使朱文進所弒。遇弒之日，延羲將與其僞妃上官出上官之私第，首簪數花，自九龍殿褰簾而出，三爲簾所拂，花墜於地，延羲復整花上馬，馬驚躍不能上者數四，既而不踰數步，爲衛士以金鎗而害之。閩人每出，衛仗必木爲刃，以四金鎗衛於馬前，至是乃以此爲亂，王氏遂滅。忠懿嘗問懿山僧國祚脩短，僧曰：「大王騎馬來騎馬去。」忠懿以丙午得閩，至開運丙午歲而國亡，其言驗矣。《五國故事》下。《十國春秋》九二。

2 閩主王曦納金吾使尚保殷之女，立爲賢妃，有殊色，曦嬖之。醉中妃所欲殺則殺之，所欲宥則宥之。《續世説》九。《十國春秋》九四。

3 王延羲立，不恤國事，好弋獵，誅宰相及宗室勳舊，左右懼禍。諫議大夫黄峻舁櫬詣朝堂極諫，延羲曰：「老輩風狂，不足怪。」貶漳州司户。《九國志》(《職官分紀》六)。《十國春秋》九六。

4 王曦紹僭號，(梁)閩越淫刑不道，黄峻曰：「合非永隆，恐是大昏元年。」《清異録》上。《十國春秋》九六。

王延政

1 王延彬獨據建州，稱僞號。一旦大設，爲伶官作戲辭云：「只聞有泗州和尚，不見有五縣天子。」

2 見李家明1。

《南部新書》癸。　案：王延彬，當爲王延政。

3 閩中王氏兄弟，尋干戈之釁。延政以建、汀二州稱帝，國號大殷，郊壇於郎山，以延平縣爲鐔州，以將樂縣爲鏞州，凡四州焉，立三年，爲江南所滅。延政歸金陵，至鄱陽，有異僧求見，且言：「大王此去，當有三大厄，過是無咎矣。」因饋之藥，凡大赤丸二，小緑丸十，云：「每晨起，即服大赤丸一，至暮以五小丸下之。復滌洗，以寘鞶囊，以備迭餌。」時中主多置酖，一日内宴，獨賜卮酒，延政既飲，便若昏醉，坐不安席而起，趍出。使人視之，至宫門外，大嘔吐，通夕無恙。又月餘，復宴苑中，如前賜酒，彼已昏醉，如是者三，即時而吐，無所苦。中主謂其有天助，不敢復圖之。建饒州爲永平軍，以延政爲節度使，封光山王。延政祖潮，光州人故也。延政至鄱陽，泊船故處，復見其僧云：「當以藥見還，三厄無憂矣。」在鎮數年，以壽終。《宋朝事實類苑》四八。

王延稟

1 見王延鈞1。

王延彬

1 延彬，圭之子，忠懿之猶子也。圭死，襲其父封於泉州。頗與延鈞篤兄弟之分。性多藝，而奢縱，日服一巾櫛，日易一汗衫。既醉，必以龍腦數器覆之。無病，則亭午方起。能爲詩，亦好説佛理，詩人、禪客謁見，多爲所沮。宅中聲妓皆北人，將求妓，必圖已形而書其歌詩於圖側，曰：「才如此，貌如此。」以是冀其見慕。初，圭領兵至泉州，舍於開元寺，始生延彬於寺之客堂，既生而有白雀一棲於堂中，迄延彬之終，方失其所在，凡三十年。仍歲豐稔，每發蠻舶，無失墜者，人因謂之「招寶侍郎」。進士徐寅嘗爲《人生幾何賦》云：「任是三皇五帝，不死何歸？」後因脩合求藥於延彬，延彬即書其賦辭於紙尾而報之，其風味又類此也。朝廷授延彬雲州節度使，及卒，復贈侍中，葬雲臺山，迄今閩人謂之「雲臺侍中」。其詩有尤者曰:「兩衙前後訟堂清,軟錦披袍擁鼻行。雨後緑苔侵履跡,春深紅杏鎖鶯聲。因攜久醖松醪酒,自煮新抽竹笋羹。也解爲詩也爲政,儂家何似謝宣城。」人多誦之。《五國故事》下。《十國春秋》九四。

2 見徐寅1。

留從效

1 留從効,泉州人也,仕本郡爲統軍使。閩亡,從効説其刺史王建勳入朝,而自領州事。元宗即以從効爲泉州刺史。從効出自寒微,知人疾苦,及得郡,以勤儉爲務,衆所不便者皆除去之。常衣布素,置公服於中門,出視事則服之,入則復衣弊布,自言:「我素貧賤,不可忘本也。」由是大得民情,據有漳、泉之地。閩主王氏遺二女在郡,從効事之如故,資給甚厚。馬令《南唐書》二七。《十國春秋》九三。

陳洪進

1 李璟以留從効爲清源節度使,洪進佐之。出戰入守十五餘年,以功遷統軍使。從効卒,其子紹基使江南未復,少子紹鎡領留後事。月餘,吴越遣使來聘,紹鎡夜召其使,與之宴語。洪進疑之,乃誣紹鎡謀叛,欲以其地入吴越,執之送于建康,推副使張漢思爲留後,自爲副使。漢思老且醇謹,事無巨細,皆決于洪進。漢思諸子患洪進之奪,因大宴,伏甲府署中,將殺洪進。酒數行,地忽大震,屋宇皆傾動,甲未及發而同謀者告之,洪進遽起去。洪進子文顯、文顥,俱爲牙校,請以所部兵擊之,洪進不許。一日,洪進置大鏁于袖，從〔二〕子，常服安步，以入府中，漢思安處閤内。洪進自外鏁其中門，使人叩門，謂漢思曰：「郡中軍吏以公耄荒不能治，請洪進知郡事。衆情不可遏，望以郡印相授。」漢思錯迕，不知所爲，乃以印與之。洪進出，召將吏告之曰：「漢思昏耄，不能治事，以印見授矣。」將吏皆賀。即日置漢思于别館，以兵監守之。遣使如江南請命，李煜以洪進爲清源軍節度使。《九國志》一〇。《五國故事》下。《十國春秋》九三。

2 陳洪進與張漢思爲留從効左右將，有沙門行雲者，若狂人，自福州來。洪進供僧有禮，行雲語洪進曰：「汝當爲此山河主，不出此歲。我且歸長樂，秋後至此。」時建隆二年也。是春，從効卒，子紹鎡典留務，至秋，洪進經紹鎡將召越人，執送金陵，漢思爲留後，自爲副使。漢思老且懦，洪進實專郡政。行雲果來，謂洪進曰：「凡世報前定，但人有千錢之禄，不可以圖之，况將相之位，豈能力取？今留公多疑人，前後誅殺甚衆，王者不死，豈能害君哉？當須坦然任運，他日善終牖下，子孫蕃盛。苟懷疑殺人，蒙不善之報，鮮克令終矣。」洪進後廢漢思，幽於别墅，諸子屢勸除之，終不許，漢思竟以壽終。行雲禿首而不衣僧服，嘗服紫皂捘衫，束帶懸銀魚爲飾，館於州廨十餘年。忽謂人曰：「陳氏當有五侯之象，去此五年後，有戎馬千萬衆，前歌後舞，入此城，喜而不怒，未知何故也。」懇求出舍外宅。洪進次子文顥，牧漳州，將歸寧，行雲曰：「吾不及見矣。」遂沐浴右脇而逝。……泉人疑所管二州，何以容五侯，當克取汀、建以自益耳。後洪進來朝，獻其地，改鎮徐州，文顯通州團練使，文顥、文顗、文頊三人並授諸州刺史，是爲五侯。王師入城，垂櫜作笳鼓爲樂，悉如其言。洪進感行雲之言，帥泉十六年，未嘗妄殺人，有犯極刑而情可恕者，多貸其死。《宋朝事實類苑》四五。《楊文公談苑》(《樂善録》九)。《十國春秋》九九。

3 陳洪進請謚於朝，胡旦揚言曰：「宜謚忠靖。」忠靖乃下軍之名，其子慚懼，賂以白金數鎰，乃改之。《能改齋漫録》一三。

卓嵓明

1 建州老僧卓嵓明，戒檢清潔，精持無怠，徒衆甚盛。其目右重瞳，垂手過膝，嵓明自厭之，謂其徒曰：「此吾宿世冤業，有此異相，必爲身累，出家兒安用此爲？」及江南收建州，以上將祖全思、查文徽率衆襲建，□師夜出，隔水而戰。陣酣，文徽潛師以出，繼之以輕鋭，腹背夾擊，建人大敗，逾城而遁，保建安。及歸，無主，内臣李弘義者，以嵓明有重瞳之異，可立爲主，遂推戴爲建安主。嵓明笑謂衆曰：「檀越何誤耶？吾修真斷妄，觀身如夢，君雖推我，奈無統御之術。」果爲李弘義所殺，弘義自稱留後。《玉壺清話》一〇。

2 卓儼明，本神光寺僧，住上方。〔李〕達將自立，李孺贇本名達。懼人情不附，乃假立之，示衆曰：「儼明在神光寺上方，嘗睡菴中，有赤蛇出入其鼻中。此異人也，當迎立之。」衆從其議。未幾殺之，遂自立。《五國故事》下。

徐寅

1 僖宗食餅餡美，進士有聞喜宴，上各賜紅綾餅餡一枚。徐寅詩曰：「莫欺缺落殘牙齒，曾喫紅綾餅餡來。」《紀異録》(《類説》一二)。參看盧延讓4。

2 見後梁太祖9。

3 徐寅登第歸閩中，途經大梁，因獻太祖《遊大梁賦》。時梁祖與太原武皇爲讐敵，武皇眇一目，而又出自沙陀部落。寅欲曲媚梁祖，故詞及之，云：「一眼胡奴，望英威而膽落。」未幾，有人得其本，示太原者，武皇見而大怒。及莊宗之滅梁也，四方諸侯以爲唐室復興，奉琛爲慶者相繼。王審知在閩中，亦遣使至。遽召其使，問曰：「徐寅在否？」使不敢隱，以無恙對。莊宗因慘然曰：「汝歸語王審知，父母之讐，不可同天。徐寅指斥先帝，今聞在彼中，何以容之？」使回，具以告。審知曰：「如此則主上欲殺徐寅爾。今殺則未敢奉詔，但不可用矣。」即日戒閽者不得引接。徐寅坐是終身止於秘書正字。《五代史補》二。《十國春秋》九五。

4 徐寅，莆田人，乾寧中進士。海内多故，依王審知，嘆曰：「丈尺之水，安能容萬斛之舟。」隱居終身。其妻字月君。有贈内詩，中一聯：「神傳尊聖陀羅呪，佛授金剛般若經。」即此堪偕隱者矣。寅有《探龍》、《釣磯》二集。作詩甚多，中以東、西、南、北爲題。《湧幢小品》(《五代詩話》六)。

5 黄滔在閩中爲王審知推官，一旦，饋之魚。時滔方與徐寅對談，遂請爲代謝箋。寅援筆而成，其略曰：「銜諸斷索，才從羊續懸來；列在琱盤，便到馮驩食處。」時人大稱之。《五代史補》二。《十國春秋》九五。

6 見王延彬1。

7 徐寅，興化軍莆田人，以秘書省正字歸老鄉里。既死，節度使王延彬以詩哭之曰：「延壽溪頭歎逝波，古今人事半銷磨。昔除正字今何在？所謂人生能幾何。」延壽溪，寅所居也。《詩史》(《詩話總龜》前集四五)。

8 延壽溪，唐徐正字寅隱此。溪有延壽橋，橋北有石微露者，寅釣磯也。有潭名徐潭，亦以寅故。寅常作《斬蛇》及《人生幾何》二賦，渤海高元固入閩求識之，言其國得其二賦，家家以泥金書幛。及隱此，自賦詩云：「賦就神都振大名，《斬蛇》工與樂天争。歸來延壽溪頭住，終日無人問一聲。」劉克莊《溪潭》詩有「門外青山皆我有，從今不必唤徐潭」之句，夜夢寅拊背云：「我昔勝君昔，君今勝我今。有隆還有替，何必苦相侵。」良一異也。《閩書》(《五代詩話》六)。

黄　滔

1 見翁承贊1。

劉山甫

1 唐彭城劉山甫，中朝士族也。其先宦於嶺外，侍從北歸，泊船於青草湖。登岸見有北方毘沙門天王，因詣之，見廟宇摧頽，香燈不續。山甫少年而有才思，元隨張處權請郎君詠之，乃題詩曰：「壞牆風雨幾經春，草色盈庭一座塵。自是神明無感應，盛衰何得卻由人。」是夜，夢爲天王所責，自云：「我非天王，南嶽神也，主張此地，汝何相侮？」俄而驚覺，而風浪斗起，倒檣絶纜，沈溺在即。遽起悔過，令撤詩牌，然後已。山甫自序。《北夢瑣言》九。又《廣記》三一二引。《十國春秋》九五。

陳峴

1 閩王審知初入晉安，開府多事，經費不給。孔目吏陳峴獻計，請以富人補和市官，恣所徵取，薄酬其直。富人苦之。峴由是寵，遷爲支計官。《廣記》一二六。《十國春秋》九八。

葉翹

1、2 見王昶2、4。

黄峻

1、2 見王延羲3、4。

賈郁

1 閩賈郁遷仙遊令，有邑客遺果，辭之。客曰：「某家新果，衆人未知。」郁曰：「君家有子弟否？」曰：「昆仲三人，豚犬數輩。」郁曰：「古人畏四知，令君兄知，弟知，子知，攜來者知，是倍於古人也。」客大慚而退。《職官分紀》四二。《十國春秋》九六。

2 閩賈郁性峭直，不容人吏文過，時爲仙遊令。王氏初霸閩越，郡邑之政皆苟且，郁獨守正奉法，吏頗畏之。及受代，有一吏醉，郁怒曰：「吾當再典此邑，以懲汝輩。」吏揚言：「公欲再作令，須造鐵船渡海也。」郁聞之。是歲選集，延鈞建號，聞郁有治稱，乃擢贊善大夫，復典舊邑。時醉吏爲庫史，不數月，盜官錢數萬下獄，具伏。批前牘尾曰：「竊銅鑼以潤家，非因鼓鑄；造鐵船而渡海，不假鑪鎚。」因決杖徒之，胥皆懾伏。未幾移治福清，考滿，召爲御史中丞。《九國志》(《職官分紀》四二)。又《錦繡萬花谷》前集一四引《職官分紀》。《十國春秋》九六。

劉乙

1 閩士劉乙嘗乘醉與人争妓女，既醒慚悔。集書籍凡因飲酒致失賈禍者，編以自警，題曰《百悔經》。自後不飲至於終身。《清異録》上。《十國春秋》九七。

江爲

1 江爲者，宋世淹之後。先祖仕于建陽，因家焉。世習儒素，少遊廬山白鹿洞，師事處士陳貺。酷于詩句二十餘年，有風雅清麗之態，時已誦之。時金陵初擬唐風，場屋懸進士科以羅英造，爲遂入求應，然獨能篇什辭賦，策論一辭不措，屢爲有司黜。爲因怏怏，不能自已，乃還鄉里，與同黨數十家連結，欲叛入錢塘。會其同謀上告，郡縣按捕，得其逆狀，盡誅之。將死，猶能吟詩以貽行刃者。初，嗣主南幸落星渚，遂遊白鹿國庠，見壁上題一聯云：「吟登蕭寺旃檀閣，醉倚王家玳瑁筵。」乃謂左右曰：「吟此詩者，大是貴族矣。」于是爲時輩慕重。因兹傲縱，謂可俯拾青紫矣。《江南野史》八。馬令《南唐書》一四。陸游《南唐書》一五。

2 江爲，建州人，工於詩。乾祐中，福州王氏國亂，有故人任福州官屬，恐禍及，一旦亡去，將奔江南，乃間道謁爲。經數日，爲且與草投江南表。其人未出境，遭邊吏所擒，仍於囊中得所撰表章，於是收爲與奔者，俱械而送。爲臨刑，詞色不撓，且曰：「嵇康之將死也，顧日影而彈琴；吾今琴則不暇彈，賦一篇可矣。」乃索筆爲詩曰：「衙鼓侵人急，西傾日欲斜。黄泉無旅店，今夜宿誰家？」聞者莫不傷之。《五代史補》五。《十國春秋》九七。

3 今建陽縣之西七里有靖安寺，即爲之故居，留題者甚衆，惟陳師道洙一篇最佳，云：「處士亡來幾百年，舊居牢落變祇園。詩名長伴江山秀，冤氣上迷星斗昏。臺榭幾人留雅句，漁樵何處問曾孫。當時泉石生涯地，日暮雲寒古寺門。」《藝苑雌黄》(《苕溪漁隱叢話》後集一八)。

陳文亮

1 陳文亮，閩人。少爲浮屠，後入王氏幕下，終遇害。僧文彧有詩贈之曰：「聞學湯休長鬢髭，罷修禪頌不披緇。龍盂虎錫安何處？象簡銀魚得幾時！宗炳社拋雲一榻，李膺門醉酒千卮。莫言誰管你閒事，今日塵中復是誰？」文亮爲僧嘗爲詩云：「誰管你閒事，塵中自有人。」故文彧譏之也。及遇害，文彧復弔之云：「不知冥漠下，今似鷓鴣無？」爲文亮嘗代遷客吟《鷓鴣》詩云：「毛羽錦生光，江南是你鄉。

四山聲欲合，遷客路猶長。相應隈叢竹，低飛近夕陽。就中汨羅岸，非細斷人腸。」《雅言系述》（《詩話總龜》前集三九）。

2 洪州西山與滕王閣相對，過客多留詩。有僧覽之，告郡守曰：「詩無佳者，何不去之？」守愕然曰：「能作佳句乎？」因爲詩曰：「洪州太白方，積翠倚穹蒼。幾夜礙新月，半江無夕陽。」《雅言雜載》。《古今詩話》：此陳文亮詩。亮因天下既定，作詩云：「草鋪春渚闊，兵偃塞垣荒。」或謂陳希夷作。《詩話總龜》前集一六。

章仔鈞妻練氏

1 王延政據建州，令大將章某守建州城，嘗遣部將刺事於軍前，後期當斬，惜其材，未有以處，歸語其妻。其妻練氏有賢智，私使人謂部將曰：「汝法當死，急逃乃免。」與之銀數十兩，曰：「徑行，無顧家也。」部將得以潛去，投江南李主，以隸查文徽麾下。文徽攻延政，部將適主是役，城將陷，先喻城中：「能全練氏一門者，有重賞。」練氏使人謂之曰：「建民無罪，將軍幸赦之。妾夫婦罪當死，不敢圖生。若將軍不釋建民，妾願先百姓死，誓不獨生也。」詞氣感慨，發於至誠，不得已爲之戢兵而入，一城獲全。至今練氏爲建安大族，官至卿相者相踵，皆練氏之後也。《夢溪筆談》九。《厚德録》一。《十國春秋》九七。案：據《十國春秋》，章某名仔鈞，爲宋章得象之高祖，練氏名寯。

余洪敬妻鄭氏

1 潘謹修言：江南之平建州也，大將余洪敬妻鄭氏有絶色，爲亂兵所獲，獻于裨將王建峯。王逼以非禮，鄭志不可奪，脅以白刃，亦不屈。又命引所掠婦女，殺一人以食，謂鄭曰：「汝懼乎？」鄭曰：「此身寧早充君庖，誓不可以非禮汙。」王竟不忍殺，以獻大將查文徽。查將以薦枕，鄭大詈曰：「王師弔伐，義夫節婦宜加旌賞。王司徒出於卒伍，固無足怪。君侯知書，爲國上將，當有以表率羣下，風化遠方，乃欲加非禮於一婦人以逞欲乎？願速見殺。」查大慚，求其夫而付之。夫鄭氏節操凜凜，雖二將虎狼，終不敢犯。《楊文公談苑》（《樂善録》一）。《閒窗括異志》。馬令《南唐書》六。陸游《南唐書》一七。《十國春秋》九七。案：余洪敬，馬、陸《南唐書》作余洪，《十國春秋》作余敬洪。

譚紫霄

1 見王昶3。

行雲

1 見陳洪進2。

高季興

1 高氏諱季興，字貽孫，陝州峽石人也。東魏司徒昂之後。幼好武而有膽氣。乾符末，所在寇賊競起，時梁祖爲元帥，專征伐，潛有飛揚跋扈之志，思得義勇者與之同力。時季興潛察之，乃謁梁祖於郊，梁祖見之悦，尋拔爲制勝軍使。其後累從征討，以功授宋州團練使。未幾，移授荆南兵馬留後。及梁祖禪代，正拜江陵尹，兼管内節度觀察處置等使。季興以江陵古之重地，又當天下多事，陰有割據之志，乃大興力役，重築城壘，執畚者逮十數萬人，皆攀援賓友，負土助焉。其郭外五十里墳冢，皆令發掘，取磚以甃之。及土功畢，陰慘之夜皆聞鬼哭，鬼火數起，將撲之，奄然而滅。如此者累月方定。論者以爲發掘墳冢使幽魂不安故也。時諸侯争霸，急於用人。進士梁震登第後，薄游江陵，季興請爲掌書記。震性抗直，臨事敢言。時莊宗反正，下詔徵諸侯王入覲，季興忻然奉詔將行。震諫曰：「朝廷自反正後，有吞併諸侯之心，若我繕甲以自守，猶恐不保其地，況敢抛棄軍國，千里入覲哉！且又今之諸侯，爲梁朝舊人者唯公耳，安知朝廷不以讎敵相待耶？幸望圖之，無使懷王之患復見於今日也。」季興曰：「吾計決矣，多言奚爲！」及至，莊宗果欲留之。及歸，值夜，將吏父老出迎於郊外，季興乃握震手曰：「不聽君言，幾葬虎口。」初，季興方對，莊宗謂之曰：「今天下負固不服者，唯吴與蜀耳。朕今欲先有事於蜀，而蜀地險阻，尤難之。江南才隔荆南一水耳，朕欲先征之，卿以爲何如？」季興對曰：「臣聞蜀國地富民饒，獲之可建大利；江南國貧地狹民少，得之恐無益。臣願陛下釋吴先蜀。」時莊宗意欲伐蜀，及聞季興之言，大悦。未踰年，莊宗伐蜀，季興私自喜曰：「此吾以計紿之，彼乃信而用耳。」未幾，遣使册季興爲南平王，季興謂震曰：「此恐吾與蜀連衡故也。」及蜀破，書至，季興方食，落筯而歎曰：「此吾之失計也，所謂倒持太阿，授人以柄。」梁震曰：「大王勿憂，今蜀破未必爲福。」未幾，莊宗宴駕，果再亂，一如梁震之言。初，季興嘗從梁祖出征，引軍旦發，至逆旅未曉，有一嫗秉燭開門而迎，其禮甚謹，季興頗疑而問之，嫗對曰：

「妾適夢金甲人推門呼曰：『宜速起，有王者來。』及起，開門，果有君子至，豈非所謂王者邪！所以不敢褻慢耳。」季興大悅。後果然。《三楚新録》三。《五代史補》二。《十國春秋》一〇〇。

2 後唐莊宗過河，荆渚高季昌謂其門客梁震曰：「某事梁祖，僅獲自免，龍德已來，止求安活。我今入覲，亦要嘗之。彼若經營四方，必不縻我，若移入他鎮，可爲子孫之福。此行決矣。」既自闕回，謂震曰：「新主百戰，方得河南，對勳臣誇手鈔《春秋》，又豎指云：『我于指頭上得天下。』則功在一人，臣佐何有！且游獵旬日不回，中外情何以堪？吾高枕無憂。」乃築西面羅城，拒敵之具。不三年，莊宗不守。英雄之料，頃刻不差，宜乎貽厥子孫。《北夢瑣言》（《廣記》五〇〇）。《十國春秋》一〇〇。

3 見梁震3。

4 同光中，莊宗遣平蜀，得王衍金銀，命悉鎔之爲金磚銀磚。約重三百斤一磚，開一竅，二人擔之，上有匠人名曰「馮高」。過荆南，高季興曰：「馮高，主屬我。」坑官，持而有之，儲爲一庫。皇朝建隆中，金銀入京師，斤兩封緘如故。《續博物志》一〇。

5 吴僧文了善烹茶，游荆南，高保勉白于季興，延置紫雲菴，日試其藝。保勉父子呼爲「湯神」，奏授華定水大師。人目曰「乳妖」。《清異録》下。《十國春秋》一〇三。

高從誨

1 高從誨，季興之庶子而處長，爲性寬厚，雖士大夫不如也。天成中，季興叛，從誨力諫之，不從。及季興卒，朝廷知從誨忠，使嗣，亦封南平王。初，季興之事梁也，每行軍，常以愛姬張氏自隨。一旦，軍敗，攜之而竄，遇夜，誤入深澗中，時張氏方妊，行遲，季興恐爲所累，俟其寢酣，以劍刺岸邊而壓殺之，然後馳去。既而岸欲崩，張氏且驚起，呼季興曰：「妾適夢大山崩而壓妾身，有神人披金甲執戈，以手托之，遂免。」季興聞之，謂必生貴子，遂挈之行。後生從誨。《五代史補》四。《十國春秋》一〇二。

2 見梁震6、7。

3 荆南高從誨時，唐、晉、契丹、漢更據中原，漢、閩、吴、蜀皆稱帝，從誨利其賜予，所向稱臣，諸國賤之，號「高無賴」。《續世説》六。《十國春秋》一〇一。

4 荆州文獻王好馬，不惜千金，没世不遇。周先帝命内臣李廷玉賜馬與南平王，且問所好何馬，乃曰：「良馬千萬無一，若駿者即可得而選。苟要坐下坦穩，免勞控制，唯騸庶幾也。既免蹄齧，不假銜枚，兩軍列陣，萬騎如一。苟未經騸，亂氣狡憤，介冑在身，與馬争力，罄控不暇，安能左旋右抽，舍轡揮兵乎。」自是江南蜀馬往往學騸，甚便乘跨。《北夢瑣言》一〇。

5 荆南高從誨字遵聖，季興嫡子也。久事戎間，及至繼立，頗叶衆望。始則飾車服，尚鮮華，遠市駔駿，廣招伶倫。荆渚樂籍間，多有梁園舊物。季興先時建渚宫于府庭西北隅，延袤十餘里，亭榭鱗次，縷艦翼張，栽種異果名花修竹。從誨紹立，尤加完葺。每月夜花朝，會賓客。從誨明音律，僻好彈胡琴。有女妓數十，皆善其事。王仁裕使荆渚，從誨出十妓彈胡琴。仁裕有詩美之，曰：「紅妝齊抱紫檀槽，一抹朱弦四十條。湘水淩波慚鼓瑟，秦樓明月罷吹簫。寒敲白玉聲何婉，暖逼黄鶯語自嬌。丹禁舊臣來側耳，骨清神爽似聞韶。」《雜詠》（《詩話總龜》前集一二）。

6 僧可隆善詩，高從誨閱其卷，有觀棋句云：「萬般思後得，一失廢前功。」從誨謂可隆曰：「吾師此詩，必因事而得。」隆答曰：「某本姓慕容，與桑維翰同學。少負志氣，多忤維翰。維翰登第，以至入相，某猶在場屋。頻年敗衄，皆維翰所挫也。因削髮爲僧，其句實感前事而露意焉。」從誨識鑒多此類也。《大定録》（《詩話總龜》前集二五）。

7 高若拙善詩，從誨辟于幕下，嘗作《中秋不見月》云：「人間雖不見，天外自分明。」從誨覽之，謂賓佐曰：「此詩雖好，不利于己，將來但恐喪明。」後果如其言。《大定録》（《詩話總龜》前集三四）。

高保勗

1 保勗體瘠而口吃，文獻王甚愛之，雖盛怒，見之必釋然而笑，荆南人謂之「萬事休郎君」。《太平治蹟統類》一。《十國春秋》一〇一。

2 保勗性淫泆，日召市倡集府署，擇士卒之壯健者，使相媟狎，勗與姬妾帷簾共觀笑之。《太平治蹟統類》一。《十國春秋》一〇一。

高繼沖

1 建隆三年，武安軍節度使周行逢薨，子保權嗣位，衡州刺史張文表不服，興兵反，直入長沙，殺行軍司馬廖簡。保權懼，告急朝廷，乞王師爲援，朝廷遣宣徽使李處耘領兵萬餘人救之。李以路由江陵，慮繼沖不測，先遣使諭之曰：「比者王師救應，東道之主誠在足下，然利在急速，故不淹留，但假一嚮道，使於城外經過，幸矣。」繼沖將許之，猶豫未決，有大校李景威者素勇悍，越次白繼沖曰：「兵尚權變，城外之説，實不可信。以臣觀之，彼實欲乘釁伐我耳。況今精兵數萬，自先王已訓練備矣，景威雖不才，願盡以相付，不顧性命，爲大王拒之。」繼沖聞之曰：「事未可知，爾勿憂也。」及王師至，果如景威之言，繼沖大懼，乃不得已出郊迎王師，且請李公乞上表入朝。李公飛騎以聞，天子大悦，遣使就除繼沖徐州節度使，便道赴任。蓋孫光憲之謀也。景威以其不用己謀，遂扼喉而死，繼沖聞而傷之。先是，荆南尚使蕘器，皆高其足，而公私競置用之，謂之「高足椀」，至大軍一臨，舉族東遷，高足之讖，一朝應之，蓋由天命，信矣哉！《三楚新録》三。

梁震

1 梁震先輩，蜀川人也，比名靄。僖宗在蜀日，方修舉業，時劉象先輩隨駕在蜀，震以所業贄于劉，劉略吟味震詩，曰：「據郎君少年才思清秀，儻隨鄉賦，成器非遥。若不改名，無因顯達，何以？緣『靄』字『雨』下從『謁』，雨下謁人，因甚得見？此後請改爲『震』。『震』字『雨』下從『辰』，辰者龍也，龍遇水雨，變化燒尾之事，不亦宜乎！」震後果得上第，名聞諸侯。高令公季昌召赴荆南，以筆硯籌畫見託，終身不就賓席，慮因玷污前名。至今南楚之間，獨步而已。《鑒誡録》九。《十國春秋》一〇二。

2 唐荆南節判司空董，與京兆杜無隱，即滑臺杜慆常侍之子，洎蜀人梁震，俱稱進士，謁成中令，欲希薦送。有薛少尹者，自蜀沿流至渚宫，三賢嘗訪之。一日，薛亞尹謂司空曰：「閣下與京兆勿議求名，必無所遂，杜亦不壽！唯大賢忽爲人縶維，官至朱紫。如梁秀才者，此舉必捷，然登第後一命不沾也。」後皆如其言。梁公卻思歸蜀，重到渚宫，江路梗紛。未及西泝，淮師寇江陵，渤海王邀致府衙，俾草檄書，欲辟於府幕，堅以不仕爲志。渤海竟諾之。二紀依棲，竟麻衣也。薛尹之言果驗耶。《北夢瑣言》七。又《廣記》二二三引。

3 梁震，蜀郡人。有才略。登第後，寓江陵，高季興素聞其名，欲任爲判官。震耻之，然難於拒，恐禍及，因謂季興曰：「本山野鄙夫也，非有意於爵禄。若公不以孤陋，令陪軍中末議，但白衣從事可矣。」季興奇而許之。自是震出入門下，稱前進士而已。同光中，莊宗得天下，季興懼而入覲。時幕客皆贊成，震獨以爲不可，謂季興曰：「大王本梁朝，與今上世稱讎敵，血戰二十年，卒爲今上所滅，神器大寶雖歸其手，恐餘怒未息，觀其舊將，得無加害之心？宜深慮焉。」季興不從。及至，莊宗果欲留之，樞密郭崇韜切諫，以爲不可：「天下既定，四方諸侯雖相繼稱慶，然不過子弟與將吏耳，惟季興而躬自入覲，可謂尊獎王室者也。禮待不聞加等，反欲留縶之，何以來遠臣？恐此事一行，則天下解體矣。」莊宗遂令季興歸。行已浹旬，莊宗易慮，遽以詔命襄州節度劉訓伺便因之。而季興至襄州，就館而心動，謂吏曰：「吾方寸擾亂，得非朝廷使人追而殺吾耶？梁先輩之言中矣。與其住而生，不若去而死。」遂棄輜重，與部曲趫健者數百人南走。至鳳林關，已昏黑，於是斬關而去。既而是夜三更，向之急遞果至襄州，劉訓料其去遠不可追而止。自是季興怨憤，以兵襲取復州之監利、玉沙二縣，命震草奏，請以江爲界。震又曰：「不可。若然，則師必至矣，非大王之利也。」季興怒，卒使爲之。既而奏發未幾，朝廷遣夏魯奇、房知温等領兵來伐。季興登城望之，見其兵少，喜，欲開城出戰，震復諫曰：「大王何不思之甚耶！且朝廷禮樂征伐之所自出，兵雖少而勢甚大，加以四方諸侯各以相吞噬爲志，但恨未得其便耳。若大王不幸或得一戰勝，則朝廷徵兵於四方，其誰不欲仗順而起，以取大王之土地耶！如此則社稷休矣。爲大王計者，莫若致書於主帥，且以牛酒爲獻，然後上表自劾，如此則庶幾可保矣。不然，則非僕之所知也。」季興從之，果班師。震之裨贊，皆此類也。洎季興卒，子從誨繼立。震以從誨生於富貴，恐相知不深，遂辭居於龍山別業，自號處士。從誨見召，皆跨黄牛直抵廳事前下，呼從誨不以官閥，但郎君而已。末年尤好篇詠，與僧齊己友善，貽之詩曰：「陳琳筆硯甘前席，甪里煙霞憶共眠。」蓋以寫其高尚之趣也。《五代史補》四。

4　見高季興1。

5　後唐莊宗平蜀，高季興方食，聞之失箸。梁震曰：「不足憂也。唐主得蜀益驕，亡無日矣。安知不爲吾福！」及莊宗遇弑，季興益重震焉。《續世説》四。《十國春秋》一〇二。

6　洎季興卒，從誨立，震獨不悦，謂所親曰：「先王平生與吾相見，兄弟之不若也，今日之下，安能屈節北面復事其子邪！」於是求解職，退處於郊外，灌園鬻蔬，爲別業，稱處士。每從誨以事召至府，則倒跨黄牛，往往直造廳事前。呼從誨不以官閥，止稱「大郎君」而已。從誨以其先王舊人，不忍以過殺之。《三楚新録》三。

7 後唐荆南節度使高從誨禮賢士，委任梁震，以兄事。後梁震固請退，不能留，乃爲築室於土洲。震披鶴氅，自稱荆臺隱士，每詣府則跨黄牛至廳事。《實賓録》二。《十國春秋》一〇二。

孫光憲

1 見强紳1。

2 僞王蜀葉逢，少明悟，以詞筆求知。常與孫光憲偕詣術士馬處謙，問命通塞，馬曰：「四十已後，方可圖之。未間，苟或先得，於壽不永。」于時州府交辟，以多故參差，不成其事。後充湖南通判官。未除官之前，夢見乘船赴任，江上候吏，旁午而至，迎入石窟。覺後，話於廣成先生杜光庭次，忽報敕下，授檢校水部員外郎。廣成曰：「昨宵之夢，豈小川之謂乎？」自是解維。覆舟於犍爲郡青衣灘而死。即處謙之生知，葉逢之凶夢，何其効哉？光憲自蜀沿流，一夕夢葉生云：「子於青衣亦不得免。」覺而異之。洎發嘉州，取陽山路，乘小舟以避青衣之險。無何篙折，爲汎流吸入青衣，幸而獲濟。豈鬼神尚能相戲哉？《北夢瑣言》（《廣記》八〇）。

3 見李戴仁1。

4 見梁延嗣1。

5 光憲每患兵戈之際書籍不備，遇發使諸道，未嘗不厚賫金帛購求焉，於是三年間，收書及數萬卷。然自負文學，常怏怏如不得志。又嘗慕史氏之作，自恨諸侯幕府不足展其才力，每謂交親曰：「安知獲麟之筆(不),反爲倚馬之用。」因吟劉禹錫詩曰:「一生不得文章力,百口空爲飽煖家。」《三楚新録》三。《荆湖近事》(《類説》二二)。《十國春秋》一〇二。

6 僕早歲嘗和南越詩云:「曉廚烹淡菜,春杼織橦花。」牛翰林覽而絶倒,莫喻其旨。牛公曰:「吾子只知名,安知淡菜非雅物也。」後方曉之。學吟之流,得不以斯爲戒也?《北夢瑣言》七。

7 見許棠4。

李載仁

1 有李載仁者,唐室之後也,唐末避亂於江陵,季興署爲觀察推官。載仁自負文學,常感季興見知,每從容接待,不爲少禮。然爲性迂緩。一日,將赴季興召,方上馬,無何,部曲相毆,載仁怒,且命急於廚中取飯并猪肉,令相毆者對飡之,仍令軍將戒之曰:「如敢再犯,必當於猪肉中加之以酥。」聞者無不笑之。及從誨嗣立,有孫光憲者,本成都人也,旅游江陵,方圖進取,從誨辟之,用爲掌書記,自是凡牋奏書檄皆出其手,載仁尸位而已。由是載仁遂與光憲有隙,光憲猶能避之,故論者多光憲。《三楚新録》三。《十國春秋》一〇三。

2 李載仁性迂緩,非禮勿動。娶閻氏,年少,與之異室,私約曰:「有興則見。」忽一夕,聞扣户聲,小豎報云:「縣君欲見大監。」載仁遽取百忌曆,燈下看之,大驚曰:「今夜河魁在房,不宜行事。傳與縣君謝到。」閻氏慚怒而去。《荆湖近事》(《類説》二二)。《十國春秋》一〇三。案:李載仁,《類説》原作李戴仁。

王惠範

1 有王惠範者，平江軍節度保義之子，美風儀，好讀書。初，保義之奔荆南也，季興以爲行軍司馬。未幾，生惠範。及長，以門蔭爲文學，累遷觀察推官。從誨立，以女妻之，且以惠範本將家子，欲使自幕府事掌内外軍政。惠範爲人閒談不羈，聞之不悦，入告從誨，且辭之。自是復以從誨爲不知己，至軍國之事皆不參預，但以金帛購求古書圖畫，日以披玩爲志焉。《三楚新録》三。《十國春秋》一〇三。

梁延嗣

1 有梁延嗣者，復州景陵人，唐天成中，將兵守復州監利。季興之入覲也，莊宗欲殺之，既而逃歸，益懷怨憤，遂以兵攻復之監利、星沙二縣。延嗣兵敗，爲季興所獲。至從誨既立，擢爲大校，遂承制授歸州刺史，未幾又遷復州團練使，仍掌親軍。延嗣雖起非行陣，自以累典戎事纔年十九，諱「健兒」、「士卒」之語，每聚談，或有傷犯之者，往往交遊變爲仇讎。〔孫〕光憲與延嗣年甲相亞，居常自謂筋力不衰，一旦赴毬場上馬，左右扶持者甚衆。延嗣且在後，笑曰：「孰謂大卿年老而彌壯？觀其上馬輕健，良由扶持者衆爾。」光憲乃回顧曰：「非因衆扶，蓋是老健。」延嗣不勝憤怒，論者以此少之。《三楚新録》三。《十國春秋》一〇三。

文了

1 見高季興5。

懷濬

1 秭歸郡草聖僧懷濬者，不知何處人，唐乾寧初到彼。知來藏往，皆有神驗。愛草書，或經、或釋、或老，至於歌詩鄙瑣之言，靡不集其筆端。與之語，即阿唯而已。里人以神聖待之。刺史于公以其惑衆，繫而詰之，乃以詩代通狀曰：「家在閩川西復西，其中歲歲有鶯啼。如今不在鶯啼處，鶯在舊時啼處啼。」又詰之，復有詩曰：「家住閩川東復東，其中歲歲有花紅。而今不在花紅處，花在舊時紅處紅。」郡牧異而釋之。詳其詩意，似在海中，得非盃渡之流乎？行旅經過，必維舟而禮謁，告其吉凶，唯書三五行，終不明言，事往果驗。……王師伐荆州，師寄南平王詩云：「馬頭漸入揚州路，親眷應須洗眼看。」是歲輪誠淮海，獲解重圍。其他不可殫記。或一日，題庭前芭蕉葉上云：「今日還債，幸州縣無更勘窮。」來日爲人所害，尸首宛然。刺史高公爲茶毗之。（《北夢瑣言》（《廣記》九八）。又《唐詩紀事》七四引。《宋高僧傳》二二。）

劉崇

1 見後周世宗8。

劉繼元

1 僧繼顒住五臺山，手執香如意，紫檀鏤成，芬馨滿堂，繼元時在潛邸，以金易致，每接僧則頂帽具三衣，假比丘秉此揮談，名爲「握君」。《清異録》下。《十國春秋》一〇五。

衛　融

1 太祖征李筠，河東遣其宰相衛融將兵助筠，融兵敗，生獲之。上面責其助亂，因謂曰：「朕今赦汝，汝能爲我用乎？」對曰：「臣家四十口，皆受劉氏温衣飽食，何忍負之？陛下雖不殺臣，臣終不爲陛下用，得間則走河東耳。」上怒，命以鐵檛檛其首，曳出。融曰：「人誰不死？死君事，臣之福也。」上曰：「忠臣也。」召之於御座前，傅以良藥，賜襲衣金帶及鞍勒，拜太府卿。《涑水記聞》一。

唐人軼事彙編卷四十

甘洽　王仙客

1 唐甘洽與王仙客友善，因以姓相嘲。洽曰：「王，計爾應姓田。爲你面撥獺，抽却你兩邊。」仙客應聲曰：「甘，計你應姓丹。爲你頭不曲，迴脚向上安。」《啓顔録》（《廣記》二五五）。

劉行敏

1 唐有人姓崔，飲酒歸，犯夜，被武侯執縛，五更初，猶未解。長安令劉行敏，鼓聲動向朝，至街首逢之，始與解縛。因詠之曰：「崔生犯夜行，武侯正嚴更。幞頭拳下落，高髻掌中擎。杖迹胸前出，繩文腕後生。愁人不惜夜，隨意曉參横。」武陵公楊文瓘任户部侍郎，以能飲，令宴蕃客渾王，遂錯與延陀兒宴。行敏詠曰：「武陵敬愛客，終宴不知疲。遣共渾王飲，錯宴延陀兒。始被鴻臚識，終蒙御史知。精神既如此，長歎傷何爲。」李叔慎、賀蘭僧伽面甚黑，杜善賢爲長安令，亦黑，行敏詠之曰：「叔慎騎烏馬，僧伽把漆弓，唤取長安令，共獵北山熊。」《啓顔録》（《廣記》二五四）。

路勵行

1　唐路勵行初任大理丞，親識並相賀。坐定，一人云：「兄今既在要職，親皆爲樂。諺云：『一人在朝，百人緩帶。』豈非好事！」答云：「非直唯遣緩帶，並須將却幞頭。」衆皆大笑。《啓顔録》（《廣記》二五〇）。

封抱一

1　唐封抱一任益州九隴尉，與同列戲白打賭錢，座下數百錢輸已略盡，便欲斂手。傍人謂之曰：「何不更戲，覓錢迴取之？」抱一乃舉手摸錢曰：「同賜也，何敢望回。」山東人謂盡爲賜，故言賜也。《啓顔録》（《廣記》二四九）。

2　唐封抱一任櫟陽尉，有客過之，既短，又患眼及鼻塞。抱一用千字文語作嘲之，詩曰：「面作天地玄，鼻有雁門紫，既無左達承，何勞罔談彼。」《啓顔録》（《廣記》二五六）。《南部新書》辛。

韋慶本　杜松壽

1　唐韋慶本女選爲妃，詣朝堂欲謝。而慶本兩耳先卷，朝士多呼爲「卷耳」。時長安令杜松壽見慶本而賀之，因曰：「僕固知足下女得妃。」慶本曰：「何以知之？」松壽乃自摸其耳而卷之曰：「《卷耳》，后妃之德。」《啓顔録》（《廣記》二四九）。《羣居解頤》（張本《説郛》三二、陶本《説郛》二四）。

辛承嗣

1 忠武將軍辛承嗣輕捷。曾解鞍絆馬，脱衣而卧，令一人百步走馬持槍而來。承嗣鞴馬解絆，着衣擐甲，上馬盤鎗逆拒，刺馬擒人而還。承嗣曾與將軍元帥獎馳騁，一手捉鞍橋，雙足直上捺蜻蜓，走馬二十里。與中郎裴紹業於青海被吐蕃圍，謂紹業曰：「相隨帶將軍共出。」紹業懼，不敢。承嗣曰：「爲將軍試之。」單馬持鎗，所向皆靡，却迎紹業出。承嗣馬被箭，乃跳下，奪賊壯馬乘之，一無損傷。《朝野僉載》六。

董行成

1 懷州河内縣董行成能策賊。有一人從河陽長店盜行人驢一頭并皮袋，天欲曉，至懷州。行成至街中見，嗤之曰：「箇賊住，即下驢來！」即承伏。人問何以知之，行成曰：「此驢行急而汗，非長行也；見人則引驢遠過，怯也。以此知之。」捉送縣。有頃驢主蹤至，皆如其言。《朝野僉載》五。《折獄龜鑑》七。

裴子雲

1 衛州新鄉縣令裴子雲好奇策。部人王敬戍邊，留牸牛六頭於舅李進處，養五年，産犢三十頭，例十貫已上。敬還索牛，〔舅曰〕：「兩頭已死，只還四頭老牛，餘並非汝牛生。」總不肯還。敬忿之，經縣陳牒。子雲令送敬府獄禁，教追盜牛賊李進。進惶怖至縣，叱之曰：「賊引汝同盜牛三十頭，藏於汝家，喚賊共對。」乃以布衫籠敬頭，立南墻下。進急，乃吐欵云「三十頭牛總是外甥牸牛所生，實非盜得」云。遣去布衫，進見是敬，曰：「此是外甥也。」雲曰：「若是，即還他牛。」進默然。雲曰：「五年養牛辛苦，與數頭，餘並與敬。」一縣服其精察。《朝野僉載》五。《折獄龜鑒》七。

李慶遠

1 中郎李慶遠狡詐傾險，初事皇太子，頗得出入。暫令出外，即恃威權，宰相以下咸謂之要人。宰執方食即來，諸人命坐，常遣一人門外急喚，云「殿下須使令」，吐飯而去。諸司皆如此。請謁囑事，賣官鬻獄，所求必遂。東宫後稍稍疏之，仍潛入仗内食侍官飯。晚出外腹痛，猶詐云太子賜予食瓜太多。須臾霍出衞士所食米飯黄臭，並蘿菜狼藉。凡是小人得寵，多爲此狀也。《朝野僉載》三。

陽滔

1 陽滔爲中書舍人，時促命制敕，令史持庫鑰他適，無舊本檢尋，乃斲窗取得之，時人號爲「斲窗舍人」。《朝野僉載》二。

陳希閔

1 司刑司直陳希閔以非才任官，庶事凝滯。司刑府史目之爲「高手筆」，言秉筆支額，半日不下，故名

「高手筆」。又號「按孔子」，言竄削至多，紙而穿穴，故名「按孔子」。《朝野僉載》六。《南部新書》庚。

王瑱

1 唐冀州刺史王瑱性酷烈，時有敕使至州，瑱與使語，武彊縣尉藺獎曰：「日過，移就陰處。」瑱怒，令典獄撲之，項骨折而死。至明日，獄典當州門限垂脚坐，門扇無故自發，打雙脚脛俱折。瑱病，見獎來起，自以酒食求之，不許。瑱惡之，迴面向梁，獎在屋梁。旬日而死。《朝野僉載》(《廣記》一二一)。

嚴昇期

1 洛州司僉嚴昇期攝侍御史，於江南巡察，性嗜牛肉，所至州縣，烹宰極多。事無大小，入金則弭，凡到處金銀爲之踴貴，故江南人謂爲「金牛御史」。《朝野僉載》三。又《廣記》二四三引。

裴惟岳

1 安南都護崔玄信命女婿裴惟岳攝愛州刺史，貪暴，取金銀財物向萬貫。有首領取婦，裴郎要障車綾，索一千疋，得八百疋，仍不肯放。捉新婦歸，戲之，三日乃放還，首領更不復納。裴即領物至揚州。安南及問至，擒之，物並納官，裴亦鎖項至安南，以謝百姓。及海口，會赦而免。《朝野僉載》三。又《廣記》二四三引。

竇知範

1 瀛州饒陽縣令竇知範貪污，有一里正死，範集里正二百人爲里正造像，各出錢一貫。範自納之，謂曰：「里正有過罪，先須急救。範先造得一像，且以與之。」納錢二百千，平像五寸半。其貪皆類此。範惟一男，放鷹馬驚，桑枝打破其腦，百姓快之，皆曰「千金之子易一兔之命」。《朝野僉載》三。

鄭仁凱

1 鄭仁凱爲密州刺史，有小奴告以履穿，凱曰：「阿翁爲汝經營鞋。」有頃，門夫着鞋者至，凱廳前樹上有鴷窠。鴷，啄木也。遣門夫上樹取其子。門夫脱鞋而緣之，凱令奴着鞋而去，門夫竟至徒跣。凱有德色。《朝野僉載》一。

夏侯處信

1 夏侯處信爲荆州長史，有賓過之，處信命僕作食。僕附耳語曰：「溲幾許麵？」信曰：「兩人二升即可矣。」僕入，久不出，賓以事告去。信遽呼僕，僕曰：「已溲訖。」信鳴指曰：「大異事。」良久乃曰：「可總燔作餅，吾公退食之。」信又嘗以一小餅貯醯一升自食，家人不霑餘瀝。僕云：「醋盡。」信取餅合於掌上，餘數滴，因以口吸之。凡市易，必經手乃授直。識者鄙之。《朝野僉載》一。

鄧祐

1 安南都護鄧祐，韶州人，家巨富，奴婢千人。恒課口腹自供，未曾設客。孫子將一鴨私用，祐以擅破家資，鞭二十。《朝野僉載》一。

梁士會

1 滑州靈昌尉梁士會，官科鳥翎，里正不送。舉牒判曰：「官喚鳥翎，何物里正，不送鳥翎！」佐使曰：「公大好判，『鳥翎』太多。」會索筆曰：「官喚鳥翎，何物里正，不送雁翅！」有識之士聞而笑之。《朝野僉載》二。

獨孤守忠

1 杭州參軍獨孤守忠領租船赴都，夜半急追集船人，更無他語，乃曰：「逆風必不得張帆。」衆大哂焉。《朝野僉載》二。《羣居解頤》（張本《説郛》三三、陶本《説郛》二四）。

張利涉

1 張利涉性多忘，解褐懷州參軍。每聚會被召，必於笏上記之。時河内令耿仁惠邀之，怪其不至，親就門刺請。涉看笏曰：「公何見顧？笏上無名。」又一時晝寢驚，索馬入州，扣刺史鄧惲門，拜謝曰：「聞公欲賜責，死罪！」鄧惲曰：「無此事。」涉曰：「司功某甲言之。」惲大怒，乃呼州官箠以甲間搆，將杖之。甲苦訴初無此語，涉前請曰：「望公捨之，涉恐是夢中見説耳。」時人是知其性理昏惑矣。《朝野僉載》三。

2 尚書左丞張庶廉子利涉爲懷州參軍，刺史鄧惲曰：「名父出如此物。」《朝野僉載》（《後村詩話》續集三）。

殷安

1 唐逸士殷安，冀州信都人，謂薛黄門曰：「自古聖賢，數不過五人：伏羲八卦，窮天地之旨，一也。」乃屈一指；「神農植百穀，濟萬人之命，二也。」乃屈二指；「周公制禮作樂，百代常行，三也。」乃屈三指；「孔子前知無窮，却知無極，拔乎其萃，出乎其類，四也。」乃屈四指。自此之後，無屈得指者，良久乃曰：「並我五也。」遂屈五指，而疏籍卿相。男徵諫曰：「卿相尊重，大人稍敬之。」安曰：「汝亦堪爲宰相。」徵曰：「小子何敢。」安曰：「汝肥頭大面，不識今古，噇食無意智，不作宰相而何？」其輕物也皆此類。《廣記》二六〇。《朝野僉載》（《類説》四〇）。

羅會

1 長安富民羅會以剔糞爲業，里中謂之「雞肆」，言若歸之因剔糞而有所得也。會世副其業，家財巨萬。有士人陸景暘，會邀過，所止館舍甚麗，入内梳洗，衫衣極鮮，屏風、氈褥、烹宰無所不有。景暘問曰：「主人即如此快活，何爲不罷惡事？」會曰：「吾中間停廢一二年，奴婢死亡，牛馬散失；復業已來，家途稍遂。非情願也，分合如此。」《朝野僉載》三。

何名遠

1 定州何名遠大富，主官中三驛。每於驛邊起店停商，專以襲胡爲業，貲財巨萬，家有綾機五百張。遠年老，或不從戎，即家貧破。及如故，即復盛。《朝野僉載》三。

殷文亮

1 洛州殷文亮曾爲縣令，性巧好酒，刻木爲人，衣以繒綵，酌酒行觴，皆有次第。又作妓女，唱歌吹笙，皆能應節。飲不盡，即木小兒不肯把；飲未竟，則木妓女歌管連理催。此亦莫測其神妙也。《朝野僉載》六。

魏伶

1 唐魏伶爲西市丞，養一赤嘴烏，每於人衆中乞錢。人取一文而銜以送伶處，日收數百，時人號爲「魏丞烏」。《朝野僉載》（《廣記》四六二）。《南部新書》己。

郭純

1 東海孝子郭純喪母，每哭則羣烏大集，使驗有實，旌表門閭。後訪乃是孝子每哭，即散餅食於地，羣烏争來食之。後如此，烏聞哭聲以爲度，莫不競凑，非有靈也。《朝野僉載》三。

元嘉

1 元嘉少聰俊，左手畫員，右手畫方，口誦經史，目數羣羊，兼成四十字詩，一時而就，足書五言一絶，六事齊舉。代號「神仙童子」。《朝野僉載》五。《實賓録》六。

李文禮

1 唐李文禮，頓丘人也，好學有文華，累遷至揚州司馬。而質性遲緩，不甚精審。時在揚州，有吏自京還，得長史家書，云姊亡，請擇日發之。文禮忽聞姊亡，乃大號慟。吏伺其便，復白曰：「是長史姊。」文禮久而徐問曰：「是長史姊耶？」吏曰：「是。」文禮曰：「我無姊，向亦怪矣。」《御史臺記》（《廣記》二六〇）。

曹紹夔

1 近代言樂，衞道弼爲最，天下莫能以聲欺者。曹紹夔與道弼皆爲太樂令，享北郊，監享御史有怒於夔，欲以樂不和爲之罪，雜扣鐘磬，使夔暗名之，無誤者，由是反歎服。洛陽有僧，房中磬子夜輒自鳴，僧以爲怪，懼而成疾。求術士百方禁之，終不能已。曹紹夔素與僧善，適來問疾，僧具以告。俄頃，輕擊齋鐘，磬復作聲，紹夔笑曰：「明日盛設饌，余當爲除之。」僧雖不信其言，冀其或效，乃力置饌以待。紹夔食訖，出懷中錯，鑢磬數處而去，其聲遂絶。僧苦問其所以，紹夔曰：「此磬與鐘律合，故擊彼應此。」僧大喜，其疾便愈。《隋唐嘉話》下。《廣記》二〇三引作《國史異纂》。《劉賓客嘉話録》。《唐語林》二。

張寓言

1 山人張寓言素有道術，博學多才。常寓居于朝士家，其宅大且凶，主人移出。寓言出飲，甚醉而還，不知其家已出，遂寢于堂廡下。夜半後頗醒，豎告之，寓言懼。時夜昏黑，乃有引其架上書者，寓言自暗窺之，乃鬼也，集于書架之旁。寓言計將擊之，因起。寓言多力，先叱之，鬼稱革。寓言毆之，而踏其喉就地，又擊之，因絶聲大叫云：「吾擒得鬼。」守者遂以火至，乃一獼猴也，被擊已死，方知誤焉。先是一沐猴不知何來，每夜入人家偷竊，及寓言以爲鬼而殺之，一里無患矣。《紀聞》（《廣記》四四六）。

李晛　李逢年

1 唐殿中侍御史李逢年自左遷後，稍進漢州雒縣令。逢年有吏才，蜀之採訪使常委以推按焉。逢年妻，中丞鄭昉之女也。情志不合，去之。及在蜀城，謂益府户曹李晛曰：「逢年家無内主，瀀落難堪，兒女長成，理須婚娶。弟既相狎，幸爲逢年求一妻焉。此都官寮女之與妹，縱再醮者，亦可論之。幸留意焉。」晛曰：「諾。」復又訪之於晛。晛率略人也，乃造逢年曰：「兵曹李札，甚名家也，札妹甚美，聞於蜀城，曾適元氏，其夫尋卒，資裝亦厚，從婢且二十人，兄能娶之乎？」逢年許之，令晛報李札。札自造逢年謝。明日，請至宅。其夜，逢年喜，寢未曙而興，嚴飾畢，顧步階除而獨言曰：「李札之妹，門地若斯，雖曾適人，年幼且美，家又富貴，何幸如之。」言再三，忽驚難曰：「李晛過矣，又誤於人。今所論親，爲復何姓？怪哉！」因策馬到府庭。李晛進曰：「兄今日過札妹乎？」逢年不應。晛曰：「事變矣？」逢年曰：「君思札妹乎，爲復何姓？」晛驚而退，遇李札，札曰：「侍御今日見過乎？已爲地矣。」晛曰：「吾大誤耳。但知求好壻，都不思其姓氏。」札大驚，惋恨之。《紀聞》(《廣記》二四二)。

高利

1 高利自濠州改爲楚州。時江淮米貴，職田每年得粳米直數千貫。準例：替人五月五日以前到者，得職田。利欲以讓前人，發濠州，所在故爲淹泊。候過限數日，然後到州。士子稱焉。《封氏聞見記》九。《唐語林》一。

李封

1 李封爲延陵令，吏人有罪，不加杖罰，但令裹碧頭巾以辱之。隨所犯輕重，以日數爲等級，日滿乃釋。吴人著此服出入，州鄉以爲大耻，皆相勸勵，無敢僭違。賦税常先諸縣。既去官，竟不捶一人。《封氏聞見記》九。《唐語林》一。

崔　立

1 崔立原注：「一作『丘』。」爲雒縣，有豪族陳氏爲縣録事，家業殷富，子弟復多。蜀、漢風俗，縣官初臨，豪家必先。饋餉，令丞以下，皆與之平交。初至，陳氏欲循故事，立逆呵之，絲毫不入。録事心有悵惋。至衙日，恃其豪盛，謂立必不敢損己，禮數甚倨。立叱伍伯曳之。初猶負氣，下杖良久，乃稱乞命。羣官争使人來救，立並不聽。杖之既困，立料其必死，命曳去之，出門少頃而卒。一縣驚駭！陳氏子弟親屬數十人，相率號哭，闐塞堦屏。立使鎖閉衙門，一一收録。取其子弟盡杖殺之；其疏者皆決驅出。因自詣郡，具言「陳氏豪暴日久，謹已除之，計其資産，足充當縣一年税租」。太守素知其事，以申采訪，云「立不畏豪强，原注：「一本云『不長豪强』。」爲人除害」。使司大見褒賞，奏立强幹，特請立充采訪判官，拜監察御史。《封氏聞見記》九。

閻敬愛　李和風

1 濠州西有高塘館，附近淮水。御史閻敬愛宿此館，題詩曰：「借問襄王安在哉？山川此地勝陽臺。今朝寓宿高塘館，神女何曾入夢來！」輶軒來往，無不吟諷，以爲警絶。有李和風者至此，又題詩曰：「高唐不是這高塘，淮畔荆南各異方，若向此中求薦枕，參差笑煞楚襄王。」讀者方解。《封氏聞見記》七。《南部新書》庚。

王志安

1 補闕王志安，晚不得志，久游恒、趙之間。人畏其口，莫敢引用。志安作詩以刺當塗者，云：「末劫蘭香科下人，衣冠禮樂與君臣。如來若向閻浮出，莫現從來丈六身！」見者彌增怨恚。《封氏聞見記》一〇。

裴子羽　張晴

1 裴子羽爲下邳令，張晴爲縣丞，二人俱有聲氣而善言語。曾論事移時，人吏竊相謂曰：「縣官甚不和！長官稱雨，贊府即道晴；贊府稱晴，長官即道雨。終日如此，非不和乎？」《封氏聞見記》一〇。《南部新書》辛。

陳　增

1 陳留男子李恒家事巫祝，邑中之人，往往吉凶爲驗。陳留縣尉陳增妻張氏召李恒，恒索於大盆中置水，以白紙一張沉於水中，使增妻視之。增妻正見紙上有一婦人，被鬼把頭髻拽，又一鬼，後把棒驅之。增妻惶懼涕泗，取錢十千，并沿身衣服與恒，令作法禳之。增至，其妻具其事告增。增明召恒，還以大盆盛水，沈一張紙，使恒觀之。正見紙上有十鬼拽頭，把棒驅之，題名云：「此李恒也。」慚惶走，遂却還昨得錢十千及衣服物，便潛竄出境。衆異而問，增曰：「但以白礬畫紙上，沈水中，與水同色而白礬乾。」驗之亦然。《辨疑志》（《廣記》二八八）。

皇甫亮

1 裴景昇爲尉氏尉，以無異效，不居最課。考滿，刺史皇甫亮曰：「裴尉苦節若是，豈可使無上考，選司何以甄録也。俗號考終爲『送路考』，省校無一成者。然敢竭愚思，仰申清德，當冀中也。」爲之詞曰：「考秩已終，言歸有日。千里無代步之馬，三月乏聚糧之資。食唯半菽，室如懸磬。苦心清節，從此可知。不旌此人，無以激勸。」時人咸稱亮之推賢。景昇之考，省知左最，官至青刺。《大唐新語》六。

馮履謙

1 馮履謙，七歲讀書數萬言，九歲能屬文。自管城尉丁艱，補河北尉。有部人張懷道任河陽尉，與謙疇舊，餉一鏡焉。謙集縣吏遍示之，咸曰：「維揚之美者，甚嘉也。」謙謂縣吏曰：「此張公所致也。吾與之有舊，雖親故不坐，著之章程。吾效官，但以俸禄自守，豈私受遺哉！」昌言曰：「清水見底，明鏡照心，余之效官，必同於此。」復書於使者，乃歸之，聞者莫不欽尚。官至駕部郎中。《大唐新語》三。

宋守敬

1 宋守敬爲吏，清白謹慎，累遷臺省，終於絳州刺史。其任龍門丞，年已五十八，數年而登列嶽。每謂寮曰：「公輩但守清白，何憂不遷。俗云『雙陸無休勢』，余以爲仕宦亦無休勢，各宜勉之。」《大唐新語》一二。《南部新書》壬。案：宋守敬，《古今合璧事類備要》後集八〇、《錦繡萬花谷》後集一三作「宋安恭」。

元崇逵

1 元崇逵爲果州司馬，有一婢死，處分直典云：「逵家老婢死，驅使來久，爲覓一棺木殯之。」逵初到，家貧不能買得新者，但經一用者充事即得。亦不須道逵買，直云君家自有須。」直典出説之，一州以爲口實。《大唐新語》一三。又《廣記》二六〇引。

柳闢

1 吏部甲庫，有朱泚僞黄案數百道，省中常取戲玩，已而藏之。柳闢知甲庫，白執政，于都堂集八座丞郎而焚之。《國史補》下。又《廣記》一八七引。

李汭

1 朝廷每降使新羅，其國必以金寶厚爲之贈。唯李汭爲判官，一無所受，深爲同輩所嫉。《國史補》下。《唐語林》三。　案：李汭，《唐語林》作「李納」。

王忱

1 王忱爲盩厔鎮將，清苦肅下，有軍士犯禁，杖而枷之，約曰：「百日而脱。未及百日而脱者有三：我死則脱，爾死則脱，天子之命則脱。非此，臂可折，約不可改也。」由是秋毫不犯。《國史補》中。《唐語林》二。案：王忱，《唐語林》作「王悦」。

徐粲

1 江淮賈人積米以待踊貴，圖畫爲人，持錢一千，買米一斗，以懸于市，揚子留後徐粲杖殺之。《國史補》中。又《廣記》二四三引。《唐語林》二。　案：徐粲，《廣記》作「余粲」。

劉頗

1 澠池道中，有車載瓦甕，塞于隘路。屬天寒，冰雪峻滑，進退不得。日向暮，官私客旅羣隊，鈴鐸數千，羅擁在後，無可奈何。有客劉頗者，揚鞭而至。問曰：「車中甕直幾錢？」答曰：「七八千。」頗遂開囊取縑，立償之，命僮僕登車，斷其結絡，悉推甕于崖下。須臾，車輕得進，羣噪而前。《國史補》上。

趙璧

1 趙璧彈五絃，人問其術。答曰：「吾之于五絃也，始則心驅之，中則神遇之，終則天隨之。吾方浩然，眼如耳，目如鼻，不知五絃之爲璧，璧之爲五絃也。」《國史補》下。又《廣記》二〇五引。案：趙璧，《廣記》作「趙辟」。

王四舅

1 揚州有王生者，人呼爲王四舅，匿迹貨殖，厚自奉養，人不可見。揚州富商大賈，質庫酒家，得王四舅一字，悉奔走之。《國史補》中。

李元

1 李元諫議嘗隱於嵩山茅舍。冬寒，當户熾火，有老人戴大帽子，直入炙脚，良久，問李公曰：「頗能同去否？知君有志。」因自言：「某秦時閹人，避禍得道。」乃去帽，鬚髯偉甚，曰：「此皆山中所長也。」李公思之良久乃答曰：「家事未了，更數日得否？」老人揭然而起曰：「公意如此！」遂出門徑去。李公牽衣媿謝，不可蹔止。明日尋訪，悉無其跡。《逸史》（《廣記》四八）。

韋延祐

1 韋延祐圍棋與李士秀敵手，士秀惜其名，不肯先，寧輸延祐籌，終饒兩路。延祐本應明經舉，道過大梁，其護戎知其善棋，表進之。遂因言江淮足棋人，就中弈棋明經者多解。《劉賓客嘉話録》（《廣記》二二八）。

韋行規

1 韋行規自言少時遊京西，暮止店中，更欲前進，店前老人方工作，謂曰：「客勿夜行，此中多盜。」韋曰：「某留心弧矢，無所患也。」因進發。行數十里，天黑，有人起草中尾之，韋叱不應，連發矢中之，復不退。矢盡，韋懼，奔馬。有頃，風雷總至，韋下馬負一樹。見空中有電光相逐如鞠杖，勢漸逼樹杪，覺物紛紛墜其前，韋視之，乃木札也。須臾，積札埋至膝，韋驚懼，投弓矢，仰空乞命，拜數十，電光漸高而滅，風雷亦息。韋顧大樹，枝幹童矣。鞍馱已失，遂返前店，見老人方箍桶，韋意其異人，拜之，且謝有誤也。老人笑曰：「客勿恃弓矢，須知劍術。」引韋入院後，指鞍馱言：「却須取相試耳。」又出桶板一片，昨夜之箭，悉中其上。韋請役力汲湯，不許，微露擊劍事，韋亦得其一二焉。《酉陽雜俎》前集九。又《廣記》一九五引。

鄭羣玉

1 唐東市鐵行有范生，卜舉人連中成敗，每卦一縑。秀才鄭羣玉短於呈試，家寄海濱，頗有生涯，獻賦之來，下視同輩，意在必取。僕馬鮮華，遂齎緡三千，並江南所出，詣范生。范喜於異禮，卦成，乃曰：「秀才萬全矣。」羣玉之氣益高。比入試，又多齎珍品，烹之坐享，以至繼燭。見諸會賦，多有寫净者，乃步於庭曰：「吾今下筆，一字不得生。鐵行范生，須一打二十。」突明，竟掣白而去。《乾𦠆子》（《廣記》二六一）。

梅權衡

1　唐梅權衡，吴人也。入試不持書策，人皆謂奇才。及府題出《青玉案賦》，以「油然易直子諒之心」爲韻。場中競講論如何押諒字，權衡於庭樹下以短箠畫地起草，日晡，權衡詩賦成。張季遐前趨，請權衡所納賦押諒字，以爲師模。權衡乃大言曰：「押字須商量，争應進士舉！」季遐且謙以薄劣，乃率數十人請益。權衡曰：「此韻難押。諸公且廳上坐，聽某押處解否？」遂朗吟曰：「恍兮惚兮。其中有物。惚兮恍兮，其中有諒。犬蹲其傍，鴟拂其上。」權衡又講：「青玉案者，是食案。所以言犬蹲其傍，鴟拂其上也。」衆大笑。《乾𦠆子》（《廣記》二六一）。

胡曹贊

1　洪州優胡曹贊者，長近八尺，知書而多慧。凡諸諧戲，曲盡其能。又善爲水嬉，百尺檣上不解衣，投身而下，正坐水面，若在茵席。又于水上鞾而浮。或令人以囊盛之，繫其囊口，浮于江上，自解其繫。至于回旋出没，變易千狀，見者目駭神竦，莫能測之。恐有他術致之，不爾真輕生也。《因話録》六。

任　轂

1　唐任轂有經學，居懷谷，望徵命而蒲輪不至，自入京中訪問知己。有朝士戲贈詩曰：「雲林應訝鶴書遲，自入京來探事宜。從此見山須合眼，被山相賺已多時。」後至補袞。《幽閒鼓吹》(《廣記》二五七)。《詩話總龜》前集三八。

黎　瓘

1　麻衣黎瓘者，南海狂生也，遊於漳州，頻於席上喧酗。鄉飲之日，諸賓悉赴，客司獨不召瓘，瓘作翻韻詩贈崔使君，坐中皆大笑，崔使君馳騎迎之。詩曰：「慣向溪邊折柳楊，因循行客到州漳。無端觸忤王衙押，不得今朝看飲鄉。」《雲溪友議》中。

張保胤

1　樂營子女席上戲賓客量情三木，乃書牓子示諸妓云，嶺南掌書記張保胤：「綠羅裙上標三棒，紅粉腮邊淚兩行。叉手向前咨大使，遮迴不敢惱兒郎。」時謂張書記文采縱横，比之何遜；人材瓌偉，有似玄宗。及罷府北歸，留詩戲諸同院，聞者莫不大咍。詩曰：「憶昔前年富貴時，如今頭惱尚依俙。布袍破後思宫内，錦袴穿時憶御衣。鶻子背鑽高力士，嬋娟翻畫太真妃。如今憔悴離南海，恰似當時幸蜀歸。」《雲溪友議》中。

柳逢

1 莆田縣有染家，家富，因醉毆兄，至高標十木。既歸，鄉親爲會。有柳逢秀才旅遊掇席，主人不樂，柳生怒而題壁，染人遂與束帛贖其詩：「紫緑終朝染，因何不識非？莆田竹木貴，背負十柴歸。」《雲溪友議》中。

薛媛

1 濠梁人南楚材者，旅遊陳、潁。歲久，潁守慕其儀範，將欲以子妻之。楚材家有妻，以受潁牧之眷深，忽不思義，而輒已諾之。遂遣家僕歸取琴書等，似無返舊之心也。或謂求道青城，訪僧衡岳，不親名宦，唯務玄虚。其妻薛媛，善書畫，妙屬文，知楚材不念糟糠之情，别倚絲蘿之勢，對鏡自圖其形，并詩四韻以寄之。楚材得妻真及詩範，遽有雋不疑之讓，夫婦遂偕老焉。里語曰：「當時婦棄夫，今日夫離婦。若不逞丹青，空房應獨自。」薛媛寫真寄夫詩曰：「欲下丹青筆，先拈寶鏡端。已驚顔索寞，漸覺鬢凋殘。淚眼描將易，愁腸寫出難。恐君渾忘却，時展畫圖看。」《雲溪友議》上。又《廣記》二七一引。《唐詩紀事》七八。《唐宋遺史》（《詩話總龜》前集二六、《類説》二七）。

嚴灌夫妻愼氏

1 愼氏者，毗陵慶亭儒家之女。三史嚴灌夫，因遊彼，遂結姻好，同載歸蘄春。經十餘秋，無胤嗣。灌夫乃拾其過，而出妻，令歸二浙。愼氏慨然登舟，親戚臨流相送，妻乃爲詩以訣灌夫。灌夫覽詩悽感，遂爲夫婦如初。雲谿子曰：「曹叔妻叙東征之賦，劉伶室作誡酒之辭；以女子之所能，實其罕矣。爰書薛媛之事，斯可附焉。」愼氏詩曰：「當時心事已相關，雨散雲飛一餉間。便是孤帆從此去，不堪重過望夫山。」《雲溪友議》上。又《廣記》二七一引。《唐宋遺史》（《詩話總龜》前集四三）。《青瑣後集》（張本《説郛》七五）。《唐詩紀事》七八。

黄山隱

1 皇甫大夫或曰王相公也。在夏口日，勤求藝術。衙時，有一道士策杖躡屨，直入戟門，門人以廉使奉道，不敢制止。安定公遽起而迎接，道士則傲然不窺，向竹而吟曰：「積塵爲太山，掬水成東海。富貴有時乖，希夷無日改。」絳節出崆峒，霓衣發光彩。古者有七賢，六箇今何在？」自謂我是一賢也。訪其名姓，曰：「黄山隱。」府公未能明其真僞，請於宫觀，願在牌亭，得觀雲水。亞相曰：「斯人若是至道，名利俱捐。」試令幹事軍將，持書送絹百疋、錢一百千文，至其所止。山隱啓緘，忻喜，立修回報。遂乃脱其道服，飾以青衿，引見謝陳，禮度甚恭，殊異初來傲睨之矣。皇甫公判書之末，乃至盡刑，曰：「道士黄山隱，輕人復重財。太山將比甑，東海只容杯。緑綬藏雲帔，烏巾换鹿胎。黄泉六箇鬼，今夜待君來。」《雲溪友議》下。

捧劍

1 咸陽郭氏者，殷富之室也，僕媵甚衆。其間有一蒼頭，名曰捧劍，不事音樂，常以望水沉雲，不遵驅策，每遭鞭捶，終所見違。一旦，忽題一篇章，其主益怒。詩曰：「青鳥銜葡萄，飛上金井欄。美人恐驚去，不敢卷簾看。」儒士聞而競觀之，以爲協律之詞，其主稍容焉。又《題後堂牡丹花》曰：「一種芳菲出後庭，却輸桃李得佳名。誰能爲向夫人説，從此移根近太清。」捧劍私啓賓客曰：「願作夷狄之鬼，耻爲愚俗蒼頭。」其後將竄，復留詩曰：「珍重郭四郎，臨行不得别。曉漏動離心，輕車冒殘雪。欲出主人門，零涕暗嗚咽。萬里隔闗山，一心思漢月。」京兆全曙司録嘗述此事於王祝、李磎二郎中，并進士韓銖、鄭嵩等也。《雲溪友議》下。又《廣記》二七五引。

天嶠遊人

1 麻姑山，山谷之秀，草木所奇。鄧仙客至延康，四五代爲國道師，而錫紫服。洎死，自京輦歸，葬是山，是謂屍解也。然悉爲丘壠，松柏相望。詞人經過，必當興詠，幾千首矣。忽有一少年，偶題一絶句，不言姓字，但云「天嶠遊人」耳。後來觀其所刺，無復爲文，且鄧氏之名，因斯稍減矣。詩曰：「鶴老芝田雞在籠，上清那與俗塵同。既言白日昇仙去，何事人間有殯宫？」《雲溪友議》上。又《廣記》一九九引。

馬行餘

1 登州賈者馬行餘轉海，擬取昆山路適桐廬，時遇西風，而吹到新羅國。新羅國君聞行餘中國而至，接以賓禮。乃曰：「吾雖夷狄之邦，歲有習儒者，舉於天闕，登第榮歸，吾必禄之且厚。乃知孔子之道，被於華夏乎！」因與行餘論及經籍，行餘避位曰：「庸陋賈竪，長養雖在中華，但聞土地所宜，不識詩書之義。熟詩書、明禮律者，其唯士大夫乎！非小人之事也。」遂乃言辭，揚舲背扶桑而去。新羅君訝曰：「吾以中國之人盡閒典教，不謂尚有無知之俗歟！」行餘還至鄉井，自以貪恡百味好衣，愚昧不知學道，爲夷狄所咄，况於英哲也。《雲溪友議》上。又《廣記》四八一引。

趙悰

1 趙悰妻父爲鍾陵大將，悰以久隨計不第，窮悴愈甚，妻族益相薄，雖妻父母不能不然也。一日，軍中高會，州郡謂之春設者，大將家相率列棚以觀之。其妻雖貧，不能無往。然所服故弊，衆以帷隔絶之。設方酣，廉使忽馳吏呼將，將且懼，既至，廉使臨軒手持一書笑曰：「趙悰得非君之婿乎！」曰：「然。」乃告之：「適報至，已及第矣。」即授所持書，乃牓也。將遽以牓奔歸，呼曰：「趙郎已及第矣！」妻之族即撤去帷帳，相與同席，竟以簪服而慶遺焉。《玉泉子》。又《廣記》一八二引。案：趙悰，《廣記》作「趙琮」。

鄭路女

1 鄭路昆仲有爲江外官者，維舟江渚，羣盜奄至，即以所有金幣，羅列岸上，而任盜賊自運取。賊一不犯，曰：「但得侍御小娘子來足矣。」其女有姿色，賊潛知之矣。骨肉相顧，不知所以答。女欣然請行，其賊即取小舟，載之而去。女謂賊曰：「君雖爲偷，得無所居與親屬乎？然吾家衣冠族也，既爲汝妻，豈以無禮見逼？若達汝所止，一會親族，以託好逑足矣。」賊曰：「諾。」又指所偕來二婢曰：「公既以偷爲名，此婢不當爲公計，不若歸吾家。」賊以貌美，詞且順，顧已無不可者，即自鼓棹，載二婢而去。女於是赴江而死。《玉泉子》。《青瑣高議》前集三。

䚯長鳴

1 進士䚯長鳴者，隨計求試於春官，日袖狀訴吏。云：某姓䚯音丹，爲筆引榜者易爲單音善。䚯誠姓氏之僻，而援毫吏得以侮易之，實貽宗先之羞也。主司初不諭，久之，方云：「方口尖口亦何異耶？」長鳴厲聲曰：「不然。梯航所通，聲化所暨，文學之柄，屬在明公。明公倘以尖方口得以互書，則台州吴兒乃吕州矣兒也。」主文者不能對，詞場目爲舉妖。《闕史》上。

楊志

1 某門中有樂史楊志，善琵琶，其姑尤更妙絶。姑本宣徽弟子，後放出宫，於永穆觀中住，自惜其藝，常畏人聞，每至夜方彈。楊志懇求教授，堅不允，且曰：「吾誓死不傳於人也。」志乃賂其觀主，求寄宿於觀，竊聽其姑彈弄，仍繫脂鞓帶，以手畫帶，記其節奏，遂得一兩曲調。明日，攜樂器詣姑彈之。姑大驚異，志即告其事，姑意乃回，盡傳其能矣。《樂府雜録》。

李全皋

1 護軍李將軍全皋罷淮海日，寓于開元寺，以朝廷艱梗，未獲西歸。一旦，有一小校紹介一道人，云能爐火之事。護軍乃延而客之，自此與之善。一日話及黄白之事，道人曰：「唯某頗能得之。可求一鼎容五六升已來者，得金二十餘兩爲母，日給水銀藥物，火候足而换之，莫窮歲月，終而復始。」李喜其説，顧囊有金帶可及其數，以付道人。諸藥既備，用火之後，日日親自看驗。居數日，覺有微倦，乃令家人親愛者守之。日數既滿，齋沐而後開視，金色粲然，的不虚矣。李拜而信之，三日之内，添换有徵。一日道人不來，藥爐一切如舊，疑駭之際，俄經再宿，初且訝其不至，不得已，啓爐而視之，不見其金矣。事及導引小校，代塡其金，道人杳無蹤跡。《桂苑叢談》。又《廣記》二三八引。

李文敏

1 唐李文敏者，選授廣州録事參軍，將至州，遇寇殺之，沈於江，俘其妻崔氏。有子五歲，隨母而去。賊即廣州都虞候也。其子漸大，令習明經，甚聰俊。詣京赴舉，下第，乃如華州。及渭南縣東，馬驚走不可制，及夜，入一莊中，遂投莊宿。有所衣天净紗汗衫半臂者，主嫗見之曰：「此衣似頃年夫人與李郎送路之衣。郎既似李郎，復似小娘子。」取其衣視之，乃頃歲製時爲燈燼燒破，半臂帶猶在其家。遂以李文敏遭寇之事説之。此子罷舉，徑歸問母，具以其事對。乃白官，官乃擒都虞候，繫而詰之，所占一詞不謬，乃誅之。而給其物力，令歸渭南焉。《聞奇録》（《廣記》一二八）。

盧汪

1 盧汪門族甲於天下，因官，家于荆南之塔橋。舉進士二十餘上不第，滿朝稱屈。嘗賦一絶，頗爲前達所推，曰：「惆悵興亡繫綺羅，世人猶自選青娥。越王解破夫差國，一箇西施已太多。」晚年失意，因賦《酒胡子》長歌一篇，甚著。《唐摭言》一〇。《古今詩話》（《詩話總龜》前集一）。《唐詩紀事》六六。　案：盧汪，《唐詩紀事》、《全唐詩》作「盧注」。

韋甄

1 韋甄及第年，事勢固萬全矣，然未知名第高下，志在鼎甲，未免撓懷。俄聽於光德里南街，忽覩一人叩一板門甚急。良久，軋然門開，呼曰：「十三官尊體萬福。」既而甄果是第十三人矣。《唐摭言》八。又《廣記》一八四引。

衛元規

1 宋人衛元規酒後忤宋州丁僕射，謝書略曰：「自兹囚酒星於天獄，焚醉目於秦坑。」人多譏之。《唐摭言》一二。

華　京

1 華京，建州人也。極有賦名。向遊大梁，嘗預公宴，因與監軍使面熟。及至京師，時已登科，與同年連鑣而行，逢其人於通衢，馬上相揖，因之謗議喧然。後頗至沈棄，終太學博士。《唐摭言》九。又《廣記》一八三引。　案：華京，《廣記》作「葉京」。

長孫籍

1 長孫籍與張公舊交，公兄呼籍。公嘗諷其改圖，籍曰：「『朝聞道，夕死可矣！』」《唐摭言》四。

李琮

1 李琮爲湖南觀察使，漁者獻鯉魚一頭，長數尺。琮命家人烹之，魚腹得印一面，文曰衡山縣印。琮令廳吏索衡山縣近文書，看其印篆分明，乃遣召衡山令，使攜印來。及到，閱之，果然新鑄也。琮屏人詰之，宰邑者伏罪，首曰：「舊印爲惡人竊去，某與主吏並憂刑戮，所以潛命工匠爲之，今則唯俟死命也。」琮閔之，爲祕其事，碎新印，令齎舊印歸縣，罕有知之者。《中朝故事》。案：李琮，疑爲李叢。

鄭傪

1 鄭傪爲江淮留後，金帛山疊，而性鄙嗇。每朝炊報熟，即納於庫，逐時量給，緘鐍嚴密。忽一日早辰，其妻少弟至妝閣問其姊起居，姊方治妝未畢。家人備夫人晨饌於側，姊顧謂其弟曰：「我未及飡，爾可且點心。」止於水飯數匙。復備夫人點心，傪詬曰：「適已給了，何得又請？」告以某舅飡卻。傪不得已付之曰：「怎麼人家夫人娘子，喫得如許多飯食？」《金華子》下。

2 見李紳6。

李寬

1 池州李常侍寬，守江南數郡，皆請盧符寶爲判官。及守陵陽，信子弟之譖，疏不召。盧忿，謂人曰：「李公面部所無者三：無子，無宅，無冢。」時有龍公滿禪師，李氏所敬也，於坐難之曰：「今李氏子弟皆長成，何言無子？」盧曰：「非承家令器。」又曰：「今土牆甲第，花竹猶不知其數，何言無宅？」盧曰：「是王行立宅，李氏安得歌笑於其間？」時桂林大夫即常侍兄。同營別業於金陵，甲第之盛，冠於邑下，人皆號爲「土牆李家宅」。江南宫城西街内，石井欄在通衢中者，即宅内廳前井也。自創宅，即令家人王行立看守，僅數十年矣，故盧君有此言。座客聞之，莫不笑。及池陽寇起，寬死，將歸葬新林，爲賊所邀，舟人盡見殺，棺柩不知所在。諸子悉無成立。世亂，王行立獨守其宅，竟死其中。《唐語林》七。《金華子》上、下。

劉寡辭

1 長安閭里中小兒，常以纖草刺地穴間，共邀勝負，戲以手撫地曰：「顛當出來。」既見草動，則釣出赤色小蟲子，形如蜘蛛。北人見之尋常，固不介意。南人偶見，因而異之者。蓋江南小兒亦謂之釣駱駝，其蟲子之背有若駝峯然也。縉紳會同時有以此質疑，衆默然。客有前明經劉寡辭曰：「此《爾雅》所謂王蛈蜴，景純之注可校焉。」證之於書皆信，衆皆歎服。《金華子》下。

温璉

1 幽州從事温璉，燕人也。以儒學著稱，與瀛王馮道幼相善。曾經兵亂，有賣漆燈椀於市者，璉以爲鐵也，遂數錢買之。累日，家人用然膏燭，因拂拭，乃知銀也。大小觀之，靡不欣喜。唯璉憫然曰：「非義之物，安可寶之！」遂訪其賣主而還之。彼曰：「某自不識珍奇，鬻於街肆，郎中厚加酬直，非强買也，不敢復收。」璉固還之，乃拜受而去，别賣四五萬，將其半以謝之，璉終不納。遂施於僧寺，用飾佛像，冀祝璉之壽也。當時遠近罔不推服，以其有仁人之行。後官至尚書侍郎卒。《劉氏耳目記》（《廣記》一六五）。

韋檢

1 韋檢舉進士不第。常有美姬，一日捧心而卒，檢追痛悼，殆不勝情，舉酒吟詩，悲怨可掬，因吟曰：「寶劍化龍歸碧落，嫦娥隨月下黄泉。一杯酒向青春晚，寂寞書牕恨獨眠。」一日，忽夢姬曰：「某限於修短，不盡箕箒，涕淚潸然，當有後期，今和來篇。」口占曰：「春雨濛濛不見天，家家門外柳和煙。如今腸斷空垂淚，歡笑重追别有年。」檢終日悒悒，後更夢姬曰：「即遂相見。」覺來神魂恍惚，乃題曰：「白浪漫漫去不迴，浮雲飛盡日西頽。始皇陵上千年樹，銀鴨金鳧也變灰。」後果即世，皆符兆。《抒情詩》（《廣記》二七九）。

周顗

1 唐處士周顗洪儒奥學，偶不中第，旅浙西，與從事歡飲，而昧於令章，筵中皆戲之。有賓從贈詩曰：「龍津掉尾十年勞，聲價當時闢月高。唯有紅妝迴舞手，似持雙刃向猿猱。」周答曰：「十載文場敢憚勞，宋都迴鶂爲風高。今朝甘被花枝笑，任道樽前愛縛猱。」《抒情詩》（《廣記》二五七）。又《五代詩話》三引。《南唐近事》(《詩話總龜》前集三八)。　案：周顗，《五代詩話》、《詩話總龜》作「周顒」，《全唐詩》亦作「周顒」。

侯繼圖妻任氏

1　蜀尚書侯繼圖，本儒士。一日秋風四起，偶倚闌於大慈寺樓，有大桐葉飄然而墜，上有詩云：「拭翠斂雙蛾，爲鬱心中事。搦管下庭除，書作相思字。此字不書石，此字不書紙，書向秋葉上，願逐秋風起。天下有心人，盡解相思死。天下負心人，不識相思意。有心與負心，不知落何地。」侯貯篋中，凡五六年，方卜任氏爲婚。嘗諷此詩，任曰：「此是妾書桐葉詩，爭得在君所？」侯曰：「向在大慈寺閣上倚闌得之。即知今日聘君非偶然也。」侯以今書較之，與葉上無異。《玉溪編事》(《詩話總龜》前集二三)。又《廣記》一六〇引。

王贊　楊蘧

1　王贊侍郎，中朝名士。有弘農楊蘧者，曾到嶺外，見陽朔荔浦山水，談不容口。以階緣，嘗得接瑯琊從容，不覺形於言曰：「侍郎曾見陽朔荔浦山水乎？」瑯琊曰：「某未曾打人脣綻齒落，安得而見？」因之大笑。楊辛俄而選求彼邑，挈家南去，亦州縣官中一高士也。《北夢瑣言》五。又《廣記》五〇〇引。

張建章

1　張建章爲幽州行軍司馬，後歷郡守。尤好經史，聚書至萬卷，所居有書樓，但以披閱清净爲事。經涉之地，無不理焉。曾齎府戎命往渤海，遇風濤，乃泊其船，忽有青衣泛一葉舟而至，謂建章曰：「奉大仙命請大夫。」建章乃應之。至一大島，見樓臺巋然，中有女仙處之，侍翼甚盛，器食皆建章故鄉之常味也。食畢告退，女仙謂建章曰：「子不欺暗室，所謂君子人也，忽患風濤之苦，吾令此青衣往來導之。」及還，風濤寂然，往來皆無所懼。又迴至西岸，經太宗征遼碑，半在水中，建章則以帛包麥屑，置于水中，摸而讀之，不欠一字。其篤學也如此。薊門之人，皆能説之。于時亦聞於朝廷。《北夢瑣言》一三。又《廣記》七〇引。

《南部新書》丙。

馮　藻

1　唐馮藻，常侍肅之子，涓之叔父，世有科名。小貂文采不高，酷愛名第，已十五舉。有相識道士謂曰：「先輩某曾入静觀之，此生無名第，但有官職也。」亦未之信。更應十舉，已二十五舉矣。姻親勸令罷舉，且謀官職，藻曰：「譬如一生無成。」更誓五舉，亦無成，遂三十舉方就仕。歷官卿監峽牧，終於騎省。何浮名之引人，而輕禄仕之如是也！《北夢瑣言》九。又《廣記》一八二引。

孟昌期妻孫氏　蕭惟香

1　唐樂安孫氏，進士孟昌期之内子，善爲詩。一旦併焚其集，以爲才思非婦人之事。自是專以婦道内治。……又台州盤峽村有一婦人蕭惟香，有才思，未嫁，於所居牕下與進士王玄宴相對，因奔瑯琊，復淫治不禁，王舍於逆旅而去。遂私接行客，託身無所，自經而死。店有數百首詩。所謂才思非婦人之事，誠然也哉。聞於劉山甫。《北夢瑣言》六。又《廣記》二七一引。《唐詩紀事》七九。

趙卿

1 元頏博士話，唐時中表間有一婦人，從夫南中效官，曾誤食一蟲，常疑之，由是成疾，頻療不愈。京城醫者忘其姓名。知其所患，乃請主人姨妳中謹密者一人，預戒之曰：「今以藥吐瀉，但以盤盂盛之。當吐之時，但言有一小蝦蟆走去，然切勿令娘子知之是誑語也。」其妳僕遵之，此疾永除。又說有一少年，眼中常見一小鏡子，醫工趙卿診之，與少年期，來晨以魚膾奉候。少年及期赴之，延於閣子內，且令從容，俟客退後，方得攀接。俄而設臺子，止施一甌芥醋，更無他味，卿亦未出。迨禺中久候不至，少年飢甚，且聞醋香，不免輕啜之。逡巡又啜之，覺胸中豁然，眼花不見，因竭甌啜之。趙卿探知方出，少年以啜醋慚謝，卿曰：「郎君先因喫鱠太多，非醬醋不快，又有魚鱗在胸中，所以眼花。適來所備醬醋，只欲郎君因飢以啜之，果愈此疾。烹鮮之會，乃權誑也，請退謀餐。」他妙多斯類，非庸醫所及也。凡欲以倉扁之術求食者，得不勉之哉！《北夢瑣言》一〇。又《廣記》二一九引。

善曉

1 合州有壁山神，鄉人祭必以太牢，不爾致禍。州里懼之，每歲烹宰，不知紀極。蜀僧善曉，早爲州縣官,苦於調選,乃剃削爲沙門,堅持戒律,雲水參禮。行經此廟,乃曰:「天地郊社,薦享有儀,斯鬼何得僭於天地,牛者,稼穡之資,爾淫其祀,無乃過乎?」乃命斧擊碎土偶數軀,殘一偶,而僧亦力困,稍蘇其氣,方次擊之,廟祝祈僧曰:「此一神從來蔬食。」由是存之。軍州驚愕,申聞本道,而僧端然無恙。斯以正理責之,神亦不敢加禍也。《北夢瑣言》(《廣記》三一五)。

呂榮

1 許升妻呂氏,字榮。升少爲博徒,不理操行,榮嘗躬勤家業,以奉養其姑,數勸升脩學,每有不善,輒流涕進規。榮父積忿疾升,乃呼榮,欲改嫁之。榮嘆曰:「命之所遭,義無離貳。」終不肯歸。升感激自勵,乃尋師遠學,遂以成名。尋被本州辟命,行至壽春,爲盜所殺。刺史尹耀捕盜得之。榮迎喪於路,聞而詣州,請甘心讐人,耀聽之。榮乃手斷其頭,以祭升靈。後郡遭寇賊,賊欲犯之,榮踰垣走,賊拔刀追之。賊曰:「從我則生,不從我則死。」榮曰:「義不以身受辱。」寇虜遂殺之。是日,疾風暴雨,雷電晦冥。賊惶懼,叩頭謝罪,乃殯葬之。《廣記》二七〇。案:此條爲明談愷所補,未知所出。

劉義方

1 唐劉義方,東府解試《貂蟬冠賦》,韻脚以「審之厚薄」。義方賦成云:「某於厚字韻,有一聯破的。」乃吟曰:「懸之於壁,有類乎兜鍪;戴之於頭,又同乎席帽。」無不以爲歡笑。《廣記》二六一。

崔進思

1 唐虔州參軍崔進思，恃郎中孫尚容之力，充綱入都，送五千貫，每貫取三百文裹頭。百姓怨歎，號天哭地。至瓜步江，遭風船没，無有孑遺。家資田園，貨賣並盡，解官落職，求活無處。此所謂聚斂之怨。《廣記》一二六。

韋肇

1 韋肇初及第，偶于慈恩寺塔下題名。後進慕效之，遂成故事。《南部新書》乙。

陳嶠

1 陳嶠，字景山，閩人也。孑然無依，數舉不遂，蹉跎輦轂，至于暮年。逮獲一名還鄉，已耳順矣。鄉里以宦情既薄，身後無依，乃以儒家女妻之，至新婚近八十矣。合巹之夕，文士競集，悉賦催妝詩，咸有生荑之諷。嶠亦自成一章，其末曰：「彭祖尚聞年八百，陳郎猶是小孩兒。」座客皆絶倒。嶠頗負詩名，嘗有閒居詩云：「小橋風月年年事，争奈潘郎老去何。」《南部新書》戊。

李茂復

1　李茂復爲會府從事，出逢一小青衣，有色，馬上目之，作詩曰：「行盡疏林見小橋，綠楊深處有紅蕉。無端眼界無分別，安置心頭不肯銷。」其内子甚妒。晚年牧泗州，有詩云：「落日西山近一竿，世間恩愛極難拚。近來不作顛狂事，免被冤家惡眼看。」（《南部新書》）（《詩話總龜》前集二三）。

鄭　詳

1　鄭詳縱情詩酒，至廬江謁郡守，留連吟醉，因贈妓曰：「臺盤闊狹纔三尺，似隔中當有阻艱。若不騎龍與騎鳳，樂營門是望夫山。」（《南部新書》）（《詩話總龜》前集二三）。

楊行敏

1　楊行敏出使，驛騎到劍州，郡將輕忽，慊恨尤甚，題詩於冬青館云：「鴛駘嘶叫知無定，騏驥低垂自有心。山上高松溪畔竹，清風纔動是知音。」又云：「杜鵑花裏杜鵑啼，淺紫深紅更傍溪。遲日霽光搜客思，曉來山路恨如迷。」（《南部新書》）（《詩話總龜》前集四四）。

蔣　動

1 袁州蔣動處士作《冷淘歌》，詞甚惡，投郡守温公受知。《南部新書》壬。

歸崇制

1 歸少師崇制宅，子弟極多，大都不喜肥者。或有之，則庭立之，送歸藍田，供筍蕨，體減方還。多時則妳監泣告，俾歸澣濯。《南部新書》癸。

崔公佐

1 崔公佐牧名郡，日宴賓僚。有一客，巾屨不完，衣破肘見，突筵而入。崔喜其來，令下牙籌，引滿數觥，神色自若。歌妓駭其藍縷，因大噱。客獻詩曰：「破額幞頭衫也穿，使君猶許對華筵。今朝幸倚文章守，遮莫青蛾笑揭天。」崔令掩口，無咍賢士。《郡閣雅談》（《詩話總龜》前集二二）。

王　咸

1 王咸少監，舊族之後。少入仕，遭喪，服除數年，不飲食酒肉。後因會聚，人勸勉之，咸捧肉欲啗，淚下盈盤，竟不食而離席，一坐爲憯怛。後有人傳於獨孤公者，慕其獨行，遂聘其女。《唐語林》一。

商則

1 商則任廩丘尉，爲性廉謹。縣令、丞多貪濁，因宴會以次舞，令、丞舞訖，勸則，則把手回身而已。令問其故，則曰：「長官動手，贊府亦動手，唯有一箇更動手，百姓何容活耶？」人皆大笑，嘲曰：「令丞但動手，縣尉衹回身。因貧爲刺史，得與屬貧人。」《語林》（《職官分紀》四二）。又《錦繡萬花谷》前集一四引《職官分紀》。

李知璋妻鄭氏

1 隴西李知璋妻滎陽鄭氏，雅不見重。知璋爲江夏尉，因醉杖殺人母，其子入復讎。知璋與鄭以牀拒門，讎者推窗而入，鄭急以身蔽知璋，舉手承刃，右臂既落，復伸左臂，讎復斷之，猶以身代夫死。方懷妊，讎者以刀鑠其腹，胎出於外而隕。乃害知璋及其二子。州司以聞，坐死數十人。《唐語林》四。

王陁子

1 王陁子善山水幽致，峯巒極佳。世人言山水者，稱「陁子頭，道子脚」。《歷代名畫記》九。又《御覽》七五一引。

楚安

1 西蜀聖壽寺僧楚安妙畫山水，而點綴甚細，至於尺素之上，山川、林木、洞府、峯巒、寺觀、煙嵐、人物，悉皆有之。每畫一小團扇，内安姑蘇臺，或畫滕王閣，其有千山萬水盡在目前。然須一季已來方就一扇。其時諸王宰輔競相有請，得之者奉遺甚厚，有不得畫者恨恨然。楚安言：「山僧自以此適意而已。」歸寂後，有好事者往往收得其筆蹤，或謂之墨寶也。《野人閒話》（《廣記》二一四）。《圖畫見聞誌》二。

朱 繇

1 朱繇，唐末長安人也。工畫道釋，妙得吴道玄筆法，人未易優劣也。雒中廣愛寺、河中府金真觀皆有繇所畫壁。工道釋未有不以道玄爲法者，然升堂入室，世罕其人，獨繇不唯妙造其極，而時出新意，千變萬態，動人耳目。國朝武宗元嘗在雒，見其所畫壁，云：「文殊隊中舊有善財童子，予酷愛其筆法，玩之月餘，不忍去。今遂失其童子所在，信其畫亦神矣。」弟子趙裔亦知名一時。今御府所藏八十有三。《宣和畫譜》三。

胡 擢

1 胡擢，不知何許人也。博學能詩，氣韻超邁，飄飄然有方外之志。嘗謂其弟曰：「吾詩思若在三峽之間，聞猿聲時。」其高情逸興如此。一遇難狀之景，則寄之於畫，乃作草木禽鳥，亦詩人感物之作也。今御府所藏六。《宣和畫譜》一五。《圖畫見聞誌》二。

郭乾暉

1 郭乾暉，北海營丘人，世呼爲郭將軍。善畫草木、鳥獸、田野、荒寒之景。鍾隱者，亦一時名流，變姓名執弟子禮，師事久之，方授以筆法。乾暉常於郊居畜其禽鳥，每澄思寂慮，玩心其間，偶得意即命筆。格律老勁，曲盡物性之妙。今御府所藏一百有四。《宣和畫譜》一五。

鍾　隱

1 鍾隱，天台人。善畫鷙禽、榛棘，能以墨色淺深分其向背。初欲師郭乾暉，知乾暉祕其術不以授人，隱乃變姓名，託館寓食於其家，甘從服役。逮逾時，乾暉弗覺也。隱陰伺其畫，而心得之。一日，乘興作鷂於壁間，乾暉知，亟就觀之，驚歎不已，乃謂：「子得非鍾隱乎？」遂善遇之，益論畫道爲詳，因是馳譽。……隱居江南，所畫多爲僞唐李煜所有，煜皆題印以祕之。近時有米芾論畫，言鍾隱者，蓋南唐李氏道號，爲鍾山之隱者耳，固非鍾隱也。因以辨之。今御府所藏七十有一。《宣和畫譜》一六。《圖畫見聞誌》二。

支仲元

1 支仲元，鳳翔人。畫人物極工，筆法師顧、陸，緊細有力，人物清潤不俗。其畫神仙人物，多作弈棋之勢。宋高宗題作晉六朝者，多仲元所作。《圖繪寶鑑》二。

許　碏

1 許碏，自稱高陽人也。少爲進士，累舉不第。晚學道於王屋山，周遊五岳名山洞府。後從峨眉山經兩京，復自襄汴，來抵江淮。茅山天台，四明仙都，委羽武夷，霍桐羅浮，無不遍歷。到處皆于石厓峭壁人不及處題云：「許碏自峨眉山尋偃月子到此。」覩筆蹤者，莫不歎其神異，竟莫詳偃月子也。後多遊廬江間，常醉吟曰：「閬苑花前是醉鄉，踏翻王母九霞觴。羣仙拍手嫌輕薄，謫向人間作酒狂。」好事者或詰之，曰：「我天仙也。方在崑崙就宴，失儀見謫。」人皆笑之，以爲風狂。後當春景，插花滿頭，把花作舞，上酒家樓醉歌，昇雲飛去。《續神仙傳》（《廣記》四〇）。《唐詩紀事》七五。

法　常

1 河陽釋法常，性英爽，酷嗜酒。無寒暑風雨常醉，醉即熟寢，覺即朗吟曰：「優游麴世界，爛漫枕神仙。」嘗謂同志云：「酒天虚無，酒地綿邈，酒國安恬。無君臣貴賤之拘，無財利之圖，無刑罰之避。陶陶焉，蕩蕩焉，其樂可得而量也。轉而入於飛蝪都，則又蒙騰浩渺，而不思覺也。」《清異録》下。

福　全

1 饌茶而幻出物象於湯面者，茶匠通神之藝也。沙門福全，生於金鄉，長於茶海，能注湯幻茶成一句詩，並點四甌，共一絶句，泛乎湯表。小小物類，唾手辦耳。檀越日造門求觀湯戲。全自詠曰：「生成盞裏水丹青，巧畫工夫學不成。却笑當時陸鴻漸，煎茶贏得好名聲。」《清異録》下。

封干　寒山　拾得

1 釋封干師者，本居天台山國清寺也。剪髮齊眉，布裘擁質，身量可七尺餘。人或借問，止對曰「隨時」二字而已，更無他語。樂獨舂穀，役同城旦，應副齋炊。嘗乘虎直入松門，衆僧驚懼，口唱《唱道歌》。時衆方皆崇重，及終後，於先天年中在京兆行化，非恒人之常調，士庶見之，無不傾禮。以其躡萬迴師之後，微亦相類，風狂之相過之，言則多中。先是國清寺僧廚中有二苦行曰寒山子，曰拾得，多於僧廚執爨，爨訖，二人晤語，潛聽者多不體解。亦甚顛狂，糺合相親，蓋同類相求耳。時閭丘胤出牧丹丘，將議巾車，苦頭疼羌甚，毉工寡効。邂逅干造，云：「某自天台來謁使君。」且告之患。干曰：「君何慮乎？」便索净器，吮水噴之，斯須覺體中頗佳。閭丘異之，乃請干一言定此行之吉凶。曰：「到任記謁文殊。」閭丘曰：「此菩薩何在？」曰：「國清寺廚執爨洗器者是。」及入山寺，問曰：「此寺曾有封干禪師？」曰：「有。」「院在何所？寒山、拾得復是何人？」時僧道翹對曰：「封干舊院即經藏後，今闃無人，止有虎豹時來此哮吼耳。寒拾二人見在僧廚執役。」閭丘入干房，唯見虎跡縱横。又問「干在此有何行業？」曰：「唯事舂穀，供僧粥食，夜則唱歌諷誦不輟。」如是再三嘆嗟，乃入廚。見二人燒柴木，有圍爐之狀。閭丘拜之，二人連聲咄叱，後執閭丘手褎之若孾孺，呵呵不已。行曰：「封干饒舌。」自此二人相攜手出松門，更不復入寺焉。寒山子者，世謂爲貧子風狂之士，弗可恒度推之。隱天台始豐縣西七十里，號爲寒暗二巖，每於寒巖幽窟中居之，以爲定止。時來國清寺。有拾得者，寺僧令知食堂，恒時收拾衆僧殘食菜滓，斷巨竹爲筒，投藏于內。若寒山子來，即負而去。或廊下徐行，或時叫噪凌人，或望空曼罵。寺僧不耐，以杖逼逐，翻身撫掌，呵呵徐退。然其布襦零落，面貌枯瘁，以樺皮爲冠，曳大木屐。或發辭氣，宛有所歸，歸于佛理。初閭丘入寺，訪問寒山，沙門道翹對曰：「此人狂病，本居寒巖間，好吟詞偈，言語不常，或臧或否，終不可知。與寺行者拾得以爲交友，相聚言説，不可詳悉。」寺僧見太守拜之，驚曰：「大官何禮風狂夫耶？」二人連臂笑傲出寺，閭丘復往寒巖謁問，并送衣裳藥物，而高聲倡言曰：「賊我賊。」退便身縮入巖石穴縫中，復曰：「報汝諸人，各各努力。」其石穴縫泯然而合，杳無縱迹。乃令僧道翹尋其遺物，唯於林閒綴葉書詞頌并村墅人家屋壁所抄録，得三百餘首，今編成一集，人多諷誦。後曹山寂禪師注解，謂之《對寒山子詩》，以其本無氏族，越民唯呼爲寒山子。至有「庭際何所有，白雲抱幽石」句，歷然雅體。今巖下有石，亭亭而立，號幽石焉。拾得者，封干禪師先是偶山行至赤城道側，仍聞兒啼，遂尋之。見一子可數歲已來，初謂牧牛之豎。委問端倪，云無舍，孤棄于此。封干攜至國清寺，付與典座僧。或人來認，必可還之。後沙門靈熠攝受之，令知食堂香燈。忽於一日，見其登座，與像對槃而飡。復呼憍陳如曰「小果聲聞」。傍若無人，執筯大笑，僧乃驅之。靈熠咨尊宿等，罷其堂任，且令廚內滌器，洗濯纔畢，澄濾食滓，以筒盛之。寒山來，必負而去。又護伽藍神廟，每日僧廚下食，爲烏鳥所取狼藉。拾得以杖扑土偶三二下，罵曰：「汝食不能護，安護伽藍乎？」是夕神附夢與闔寺僧曰：「拾得打我。」明日諸僧説夢符同，一寺紛然，始知非常人也。時牒申州縣，郡符下云：「賢士隱遁，菩薩應身，宜用旌之。」號拾得爲賢士。《宋高僧傳》一九。《景德傳燈録》二七。案：封干，《景德傳燈録》作「豐干」。

2　寒山子者，不知其名氏。大曆中，隱居天台翠屏山。其山深邃，當暑有雪，亦名寒巖，因自號寒山子。好爲詩，每得一篇一句，輒題於樹間石上。有好事者，隨而録之。凡三百餘首，多述山林幽隱之興，或譏諷時態，能警勵流俗。桐柏徵君徐靈府序而集之，分爲三卷，行於人間。十餘年忽不復見。《仙傳拾遺》（《廣記》五五）。

引用書目

二畫

二老堂詩話　〔宋〕周必大　中華書局排印《歷代詩話》本
十國春秋　〔清〕吴任臣　中華書局排印本
丁晉公談録　〔宋〕丁謂　《百川學海》本
九國志　〔宋〕路振　《守山閣叢書》本

三畫

三水小牘　〔唐〕皇甫枚　中華書局上海編輯所排印本
三楚新録　〔宋〕周羽翀　《墨海金壺》本
大唐創業起居注　〔唐〕温大雅　上海古籍出版社排印本
大唐新語　〔唐〕劉肅　中華書局排印本
大唐傳載　〔唐〕佚名　《守山閣叢書》本

四畫

六帖補　〔宋〕楊伯嵒　文淵閣《四庫全書》本
文昌雜録　〔宋〕龐元英　《學津討原》本
天中記　〔明〕陳耀文　文淵閣《四庫全書》本
五代史補　〔宋〕陶岳　《豫章叢書》本
五代史闕文　〔宋〕王禹偁　文淵閣《四庫全書》本

五代名畫補遺　〔宋〕劉道醇　文淵閣《四庫全書》本
五代詩話　〔清〕鄭方坤　《粤雅堂叢書》本
五色綫　〔宋〕佚名　《津逮秘書》本
五國故事　〔宋〕佚名　《知不足齋叢書》本
五燈會元　〔宋〕釋普濟　中華書局排印本
五總志　〔宋〕吴坰　《知不足齋叢書》本
五雜俎　〔明〕謝肇淛　中華書局上海編輯所排印本
太平治迹統類前集　〔宋〕彭百川　《適園叢書》本
太平廣記（廣記）　〔宋〕李昉等　中華書局排印本
太平御覽（御覽）　〔宋〕李昉等　中華書局影印本
孔氏談苑　〔宋〕孔平仲　《藝海珠塵》本

中山詩話　〔宋〕劉攽　中華書局排印《歷代詩話》本
中吴紀聞　〔宋〕龔明之　上海古籍出版社排印本
中朝故事　〔南唐〕尉遲偓　中華書局上海編輯所排印本
中興間氣集　〔唐〕高仲武　上海古籍出版社排印本
分門古今類事　〔宋〕委心子　中華書局排印本
仇池筆記　〔宋〕蘇軾　華東師範大學出版社排印本

五畫

玄怪録　〔唐〕牛僧孺　中華書局排印本
永樂大典　〔明〕解縉等　中華書局影印本
玉芝堂談薈　〔明〕徐應秋　文淵閣《四庫全

書》本
玉泉子〔唐〕佚名　上海古籍出版社排印本
玉壺清話〔宋〕釋文瑩　中華書局排印本
刊誤〔唐〕李涪《百川學海》本
甘澤謡〔唐〕袁郊《津逮秘書》本
古今合璧事類備要〔宋〕謝維新　新興書局影明本
古今詞話〔宋〕楊湜　中華書局排印《詞話叢編》本
本事詩〔唐〕孟棨　古典文學出版社排印本
北里志〔唐〕孫棨　中華書局上海編輯所排印本
北軒筆記〔元〕陳世隆《知不足齋叢書》本
北夢瑣言〔五代〕孫光憲　中華書局上海編輯所排印本
四六話〔宋〕王銍《百川學海》本
全唐詩〔清〕彭定求等　上海古籍出版社影印本
白孔六帖〔宋〕孔傳　文淵閣《四庫全書》本

六畫

江表志〔宋〕鄭文寶《墨海金壺》本
江南別録〔宋〕陳彭年《墨海金壺》本
江南野史〔宋〕龍袞《豫章叢書》本
江南餘載〔宋〕鄭文寶《知不足齋叢書》本
江淮異人録〔宋〕吴淑《知不足齋叢書》本
安禄山事迹〔唐〕姚汝能　上海古籍出版社排印本
次柳氏舊聞〔唐〕李德裕　上海古籍出版社排印本
江鄰幾雜誌〔宋〕江休復　稗海本
夷堅志〔宋〕洪邁　中華書局排印本

西溪叢語　〔宋〕姚寬　《津逮秘書》本

老學庵筆記　〔宋〕陸游　中華書局排印本

石林燕語　〔宋〕葉夢得　中華書局排印本

因話録　〔唐〕趙璘　上海古籍出版社排印本

竹坡詩話　〔宋〕周紫芝　中華書局排印《歷代詩話》本

七畫

宋高僧傳　〔宋〕釋贊寧　中華書局排印本

宋朝事實類苑　〔宋〕江少虞　上海古籍出版社排印本

冷齋夜話　〔宋〕釋惠洪　《津逮秘書》本

酉陽雜俎　〔唐〕段成式　中華書局排印本

赤雅　〔明〕鄺露　《知不足齋叢書》本

折獄龜鑑　〔宋〕鄭克　《守山閣叢書》本

杜陽雜編　〔唐〕蘇鶚　中華書局上海編輯所排印本

李相國論事集　〔唐〕蔣偕　《指海》本

吴郡志　〔宋〕范成大　《守山閣叢書》本

吴越備史　〔宋〕范坰、林禹　《四部叢刊續編》本

吹劍録　〔宋〕俞文豹　古典文學出版社排印本

何氏語林　〔明〕何良俊　文淵閣《四庫全書》本

佘山詩話　〔明〕陳繼儒　《學海類編》本

八畫

法書要録　〔唐〕張彦遠　《津逮秘書》本

京口耆舊傳　〔宋〕佚名　《守山閣叢書》本

庚溪詩話　〔宋〕陳巖肖　中華書局排印《歷代詩話續編》本

奉天録　〔唐〕趙元一　《粵雅堂叢書》本

青瑣高議　〔宋〕劉斧　上海古籍出版社排印本

青箱雜記　〔宋〕吴處厚　中華書局排印本

東坡志林　〔宋〕蘇軾　華東師範大學出版社排印本
東原録　〔宋〕龔鼎臣《藝海珠塵》本
東軒筆録　〔宋〕魏泰　中華書局排印本
東齋記事　〔宋〕范鎮　中華書局排印本
東觀奏記　〔唐〕裴庭裕《稗海》本
東觀餘論　〔宋〕黄伯思《津逮秘書》本
事文類聚　〔宋〕祝穆　文淵閣《四庫全書》本
事物紀原　〔宋〕高承　文淵閣《四庫全書》本
兩京新記　〔唐〕韋述《粤雅堂叢書》本
苕溪漁隱叢話　〔宋〕胡仔　人民文學出版社排印本
茅亭客話　〔宋〕黄休復《津逮秘書》本
松窗雜録　〔唐〕李濬　中華書局上海編輯所排印本
長安志　〔宋〕宋敏求　文淵閣《四庫全書》本
卓異記　〔唐〕李翱《顧氏文房小説》本
明皇雜録　〔唐〕鄭處誨《守山閣叢書》本
明道雜志　〔宋〕張耒《顧氏文房小説》本
尚書故實　〔唐〕李綽《寶顔堂秘笈》本
金華子　〔南唐〕劉崇遠　上海古籍出版社排印本
近事會元　〔宋〕李上交《守山閣叢書》本
侍兒小名録拾遺　〔宋〕張邦畿《稗海》本
邵氏聞見録　〔宋〕邵伯温　中華書局排印本
邵氏聞見後録　〔宋〕邵博　中華書局排印本

九畫

宣和書譜　〔宋〕佚名《津逮秘書》本
宣和畫譜　〔宋〕佚名《津逮秘書》本
宣室志　〔唐〕張讀　中華書局排印本
洛陽縉紳舊聞記　〔宋〕張齊賢《知不足齋叢

書》本
前定録、續録　〔唐〕鍾輅　《百川學海》本
春明退朝録　〔宋〕宋敏求　中華書局排印本
春渚紀聞　〔宋〕何薳　中華書局排印本
珊瑚鉤詩話　〔宋〕張表臣　中華書局排印《歷代詩話》本
珍席放談　〔宋〕高晦叟　《函海》本
封氏聞見記　〔唐〕封演　中華書局排印本
括異志　〔宋〕張師正　《四部叢刊續編》本
南部新書　〔宋〕錢易　中華書局上海編輯所排印本
南唐近事　〔宋〕鄭文寶　《寶顔堂秘笈》本
南唐拾遺記　〔清〕毛先舒　《學海類編》本
南唐書　〔宋〕馬令　《四部叢刊續編》本
南唐書　〔宋〕陸游　《四部叢刊續編》本
厚德録　〔宋〕李元綱　《百川學海》本

癸辛雜志　〔宋〕周密　中華書局排印本
貞觀政要　〔唐〕吴兢　上海古籍出版社排印本
郤掃編　〔宋〕徐度　《津逮秘書》本
幽閒鼓吹　〔唐〕張固　中華書局上海編輯所排印本
負暄野録　〔宋〕陳櫄　《知不足齋叢書》本
侯鯖録　〔宋〕趙令畤　《知不足齋叢書》本
後山詩話　〔宋〕陳師道　中華書局排印《歷代詩話》本
後山談叢　〔宋〕陳師道　《學海類編》本
後村詩話　〔宋〕劉克莊　中華書局排印本

十畫

容齋隨筆　〔宋〕洪邁　上海古籍出版社排印本
涑水記聞　〔宋〕司馬光　《知不足齋叢書》本
海録碎事　〔宋〕葉廷珪　新興書局影明本

記纂淵海　〔宋〕潘自牧　新興書局影明本

高力士外傳　〔唐〕郭湜　上海古籍出版社排印本

唐才子傳　〔元〕辛文房　中華書局《唐才子傳校箋》本

唐子西文録　〔宋〕唐庚　中華書局排印《歷代詩話》本

唐朝名畫録　〔唐〕朱景玄　四川美術出版社排印本

唐詩紀事　〔宋〕計有功　上海古籍出版社排印本

唐會要　〔宋〕王溥　中華書局排印本

唐語林　〔宋〕王讜　中華書局排印《唐語林校證》本

唐摭言　〔南漢〕王定保　上海古籍出版社排印本

益州名畫録　〔宋〕黄休復　上海人民美術出版社排印本

珩璜新論　〔宋〕孔平仲　《珠叢别録》本

郡齋讀書志　〔宋〕晁公武　《續古逸叢書》本

書小史　〔宋〕陳思　《武林往哲遺著》本

耆舊續聞　〔宋〕陳鵠　《知不足齋叢書》本

桂苑叢談　〔唐〕馮翊子　中華書局上海編輯所排印本

能改齋漫録　〔宋〕胡曾　上海古籍出版社排印本

十一畫

寓簡　〔宋〕沈作喆　《知不足齋叢書》本

清波雜志　〔宋〕周煇　《四部叢刊續編》本

清異録　〔宋〕陶穀　文淵閣《四庫全書》本

梁溪漫志　〔宋〕費衮　上海古籍出版社排印本

庶齋老學叢談　〔元〕盛如梓　《知不足齋叢

書》本

教坊記 〔唐〕崔令欽 古典文學出版社排印本

碧溪詩話 〔宋〕黄徹 中華書局排印《歷代詩話續編》本

捫虱新話 〔宋〕陳善 《津逮秘書》本

萍洲可談 〔宋〕朱彧 《守山閣叢書》本

研北雜志 〔元〕陸友 《寶顔堂秘笈》本

野客叢書 〔宋〕王楙 中華書局排印本

國史補 〔唐〕李肇 上海古籍出版社排印本

國老談苑 〔宋〕王君玉 《百川學海》本

紺珠集 〔宋〕朱勝非 明刊本

釣磯立談 〔南唐〕史氏 《知不足齋叢書》本

猗覺寮雜記 〔宋〕朱翌 《知不足齋叢書》本

十二畫

湘山野録、續録 〔宋〕釋文瑩 中華書局排印本

詞品 〔明〕楊慎 中華書局排印《詞話叢編》本

補侍兒小名録 〔宋〕王銍 《稗海》本

雲僊雜記 〔唐〕馮贄 《四部叢刊續編》本

雲谷雜記 〔宋〕張淏 中華書局上海編輯所排印本

雲溪友議 〔唐〕范攄 古典文學出版社排印本

雲麓漫鈔 〔宋〕趙彦衛 古典文學出版社排印本

琴堂諭俗編 〔宋〕鄭玉道、彭仲剛 文淵閣《四庫全書》本

琴史 〔宋〕朱長文 楝亭曹氏刊本

朝野僉載 〔唐〕張鷟 中華書局排印本

揮麈録 〔宋〕王明清 中華書局上海編輯所排印本

搜采異聞録 〔宋〕永亨 《稗海》本

開天傳信記 〔唐〕鄭綮 上海古籍出版社排

印本
閒窗括異志　〔宋〕魯應龍　《稗海》本
畫史　〔宋〕米芾《津逮秘書》本
畫墁録　〔宋〕張舜民《稗海》本
開元天寶遺事　〔五代〕王仁裕　上海古籍出版社排印本
開元昇平源　〔唐〕吴競　上海古籍出版社排印本
葆光録　〔吴〕越陳氏《顧氏文房小説》本
隋唐嘉話　〔唐〕劉餗　中華書局排印本
隆平集　〔宋〕曾鞏　文淵閣《四庫全書》本
景德傳燈録　〔宋〕釋道原《四部叢刊三編》本
貴耳集　〔宋〕張端義　中華書局上海編輯所排印本
集異志　〔唐〕陸勳《寶顏堂秘笈》本
集異記　〔唐〕薛用弱　中華書局排印本

十三畫

靖康緗素雜記　〔宋〕黄朝英　上海古籍出版社排印本
資治通鑑考異　〔宋〕司馬光《四部叢刊》本
資暇集　〔唐〕李匡乂《墨海金壺》本
詩人玉屑　〔宋〕魏慶之　上海古籍出版社排印本
詩林廣記　〔宋〕蔡正孫　中華書局排印本
詩話總龜　〔宋〕阮閲　人民文學出版社排印本
誠齋雜記　〔元〕林坤《津逮秘書》本
瑯嬛記　〔元〕伊世珍《津逮秘書》本
賈氏談録　〔宋〕張洎《守山閣叢書》本
夢溪筆談　〔宋〕沈括　上海古籍出版社排印《夢溪筆談校證》本
楊太真外傳　〔宋〕樂史　上海古籍出版社排

印本
楊公筆録　〔宋〕楊彦齡　《學海類編》本
蜀檮杌　〔宋〕張唐英　《學海類編》本
愛日齋叢鈔　〔宋〕佚名　《守山閣叢書》本
艇齋詩話　〔宋〕曾季貍　中華書局排印《歷代詩話續編》本

十四畫

演繁露　〔宋〕程大昌　《學津討原》本
説郛　〔明〕陶宗儀　上海古籍出版社影印張宗祥刊本、陶珽刊本
廣川書跋　〔宋〕董逌　《津逮秘書》本
廣卓異記　〔宋〕樂史　《筆記小説大觀》本
齊東野語　〔宋〕周密　中華書局排印本
碧鷄漫志　〔宋〕王灼　《知不足齋叢書》本
聞見近録　〔宋〕王鞏　《知不足齋叢書》本
圖繪寶鑑　〔元〕夏文彦　《津逮秘書》本
圖畫見聞志　〔宋〕郭若虚　《津逮秘書》本
疑獄集　〔五代〕和凝、和𡼖　文淵閣《四庫全書》本

十五畫

澄懷録　〔宋〕周密　《榕園叢書》本
羯鼓録　〔唐〕南卓　《守山閣叢書》本
輟耕録　〔明〕陶宗儀　中華書局上海編輯所排印本
劇談録　〔唐〕康軿　古典文學出版社排印本
墨史　〔元〕陸友　《知不足齋叢書》本
墨莊漫録　〔宋〕張邦基　《稗海》本
稽神録　〔宋〕徐鉉　《津逮秘書》本
緯略　〔宋〕高似孫　《守山閣叢書》本
樂府詩集　〔宋〕郭茂倩　中華書局排印本

樂府雜録 〔唐〕段安節 《守山閣叢書》本
樂善録 〔宋〕李昌齡 《續古逸叢書》本
劉賓客嘉話録 〔唐〕韋絢 唐蘭校本
潁川語小 〔宋〕陳叔方 《守山閣叢書》本
德隅齋畫品 〔宋〕李廌 《顧氏文房小説》本

十六畫

澠水燕談録 〔宋〕王闢之 中華書局排印本
龍川别志 〔宋〕蘇轍 中華書局排印本
龍城録 〔宋〕王銍 《百川學海》本
翰林志 〔唐〕李肇 《知不足齋叢書》本
默記 〔宋〕王銍 中華書局排印本
隨手雜録 〔宋〕王鞏 《知不足齋叢書》本
學林 〔宋〕王觀國 文淵閣《四庫全書》本
録異記 〔唐〕杜光庭 《津逮秘書》本
錦綉萬花谷 〔宋〕佚名 文淵閣《四庫全書》本
獨異志 〔唐〕李冗 中華書局排印本
獨醒雜志 〔宋〕曾敏行 上海古籍出版社排印本

十七畫

甕牖閒評 〔宋〕袁文 上海古籍出版社排印本
臨漢隱居詩話 〔宋〕魏泰 中華書局排印《歷代詩話》本
避暑録話 〔宋〕葉夢得 《津逮秘書》本
嶺表録異 〔唐〕劉恂 文淵閣《四庫全書》本
輿地紀勝 〔宋〕王象之 廣陵古籍刻印社影印本
優古堂詩話 〔宋〕吴幵 中華書局排印《歷代詩話續編》本

十八畫

類説 〔宋〕曾慥 文學古籍刊印社影印本

闕史　〔唐〕高彦休　《知不足齋叢書》本
職官分紀　〔宋〕孫逢吉　文淵閣《四庫全書》本
魏鄭公諫録　〔唐〕王方慶　《畿輔叢書》本
歸田録　〔宋〕歐陽修　中華書局排印本

十九畫

韻語陽秋　〔宋〕葛立方　中華書局排印《歷代詩話》本
蘆浦筆記　〔宋〕劉昌詩　《知不足齋叢書》本
蟹譜　〔宋〕傅肱　《百川學海》本
嬾真子　〔宋〕馬永卿　《儒學警悟》本

二十一畫以上

鶴林玉露　〔宋〕羅大經　中華書局排印本
鷄肋編　〔宋〕莊季裕　中華書局排印本
鐵圍山叢談　〔宋〕蔡絛　中華書局排印本
續玄怪録　〔唐〕李復言　中華書局排印本
續世説　〔宋〕孔平仲　《守山閣叢書》本
續博物志　〔宋〕李石　《稗海》本
續談助　〔宋〕晁載之　《十萬卷樓叢書》本
續翰林志　〔宋〕蘇易簡　《知不足齋叢書》本
鑒誡録　〔蜀〕何光遠　《知不足齋叢書》本
觀林詩話　〔宋〕吴聿　中華書局排印《歷代詩話續編》本

人名索引

一畫

二畫

三畫

四畫

八畫

十畫

十二畫

十三畫

十四畫

十七畫

十八畫

十九畫

廿畫

廿一畫

廿二畫

廿四畫